AF747189

La responsabilité des père et mère en droit guinéen

Étude prospective à la lumière du droit français

Collection « Études africaines »

dirigée par Denis Pryen et son équipe

Forte de plus de mille titres publiés à ce jour, la collection « Études africaines » fait peau neuve. Elle présentera toujours les essais généraux qui ont fait son succès, mais se déclinera désormais également par séries thématiques : droit, économie, politique, sociologie, etc.

Dernières parutions

Justelle MATSITSA KIANGATA, *Conscience historique et devenir des États africains*, 2016.
Alhousseini MOULOUL, *Les Touaregs du Niger. Chroniques des années de braises*, 2016.
Emmanuel KAMDEN, *Innovation entrepreneuriale et développement durable en Afrique : défis et opportunités*, 2016.
Albert B. KALONGA LUSE-LUA-NZAMBI, *Désarmement, démobilisation et réintégration des enfants-soldats. Échec au Sud-Kivu ?*, 2016.
Zakaria FADOUL KHIDIR, *Anthropologie des populations tchadiennes. Les Béri du Tchad*, 2016.
Célestin HITIMANA, *Rwanda : deux siècles de crimes contre l'humanité*, 2016.
Maximin Lucien DA, *La noix de cajou, levier de développement local au nord-est de la Côte d'Ivoire, Contribution au développement socialement durable, Cas du district du Zanzan : Gontougo et Bounkani*, 2016.
Ousmane KOUANGBE HOUZIBE, *L'impasse démocratique en Afrique francophone : le cas du Tchad. Les dimensions juridiques, politiques et institutionnelles de la démocratisation en Afrique subsaharienne*, 2016.
Titi PALE, *Les femmes victimes de la guerre civile ivoirienne. Récits d'atrocités et (auto) reconstruction*, 2016.
Blaise SARY NGOY, *La problématique de l'émergence des économies africaines*, 2016.
Maurice M'BRA KOUADIO, *Les religions ancestrales des Akan de Côte d'Ivoire. Ethnographie des pratiques contemporaines*, 2016.
Benoît KOUAKOU OI KOUAKOU, *La réussite paradoxale à l'école. Quand réussissent des élèves africains qui avaient peu de chance de réussir*, 2016.
Patrick DEVLIEGER, Jori DE COSTER, Lambert Nieme, Léon MBADU-KHONDE, *Handicap et technologie en contextes africains*, 2016.
Djilali BENAMRANE, *Sankara, leader africain*, 2016.
Ladji BAMBA, *La contrebande en Côte d'Ivoire. Le cas du district d'Abidjan*, 2016.
Ibou SANE, Jeau-Claude ANGOULA, *Famille et politique en Afrique. Entre le meilleur et le pire*, 2016.
Melchior MBONIMPA, *L'Afrique terre de jihad. Les groupes islamistes armés sur le continent*, 2016.
Enoch TOMPTE TOM, *Vérité philosophique et vérité théologique*, 2016.
André ENGAMBÉ, *Les méthodes coloniales au Congo-Brazzaville de 1886 à 1958. Analyse socio-économique et devoir de mémoire*, 2016.
Yves Gatien GOLO, *La réforme du secteur de la sécurité en République centrafricaine*, 2016.
Germain KUNA MABA MAMBUKU, Le Kongo Centra face à la crise de leadership *Essai sur la lutte politique de Bundu dia kongo et des pseudos leaders Né-Kongo*, 2016

Sékou Maouloud KOÏTA

La responsabilité des père et mère en droit guinéen

Étude prospective à la lumière du droit français

Préface de Clotilde Brunetti-Pons

L'Harmattan

© L'Harmattan, 2016
5-7, rue de l'Ecole-Polytechnique, 75005 Paris

http://www.harmattan.fr
diffusion.harmattan@wanadoo.fr
harmattan1@wanadoo.fr

ISBN : 978-2-343-07651-5
EAN : 9782343076515

A la mémoire de mon fils Sékoumar
(11juin 2012-10 juillet 2012)

Remerciements

Je remercie Dieu le Tout Puissant.
Je remercie ma mère, mon père et tous ceux qui ont contribué à mon éducation.
Je remercie ma femme pour son soutien moral pendant mes années de thèse.
Je remercie Madame Brunetti-Pons Clotilde pour avoir dirigé mes recherches avec une grande disponibilité et des conseils précis.
Je remercie Madame le Professeur Granet Frédérique, Professeur à l'Université de Strasbourg et Monsieur le Professeur Alain Sériaux, Professeur à l'Université de Perpignan, pour avoir accepté de faire partie de mon jury.
Je remercie tous ceux qui m'ont encouragé pour l'aboutissement de ce projet.

Sommaire

Liste des principales abréviations

A.J.D.A.	L'actualité juridique-Droit administratif
A.J. Fam.	Actualité juridique famille, Dalloz
A.L.D	Actualité législative Dalloz
Anc.	Ancien
Ass.	Assemblée
Bull. civ.	Bulletin des arrêts de la Cour de cassation chambre civile
B. O.	Bulletin officiel
Bull. Inf. C. cass.	Bulletin d'information de la Cour de cassation
C. civ.	Code civil
CEDH	Cour européenne des droits de l'Homme
Crim.	Chambre criminelle de la Cour de cassation
Civ. 1e	Première chambre civile de la Cour de cassation
Civ. 2e	Deuxième chambre civile de la Cour de Cassation
C. E.	Conseil d'Etat
Chron.	Chronique
CIDE	Convention internationale des droits de l'enfant
Circ.	Circulaire
Concl.	Conclusion
D.	Recueil Dalloz
D. chron	Recueil Dalloz, chronique
D., somm. Comm.	Recueil Dalloz, sommaires commentés
D., I. R.	Recueil Dalloz, information rapide
D., JP	Dalloz jurisprudence
D., Lég.	Recueil Dalloz, législation

Doct.	Doctrine
Dr. Fam.	Revue Droit de la famille des éditionsJuris-classeur
Encycl.	Encyclopédie
éd.	Edition
ex.	Exemple
Gaz. Pal.	Gazette du palais
Ibid.	ibidem, au même endroit
In	Dans
JCP, éd. G.	Semaine juridique, édition générale
J. O.	Journal officiel
LGDJ	Librairie générale de droit et de jurisprudence
Mél.	Mélanges
n°	numéro
obs.	observations
op. cit.	operecitato, dans l'ouvrage cité
p.	page
rapp.	rapport
R.I.D.C.	Revue internationale de droit comparé
Rép.	Répertoire
Def.	Répertoire Defrénois
RTD. Civ.	Revue trimestrielle de droit civil
Rev. Crit. DIP	Revue critique de droit international privé
Resp. civ. et assur.	Responsabilité civile et assurance
R.F.D.A	Revue française de droit administratif
RJPF	Revue juridique personnes et famille
RRJ	Revue de recherche juridique
Soc.	Chambre sociale de la Cour de cassation
Spéc.	Spécialement
S.	Recueil Sirey
s.	suivant (e) (s)

T.	tome
TGI	Tribunal de grande instance
V.	Voir

Préface de Clotilde Brunetti-Pons

Monsieur Sékou Maouloud Koïta publie une thèse de droit comparé franco-guinéen, consacrée à la responsabilité civile des père et mère du fait de leurs enfants mineurs.
L'intitulé de l'ouvrage souligne d'emblée la modestie de l'auteur : « La responsabilité des père et mère en droit guinéen. Etude prospective à la lumière du droit français ». Ce titre invite à penser que le droit français n'est sollicité qu'à titre d'exemple. Or, les développements consacrés aux dispositions françaises sont approfondis et les comparaisons fortement argumentées. Titulaire d'un master 2 de droit privé délivré par l'Université de Reims Champagne-Ardenne, Monsieur Koïta nous révèle par ces lignes sa bonne connaissance de notre droit.
L'ouvrage recouvre une analyse fine des solutions guinéenne et française sur le sujet, la comparaison étant notamment enrichie, dès l'introduction, par la perspective historique des relations entre la Guinée et la France. A cet égard, l'auteur ne s'est pas limité à un simple exposé des droits respectifs, mais s'est efforcé de replacer les dispositions étudiées dans leurs contextes historiques et socioculturels. La dimension comparatiste s'en trouve enrichie à la fois en fiabilité et en portée, d'autant que, soucieux de réfléchir à faire évoluer son propre droit national, Monsieur Koïta fait des propositions nouvelles et adaptées aux spécificités guinéennes.
Sous l'angle des sources du droit, également, la thèse est intéressante : l'auteur accorde une place importante à l'analyse de la diversité des sources en droit guinéen, à leurs interactions et combinaisons possibles. Sous l'angle de la comparaison avec le droit français, les réflexions développées autour du poids de la coutume dans la réception et l'application du droit légiféré se révèlent tout particulièrement pertinentes et enrichissantes.
Sur le fond, l'auteur se livre ainsi à une double comparaison : il confronte le droit guinéen moderne aux solutions coutumières, et il compare, parfois de façon combinée, les solutions du droit français à celles du droit guinéen.
Dans la première partie de l'ouvrage, sont confrontées les sources traditionnelles et les sources écrites modernes du droit guinéen,

l'impact de la coutume étant mis en évidence avec force. L'originalité du droit guinéen par rapport au droit français en ressort.

Dans la seconde partie, se trouve développée une analyse critique des fondements de la responsabilité parentale en droit guinéen, la comparaison avec les solutions du droit français inspirant à l'auteur des propositions adaptées aux spécificités guinéennes, à l'issue d'une argumentation invitant la Guinée à prendre une certaine distance vis-à-vis du droit français.

Ce travail sérieux et riche représente une belle pierre apportée à la construction de relations de travail entre l'Université de Reims et la Guinée.

Introduction

1. Il était une fois dans un village baga, appelé Monson[1], un couple marié qui avait tout pour être heureux. Le mari, Boubacar, était un jeune riche cultivateur. Il possédait des hectares de riz, de fonio et de blé qui s'étendaient à perte de vue. Il avait une résidence royale avec de nombreux serviteurs. La femme, Fatoumata, était d'une beauté légendaire. C'était une femme que l'on ne souhaiterait que pour soi-même. Boubacar et Fatoumata se vouaient un amour aussi solide que le pont en lianes de Macenta[2]. Ils montraient une complicité extraordinaire. Leur couple faisait des envieux et des jaloux au village. Mais il manquait l'essentiel à ce couple qui avait tout. Dix ans après leur mariage, Boubacar et Fatoumata attendaient toujours leur premier enfant. Et plus le temps passait, plus leur espoir de devenir parents se réduisait. Ils donnaient la moitié de leurs revenus aux marabouts et autres guérisseurs, prétendus possesseurs de remèdes contre la stérilité. Fatoumata maigrissait d'année en année, en ne se voyant pas grosse. Sa belle- mère lui mettait une pression à tomber dans la dépression. Elle avait proposé en vain, à son fils de se remarier pour vaincre la stérilité supposée de Fatoumata. Les villageois se moquaient d'eux en ces termes : le couple maudit qui a tout sauf un enfant. Certains villageois en venaient à raconter que Fatoumata était une sorcière qui mangeait ses bébés dans le ventre. D'autres disaient que Boubacar avait troqué aux diables sa fortune contre ses enfants. Cela leur faisait beaucoup de peine. Alors, tous les jours dès l'aube Fatoumata se rendait aux pieds du grand baobab du village pour implorer l'aide des esprits et des génies afin de mettre fin à son calvaire qui devenait de plus en plus insupportable. Les mains levées vers le ciel et les yeux fixés sur la cime du grand baobab, elle prononçait cette prière :

---

[1]Monson est un village baga qui se trouve dans Boké à 270 kilomètres de la capitale Conakry en République de Guinée.

[2] Le pont en lianes de Macenta est fait de lianes tressées par les paysans, attaché aux branches des grands arbres. Il permet le passage sur le fleuve Diani, à Macenta situé à 917 Km de Conakry. D'apparence fragile, il résiste encore depuis sa construction.

2. L'être humain n'est qu'un simple mortel.
Seul toi Dieu, le tout puissant, est éternel[3].
Donne-moi la grâce avant mon dernier voyage,
D'enfanter enfin pour pérenniser mon ménage[4].
Nous ne sommes que vos humbles serviteurs.
Seuls vous ancêtres très vénérés sont décideurs[5].
Permettez- moi pour le bonheur de ma moitié,
De lui offrir de mes entrailles son digne héritier.

3. Fatoumata terminait sa prière par la promesse de faire la danse de *moribayassa*[6] si Dieu et les esprits devaient exaucer ses veux. Selon le conte, Fatoumata donna naissance par la suite à trois garçons aussi beaux qu'elle et aussi forts que leur père.

4. Ce conte est une illustration de la conception que le peuple guinéen, rural ou urbanisé se fait de l'enfant. Ce conte montre que le guinéen considère l'enfant comme la première richesse de l'Homme. En France, des contes comparables sont nombreux, tel Blanche- Neige. Blanche-Neige est un conte populaire qui raconte l'histoire d'une petite fille née d'une reine qui était malheureuse de ne pas avoir d'enfant[7]. Si aujourd'hui en France faire un enfant est un risque que l'on prend[8], ces contes montrent qu'en Guinée comme en France traditionnelle, avoir un enfant est le comble du bonheur. En France, certains auteurs ont remis en cause la valeur de ces contes. C'est le cas de la sociologue du droit de la famille, Madame Irène Théry[9], laquelle pense que ces contes conduisent à croire que la femme est inférieure à l'homme et lui doit toujours son bonheur. Cet auteur méconnait la richesse des contes lesquels ont une valeur pédagogique indiscutable à la fois pour les enfants français et guinéens. Un conteur français l'écrit : « *le conte est un outil tout à fait approprié à la transmission,*

---

[3] L'un des 99 noms d'Allah est « l'éternel ».

[4] Dans la tradition guinéenne, la stérilité de la femme peut être une cause de dissolution de son ménage.

[5] Les guinéens croient à l'influence des ancêtres sur la vie quotidienne. C'est pourquoi, malgré l'islamisation de la majorité de la population, la bienveillance des esprits des ancêtres est souvent invoquée en cas de malheur.

[6] La danse de *moribayassa* est la danse exécutée sur la place publique par une femme, déguisée en folle lorsque ses vœux de maternité ont étés exaucés. V. et écouter le clip de la chanson *Lancey*, album *Lancey* produit par *Stern'sAfrica* en 1993 d'Oumou Diabaté, un des plus célèbres artistes guinéens qui a pour particularité de chanter la difficile condition des femmes de Guinée et de l'Afrique.

[7] V. la version de Maxe L'herminier Blanche-Neige, édition Looky et Lamirand. 2012. Existe aussi en version cinématographique sortie le 11 avril 2012 réalisé par TarsemSinqh

[8] Il faut remarquer la référence à la formule de l'avocat général, Roland Kessous, V. *infra* n° 214.

[9] V. I. Théry, Le démariage, éditions Odile Jacob 1993.

pour la diffusion de la culture au plus grand nombre, pour la formation intellectuelle et morale de la jeunesse ».[10] L'Etat guinéen semble être de cette opinion parce qu'il subventionne une émission de conte sur la radio nationale. Une fois par semaine, des conteurs viennent conter dans les différentes langues du pays et en français[11]. L'un des plus célèbres était Fodé Conté[12].

5. La République de Guinée se trouve en Afrique de l'Ouest. Elle fait frontière avec six pays : Le Mali au Nord-est, le Sénégal au Nord, la Guinée-Bissau au Nord-Ouest, La Sierra-Léone et le Libéria au Sud et la Côte-D'ivoire au Sud-est. Sa superficie est de 245 857 km2 pour une population estimée à dix millions d'habitants, soit une population inférieure à celle de l'Ile-de-France, estimée à plus de onze millions d'habitants. Elle est subdivisée en 33 préfectures et 38 communes étendues sur quatre grandes régions naturelles qui sont : la Guinée Maritime, la Moyenne Guinée, la Haute Guinée et la Guinée Forestière[13].

6. La Guinée est classée parmi les pays les plus pauvres au monde. Pourtant, ce pays qui a été la première colonie française de l'Afrique subsaharienne à proclamer son indépendance le 2 octobre 1958, aurait pu être la locomotive du train de développement et de progrès des anciennes colonies françaises de la sous- région. La Guinée est un pays richement doté par la nature[14]. Elle occupe la première place mondiale en matière de réserve de bauxite[15] et en est la deuxième exportatrice mondiale après l'Australie. Son sous-sol est riche en or, diamant, pétrole, uranium[16]. Les fleuves de la sous- région y prennent leur source, ce qui lui a valu le nom de « *château d'eau de l'Afrique de l'ouest* ». Son sol est abondamment arrosé, sa terre très fertile est favorable à toutes sortes de cultures. Ces avantages géologiques ont

---

[10] V. Alain Le Goff, Le conte en Champagne- Ardenne, Editions les 3 Mondes 2012. p. 3. V. aussi G. Meyer Contes du nord de la Guinée, éditions Karthala, 1999.

[11] En France il existe aussi une émission radio de conte sur Radio classique tous les samedis matin.

[12] Fodé Conté est un conteur chanteur. Il est décédé en laissant de nombreuses œuvres à la culture guinéenne, notamment Rio Pongo et M'ma Hadi.

[13] Pour une étude approfondie de la géographie guinéenne Voir : Devey M,*La Guinée*, éd., Karthala, 2009 ;Diallo A. G, *Géographie de la Guinée*, l'Harmattan 2010 ; Rémy M. La Guinée, Jaguar, 2008.

[14] V. Notre poème « La Guinée ma douleur », Koïta S.*Le voile de la mariée*, Editions Elzévir, 2008 ; Condé A. *Un africain engagé* ; « Ce que je veux pour la Guinée », Picollec, 2010.

[15] Voir le journal français *Le Monde diplomatique*, Janvier 2010 bis, n° 670, p. 5. J. Brygo explique le conflit opposant les salariés et les dirigeants russes de l'usine de bauxite Friguia, dans son article titré « Conflit salarial chez le premier exportateur mondial de bauxite ».

[16] V. Soumah I.*Avenir de l'industrie minière en Guinée*, l'Harmattan, 2007.

conduit le premier président de la république à affirmer que : « *La Guinée est un scandale géologique. Toutes les richesses du monde se sont données rendez-vous en Guinée* ».[17] Il est vrai que la nature a été très généreuse à l'égard de la Guinée. Mais les hommes qui l'ont dirigée jusque-là n'ont pas su exploiter ce don naturel au profit du peuple. C'est ce qui explique que ce pays soit marqué par une misère chronique.

7. La Guinée, comme la majorité des pays africains, est encore à la recherche d'un droit qui lui soit propre. Elle cherche à se doter d'un modèle juridique qui soit adapté à ses particularités culturelles et sociales. Un système juridique qui soit efficace dans la régulation des activités sociales, économiques et politiques du pays.

8. L'Afrique, en général, connaît la coexistence de plusieurs ordres juridiques : Les coutumes ancestrales, le droit d'inspiration du droit musulman et le droit moderne inspiré du droit de l'ancienne puissance coloniale. Depuis les indépendances, les pays africains n'arrivent pas à ordonner de manière satisfaisante cette pluralité. Il est possible de constater de manière fréquente un écart entre le droit légiféré, c'est-à-dire le droit écrit, et le droit appliqué en pratique, c'est-à-dire, le droit issu des compromis. Un auteur sénégalais relève l'ineffectivité des textes officiels face à la pratique sociale[18]. Un autre auteur rwandais écrit que : « *le droit traditionnel continue à vivre et à se développer à l'ombre du droit « dominant*[19]» *puisqu'il est pratiqué par la population qui ignore dans certains domaines le droit importé. Les limites entre le droit et les pratiques religieuses ne sont pas très précises comme le montre le cas qui suit. En 1960, un européen, substitut du procureur du Roi au Rwanda, a reçu une plainte contre une femme soupçonnée d'avoir tué un enfant en lui envoyant de mauvais esprits*[20]. *Comme le Code pénal ne comportait pas une infraction (correspondant à l'accusation), la femme fut relâchée. Mais elle fut tuée ultérieurement par la famille de la victime, convaincue de sa culpabilité. Le droit officiel n'avait pas suivi la voix de la*

[17] Notamment dans son discours prononcé à la mairie de Paris, lors de sa dernière visite en 1984. V. La vidéo Sékou Touré à Paris.
[18] V. M. Coulibaly, « Le droit et ses pratiques au Sénégal », dans *A la recherche du droit africain du XXIe siècle*, Dir. C. Kuyu, éd., Connaissances et savoirs, 2005.
[19] Le droit « dominant » peut être celui auquel l'auteur n'a pas pensé.
[20] Le problème de sorcellerie est fréquent dans la société guinéenne aussi.

population ».[21] Cet exemple du droit rwandais montre les limites du droit légiféré face à la pratique sociale. Il vaut aussi pour le droit guinéen. Il existe en outre d'autres modes de règlement des litiges comme l'arbitrage, très souvent utilisé par les justiciables en matière civile et commerciale. Cela peut conduire à se poser la question de l'existence d'un droit national africain : existe- t- il un droit africain ou bien une juxtaposition de divers systèmes juridiques ?

9. L'incapacité des pays africains à trouver un modèle juridique national efficace peut s'expliquer par leur instabilité et le désordre politique qui y règne[22]. Après le Niger, en janvier 2010, le Mali au mois de mars 2012,[23] l'Afrique connaît une instabilité politique en Centrafrique et au Burkina Faso. Depuis les indépendances, l'Afrique est marquée par le système politique dictatorial ou autoritaire, par la mal gouvernance[24] et par la guerre civile[25]. Toute organisation sociale est soumise à la volonté et au pouvoir discrétionnaire du président de la république et de son entourage, que celui-ci soit bien ou mal élu[26], ou encore tout simplement non élu.

10. La Guinée, en particulier, a connu 26 ans de régime autoritaire avec le père de l'indépendance Ahmed Sékou Touré, 24 ans de dictature militaire avec le Général Lansana Conté[27]. Ce dernier a été porté au pouvoir à la suite d'un coup d'Etat le 03 avril 1984, après la mort d'Ahmed Sékou Touré, à peine dix jours plus tôt[28]. Elle a connu une nouvelle junte militaire au pouvoir de décembre 2008 à décembre 2010. Depuis cette date, l'espoir semble revenir avec l'élection d'un civil au pouvoir, en la personne de Monsieur Alpha Condé, juriste publiciste formé à l'université de Paris 1 Panthéon-Sorbonne et

---

[21] C. Ntampaka, *Introduction aux systèmes juridiques africains*, Presses Universitaires de Namur, 2004, p. 1. n° 1.

[22] V. Hazoumé A. T. et Hazoumé E. G. *Afrique, un avenir en sursis*, l'Harmattan 1988.

[23] V. Mali : Coup d'Etat contre la démocratie, *Jeune Afrique*, n° 25 du 31 mars 2012. Le Mali connaissait pourtant depuis 20 ans la démocratie grâce à Amadou Toumani Touré qui a été renversé le 21 mars 2012 par une junte militaire.

[24] V. Dioubaté B.*Bonne gouvernance et problématique de la dette en Afrique ; le cas de la Guinée*, Harmattant. Etudes africaines, 2011 ; Kaba K. (sous la dir). *La Guinée face à la mondialisation*, l'Harmattan 2008.

[25] V. T. Diakaté. *L'Afrique malade d'elle-même*, Karthala 1986.

[26] Exemple, le Togo et le Gabon où l'opinion nationale et internationale, ont dénoncé une fraude électorale au profit des candidats proclamé élus. Tous les deux succédant à leur père mort au pouvoir.

[27] V. Soumah M. *Guinée de Sékou Touré à Lansana Conté*, l'Harmattan, 2004.

[28] V. Soumah M. *Guinée : la démocratie sans le peuple dans le régime de Lansana Conté*, l'Harmattan 2006 ; Camara D. K. *Le redressement national en République de Guinée ; les effets pervers*, l'Harmattan 2005.

socialiste de conviction politique. Chaque nouveau régime a toujours modifié l'organisation judiciaire établie par le régime précédent.

11. Après l'indépendance il y eut un départ massif du personnel français dans tous les services administratifs de la Guinée[29]. Les magistrats et les auxiliaires de justice n'ont pas fait exception à cette rupture brutale de la France avec la Guinée. Pour assurer la continuité du service public judiciaire, l'ordonnance du 03 octobre 1958 autorisa l'application des textes de loi française non contraires à l'ordre public et à l'intégrité du nouvel Etat de la Guinée. La loi française fut alors appliquée en Guinée jusqu'au 29 décembre 1960, date à laquelle le gouvernement du président Ahmed Sékou Touré, rompit avec l'organisation judiciaire mise en place par le gouverneur français.

12. Par une circulaire[30] relative à la codification des coutumes locales en date du 19 mars 1931, le gouverneur général de Dakar[31], représentant de la République française, avait ordonné aux différents gouverneurs des colonies la mise en place de deux types de juridictions : La première, de droit local, appliquait les règles coutumières ; la seconde, de droit commun, appliquait le droit positif français. En Guinée furent ainsi organisés deux ordres de juridiction.

13. Par l'ordonnance n° 0471/PRG/60 du 29 décembre 1960, le nouvel Etat de la république de Guinée fit disparaître les tribunaux de droit local pour les remplacer par des tribunaux populaires et proclama l'unité de l'ordre judiciaire. La loi du 30 octobre 1965[32] créa le code pénal guinéen, celle du 21 septembre 1966 le code de procédure pénale, celle du 20 octobre 1997, les tribunaux pour enfants. En 1984, le régime militaire de Lansana Conté créa des institutions comme le Conseil Supérieur de la magistrature[33], les tribunaux administratifs, et des fonctions libérales d'auxiliaires de justice. La fonction de juge

[29] V. Sy S. A. O. *Guinée 1958-2008 ; l'indépendance et ses conséquences*, l'Harmattan 2009.

[30] V F. Médénouvo, *Coutumier de Dahomey pour le contenu de cette circulaire*, Présence Béninoise, 2004.

[31] Dakar, l'actuelle capitale de la République du Sénégal était la capitale de l'Afrique occidentale française pendant la période coloniale. Cela explique que les présidents français nouvellement élus choisissent Dakar comme tribune pour s'adresser aux pays de l'Afrique de l'ouest.

[32] V *La justice en Guinée*, Y. Boiro et C. Y. Seck, L'Harmattan. 2000.

[33] Le Conseil Supérieur de la magistrature n'a toutefois été installé que le 10 mars 2014. Voir A. B. Traoré, « l'installation du Conseil Supérieur de la magistrature », *Juriguinée* n° 2 avril-juillet 2014.

populaire fut supprimée. Mais les institutions créées étaient fragiles dans une Guinée non démocratique[34].

14. La junte militaire qui prit le pouvoir le jour du décès de Lansana Conté, le 23 décembre 2008, annonça dès le jour même de sa prise du pouvoir la suspension de toutes les institutions de la république. Elle mit en place une justice parallèle, nommée le Ministère des conflits, chargée de régler les différends des justiciables par l'intermédiaire du ministre ou du président de la République, autoproclamé, en la personne du capitaine Moussa Dadis Camara. Une manifestation et la pression pacifique mais vigoureuse de l'ensemble des magistrats et des auxiliaires de justice, obtiendront, quelques mois après sa création, la suppression de ce Ministère des conflits[35]. La junte militaire et son chef, Dadis Camara[36], donnera d'autres signes montrant une volonté de ne pas rompre avec les mauvaises habitudes qui causent le retard de ce pays à accéder à la démocratie et au progrès : des journalistes seront arrêtés, des leaders politiques menacés et des militants de la société civile seront inquiétés. Les événements ignobles du 28 septembre 2009[37] en sont une illustration éloquente : les militaires ont ouvert le feu sur des manifestants pacifiques dans un stade, faisant au moins 156 morts et des centaines de blessés ; 109 femmes ont été violées selon le rapport de l'ONG *Human Right Watch*, rendu publique le jeudi 17 décembre 2009[38]. La pression[39] de la France, des Etats-Unis, de l'Union africaine, et des ONG de défense des droits de l'homme sur les autorités guinéennes, entraîna un conflit entre le chef de la junte et son aide de camp. Le dernier attenta à la vie du premier. Le numéro 3 de la junte, le Général Sékouba Konaté fut nommé

[34] Pour une analyse approfondie de la question de démocratie en Guinée, V. Bangoura D,*Guinée : l'alternance politique à l'issue des élections présidentielle de décembre 2003*, l'Harmattan 2004 ; Bangoura D. et Bangoura M. T, *Enjeux et défis démocratiques en Guinée (février 2007 –décembre2010)*, l'Harmattan 2007 ; Diallo B. Y, *La Guinée, un demi-siècle de politique (1945-2008) ; trois hommes, trois destins*, l'Harmattan 2011 ;Faye O. T, *Guinée : chronique d'une démocratie annoncée*, l'harmattan 2008 ; Condé J. et Diallo A.-B, Une ambition pour la Guinée, l'Harmattan 2001.

[35] V. Le journal *Jeune Afrique* n° 2541 du 20 au 26 septembre 2009. p. 20 à 26, le journaliste C. Y. Seck explique dans l'article ''l'incroyable capitaine Dadis'' ce bras de fer entre Dadis et les magistrats.

[36] Des chaînes de télévision françaises comme TF1, (7 à 8), M6, Canal Plus et France 24, ont fait des reportages sur la personnalité de Dadis Camara, pour dénoncer la nouvelle dictature en Guinée qu'il était en train de créer.

[37] V. *Jeune Afrique*, n° 2543 du 4 au 10 octobre 2009, F. Soudan fait le récit de cette journée sanglante dans son article ''L'Etat sauvage'', sous titré, ''le lundi sanglant de Conakry'', p. 28 à 35.

[38] V. S Koita.*Plus jamais ça !* Edition indépendante, 2012. Dans ce recueil de poésie, nous dénonçons ce crime horrible du 28 septembre 2009.

[39] V. *Jeune Afrique* n° 2544 du 11 au 17 octobre 2009. S. Ballong explique dans 'La Guinée, sur la corde raide' que la population demande fermement des comptes sur le massacre du 28 septembre 2009. p. 12 à 14.

président de la république par intérim[40]. Il obtint du capitaine Moussa Dadis Camara, en convalescence à Ouagadougou, par la médiation du président burkinabè, Blaise Compaoro, la signature de ce qui est lieu d'appeler, *« les accords de Ouaga »*. Conformément à ces accords, un premier ministre issu de l'opposition fut nommé pour conduire un gouvernement de transition chargé de l'organisation des élections libres et transparentes dans un délai de six mois. Le conseil national de la transition fut créé avec, à sa tête, une syndicaliste chargée de réviser la constitution et de contrôler les actions du gouvernement pendant la transition. Aujourd'hui, le régime du président Alpha Condé, démocratiquement élu, s'est engagé à œuvrer pour l'unité nationale et la démocratie. L'épidémie du virus d'Ebola qui sévit en Guinée depuis janvier 2014 pourrait être utilisée à tort ou raison, en cas d'échec de la mission de ce gouvernement. Les résultats des élections présidentielles dont le premier tour est prévu pour le 11 octobre 2015, nous diront ce que pense le peuple guinéen du premier mandat du président Alpha Condé.

15. La défaillance politique[41] ne doit être un découragement pour contribuer à doter la Guinée d'un système juridique efficace et cohérent avec sa réalité sociale et culturelle. L'ensemble du continent africain semble se réveiller comme le fait remarquer le journal français Le Point : « *La litanie des tragédies ne s'est pas arrêtée, les fanatiques obtus qui saccagent Tombouctou nous le rappelle. Mais elle ne peut plus occulter l'évidence : l'Afrique subsaharienne se réveille. Sa croissance spectaculaire impressionne, son esprit d'entreprise a de quoi dynamiter les préjugés…*»[42]. Pour mettre la

---

[40]V.B. Y Diallo, *Guinée ; le général Sékouba Konaté au cœur de la transition*, l'harmattan, 2011.

[41] V. F. L Fall. *Mon pari pour la Guinée ; le changement est possible*, l'Harmattan, 2011. L'auteur, ancien premier ministre de la Guinée et ministre des affaires étrangères fait partie de ceux qui pensent à raison qu'il est possible de changer le destin de la Guinée. V. aussi A. R Gomez. *La Guinée peut- elle être changée ?*L'harmattan 2010 ; Barry A. O.*Les racines du mal guinéen*, Karthala 2004 ; Touré I. S, *Le droit au développement, la corruption et l'administration guinéenne*. 2011.

[42] V. Le journal *Le Point* du 9 août 2012, n° 2082, un numéro spécial consacré au réveil du continent africain. Le journaliste Alain Faujas, relativise ce réveil du continent africain en expliquant que : « les pays francophones sont à la traîne » par rapport à leurs voisinsanglophones. V. *Jeune Afrique*, du 25 décembre 2011 au 7 janvier 2012, n° 2659-2660, p. 137. Aussi, l'essayiste française d'origine camerounaise, Axelle Kabou ne croit pas à ce réveil de l'Afrique. Dans une interview accordé à un journaliste de *Jeune Afrique*, Philippe Perdrix, elle affirme que : « les économistes monopolisent les discours sur l'Afrique et alignent des statistiques pour prétendre qu'elle est en train de s'en sortir. Ils commettent leurs crimes habituels». V. *Jeune Afrique*, n° 2672, du 25 au 31 mars 2012. L'essayiste avait déjà expliqué que le sous-développement de l'Afrique était essentiellement dû aux mentalités et aux cultures dans son livre intitulé : *Et si l'Afrique refusait le développement ?*, publié en 1991 par les éditions l'Harmattan. Elle insiste sur son opinion selon laquelle l'Afrique restera toujours pauvre, dans son nouveau livre publié par la même édition en 2011, intitulé *Comment l'Afrique en est arrivée là ?*. Sa

Guinée sur les rails de la démocratie et du progrès, il faut la participation de tous les citoyens[43]. Celle des juristes est indispensable pour bâtir un Etat de droit. La présente étude de thèse s'inscrit dans cet objectif très ambitieux mais de manière modeste. A l'heure où la majorité des jeunes juristes africains s'investissent, à raison, dans l'évolution et la vulgarisation du droit africain des affaires harmonisé, OHADA, il ne faut pas négliger l'élaboration et l'évolution du droit civil national africain. Les affaires ne peuvent qu'être précaires dans un pays où il n'existe pas la sécurité juridique garantie par un Etat de droit, avec un système juridique cohérent et crédible. C'est pourquoi la présente thèse porte sur le droit national, précisément sur le droit de la responsabilité des père et mère, avec pour but de présenter une étude prospective à la lumière du droit français.

16. L'éclairage du droit français se révèle indispensable. En effet, la France constitue la source d'inspiration en Guinée pour toute organisation de la vie sociale. Le destin historique commun a été rappelé plus haut. Le Code civil guinéen, lui-même, n'est qu'une adaptation du Code Napoléon de 1804. Le droit guinéen de la responsabilité des père et mère doit être en conséquent analysé à la lumière des évolutions du droit français, lequel a sensiblement évolué en ce domaine. Par exemple, l'arrêt Bertrand[44] du 19 février 1997 instaure un régime de plein droit de responsabilité civile des parents du fait de leur enfant mineur. Avant cet arrêt, la responsabilité des parents du fait de leur enfant mineur était fondée sur une présomption de faute des père et mère[45]. Ou encore, le droit de la famille réceptionne aujourd'hui en France les concepts introduits par la Convention internationale des droits de l'enfant du 20 novembre 1989

---

thèse est combattue par le financier Lionel Zinsou, qui a affirmé dans une interview parallèle à celui de Madame A. Kabou, dans le même journal au même numéro, accordé au même journaliste, qu' : « à la question « est-ce que les africains vont mieux vivre dans les prochaines années ? », la réponse est oui ». Il faut faire remarquer que depuis une vingtaine d'années, les auteurs qui s'intéressent à l'Afrique se sont divisés en deux catégories : les afro- pessimistes, ceux qui pensent que l'Afrique n'arrivera pas à s'en sortir, tel Moussa Konaté, auteur du livre « l'Afrique noire est-elle maudite », édité chez Fayard en 2010, et les afro-optimistes, ceux qui soutiennent le contraire, tel Jean-Michel Severino et Olivier Ray, auteurs du livre « le temps de l'Afrique », édité chez Odile Jacob en 2010. Une troisième catégorie, qu'il faut saluer, ne se limite pas à apporter des critiques positives ou négatives. Elle propose des solutions, parfois radicales, pour résoudre le problème de sous-développement de l'Afrique. C'est le cas de l'économiste, DambisaMoyo, auteur du livre « L'aide fatale », édité chez JC Lattès en 2009. V. aussi Zerbo J.- K,A quand l'Afrique ? Entretien avec René Holenstein, Editions de l'Aube 2003.

[43]Albertini J.- M. Mécanisme du sous développement et de développement, Editions ouvrières 1981.

[44]Cass. civ. 2e, 19 févr. 1997, concl. R. Kessous, note G. Viney, JCP. éd. G 1997, II, 22848, D. 1997, p 265, note P. Jourdain.

[45] V. *infra* n° 326.

(responsabilité parentale ; intérêt supérieur de l'enfant[46]). Une analyse prospective du droit guinéen doit donc permettre, sous cet éclairage, de proposer des évolutions utiles et cohérentes avec la réalité guinéenne et la conception que le peuple guinéen a de l'enfant, des père et mère et de la responsabilité parentale. Il faut commencer par déterminer les concepts de « famille », de « père », de « mère » et de « responsabilité des père et mère » en droit guinéen.

17. La famille, en Guinée comme en France, ne connaît pas une définition légale. Si les Codes civils français et guinéen font mention du concept de « famille », ils n'en donnent aucune définition. Cela n'est guère regrettable dans la mesure où le concept de « famille » est évolutif. La notion de famille renvoie à une diversité de formes dont les législateurs guinéen et français n'ont pas voulu ou ne peuvent pas figer les contours. Selon la conception traditionnelle, la famille est un groupe de personnes liées entre elles par la filiation et par le mariage. C'est la définition que Messieurs Philippe Malaurie et Hugues Fulchiron donnent de la famille : « *la famille est un groupe de personnes unies par des rapports de parenté et d'alliance* »[47]. Cette définition est identique à celle que Monsieur Alain Bénabent rappelle dans l'introduction de son ouvrage : « *dans la conception traditionnelle, la famille repose sur le mariage et la filiation. La simple affection, même avec vie commune, n'y suffit pas...* »[48]. En effet, étymologiquement, le concept de « famille » vient du mot latin *familia, ae*[49]. En son sens initial, elle désignait l'ensemble des serviteurs vivant sous le même toit et sous la puissance du *pater familias*. Selon le dictionnaire français Le Petit Robert 2016, au sens restreint, la famille constitue : *« les personnes apparentées vivant sous le même toit » et au sens large : « l'ensemble des personnes liées par le mariage et par la filiation ou, exceptionnellement, par l'adoption* ». Des auteurs français n'ont pas manqué de souligner la difficulté de donner une définition générique à la notion de famille « *du fait des mutations constantes qui l'affectent et de la grande diversité des situations qui la caractérise*[50] ». La réforme portant sur « *le mariage*

---

[46] V. *infra* n° 139.
[47] V. Ph. Malaurie et H. Fulchiron, Droit civil, la famille, Defrénois, 2006, n° 4.
[48] V. A. Bénabent, Droit civil, Droit de la famille, Montchrestien, 2010, p. 1, n° 1.
[49] V. Locutions latines juridiques, sous la direction de S ; Guinchard Dalloz 2012.
[50] V. F. Granet-Lambrechts, P. Hilt, Droit de la famille, 3e édition, Presse Universitaire de Grenoble, 2009, p. 7, n° 1.

pour tous » illustre ces propos[51]. En droit guinéen, la famille a un sens large, une conception étendue. La famille guinéenne peut être définie comme « *l'ensemble des personnes descendant d'un même ancêtre, vivant ou non sous le même toit, accueillant parfois d'autres personnes à titre transitoire ou définitif* »[52].

18. Trois éléments sont donc essentiellement partagés par les membres d'une famille en droit guinéen traditionnel[53] : l'ancêtre, la résidence et les croyances. Dans la conception traditionnelle guinéenne, la famille n'est donc pas limitée au rapport de consanguinité ou d'alliance, contrairement à la conception du droit guinéen écrit et du droit français. La notion traditionnelle guinéenne de la « famille » est susceptible de s'étendre à toute relation fondée sur les trois critères sus-énoncés. Le concept de famille dans le droit traditionnel est perçu de manière flexible. La famille est une communauté. Par exemple, un étranger qui partage les croyances d'une communauté donnée peut prétendre appartenir à cette communauté si celle-ci l'estime suffisamment intégré. Sinon, il est vrai, qu'en principe, les communautés sont formées à partir d'une filiation patrilinéaire. Le lignage fonctionne en communauté de vie et d'échange, à la tête de laquelle se trouve une autorité qui est le garant de la cohésion sociale au sein de la communauté.

19. Ces conceptions commencent à changer. L'évolution de la mentalité et du mode de vie des guinéens conduit le droit guinéen progressivement d'une notion de la « famille » large vers une conception plus étroite. C'est ainsi que Kéba M'baye écrivait en 1968 que : « *la famille africaine, celle du lignage ou de la « maison » se meurt. Le clan se disloque ; les vieilles croyances tombent sur les ruines des autels que les jeunes, partis du village vers la ville ou occupés à l'école et dans les services civiques, ne peuvent plus entretenir. Les anciens, après quelques tentatives pour sauver la famille africaine, finissent par être désabusés et par abandonner leurs efforts inutiles. Ceux d'entre eux qui persévèrent sont désavoués par les pouvoirs publics qui donnent raison aux forces du progrès* »[54]. Trente ans plus tard, un auteur camerounais fait le même constat que le regretté Kéba M'baye en ces

---

[51] V. *infra* n° 22 et suivant.
[52] La définition est empruntée à L. Depret, V. « L'enfant noir », Mél. D. Huet-Weiller, LGDJ, 1994, p. 79
[53] Sur la distinction droit traditionnel- droit moderne, V. *infra* n° 50 et 98.
[54] V. K. M'baye, Le droit de la famille en Afrique noire et à Madagascar, éd. Maisonneuve et Larose, 1968, p. 35.

termes : « *La notion de famille a évolué et a l'heure actuelle la famille étendue, considérée sous l'angle du lignage, perd peu à peu de son importance comme institution. En revanche, la famille restreinte au ménage ou nucléaire prend de l'envol, en particulier dans les milieux urbains où le chômage et la précarité incitent à une gestion rigoureuse des moyens de subsistance disponible. Il n'est plus rare de voir en ville un jeune couple vivre sans se préoccuper des affaires du village* »[55]. Un autre auteur camerounais en conclut qu': « *Il faut se convertir à une perception réaliste et contextuelle du cercle familial, en fonction des données de chaque situation, en vue de décider si des droits invoqués au titre de la parenté sont précisément ceux protégés par les instruments africains au titre de la famille. La famille doit être interprétée de manière autonome et plurielle, pour que ce concept soit utile et ne reste pas une figure d'idéologie culturelle* »[56].

20. Les législateurs africains, en général, et le droit guinéen moderne, en particulier, n'ont pas manqué de prendre en compte les opinions de ces auteurs africains. A la lecture des dispositions du Code civil guinéen, il est possible de constater que le droit guinéen, malgré l'absence de définition de la famille, opte pour une conception restreinte de la famille. Ainsi, la conception de la famille du droit guinéen tend à se rapprocher de celle du droit français laquelle fut d'ailleurs étendue sous l'ancien droit français[57]. Mais elle en est encore loin, car l'évolution de la notion de famille dans la société française a été tellement profonde ces dernières années qu'il convient plutôt de parler d'une ''révolution'' de la notion de famille[58].

21. Aujourd'hui, la société française connaît plusieurs modèles de famille, contrairement à la société guinéenne, au point que certains auteurs français parlent de « vie en famille » plutôt que de famille[59]. En effet, si le droit français comme le droit guinéen moderne optent pour la conception étroite de la famille, c'est-à-dire la famille réduite au couple et aux enfants, la famille française se distingue de la famille

---

[55] V. J.D. Boukongou, La vie familiale comme lieu d'exercice des droits fondamentaux : lecture des pratiques africaines, Cahier africain 1998.

[56] V. A. D. Olinga, la famille en droit international africain des droits de l'homme Revue Universelle des droits de l'homme, 1966.

[57] Sur l'évolution de la notion de famille en droit français V. F. Granet-Lambrechts, P. Hilt, Droit de la famille, *op. cit* p. 12.

[58] V. Henneron S. La notion de famille en droit positif français, thèse, Lille II. 2002.

[59] C'est le cas de Messieurs Ph.Malaurie et H. Fulchiron. V. Droit civil, la famille, Defrénois, 2006, n° 12. *op. cit.* p. 11.

guinéenne par sa diversité. A côté du modèle traditionnel, celui de la famille légitime, créée par le mariage, il existe des familles fondées hors mariage. Le couple désormais dissout du Président de la République, François Hollande, fonctionnaire au sommet de l'Etat français montre que le couple hors mariage a acquis une reconnaissance sociale que le droit français admet de plus en plus alors que, selon la presse guinéenne, le Président guinéen Alpha Condé s'est marié pour les besoins de la campagne présidentielle de 2010. Aussi, après le divorce, ce qui est rare en Guinée, surtout dans les zones rurales où le mariage est encore une garantie de la stabilité du couple, les ex- mariés se remarient pour constituer une famille recomposée[60]. En France, il arrive souvent que les hommes et femmes décident de ne plus se remettre en couple après une séparation. Il n'est par rare aussi de constater que les parents d'un enfant n'aient jamais eu de vie commune. Dans ces cas là, l'enfant est élevé par l'un de ses parents seulement. On parle de « famille monoparentale ». Parfois, l'enfant est juridiquement rattaché à un seul de ses parents. On parle de famille unilatérale.

22. Par Ailleurs, la société française connaît des couples de même sexe. Depuis vingt ans certaines personnes homosexuelles revendiquaient le droit au mariage[61]. Le gouvernement français conduit par Lionel Jospin avait procédé en 1999 à la création du pacte civil de solidarité pour répondre à cette revendication. Douze ans plus tard, le gouvernement de Jean-Marc Ayrault, puis de Manuel Valls sont allés plus loin. Désormais la loi ouvre le droit au mariage et à l'adoption aux couples homosexuels en France[62]. L'article 143 du Code civil français est ainsi rédigé : « Le mariage est contracté par deux personnes de sexe différent ou de même sexe ». Cette loi a remis en cause la condition déduite de l'ancienne formule de l'article 144 du Code civil français, selon laquelle deux personnes qui souhaitent se prendre pour époux soient de sexe différents. D'où, par exemple, la décision du TGI de Brest qui refusa une demande de changement de sexe à l'état civil au motif que : « modifier le sexe mentionné dans

---

[60] V. L'étude dirigée par la sociologue I. Théry, les recompositions familiales aujourd'hui, Nathan, 1993 ; Delecourt F. L'enfant dans les recompositions familiales, thèse Lille 1994 ; Rebourg M. La prise en charge d'une enfant par son beau-père, Defrénois. 2003.

[61] V. Flandrin J. L. Famille, parenté, maison, sexualité dans l'ancienne société, Seuil, 1984.

[62] Le projet de loi ouvrant le droit au mariage et à l'adoption a été présenté en conseil des ministres le 31 octobre 2012 par la ministre de justice, garde des sceaux, Christine Taubira. V. Le journal français ''L'humanité'' du 4 novembre 2012, n° 21036, « mariage pour tous, tous parents », p. 2 ; le site internet : www.lefigaro.fr, mariage gay : les « cathos » du PS entre doutes et réticences.

l'acte de naissance d'une personne mariée aboutirait, non pas à constater mais à créer une situation de mariage entre personnes de même sexe » et que « *le mariage est l'union d'un homme et d'une femme ; le tribunal ne peut pas, en modifiant juridiquement le sexe d'une personne mariée, créer une situation juridique interdite par la loi* »[63]. Cette décision fut rendue conformément à la jurisprudence de la Cour de cassation. La loi du 17 mai 2013 remet aussi en cause le but assigné au mariage que certains auteurs de la doctrine française ont fait remarquer : « *celui de perpétuer l'espèce humaine* »[64].

23. La loi du 17 mai 2013 éloigne davantage le droit français de la famille du droit guinéen, qui reste conforme à la conception traditionnelle du mariage et de la famille. Dans le droit français les mots « mari » et « femme » sont devenus « époux » dans le droit des régimes matrimoniaux, les mots « père » et « mère » sont devenus « parents » dans le droit de l'autorité parentale. Certains auteurs de la doctrine française avaient critiqué le projet de réforme ouvrant aux homosexuels le droit au mariage et à l'adoption. En 2004 Frédérique Granet-Lambrechts dénonçait déjà le droit au mariage pour les personnes du même sexe en écrivant qu' : *« il se trouve même dénaturé dans les réformes opérées aux Pays-Bas puis en Belgique, où il est désormais permis à deux personnes du même sexe* »[65]. L'ironie de la critique a voulu que le droit national français connaisse la même « *dénaturation* »[66] du mariage traditionnel. Certains de ses confrères français l'avaient devancée pour critiquer le projet ouvrant le droit au mariage aux homosexuels. Jean Hauser avait écrit que : « *si la discrimination consiste à traiter de manière différente des personnes placées dans des situations semblables, on pourrait tout aussi bien soutenir qu'elle consiste aussi à dénommer de façon semblable des situations différentes* »[67]. Claire Neirinck avait soutenu le même argument : « *le refus de la discrimination ne consiste pas à ignorer l'appartenance sexuée. Il impose uniquement de traiter à égalité de droit des situations de fait identiques. Ne sont donc pas considérés comme discriminatoires les traitements différents*

[63]TGI Brest, 15 décembre. 2011, n° 11/00975 : Juris Data n° 2011-027855. CommentaireA. Gouttenoire La Semaine Juridique Edition Générale n° 29, 16 Juillet 2012, 878.
[64] V. F. Granet-Lambrechts, P. Hilt, Droit de la famille, *op. cit* p. 12.
[65] V. F. Granet-Lambrechts, préface pour Le couple et la convention européenne des droits de l'homme, analyse du droit français, de P. Hilt, éd. Presse Universitaire d'Aix-Marseille, 2004.
[66] Le mot est emprunté à l'auteur.
[67] V. J. Hauser, Présidentielle : être sexué ou ne pas être sexué, voilà la question ? JCP éd. G, n° 10, mars 2012.

appliqués à des situations différentes, même lorsque cette différence résultedu sexe »[68]. Ils critiquaient ainsi la motivation du projet fondée sur le principe de non discrimination. Selon Jean Hauser, le projet de loi était par ailleurs incohérent sur la question de l'adoption[69].

24. Xavier Labbée proposait de son côté de mettre le mariage et le pacte civil de solidarité dans un concept nommé « union civile » et ouvert à tous les couples, et ainsi de réserver le mot « mariage » à l'union religieuse. Il avait écrit qu' :« *on se rend compte qu'accorder au couple homosexuel le « droit » de se marier conduit à des incohérences. Il paraît plus judicieux de chasser le mariage et le pacs du Code civil et de créer « l'union civile » unique, laïque et égale pour tous, fondée sur la morale républicaine faite de loyauté et de bonne foi. Cette union, célébrée par l'officier d'état civil et rompue par le juge, ne mettrait pas obstacle à l'aménagement conventionnel des devoirs personnels. On parlerait de « contrat institutionnalisé ». Le mot « mariage » serait réservé au domaine religieux auquel il appartient avant tout* »[70]. La proposition n'était pas convaincante, comme l'avait souligné Philippe Malaurie : « *Les partisans du « mariage homosexuel » ne demandent pas un sous-mariage pour tout le monde. Ils réclament, pour eux comme pour les autres, le mariage, la dignité et la grandeur du mariage, l'institution célébrée devant le maire, officier d'état civil - peut-être la plus grande conquête de la Révolution française, une des bases de la « constitution civile de la nation », pour reprendre le mot célèbre de Jean Carbonnier* »[71]. Mais le professeur Malaurie pense comme le professeur Labbée que : « *le mariage est l'union entre un homme et une femme* »[72].

25. Un autre auteur français avait critiqué la position des auteurs cités plus haut. Il avait écrit qu' : « *ils ont commis les mêmes erreurs de raisonnement... pour définir le mariage comme l'union d'un homme et d'une femme, dans la perspective d'une analyse critique du projet de réforme, il leur a fallu prendre un point d'appui naturaliste, en passant sous silence les faits sociaux qui assoient la réforme*

[68] V. C. NEIRINCK, Le mariage homosexuel ou l'arbre qui cache la forêt, Droit de la famille n° 10, Octobre 2012, repère 8.
[69] V. Le figaro, mariage gay : « le projet de loi est incohérent », interview, Jean Hauser, www.lefigaro.fr
[70]V X. Labbée, Le mariage homosexuel et l'union civile, JCP G, 10 septembre 2012.
[71] V. Ph. Malaurie mariage homosexuel et l'union civile. - Réponse à Xavier Labbée, La Semaine Juridique Edition Générale n° 42, 15 Octobre 2012.
[72]V. Ph. Malaurie mariage homosexuel et l'union civile. - Réponse à Xavier Labbée. *op. cit* p. 17.

annoncée... ils ont admis, sans la discuter, la position transhistorique des religions qui, afin d'exercer un droit de critique à l'égard de la société, se sont instituées gardiennes de la différence des sexes dans le mariage et dans la vie sociale. C'est plutôt le droit de critique de la société, à l'égard du discours religieux sur la différence des sexes, qu'il faudrait fonder par la recherche d'un point d'appui juridique »[73]. Or, l'évolution sociale qui justifiait la réforme était faible. Comme l'avait souligné le grand rabbin, l'association des parents et des futurs parents gays et lesbiennes, qui demandait le projet, comptait 1800 adhérents sur l'ensemble du territoire français[74]. Il était donc permis de prendre position pour les partisans du mariage traditionnel. Il faut rappeler que le mariage n'est pas un simple contrat entre deux personnes. C'est aussi une institution qui a pour but l'organisation d'une famille avec un enfant au moins qui aura un père et une mère. Le Professeur Jean Hauser avait écrit à juste titre que : « *Ouvrir le mariage aux couples de personnes de même sexe implique de revoir entièrement le lien entre le mariage et le droit de la filiation. On sort d'une filiation biologique, ou copiée largement sur le lien biologique classique, pour entrer dans une filiation largement volontaire* »[75]. Selon l'article 12 de la Convention européenne des droits de l'Homme, *« à partir de l'âge nubile, l'homme et la femme ont le droit de se marier...* »[76]. Il est clair que la Convention européenne des droits de l'Homme consacre la conception traditionnelle du mariage. Une conception que le droit français comme celui des Pays-Bas et de la Belgique, remet désormais en cause. Quant au droit guinéen, il n'est pas prêt de s'en éloigner.

26. La famille monoparentale, la famille unilatérale et l'homosexualité sont des faits qui existent dans la société guinéenne. Mais ce sont des faits qui connaissent une réprobation sociale très forte. La société guinéenne ne conçoit la vie en couple qu'entre une femme et un homme. Et la famille doit être formée, en principe, par le lien de mariage. Il n'est pas rare de voir des parents obliger leur fille tombée enceinte hors mariage à épouser l'auteur de la grossesse. Aussi, la

[73]V. P. Reigné, Arsilda, regina di Ponto. - Le mariage, les religions et la différence des sexes, La Semaine Juridique Edition Générale n° 43, 22 Octobre 2012.
[74] V. www. Grandrabbindefrance.com
[75] V. J. Hauser, Le projet de loi sur le mariage des personnes de même sexe, le paradoxe de la tortue d'Achille, La Semaine Juridique Edition Générale n° 44, 29 Octobre 2012.
[76] Pour la mise en œuvre de l'article 12 de la Convention européenne des droits de l'Homme, V. A. Gouttenoire, La famille dans la jurisprudence de la Cour européenne des droits de l'homme, Droit de la famille n° 4, Avril 2011, étude 10.

famille polygame est tolérée par le droit guinéen et socialement reconnue en Guinée[77]. Pourtant, le Code civil guinéen interdit la polygamie. Aux termes de l'article 315 du Code civil guinéen : « *la pratique de la polygamie est interdite à toute personne de nationalité guinéenne et demeure proscrite sur toute l'étendue du territoire de la République* ». Le législateur guinéen a posé quatre limites à cette règle : La première limite concerne les mariages célébrés et consommés sous l'empire de la coutume de la polygamie. Elle s'applique donc à tous les mariages formés avant la réforme de la loi du 31 janvier 1968. La deuxième limite prévoit que le mari peut obtenir l'autorisation d'épouser une seconde femme si l'autorisation est motivée par des raisons médicales graves[78]. Selon la troisième limite, après une séparation de plus de deux années et en présence d'enfants communs, les conjoints divorcés peuvent se remarier sans formalité de consentement des autres épouses du mari[79]. La quatrième limite concerne les femmes âgées de plus de 45 ans. Elles peuvent se marier ou se remarier à tout homme de leur choix sans formalité de consentement des autres épouses du mari[80]. Il faut noter que l'article 318 du Code civil guinéen sanctionne la polygamie illicite d'une peine d'emprisonnement de 5 ans à 10 ans et d'une amende de 5 00 à 5000 francs guinéens[81]. Malgré l'interdiction légale, la polygamie est une pratique courante en Guinée. Des écrivains africains n'hésitent pas à dénoncer pourtant avec vigueur la situation difficile des femmes de foyer polygame[82]. En revanche, la polygamie est prohibée et réprimée par le droit français. Comme le souligne Amadou Hampaté Bâ : « *Il y a des pays pour lesquels la polygamie est une nécessité sociale*

---

[77]Les hommes trouvent des justifications de la polygamie dans les hardis, c'est-à-dire des paroles et actes du Prophète, malgré la prohibition légale. Pourtant, comme l'a écrit Bâ A. H : « En Islam la polygamie n'est pas une obligation, mais une tolérance (limitée d'ailleurs), compte tenu de la diversité des tempéraments et des conditions sociales de la société. Le souci majeur est d'éviter l'adultère, le désordre des mœurs, les enfants illégitimes et déracinés, les femmes vieillissant seules ». V. Bâ. A. H, Aspect de la civilisation africaine, Présence Africaine 1972, p. 103. V aussi. ASCHA G. Mariage, polygamie et répudiation en Islam. Justifications des auteurs arabo-musulmans contemporains, Editionsl'Harmattan 1997.

[78] Dans la société guinéenne la stérilité de la femme est toujours perçue comme une raison médicale grave permettant le remariage du mari.

[79] Dans cette règle il est possible de constater la conception éternelle de l'union conjugale dans la société guinéenne.

[80] Cette limite peut se comprendre par le principe social selon lequel la femme mariée doit être mise en terre par son époux après son décès. Sinon, elle ne verra pas le paradis. Le droit guinéen facilite alors le mariage des femmes âgées de plus de 40 ans.

[81] 1 euro vaut 8772 francs guinéens à ce jour.

[82] V. Par exemple M. Bâ, « Une si longue lettre », Nouvelles éditions africaines, 1979. Dans ce roman Ramatoulaye, raconte sous forme épistolaire, à l'occasion de la mort de son mari, sa difficile condition de vie de femme polygame.

péremptoire. Il y en a d'autres qui, en raison même de l'éclatement de la famille, s'accommodent de la monogamie »[83]. En droit français, la polygamie n'a jamais été consacrée même à l'époque où elle aurait pu être socialement utile, car les théologiens ont considéré que la polygamie est contraire à la dignité de la femme.

27. Ces différentes conceptions de la famille entre la société française et la société guinéenne, remettent en mémoire la pensée du philosophe français Blaise Pascal : « *Vérité en deçà des Pyrénées, erreur au-delà* ». Toutefois, que l'on soit dans la société française ou la société guinéenne, la famille a toujours été formée à partir d'un homme et d'une femme. C'est cette forme de famille qui intéresse la présente thèse. Il est encore nécessaire de se demander ce que l'on entend par les concepts de « père », de « mère » et de « responsabilité parentale ».

28. Le dictionnaire français Larousse donne deux définitions du mot « père ». Selon ce dictionnaire, le mot père est, premièrement, l' « homme qui a engendré un ou plusieurs enfants, deuxièmement, l' *« homme ayant ou non engendré un enfant, qui joue auprès de lui le rôle de parent dans la cellule familiale »*[84]. C'est cette seconde définition qu'il convient de retenir dans la présente thèse parce qu'il s'agit de déterminer la responsabilité d'une personne qui joue un rôle dans l'éducation et la surveillance de l'enfant mineur habitant avec elle. Le père est d'abord, en droit guinéen le bon père de famille, qui doit adopter un comportement exemplaire. Cette notion remonte à l'adage latin *bonus pater familias,* le critère du « bon père de famille » que l'on retrouve dans les dispositions de l'article 1137, alinéa 1er du Code civil français selon lequel : *« L'obligation de veiller à la conservation de la chose, soit que la convention n'ait pour objet que l'utilité de l'une des parties, soit qu'elle ait pour objet leur utilité commune, soumet celui qui en est chargé à y apporter tous les soins d'un bon père de famille »*[85]. Il faut faire remarquer que, si le Code civil guinéen ne fait pas référence au critère du « bon père de famille » dans l'obligation de veiller à la conservation de la chose en matière contractuelle, contrairement au droit français, il mentionne le critère

---

[83] Bâ A. H. Aspect de la civilisation africaine, Présence Africaine 1972, p. 103, n° 45.
[84] V. Le dictionnaire français Larousse.
[85] Pour une étude approfondie de ce critère de bon père de famille, V. Brunetti-Pons C, L'obligation de conservation dans les conventions, PUAM, 2003, p. 322, n° 311 et 312.

du « bon père de famille » dans l'organisation du rôle du tuteur. Selon l'article 416, alinéa 2 du Code civil guinéen, le tuteur « *administrera les biens de l'enfant en bon père de famille et répondra des préjudices qui pourraient résulter d'une mauvaise gestion* »[86]. Le pouvoir de direction du père est traduit par l'expression « puissance paternelle » en droit guinéen et dans l'ancien droit français. L'importance de cette puissance paternelle du père varie selon les époques et les sociétés considérées. Aujourd'hui, le pouvoir du père dans la société guinéenne est plus important que celui du père dans la société française puisque, selon le Code civil guinéen, le père est le chef de la famille[87]. En droit français, le pouvoir du père a beaucoup évolué ces dernières années, aboutissant à une égalité de traitement avec la mère[88].

29. Le mot « mère » est défini par le dictionnaire français Larousse, comme la « *femme qui a mis au monde un ou plusieurs enfants* », puis par la « *femme qui joue le rôle d'une mère* »[89]. La mère est la femme qui, avec le père, forme une famille, qu'elle soit la mère biologique ou la mère adoptive. En France, la mère peut ne pas être liée au père par un mariage[90]. L'on conçoit deux autres types d'union entre la femme et l'homme à côté du mariage : le concubinage et le pacte civil de solidarité[91]. La mère est le co-titulaire de l'autorité parentale en droit français actuel, et le titulaire subsidiaire du droit de garde en droit guinéen[92]. C'est pourquoi elle est, avec le père, responsable civilement de l'enfant.

30. Un auteur français écrit que : « *La distinction du féminin et du masculin est d'ordre naturel*[93]. *L'aménagement de la distinction de l'homme et de la femme est, quant à elle, tributaire de données d'ordre culturel. Le droit, qui est expression d'une culture, s'est référé à cette distinction pour fonder diverses notions juridiques*

---

[86] V. *infra* n° 297.

[87] V. *infra* n° 34 et 195

[88] V. *infra* n° 30 et 31

[89] V. Le dictionnaire français Larousse.

[90] V. *supra* n° 21.

[91] Le pacte civil de solidarité, abrégé pacs est un contrat conclu entre deux personnes majeures de sexes différents ou de même sexe pour organiser leur vie commune selon l'article 515-1 du Code civil français.

[92] V. *infra* n° 225.

[93] V. La réflexion sur la question, Heritier F. Masculin, féminin, La pensée de la différence, Odile Jacob, 1996

fondamentales, telles le mariage et la filiation »[94]. L'auteur écrit plus loin que : « *dans la plupart des systèmes de droit fut également consacrée une hiérarchie entre l'homme et la femme, le premier exerçant, selon l'expression traditionnelle du droit français, sa « puissance maritale ». En découla en particulier, dans notre doit, l'incapacité juridique de la femme mariée* »[95]. Aujourd'hui, cette hiérarchie n'existe plus en droit français. C'est le résultat d'une longue évolution historique[96].

31. Le XVIIIème siècle, appelé le siècle des lumières, verra l'amorce de la consécration de l'égalité par la déclaration universelle des droits de l'Hommeet du citoyen de 1789. Mais les femmes attendront le XXème siècle pour se voir reconnaître les mêmes droits que les hommes, notamment le droit de vote le 21 avril 1944 et le droit d'avoir un compte bancaire sans l'autorisation du mari avec la loi n° 65-570 du 13 juillet 1965 (article 221 du Code civil français). Aujourd'hui, dans le droit français de la famille le mari n'est plus le chef et il partage l'exercice de l'autorité parentale avec la femme. Corrélativement, la femme est solidairement responsable des dommages causés par l'enfant mineur lorsqu'elle exerce conjointement l'autorité parentale avec le père de ce dernier.

32. Le droit guinéen est très différent du droit français. Il ne consacre pas cette égalité parfaite entre la femme et l'homme[97]. Par exemple, dans le système d'organisation sociale, la polygamie est tolérée alors que la polyandrie est prohibée. Une femme mariée qui aurait une aventure avec un homme autre que son époux, serait une femme bannie par la communauté et ferait la honte de sa famille. Ce ne serait pas le cas si l'homme était infidèle.

33. Cette différence de traitement entre l'homme et la femme par la société guinéenne se traduit aussi dans le droit de la famille. L'article 341 du Code civil guinéen dispose que : « *le mari pourra demander le divorce pour cause d'adultère de sa femme* ». En revanche, selon l'article 342 du même Code, « *la femme pourra demander le divorce*

---

[94] V. Brunetti-Pons C, La distinction de l'homme et de la femme. Approche pluridisciplinaire, *in* Revue de la Recherche Juridique, Presse Universitaire d'Aix-Marseille. 2004-1

[95] V. Brunetti-Pons C, La distinction de l'homme et de la femme. *op. cit.* p. 22.

[96] V. Guelaud-Leridon F. Recherche sur la condition féminine dans la société d'aujourd'hui, PUF, 1967.

[97] V. Daoumbouya O. S,La situation sociale des femmes en Guinée ; de la période coloniale jusqu'à nos jours, l'Harmattan 2008.

pour cause d'adultère de son mari, lorsqu'il aura entretenu sa concubine au domicile conjugal ». Ces règles coïncident avec les dispositions du droit français antérieures à la réforme du 11 juillet 1975. Le mari peut donc obtenir le divorce en se fondant sur l'infidélité de sa femme, alors que la femme ne peut obtenir le divorce pour infidélité de son mari qu'à condition que celui-ci entretienne sa maîtresse au domicile conjugal. « Deux poids deux mesures ». L'inégalité en droit entre l'homme et la femme en droit guinéen est évidente.

34. Les statuts juridiques de l'homme et de la femme sont également inégaux. Le Code civil guinéen énonce, en son article 324 alinéa 1er, que le mari est le chef de famille. A ce titre, il lui revient d'exercer l'autorité paternelle non seulement sur les enfants mais aussi sur la femme. Ainsi, l'article 331, alinéa 1er du Code civil guinéen dispose que : « *Le choix de la résidence de la famille appartient au mari : la femme est obligée d'habiter avec lui et il est tenu de la recevoir* ». La femme peut toutefois être autorisée par le juge à se procurer, pour elle et ses enfants, une autre résidence lorsque celle choisie par son mari présente pour elle des dangers d'ordre physique ou d'ordre moral, conformément à l'alinéa 2 de l'article 331 du Code civil guinéen. Corrélativement, le Code civil guinéen limite la capacité juridique qu'il reconnaît à la femme. Il ne la limite pas dans le principe car l'article 325 dispose que : « *La femme mariée a pleine capacité de droit. Elle conserve l'administration, la jouissance et la libre disposition de ses biens personnels et des biens qu'elle acquiert par l'exercice d'une activité professionnelle séparée. Elle peut faire ouvrir un compte courant en son nom et y déposer ou en retirer librement des fonds* ». Toutefois, l'article 328, alinéa 1er du même code dispose que : « *La femme peut exercer une profession séparée de celle de son mari à moins que celui-ci ne s'y oppose* ». Ainsi, la règle posée par l'alinéa 1er de l'article 328 du Code civil guinéen permet au mari de s'opposer à l'exercice par sa femme d'une activité professionnelle séparée. L'alinéa 2 de cet article limite cependant cette faculté d'opposition en disposant que : « *Si l'opposition du mari n'est pas justifiée par l'intérêt de la famille, la femme peut être autorisée par justice à passer outre, auquel cas les engagements personnels qu'elle a pris depuis l'opposition sont valables* ». L'article 329, alinéa 2 du même Code fait par ailleurs peser sur le mari la charge financière de la famille. Il énonce que : « *L'obligation d'assurer les charges du*

ménage pèse à titre principal sur le mari. Il est obligé de fournir à la femme tout ce qui est nécessaire pour les besoins de la vie selon ses facultés et son état ».

35. Ces différentes règles sont posées notamment au chapitre consacré aux « droits et devoirs des époux ». Elles montrent que la femme et l'homme ne sont pas égaux en droit dans le Code civil guinéen. Le droit guinéen de la famille fait de la femme une subordonnée de son mari[98]. Dans le domaine de l'autorité parentale, le nouveau Code guinéen de l'enfant du 19 août 2008 a en revanche, posé le principe d'une égalité de droits *via* l'exercice conjoint de l'autorité parentale. Malgré ces avancées réalisées par le nouveau Code guinéen de l'enfant du 19 août 2008, la pratique sociale consacre encore la suprématie de l'homme en Guinée. Par conséquent, la responsabilité des père et mère pèse surtout sur le père en pratique.

36. Il parait intéressant d'analyser le droit guinéen de la responsabilité des père et mère à la lumière du droit français. Les sociétés guinéenne et française ne connaissant pas la même évolution des mentalités, des modes de vie et des valeurs, il est enrichissant d'étudier comment le droit français, « expression d'une culture », permettra de faire comprendre le droit guinéen et autorisera des suggestions d'évolution pour le droit guinéen de la responsabilité des père et mère. Il faut encore donner une définition de la responsabilité des père et mère, après avoir donné celle des concepts de « famille », de « père » et de « mère ».

37. Définir le concept de responsabilité des père et mère nécessite de commencer par définir la responsabilité civile délictuelle puisque la responsabilité des père et mère est un cas particulier de responsabilité civile délictuelle. Selon les règles coutumières et traditionnelles guinéennes, la notion de responsabilité renvoie à la morale. La morale veut que tout individu, membre d'une communauté donnée, adopte un comportement qui ne nuise pas aux autres. La responsabilité est définie comme l'obligation de répondre de ses actes, de ceux des personnes sous son autorité et des choses sous sagarde. Le droit traditionnel guinéen ne fait pas la distinction entre la responsabilité

[98] Voir S. Koïta, « Le statut juridique de la femme mariée », Juriguinée 2014.

pénale et la responsabilité civile[99]. Il confond la peine pénale et la réparation civile. Il faut noter aussi qu'en droit traditionnel guinéen il est fréquent que la responsabilité ne soit pas personnelle. C'est la communauté de l'auteur du dommage, sur le principe de la solidarité familiale qui répare le préjudice de la victime.

38. Le droit français a connu aussi la confusion entre responsabilité civile et responsabilité pénale[100] jusqu'au XVIIème siècle. Depuis cette période, des auteurs, tel Domat, ont réalisé de grands travaux pour un droit français de la responsabilité civile mieux élaboré. L'apport de Domat a permis d'établir des principes généraux du droit français de la responsabilité civile. La responsabilité civile devint alors autonome par rapport à la responsabilité pénale. En s'inspirant des travaux de Grotius, Domat dégagea une formule selon laquelle : «*Toutes les pertes et tous les dommages qui peuvent arriver par le fait de quelque personne, soit imprudence, légèreté, ignorance de ce qu'on doit savoir, ou autres fautes semblables, si légères qu'elles puissent être, doivent être réparées par celui dont l'imprudence ou la faute y a donné* ». Cette formule est la source d'inspiration de la règle posée à l'article 1382 du Code civil français de 1804, toujours en vigueur, selon lequel : « *Tout fait quelconque de l'homme, qui cause à autrui un dommage, oblige celui par la faute duquel il est arrivé, à le réparer* ». Ainsi, le droit français actuel connaît une conception moderne de la responsabilité civile.

39. Le sens du concept de « responsabilité » n'a pas varié dans le temps. Qu'il s'agisse du droit traditionnel ou du droit moderne guinéen, il signifie l'obligation pour une personne de réparer les conséquences de ses actes, qui causent à autrui un dommage. Selon un auteur[101], le concept de responsabilité est apparu tardivement en droit français, à la fin du XVIIIe siècle. Il est défini dans le dictionnaire en 1792 comme « *l'obligation d'être responsable, d'être garant de quelque chose* ». Le mot responsabilité, qui est aujourd'hui essentiellement utilisé en droit civil, a d'abord eu un sens politique. Le Code civil français ne le définit pas. La définition de la responsabilité en droit français est une œuvre doctrinale. La responsabilité est ainsi définie

---

[99] V. T. O. Elias, « La nature du droit coutumier africain », chapitre VII, pour la distinction entre droit civil et droit pénal dans les coutumes africaines, éd. Présence Africaine, 1961.
[100] V. J. L. Gazzaniga « Les métamorphoses historiques de la responsabilité », *in* Les métamorphoses de la responsabilité, colloque René Savatier du 15 et 16 mai 1997. PUF.
[101] M. Villey, Esquisse historique sur le mot responsable, p. 45.

comme l'« obligation de réparer le préjudice résultant soit de l'inexécution d'un contrat (responsabilité contractuelle), soit de la violation du devoir général de ne causer aucun dommage à autrui par son fait personnel, ou du fait des choses dont on a la garde, ou du fait des personnes dont on répond (responsabilité du fait d'autrui) ; lorsque la responsabilité n'est pas contractuelle, elle est dite délictuelle »[102]. Selon le vocabulaire juridique Capitant, la responsabilité, au sens général, est l'« *obligation de répondre d'un dommage devant la justice et d'en assumer les conséquences civiles, pénale, disciplinaires, etc. (soit envers la victime, soit envers la société), etc.* ». En matière civile, la même notion est définie comme *« toute obligation de répondre civilement du dommage que l'on a causé à autrui, c'est-à-dire de le réparer en nature ou par équivalent »*[103]. Les formules utilisées dans ces définitions de la responsabilité sont sensiblement différentes. Mais elles renvoient à la même notion. En droit, la responsabilité est définie comme l'obligation de répondre d'un dommage.

40. La responsabilité civile est ainsi la matière du droit qui s'occupe de la réparation des préjudices subis par un individu dans sa personne ou dans ses biens. Ce préjudice peut être corporel, moral ou matériel. La responsabilité civile a pour fonction essentielle l'indemnisation de la victime.

41. Le droit moderne guinéen profite de l'héritage doctrinal et jurisprudentiel du droit français. Le législateur guinéen moderne distingue clairement la responsabilité civile de la responsabilité pénale contrairement à ce qui résulte du droit traditionnel guinéen. Aux termes de l'article 1097, alinéa 2 du Code civil guinéen, *« Par opposition à la responsabilité pénale, une responsabilité est dite civile parce qu'elle n'est ici considérée que sur le plan d'une réparation laquelle est, en principe, pécuniaire »*. Cette règle définit la responsabilité civile par opposition à la responsabilité pénale, en se fondant sur leurs fonctions respectives. Elle énonce que la responsabilité civile a pour fonction la réparation de la victime[104]. Elle

---

[102] V. Lexique des termes juridiques, sous la direction de S ; Guinchard, Dalloz 2012.

[103] V. Vocabulaire juridique, Association Henri Capitant, sous la direction de Gérard Cornu, Quadrige PUF 2011.

[104] La responsabilité pénale est celle qui a pour fonction de sanctionner l'auteur d'une infraction. Voir J. Jean Pradel, Droit Pénal Général, éd. Cujas, 16e éd. 2006/2007, p. 16 ; B. Bouloc, Droit Général, 21 éd.

précise aussi la nature, en principe pécuniaire, de la réparation. Le législateur guinéen interdit ainsi la pratique de la loi de talion à laquelle certains justiciables guinéens ont encore recours de nos jours.

42. La responsabilité civile se subdivise en responsabilité civile contractuelle, lorsque l'obligation nait de l'inexécution d'un contrat et en responsabilité civile délictuelle, lorsque l'obligation nait d'un fait[105]. Traditionnellement, la responsabilité civile nécessite la réunion de trois facteurs : une faute, un dommage et une relation de cause à effet entre la faute et le dommage[106]. Les dispositions légales sur lesquelles se fonde la conception traditionnelle sont celles des articles 1382 du Code civil français, cité plus haut, et 1383 du même Code, selon lequel « *Chacun est responsable du dommage qu'il a causé non seulement par son fait, mais encore par sa négligence ou par son imprudence* ». Ainsi, la faute est traditionnellement le fondement de la responsabilité civile en droit français comme en droit guinéen. En certains domaines, et spécialement celui de la responsabilité parentale, les fondements de la responsabilité civile ont toutefois profondément évolué. Sous l'impulsion de la jurisprudence, le droit français est passé d'un régime de responsabilité pour faute présumée à un régime de responsabilité sans faute. La question se pose de savoir si cette évolution est souhaitable ou non en droit guinéen. Dans la mesure où le droit guinéen de la responsabilité parentale reste fortement inspiré du droit français, est il possible de trouver une originalité en ce droit qui fonde une différenciation ? Le droit français a été adapté à l'évolution de la société française. Mais il faut noter que le Code civil français a plus de deux siècles d'existence, alors que la Guinée a célébré le cinquantenaire de son indépendance en octobre 2008. Cela appelle à relever une différence entre le droit français et le droit guinéen : le droit guinéen est un droit récent qui se construit malgré les péripéties de ses régimes politiques légitimes et illégitimes. Si la doctrine française, presque à l'unanimité, s'est félicitée de l'évolution du régime de la responsabilité des père et mère, elle n'est pas sans appeler la critique. Certains auteurs regrettent le caractère excessif du

---

Précis Dalloz, 2009 ; F. Desportes et F. Le Gunehec, Droit Pénal Général, 16 éd. Economica 2009. p. 390.

[105] V. *infra* n° 56 et suivant.

[106] V. *infra* n° 556.

régime de la responsabilité de plein droit[107] et d'autres soulignent le caractère inachevé de cette évolution[108].

43. S'il faut en la matière s'inspirer du droit français, il est permis de suggérer la mise à l'écart d'une copie conforme, parce que la Guinée et la France ne connaissent pas les même réalités sociales, économiques, culturelles et politiques. Le législateur guinéen semble comprendre cela, car il s'est montré original par rapport à son homologue français en la matière. Il convient de démontrer cette originalité du droit guinéen de la responsabilité parentale par rapport au droit français, quant aux supports du droit guinéen de la responsabilité parentale, (Première partie) et quant à leurs fondements respectifs (Seconde partie).

---

[107] V. *infra* n° 470
[108] Par exemple Mesdames G. Viney et C. Grare

Partie 1

L'originalité des supports de la responsabilité parentale en droit guinéen

44. Il faut se poser certaines questions relatives à la mise en œuvre de la règle de la responsabilité parentale en droit guinéen pour comprendre son originalité par rapport au droit français. Il faut s'interroger sur le domaine d'application de la règle prévoyant la responsabilité des père et mère par exemple. L'étendue de la portée juridique d'une règle dépend de sa nature et des personnes visées. En droit français la responsabilité parentale fondée sur l'article 1384, alinéa 4 du Code civil ne vise que les père et mère. Tandis qu'en droit guinéen la règle de la responsabilité parentale peut être appliquée à une autre personne que les père et mère. Par conséquent le droit français de la responsabilité parentale connaît un domaine d'application restreint, alors que celui du droit guinéen est large. Cela rend le second original par rapport au premier.

45. L'originalité du domaine d'application de la règle de la responsabilité parentale du droit guinéen par rapport au droit français s'est imposée d'elle-même. Le peuple guinéen connaît des réalités sociales, économiques et politiques différentes de celles du peuple français. Si en France les dommages sont le plus souvent réparer par l'assurance de l'auteur à l'origine de l'acte dommageable ou les fonds d'indemnisation, en Guinée les conséquences des dommages sont le plus souvent couvertes par la solidarité familiale. Le législateur guinéen, en s'inspirant du droit français pour établir la règle de la responsabilité parentale a pris en considération ces éléments. Ainsi, il a prévu une règle de la responsabilité parentale originale par rapport au droit français.

46. Contrairement au droit français, le domaine juridique de la responsabilité parentale du droit guinéen a non seulement la nature d'un droit moderne, mais aussi celle d'un droit traditionnel. En conséquence on relève la coexistence de deux ordres juridiques : l'ordre juridique moderne et l'ordre juridique traditionnel (Titre 1).

Cette originalité en entraine une autre : le cercle des responsables de l'enfant est plus large en droit guinéen qu'en droit français (Titre 2).

Titre 1

La coexistence de deux ordres juridiques distincts

47. Comme tous les pays du continent africain, la République de Guinée connaît dans son droit national l'existence de deux ordres juridiques distincts. L'ordre juridique moderne, inspiré du droit de l'ancienne puissance coloniale, en l'occurrence le droit français[109], et l'ordre juridique traditionnel, constitué des règles coutumières, héritées des anciens. L'ordre juridique traditionnel caractérisé par l'oralité, influencé par les pratiques sociale et religieuse, prime encore sur l'ordre juridique moderne malgré la publication de nombreux codes juridiques[110]. En attendant l'harmonisation de ces deux ordres juridiques pour un droit national guinéen unifié[111] dans la pratique, il est possible d'affirmer, dès à présent, que cette coexistence de deux ordres juridiques distincts a un impact sur le système de la responsabilité parentale du droit guinéen qui se trouve en conséquence doublé. Deux ordres juridiques coexistent en la matière : d'une part, l'ordre juridique écrit, constitué par l'ensemble des normes juridiques éditées par les institutions républicaines et les traités internationaux ratifiés par la Guinée ; d'autre part, l'ordre juridique traditionnel, comportant des coutumes ancestrales diverses.

48. Le mécanisme de la mise en œuvre de la règle de la responsabilité parentale est influencé par les règles du droit de la famille. Il parait intéressant d'expliquer comment, en droit guinéen, la même règle de la responsabilité des père et mère peut se voir appliquer différemment selon que l'on se trouve dans l'ordre juridique moderne ou traditionnel. Il s'agit là d'une différence non négligeable avec le droit français. Il faut faire remarquer que le droit guinéen admet la responsabilité parentale non seulement dans son ordre juridique moderne (chapitre 1), mais aussi dans son ordre juridique traditionnel (chapitre 2).

---

[109] D'autres pays africains ont été colonisés par le Portugal, comme la Guinée Bissau ou par l'Angleterre, comme la Sierra Leone.

[110] V. *supra* n° 13.

[111] L'unification du droit guinéen a été décrétée par le gouvernement de la première République, V. *infra* n° 105.

Chapitre 1

La responsabilité parentale dans le droit moderne guinéen

49. Suivant les dispositions de l'article 1098 du Code civil guinéen et de l'article 1382 du Code civil français, lorsqu'une personne cause un dommage à une autre personne par sa faute, elle est tenue à l'égard de cette dernière d'une obligation de réparer ce dommage. C'est la responsabilité civile du fait personnel. S'il est question de responsabilité personnelle en notre domaine d'étude, il ne peut s'agir que de celle de l'enfant qui commet l'acte dommageable. La responsabilité des père et mère, qui est une responsabilité du fait d'autrui, se superpose à cette responsabilité personnelle. La responsabilité des père et mère est une responsabilité civile prévue par l'article 1384, alinéa 4 du Code civil pour le droit français et par l'article 1099, alinéa 2 du Code civil pour le droit guinéen.

50. Le droit moderne guinéen recouvre le droit écrit, les lois émanant du législateur, les décisions prises par les juridictions judiciaires et les conventions ratifiées[112] par l'Etat guinéen. Le droit moderne guinéen est plus proche du droit français, sa source d'inspiration. Par conséquent, le droit français de la responsabilité des père et mère présente des éléments communs avec le droit guinéen : ce sont, d'une part, la nature et le mécanisme de la responsabilité des père et mère (section 1) et, d'autre part, ses fonctions qui lui permettent d'atteindre son objectif (section 2).

[112] La liste n'est pas exhaustive

Section 1

La nature et le mécanisme de la responsabilité parentale, éléments communs au droit français et au droit moderne guinéen

51. En droit français de la responsabilité civile, le principe est la responsabilité personnelle, prévue par l'article 1382 du Code civil, cité plus haut. Cela signifie qu'une personne ne peut voir engagée sa responsabilité que pour son propre fait. Mais le législateur français a consacré certaines hypothèses de responsabilité du fait d'autrui à travers l'article 1384 du Code civil. Ce sont des cas où une personne peut voir engager sa responsabilité pour des faits commis par une autre personne. Le législateur guinéen, influencé par son homologue français a repris ces hypothèses de responsabilité du fait d'autrui dans le Code civil. C'est ainsi que l'article 1099, alinéa 2 du Code civil guinéen prévoit que les parents peuvent voir engager leur responsabilité pour les faits de leurs enfants mineurs habitant avec eux. La responsabilité parentale est donc une responsabilité du fait d'autrui (§ 2), de nature civile délictuelle (§ 1).

§ 1. La responsabilité parentale, une responsabilité de nature civile délictuelle

52. L'article 1097 alinéa 2 du Code civil guinéen, dispose que : « *Par opposition à la responsabilité pénale, une responsabilité est dite civile parce qu'elle n'est ici considérée que sur le plan d'une réparation laquelle est, en principe, pécuniaire* ». A travers cet article, le législateur guinéen donne une définition négative de la responsabilité civile en l'opposant à la responsabilité pénale[113]. Dans l'ordre juridique, il existe deux types de responsabilité : la responsabilité pénale, définie comme l'obligation pour l'auteur d'une infraction de

[113] V. *supra* n° 41.

subir la peine prévue pour cette infraction[114], et la responsabilité civile, qui recouvre l'obligation pour une personne de réparer le dommage causé à autrui.

53. L'article 121-1 du nouveau Code pénal français, dispose que *« Nul n'est pénalement responsable que de son propre fait »*. Ce principe de la responsabilité pénale personnelle n'est pas expressément affirmé par le Code pénal guinéen. Cela peut s'expliquer par la fidélité du législateur guinéen, en matière pénale, à l'ancien Code pénal français, duquel ce principe était absent. Il faut tout de même préciser que le législateur français de 1994 n'a rien apporté au droit positif en énonçant le principe de la responsabilité pénale personnelle, ou individuelle. La chambre criminelle de la Haute juridiction judiciaire n'avait jamais manqué de rappeler que : *« nul n'est punissable qu'en raison de son fait personnel »*, notamment dans les arrêts du 3 mars 1859, 3 mars 1933 et 28 février 1956[115]. Selon ce principe, la responsabilité pénale ne peut résulter que d'un fait personnel. Autrement dit, nul n'est passible de peine qu'à raison de son fait personnel. Un auteur de la doctrine française souligne ce principe en ces termes : *« On pourrait donc penser que la règle est bien une responsabilité pénale du fait personnel pour les personnes physiques, et qu'exceptionnellement pour les personnes morales, il y aurait une responsabilité du fait d'autrui. Ainsi, il serait possible de répondre à la question posée qu'en matière pénale la responsabilité du fait d'autrui est exceptionnelle et concerne surtout des personnes morales »*[116].

54. Il s'agissait donc d'ores et déjà d'un principe du droit pénal. En conséquence de ce principe, la responsabilité pénale du fait d'autrui n'est pas envisageable. Tel n'a pas toujours été le cas en Guinée ni en France. Il y a eu une époque en France où la responsabilité pénale d'un individu engageait celle de sa famille, de son clan. La famille de la victime avait un droit de punir à l'égard de la famille du délinquant. C'était l'époque de la vengeance privée. Ce que certains auteurs français, tel que Monsieur Jean-Louis Gazzaniga et Monsieur Bernard

---

[114] Pour la définition de la responsabilité pénale, voir J. Jean Pradel, *Droit Pénal Général*, éd. Cujas, 16e éd. 2006/2007, p. 16 ; B. Bouloc, *Droit Général*, 21 éd. Précis Dalloz, 2009 ; F. Desportes et F. Le Gunehec, *Droit Pénal Général*, 16 éd. Economica 2009. p. 390.

[115] Cass. crim. 3 mars 1859, Bull., n° 69 ; 3 mars 1933, Bull., n° 49 ; 28 février. 1956, JCP, 1956 II, 9304, obs. de Lestang.

[116] B. Bouloc, « Existe –t-il une responsabilité pénale du fait d'autrui ? », RCA. 2000, n° spécial.

Bouloc ne manquent pas de rappeler dans leurs articles respectifs. Le premier écrit que : « *certains des éléments de la responsabilité collective vont se perpétuer tout au long du Moyen Age. Dans le sud-ouest de la France, elle pèse sur toute la communauté ou la paroisse, comme le précise notamment la coutume de Bordeaux, ou les Fors de Béarn. On en trouve trace en Alsace jusqu'au XVIIe siècle, où la famille continue à payer la composition pécuniaire. Les statuts municipaux en offrent un autre exemple avec la procédure des marques et des représailles, qui permet de rendre responsable la communauté toute entière pour un délit commis par l'un de ses membres* »[117]. Le second note, dans son rapport à l'occasion de la journée d'étude consacrée à la responsabilité du fait d'autrui, que : « *dans les droits anciens, il en avait été différemment. La responsabilité était généralement collective, la victime (et les membres de son clan) s'adressant à tous les membres du clan auquel appartenait l'offenseur* »[118]. Dans le droit guinéen traditionnel, il existe encore quelques entorses au principe de la responsabilité pénale du fait personnel. Mais le droit guinéen moderne, malgré l'absence de dispositions spéciales dans le Code pénal, comme le droit français, admet que chacun ne doit répondre que de ses fautes personnelles.

55. La responsabilité parentale, responsabilité du fait d'autrui, obéit à la même règle. Il n'y a pas de dérogation au principe de la responsabilité pénale personnelle. Comme le commettant, le père ou la mère d'un mineur auteur d'un délit pénal ne saurait être déclaré pénalement responsable de ce délit. C'est le cas non seulement en droit guinéen mais aussi en droit français. Ainsi, la responsabilité pénale des père et mère du fait de leur enfant mineur est exclue. Seule la responsabilité civile se trouve être admise. Le droit guinéen comme le droit français l'admettent. Il s'agit dans les deux cas d'une responsabilité délictuelle. Cependant, il faut encore l'expliquer car la responsabilité civile connaît deux sous-catégories, en droit guinéen comme en droit français.

56. Suivant l'article 636 du Code civil guinéen : « *les obligations se divisent en obligations contractuelles et extracontractuelles, selon qu'elles trouvent leur source dans un contrat ou en dehors d'un*

---

[117] V. J-L. Gazzaniga, Les métamorphoses historiques de la responsabilité *in* Les métamorphoses de la responsabilité, Presse Université de France 1997, p. 8.

[118] B. Bouloc, « Existe –t-il une responsabilité pénale du fait d'autrui ? », *op. cit*p. 35.

contrat, dans un délit par exemple ». Cette disposition de l'article 636 du Code civil guinéen, placé dans les dispositions générales du Livre IV, n'a pas d'équivalence textuelle dans le Code civil français. Ni les dispositions prévues par le Titre III du livre troisième du Code civil, consacré aux contrats, ni celles prévues par le Titre IV[119] du même livre, consacré aux engagements qui se forment sans convention, ne mentionnent une distinction entre les obligations contractuelles et les obligations extracontractuelles. En droit guinéen en revanche, l'article 636 du Code civil constitue le fondement légal de la subdivision de la responsabilité civile en responsabilités contractuelle et extracontractuelle. Cet article établit une distinction entre l'obligation contractuelle et l'obligation extracontractuelle. Il précise que la distinction est fondée sur la source de l'obligation, en citant l'exemple du délit comme source d'une obligation extracontractuelle[120].

57. La responsabilité civile délictuelle, prévue par l'article 1098 du Code civil guinéen et par l'article 1382 du Code civil français, est un principe élaboré par les législateurs guinéen et français pour sanctionner l'obligation de ne pas nuire à autrui. L'obligation de réparer en application du principe de la responsabilité civile délictuelle est la conséquence d'une première obligation existante, celle de ne pas nuire à autrui. Affirmer, comme l'a fait le législateur guinéen à travers l'article 636 précité, qu'il existe deux types d'obligations, l'obligation contractuelle et l'obligation extracontractuelle, c'est affirmer, implicitement mais suffisamment, qu'il existe deux types de responsabilité : la responsabilité contractuelle, celle qui viendra sanctionner la violation de l'obligation contractuelle et la responsabilité extracontractuelle, celle qui sanctionnera la violation de l'obligation extracontractuelle. Certains auteurs de la doctrine guinéenne, notamment Messieurs Mamadou Souaré et Yacouba Diallo, reprennent cette distinction dans leur ouvrage titré « Cours de droit des obligations ». Ils affirment que « *la responsabilité contractuelle est la variété de responsabilité civile s'appliquant lorsque le dommage a été causé à une partie par l'inexécution ou la mauvaise exécution d'un contrat. Elle se distingue, par l'origine du dommage, de la responsabilité civile délictuelle où le dommage est causé par autrui en dehors de tout contrat* »[121]. Il faut faire remarquer

[119] Ces Titres correspondent aux Titre II et III du Livre IV Code civil guinéen.
[120] Le quasi-délit est aussi une source de responsabilité extracontractuelle.
[121] M. Souaré et Y. Diallo, « Cours de Droit des Obligations », 2e édition, éd. Universitaire, 2006. p. 61.

la similitude parfaite de cette définition avec celle du Professeur Alain Bénabent[122], de la doctrine française.

58. Il existe, au sein de la doctrine française, une controverse vive sur l'existence de cette distinction notamment sur la question de la dualité ou de l'unité des régimes de responsabilité contractuelle et extracontractuelle. A la fin du XIXe siècle, le concept de « responsabilité contractuelle » fit déjà l'objet d'une controverse doctrinale opposant les partisans de l'unité des régimes aux partisans de la dualité des régimes de la responsabilité civile. Selon les auteurs de la thèse de la dualité des régimes, la dualité des sources des obligations, la loi et le contrat, ne peut qu'entraîner l'application de régimes distincts. Charles Sainctelette, l'auteur le plus représentatif de la thèse de la dualité des régimes de responsabilité gagna la faveur de la majorité doctrinale de l'époque, avec son ouvrage paru en 1884[123]. En 1892, Jean Grandmoulin procéda à la remise en cause de la théorie dualiste dans sa thèse de doctorat[124]. Il affirma que : *« la loi et le contrat, et par la suite les obligations qui en naissent, n'ont pas une essence différente »*. Selon lui, toute lésion, causée par le débiteur ou un tiers est un délit. Qu'il s'agisse de l'obligation légale ou d'une obligation contractuelle. Par conséquent, il a soutenu que l'origine de l'obligation violée ne devait pas avoir d'incidence sur le régime de la responsabilité, dont le fondement demeure l'article 1382 du Code civil français. Les tenants de la théorie de l'unité des régimes de responsabilité civile sont restés minoritaires. Mais ils ont exercé une influence importante sur l'évolution du droit. Au cours des années 1930, des auteurs, tel André Brun, proposèrent une opinion conciliatrice suivant laquelle : *« scientifiquement, il n'y a pas deux responsabilités, mais deux régimes de responsabilité »*[125]. C'est la synthèse entre les deux premières opinions. La responsabilité serait unitaire par nature mais dualiste dans le régime. Ainsi, la responsabilité civile est divisée en deux branches, la responsabilité civile contractuelle, qui consiste en la réparation du préjudice causé par l'inexécution d'une obligation contractuelle, et la responsabilité

[122] A. Bénabent, Droit civil, Les obligations, 12e éd. Montchrestien 2010 p. 287.
[123] C. Saintlette, De la responsabilité et de la garantie, 1884.
[124] J. Grandmoulin, De l'unité de la responsabilité ou nature délictuelle de la responsabilité pour violation des obligations contractuelle, 1892.
[125] A. Brun, Rapport et domaines des responsabilités contractuelles et délictuelles, thèse. Lyon, 1930.

civile délictuelle, qui répare le préjudice résultant de la violation de la loi[126].

59. Certains auteurs contemporains continuent à contester l'existence de la responsabilité contractuelle, notamment Monsieur le Professeur Philippe Rémy, qui affirme que la responsabilité contractuelle est dépourvue de toute réalité juridique. Par conséquent, il la qualifie de « faux concept »[127]. Monsieur le Professeur Philippe Le Tourneau, se prononce aussi en ce sens en ces termes : « *Sans juger ridicule la notion de responsabilité contractuelle, il faut constater qu'elle s'enracine plus dans la force des habitudes de langage que dans les dispositions du Code civil. La vérité est que celui-ci ne fait aucune allusion, directe ou indirecte, à elle (pas plus du reste qu'il n'indique que l'autonomie de la volonté serait créatrice de droits ; toutes ces théories sont des créations doctrinales de la fin du XIXe siècle* »[128]. Cet auteur, comme le précédent, pense que le concept de « responsabilité contractuelle » devrait plutôt être qualifié d'« exécution par équivalent ». Il raisonne ainsi : « *L'action en justice du créancier insatisfait assure ce que nous avons appelé la réalisation contentieuse du contrat. Dès lors, l'allocation de ces dommages et intérêts, traditionnellement présentée comme l'expression d'une responsabilité contractuelle, mais que personnellement nous désignons depuis longtemps par l'expression de « défaillance contractuelle », dépend du contrat et de l'attente légitime du créancier qui en fixe les limites, comme en témoigne l'article 1150 du Code civil. Il s'agit d'une exécution par équivalent* »[129].

60. D'autres auteurs, comme Madame le Professeur Géneviève Viney[130] ou Monsieur le Professeur Patrice Jourdain défendent l'existence de la responsabilité contractuelle. Ce dernier n'a pas manqué de répondre à Monsieur le Professeur Philippe Le Tourneau, cité plus haut. Il conclut son article, intitulé : « réflexion sur la notion de responsabilité contractuelle », en ces termes : « *Il me paraît difficile de contester*

---

[126] V. M. Baccache –Gibeilli, Les Obligations, la responsabilité civile extracontractuelle éd. Economica 2007 ; Bénabent, A, Droit civil, Les obligation, « Droit privé Domat », Montchrestien. 2010. 12e, éd ; P. Brun, Responsabilité civile extracontractuelle, éd. Litec 2009 ; Buffelan-Lanore Y et Larribau-Terneyre V, Droit Civil, Les obligations, Sirey. 2010. 12e éd.
[127] V. Ph. Rémy, « responsabilité contractuelle » : histoire d'un faux concept, RTD civ. 1997, 323.
[128] Ph Le Tourneau, Droit de la responsabilité et des contrats, Dalloz Action 2010-2011. n° 805, p. 259.
[129] V. Ph Le Tourneau, Droit de la responsabilité et des contrats, Dalloz Action 2010-2011, n° 807. p. 260. *op. cit.* p. 39.
[130] V. G. Viney, « La responsabilité contractuelle en question », dans Mél. J. Ghestin, LGDJ 2001, 920.

aujourd'hui l'existence d'une responsabilité contractuelle autonome par rapport aux autres sanctions de l'inexécution. Parler d'exécution par équivalent[131] *est approximatif et excessivement réducteur puisque se trouve occultée la dimension indemnitaire de la responsabilité contractuelle. A cet égard, de métamorphose de la responsabilité il n'y a point, sinon peut être dans l'esprit de certains auteurs* »[132].

61. La thèse conciliatrice mérite l'adhésion. Pour en être convaincu, Il faut se poser la question de savoir quelle est la fonction de la responsabilité civile. Il faut définir le but de la responsabilité civile. La fonction principale de la responsabilité civile est la réparation du dommage. Que la source du dommage soit contractuelle ou extracontractuelle, la responsabilité civile vient pour le réparer. La responsabilité civile délictuelle connaît bien une identité de nature, mais avec une dualité de régimes. la doctrine française s'est majoritairement rangée sur la position de la thèse prônant la dualité de la responsabilité civile.

62. La jurisprudence française semble influencée par les auteurs qui défendent le concept de « responsabilité contractuelle ». Il faut noter que l'une des rubriques de référence des tables de jurisprudence de toutes les revues juridiques, notamment du Bulletin des arrêts des chambres civiles de la Cour de cassation, est : «responsabilité contractuelle. La Haute Juridiction judiciaire utilise donc l'expression « responsabilité contractuelle ». Mais cela ne suffit pas pour connaître la position de la jurisprudence française quant à la controverse doctrinale sur le concept de « responsabilité contractuelle ». Pour s'en convaincre, il faut examiner les arrêts rendus par la Haute Juridiction judiciaire française.

63. Certains arrêts de la Cour de cassation, notamment deux arrêts, peuvent conduire à affirmer qu'elle n'est pas restée insensible à l'opinion des auteurs qui dénoncent le concept de « responsabilité contractuelle ». Le premier est l'arrêt de la 3e chambre civile en date du 13 novembre 1997. En l'espèce, une propriétaire reprochait à son locataire d'avoir modifié le local sans autorisation préalable en contravention aux clauses du bail commercial. Elle fit une demande de

---

131 Il faut remarquer la référence à l'opinion de Monsieur Le Tourneau.

132 P. Jourdain « réflexion sur la notion de responsabilité contractuelle », les métamorphoses de la responsabilité, PUF, 1998, p. 65.

dommages et intérêts que la cour d'appel refusa au motif qu'elle n'avait pas subi de préjudice. Alors, elle s'était pourvue en cassation. Il s'agissait de savoir si un créancier contractuel peut obtenir une réparation alors qu'il n'a pas subi de dommage ? A cette question, la Cour de cassation, cassant l'arrêt de la cour d'appel sous le visa des articles 1143 et 1144 du Code civil français, donna une réponse affirmative. Elle affirma que « *le créancier a le droit de demander que ce qui aurait été fait par contravention à l'engagement soit détruit : qu'il peut se faire autoriser à le détruire aux dépens du débiteur, sans préjudice des dommages et intérêts s'il y a lieu* »[133]. Il faut faire remarquer la confusion de la responsabilité contractuelle avec le droit à l'exécution de l'obligation dans cette décision de la Haute juridiction.

64. Le second arrêt, en date du 30 janvier 2002 et rendu par la même chambre, maintient la position de la Cour de cassation. En l'espèce, il s'agissait d'un bail d'habitation à propos duquel les bailleurs demandaient des dommages et intérêts pour inexécution des réparations locatives. La cour d'appel ayant rejeté cette demande au motif que les bailleurs n'avaient subi aucun préjudice, ils se sont pourvus en cassation. La Cour de cassation cassa la décision de la cour d'appel en affirmant que « *l'indemnisation du bailleur en raison de l'inexécution par le preneur des réparations locatives prévues au bail n'est pas subordonnée... à la justification d'un préjudice* »[134]. Dans cet arrêt, aussi, la Haute juridiction judiciaire affirme que la réparation peut être demandée sans preuve d'un préjudice. La chambre sociale de la Cour de cassation, par un arrêt du 4 décembre 2002, est également allée dans le sens de la confusion des deux notions. En l'espèce, des salariés d'une entreprise en liquidation judiciaire avaient assigné l'organisme chargé de garantir le paiement des sommes dues en exécution du contrat de travail. La cour d'appel ayant accueilli leur demande, l'organisme s'est pourvu en cassation en soutenant que « *les dommages et intérêts alloués aux salariés pour méconnaissance de la réglementation relative à la délivrance des bulletins de salaire et du certificat de travail ne sont pas dus en exécution du contrat de travail, mais à raison d'une négligence de l'employeur* ». Il s'agissait de savoir s'il y avait lieu de faire la distinction entre l'exécution du contrat et la responsabilité de l'employeur. La chambre sociale, en

---

[133]Cass. civ. 3e, 13 novembre 1997. Bull. civ. III, n° 202, RTD civ. 1998, p. 124, obs. P. Jourdain.
[134]Cass. civ. 3e 30 janvier 2002. Bull. civ. III. N° 17 ; RTD civ. 2002, p. 816. obs. P. Jourdain.

rejetant le pourvoi, donna une réponse négative à cette question. Elle décida qu' : « *aux termes de l'article 1142 du Code civil toute obligation de faire ou de ne pas faire se résout en dommages-intérêts en cas d'inexécution par le débiteur, que, d'autre part, selon l'article 1147 du même Code, le débiteur est condamné, s'il y a lieu, au paiement de dommages-intérêts soit à raison de l'inexécution de l'obligation, soit à raison du retard de l'exécution ; qu'il en résulte que les dommages-intérêts alloués au créancier au titre de l'inexécution ou d'un retard dans son exécution constituent une modalité d'exécution de l'obligation de faire ou de ne pas faire* »[135]. Par sa chambre sociale, la Cour de cassation confond ici aussi l'exécution du contrat avec la responsabilité contractuelle.

65. En considérant ces arrêts, il est possible de dire que la jurisprudence française s'est alignée sur la position de la doctrine prônant « le faux concept de la responsabilité contractuelle »[136]. Cependant, d'autres arrêts plus récents que les premiers cités dans les pages précédentes reviennent sur la position de la Haute juridiction judiciaire. C'est le cas notamment d'un arrêt de la 3e chambre civile de la Cour de cassation en date du 3 décembre 2003. En l'espèce, un bailleur avait assigné son locataire en réparation pour préjudice résultant de la défaillance à son obligation de restituer le local commercial dans un état d'entretien permettant une relocation immédiate et aisée. Sa demande fut refusée par la cour d'appel au motif que son préjudice n'était pas prouvé car il avait trouvé immédiatement un autre locataire à des conditions correctes sans avoir à supporter des travaux de remise en état. Le bailleur forma alors un pourvoi devant la Cour de cassation qui fut rejeté au motif que « *les dommages et intérêts ne peuvent être alloués que si le juge, au moment où il statue, constate qu'il est résulté un préjudice de la faute contractuelle* »[137]. Par application de cet arrêt, il est permis de dire que la jurisprudence exige la preuve d'un préjudice pour l'octroi des dommages et intérêts. Autrement dit, il faut établir la preuve d'un préjudice pour que le juge retienne la responsabilité contractuelle. Cet arrêt aurait pu conduire à dire que la jurisprudence a procédé à un revirement par rapport aux arrêts cités plus haut. Cependant, un arrêt de la 1ere chambre civile de

---

135 Cass. soc. 4 décembre 2002. RDT civ. 2003. p. 711, obs. P. Jourdain ; RDC civ. 2003, p. 54, obs. P. Stoffel- Munck.

136 Expression empruntée à Monsieur Ph. Rémy, V. *supra* n° 59.

137 Cass civ. 3e, 3 décembre 2003. Bull. civ. III, n° 221, obs. G. Viney.

la Cour de cassation en date du 31 mai 2007[138] a décidé que le manquement à une obligation de ne pas faire ouvre droit à réparation sans que la victime ait à établir un dommage. La Haute juridiction judiciaire montre ainsi que les solutions posées par les arrêts de 1997 et 2002 doivent être maintenues. Par conséquent, elle approuve la position des auteurs qui s'opposent au concept de « responsabilité contractuelle ». Les chambres 2 et 3 de la Cour de cassation ne consacrent pas la même solution.

66. Quant au droit guinéen, il est permis d'affirmer qu'il s'aligne sur la position des partisans de la thèse de la dualité, en interprétation de l'article 636 du Code civil guinéen[139]. La doctrine guinéenne, contrairement à la doctrine française, ne connaît pas une controverse sur la notion de « responsabilité contractuelle ». Il faut rappeler encore que c'est une doctrine qui se construit, le droit guinéen étant lui-même un droit récent[140]. En droit français, on observe un mouvement d'unification des responsabilités délictuelle et contractuelle dans les nouveaux régimes spéciaux de responsabilité civile.

67. Dans certains cas, cependant, la responsabilité ne peut être qu'exclusivement délictuelle. C'est le cas de la responsabilité des père et mère du fait de leur enfant mineur. Mais il y a des cas qui soulèvent question. Par exemple, lorsqu'un contrat de responsabilité parentale a été conclu, quelle est la nature de la responsabilité des parents ? Une loi française n° 2006-396 du 31 mars 2006 relative à l'égalité des chances avait institué de tels contrats[141]. Pour répondre à la question, il faut rappeler le principe et analyser les sanctions.

68. Le contrat de responsabilité parentale était une mesure qui avait pour objectif d'apporter un soutien et un accompagnement aux parents en difficulté dans l'exercice de leur autorité parentale. Suivant l'ancien article L. 222-4-1 du Code de l'action sociale et des familles, le contrat de responsabilité parentale est proposé par le président du Conseil Général, à sa propre initiative ou à l'initiative du maire, du chef d'un établissement scolaire, de l'inspecteur de l'académie, du

---

[138]Cass civ. 1er 31 mai 2007. D. 2007, p. 1725, obs. I. Gallmeister.
[139] V. *supra* n° 56.
[140] Voir S. Koïta, « appel à la construction d'une doctrine civiliste guinéenne », Juriguinée, n°1, janvier-mars 2014.
[141] V. Loi du 31 mars 2006, JO n° 0079 du 02 avril 2006.

préfet et de la Caisse d'Allocation Familiale, en cas d'absentéisme scolaire grave, de trouble porté au fonctionnement d'un établissement scolaire, ou de toute autre difficulté liée à une carence de l'autorité parentale. Le contrat de responsabilité parentale rappelait les obligations des titulaires de l'autorité parentale et comportait toute mesure d'aide et d'action sociale de nature à remédier à la situation. Pour les sanctions du contrat, la loi prévoyait qu'en cas de non respect des obligations incombant aux parents ou au représentant légal, ou lorsque sans motif légitime le contrat n'a pu être signé de leur fait, le président du Conseil Général pouvait demander la suspension du versement des prestations familiales, saisir le juge des enfants qui pouvait ordonner que les prestations soient, en tout ou partie versées à un tuteur, saisir le procureur de la République de faits susceptibles de constituer des poursuites pénales.

69. Le contrat de responsabilité parentale appelait deux observations : la première observation était l'atteinte au principe de la liberté contractuelle, selon lequel chacun est libre de contracter ou de ne pas contracter, de choisir son cocontractant et de déterminer le contenu et la forme de son contrat[142]. Le contrat de responsabilité parentale pouvait être imposé aux parents lorsqu'ils rencontraient des difficultés dans l'exercice de leur autorité parentale. La seconde observation était la nature financière de la sanction du contrat de responsabilité parentale : la suspension du versement des allocations familiales ou le versement des prestations à un tuteur[143]. Par conséquent, la nature de la responsabilité des parents lorsqu'un contrat de responsabilité parentale avait été conclu était financière. Cette responsabilité financière coexistait avec la responsabilité civile délictuelle des parents. Elle n'en affectait pas la nature. Il s'agit d'une responsabilité ''à part''. La loi n°2013-108 du 31 janvier 2013 tendant à abroger la loi n°2010-1127 du 28 septembre 2010 visant à lutter contre l'absentéisme scolaire, a supprimé le contrat de responsabilité parentale.

---

[142] L'absence d'énonciation expresse du principe de la liberté de contractuelle expresse dans le Code civil français n'empêche pas les juges d'y faire référence, notamment dans un arrêt de la troisième chambre civile en date du 15 février 1972. V. Cass. civ. 3e, 15 févr. 1972. D. 1972. 339 ; JCP G 1972. II. 17094, note Lévy ; Les rédacteurs du projet de réforme du droit français des contrats de la Chancellerie ont prévu à l'article 15 la liberté contractuelle.

[143] Il faut noter que la loi ne prévoit aucune suppression définitive des prestations familiales.

70. En considérant l'objectif[144] des articles 1099 alinéa 2 du Code civil guinéen et 1384 alinéa 4 du Code civil français de la responsabilité des père et mère, il est permis de conclure que la responsabilité parentale est une responsabilité de nature civile en droit guinéen comme en droit français. Dans la mesure où la responsabilité parentale ne nait pas d'une relation contractuelle, il est possible de préciser que c'est une responsabilité civile délictuelle. Son but étant l'indemnisation de la victime par le père ou la mère du dommage causé par l'enfant, il est possible d'affirmer aussi que c'est une responsabilité civile délictuelle du fait d'autrui.

§ 2. La responsabilité parentale, une responsabilité du fait d'autrui

71. L'article 1099 alinéa 1er du Code civil guinéen dispose qu' : « *on est responsable non seulement du dommage causé par son propre fait, sa négligence ou son imprudence, mais aussi de celui causé par le fait des personnes dont on doit répondre* ». Ces dispositions sont celles prévues aussi par l'article 1384, alinéa 1er du Code civil français. A travers les articles 1099, alinéa 1er et 1384, alinéa 1er, les législateurs guinéen et français, précisent qu'en plus de la responsabilité personnelle, une personne peut voir sa responsabilité engagée pour le fait d'une autre personne[145]. Les législateurs guinéens et français énumèrent les personnes qui peuvent voir leur responsabilité engagée par le fait d'une autre. L'auteur direct de l'acte à l'origine du dommage peut être soit un auxiliaire ou un représentant que le civilement responsable a laissé agir à sa place ou pour son compte, soit un individu dont il assume la garde ou la surveillance en vertu d'une habilitation légale ou en exécution d'un acte juridique. Le fait personnel fautif ne constitue donc pas l'unique fait générateur de responsabilité en matière civile. En plus de son fait personnel fautif, une personne peut se voir tenue de réparer un dommage causé par le

---

[144] Le fondement légal de la responsabilité parentale en droit guinéen est la faute et le fondement matériel de cette responsabilité est la garde, V. *infra* n° 326.

[145] Il faut rappeler, qu'en principe, une personne est responsable de son propre fait. Ce sont des exceptions à ce principe que les législateurs guinéen et français posent à travers les cas de responsabilité du fait d'autrui.

fait d'une chose dont il a la garde ou par le fait des personnes dont elle doit répondre[146]. Le législateur français a illustré cela à travers les dispositions de l'article 1384 alinéa 1er du Code civil français : « *on est responsable non seulement du dommage que l'on cause par son propre fait mais encore de celui qui est causé par le fait des personnes dont on doit répondre ou des choses que l'on a sous sa garde* ». Le législateur guinéen, restant fidèle au législateur français quant aux principes posés, s'est montré original quant à la rédaction de ces principes. Le législateur français a prévu un seul article : l'article 1384 alinéa 1er, lequel ne visait en 1804 que la responsabilité du fait d'autrui et se contentait d'énumérer les deux cas suivants de responsabilité du fait des choses que l'on a sous sa garde. Le législateur guinéen, qui est intervenu à une époque où la jurisprudence française avait créé la responsabilité du fait des choses, a jugé nécessaire de prévoir deux articles distincts pour ces cas de responsabilité. C'est ainsi que, pour le principe général de responsabilité du fait d'autrui, l'article 1099 alinéa 1er du Code civil guinéen dispose qu' : « *on est responsable non seulement du dommage causé par son propre fait, sa négligence ou son imprudence, mais aussi de celui causé par le fait des personnes dont on doit répondre* ». Pour la responsabilité du fait des choses que l'on a sous sa garde, l'article 1100 du Code civil guinéen dispose qu' : « *on est également responsable du dommage causé par des choses, mobilière ou immobilière, dont on a la garde, mais il importe que ce dommage ait été causé par le fait de cette chose, sans d'ailleurs que la matérialité d'un contrat soit exigée* ». Le fait de l'enfant est l'un des cas de responsabilité du fait d'autrui envisagés à la fois par le Code civil français et par le Code civil guinéen.

72. Dans les systèmes juridiques français et guinéen, il est possible de classer la responsabilité du fait d'autrui en trois catégories. D'abord, la responsabilité du fait d'autrui en général, c'est la responsabilité du fait d'autrui fondée sur les articles 1099 alinéa 1er, pour le droit guinéen et 1384, alinéa 1er pour le droit français. Ensuite, les responsabilités du fait d'autrui fondées sur l'idée d'association à l'activité d'autrui. C'est par exemple la responsabilité du commettant du fait de ses préposés. Enfin les responsabilités du fait d'autrui fondées sur une relation d'autorité justifiée par l'état de la personne contrôlée. C'est le cas de

---

[146] V. *supra* n° 39.

la responsabilité des parents du fait de leurs enfants[147]. Il faut faire remarquer, qu'à côté des cas spécifiques prévus par la loi où une personne peut être tenue de répondre des dommages résultants d'actes commis par une autre, c'est la jurisprudence française qui a créé à l'occasion de l'arrêt Blieck en date du 29 mars 1991, un principe général de responsabilité du fait d'autrui[148]. Pour comprendre le mécanisme de la responsabilité parentale, il convient de s'interroger sur le concept de responsabilité par autrui en droit civil.

73. Le concept de responsabilité par autrui renvoie au mécanisme de responsabilité dans lequel il y a trois personnes qui sont en jeu. La finalité de la responsabilité par autrui consiste à faire réparer par une première personne les dommages causés à une deuxième personne du fait d'une troisième personne. Ce concept de responsabilité du fait d'autrui s'oppose à la responsabilité du fait personnel par son caractère indirect qui implique l'existence d'un fait imputable à l'auteur direct, ce fait étant la cause du dommage dont l'indemnisation est mise à la charge du civilement responsable.

74. En application des dispositions de l'article 1099 alinéa 2 du Code civil guinéen et 1384 alinéa 4 du Code civil français, les parents sont tenus de réparer un dommage qu'ils n'ont pas commis personnellement. Certes, leur responsabilité est fondée sur la faute d'éducation ou de surveillance du moins en droit guinéen, mais elle est toujours causée par le fait d'autrui, en l'occurrence de l'enfant. Les parents sont donc tenus d'une responsabilité de caractère indirect parce qu'ils répondent d'un dommage causé matériellement par un autre, même si la mise en œuvre de cette responsabilité est subordonnée à la preuve d'une faute d'éducation ou de surveillance des parents de l'enfant. Il faut faire remarquer que l'évolution du droit positif français, en la matière, conduit certains auteurs de la doctrine à exprimer des doutes sur ce caractère indirect, en raison de la mise à l'écart de la condition d'une faute ou même d'un « fait objectivement illicite[149] » de l'enfant, même s'il faut préciser que la jurisprudence continue à exiger « un fait causal » imputable à l'enfant. La mise en œuvre de la responsabilité

---

[147] V. Layré D. La responsabilité du fait des mineurs. Thèse Paris, 1983 ; LebretonM. C. L'enfant et la responsabilité civile, thèse Rouen, 1996 ; J. Julien, La responsabilité civile du fait d'autrui, ruptures et continuités, PUAM, 2001.
[148] V. *infra* n° 258.
[149] V. *infra* n° 167 et suivant.

parentale est toujours subordonnée à la preuve d'un fait de l'enfant[150]. Il est donc possible d'affirmer que la responsabilité des père et mère est une responsabilité du fait d'autrui. Elle a toujours fonctionné depuis la rédaction des Codes français[151] et guinéen sur la forme d'un schéma triangulaire.

75. Aujourd'hui, il est difficile de contester, non seulement la nature de la responsabilité parentale, qui reste une responsabilité civile délictuelle, mais aussi son mécanisme, qui consiste à mettre en jeu une responsabilité du fait d'autrui. Que cela soit dans le droit guinéen, qui connaît un régime de responsabilité pour faute prouvée[152] ou dans le droit positif français qui a évolué vers un régime de responsabilité de plein droit[153]. La responsabilité parentale vise l'indemnisation de la victime de l'enfant par les père et mère, l'enfant étant en principe insolvable. Cette fonction indemnitaire et la fonction normative de la responsabilité parentale sont communes au droit guinéen moderne et au droit français.

Section 2
Les fonctions de la responsabilité parentale communes au droit français et au droit moderne guinéen

76. La responsabilité, malgré l'apparition récente de ce concept[154] est fondamentale en droit. Elle se repartit sur l'ensemble des matières juridiques. Ici, il s'agit d'expliquer comment les fonctions de la responsabilité civile permettent de réaliser les objectifs de la responsabilité parentale.

77. La fonction de la responsabilité civile est double. Elle est indemnitaire et normative. Ainsi, l'obligation à la charge du civilement responsable consiste non seulement à réparer le dommage causé à autrui mais aussi à sanctionner le comportement répréhensible

[150] V. *infra* n° 462 et suivant.
[151] V. Halperin J. L. Histoire du droit privé français depuis 1804, PUF. 1996.
[152] V. *infra* n° 326.
[153] V. *infra* n° 582 et suivant.
[154] V. *supra* n° 39.

de l'auteur du dommage. La responsabilité civile, par sa fonction normative, est une technique juridique de prévention (§ 1) et, par sa fonction indemnitaire, une technique juridique de réparation (§ 2).

§ 1. La fonction normative, technique juridique de prévention des dommages de l'enfant

78. La fonction normative de la responsabilité civile est celle qui consiste à dissuader les individus des comportements dommageables[155]. L'Etat, dans l'objectif d'assurer le bon fonctionnement de la société, a identifié certains comportements considérés comme répréhensibles. Il relève de sa compétence d'endiguer ces comportements. A cette fin, l'Etat utilise une méthode dissuasive. Il va, par le biais de la règle de droit, dissuader de réaliser ce qu'il condamne. La sanction du comportement répréhensible peut avoir sur l'auteur un effet préventif et le dissuader de récidiver. Elle constitue pour les autres un avertissement. Dans ce cas, la fonction normative de la responsabilité civile est tournée vers l'avenir. La fonction normative de la responsabilité civile peut être considérée comme un moyen pour l'Etat, de réguler les comportements et d'assurer l'harmonie de vie dans la société.

79. Certains auteurs sont sceptiques quant à la fonction normative de la responsabilité civile. Ils pensent que la répression étant exclusivement pénale, la fonction normative de la responsabilité juridique est pénale. D'autres auteurs soutiennent que la fonction normative est inhérente à toute responsabilité juridique. Par exemple André Tunc cité par Madame Geneviève Viney : « *La responsabilité civile doit-elle et peut-elle assurer la dissuasion des comportement antisociaux ? Monsieur André Tunc pense que ce rôle, à peu près négligeable en ce qui concerne la criminalité violente, peut être en revanche réel dans le domaine des infractions financières et économiques ainsi que pour l'atteinte aux droits de la personnalité (diffamation, atteinte à la vie privée…). Quant à la prévention des erreurs et dommages accidentels, la responsabilité civile y contribue beaucoup plus efficacement si elle*

---

[155] V. Responsabilité civile et dissuasion des comportements antisociaux, *in* Mél. offert à M. Ancel, Pedone, 1975.

est appliquée à de grandes unités de production qui sont en mesure d'agir sur les causes des accidents que si elle pèse sur les individus jouant le rôle d'exécutants »[156].

80. Il faut reconnaître l'existence d'un lien étroit entre fonction normative et responsabilité juridique. Le droit pénal a pour fonction traditionnelle et principale la régulation des comportements dans la société. Cependant, le droit civil peut aussi, de manière subsidiaire, viser un tel objectif. Il n'y a pas d'exclusivité du droit pénal quant à la fonction normative du droit. L'existence de peines propres au droit civil met en évidence la fonction normative de la responsabilité civile.

81. Le droit civil reconnaît deux types de peines : la peine civile et la peine privée. La peine civile est celle qui sanctionne l'auteur d'une faute indépendamment des répercussions de cette sanction vis-à-vis de la victime. Elle consiste en principe à condamner l'auteur d'une faute à payer une amende civile. Elle se distingue des dommages et intérêts, qui doivent être versés à la victime. Il faut préciser que la peine civile peut être sous une autre forme que pécuniaire. Elle peut se traduire par la perte d'un droit. Elle atteste de l'existence d'une fonction normative du droit civil par la mise en œuvre de sanctions distinctes de celles que connaît le droit pénal.

82. Quant au second type de peine, la peine privée, il est permis de croire que l'admirable thèse de doctorat de Suzanne Carval sur ce thème a convaincu les derniers sceptiques sur la fonction de peine privée de la responsabilité civile[157]. L'auteur montre d'abord dans la première partie de sa thèse que le droit positif français fait fonctionner la responsabilité civile comme une peine privée en matière de protection de la personne humaine, soit pour les fautes génératrices de dommages corporels et matériels soit pour les fautes génératrices de dommages moraux. Ensuite, dans la seconde partie de sa thèse, elle fait des propositions d'amendement du droit positif[158]. Il faut faire remarquer que, bien avant la thèse de Madame Carval, Boris Starck avait présenté cette idée dans sa thèse de doctorat intitulée : « la

---

[156] V. G. Viney, extrait de l'analyse de l'ouvrage de Monsieur André Tunc, intitulé « De l'encyclopédie internationale de droit comparé », « Réflexion sur la responsabilitécivil*e* », *in* Revue international de droit comparé. Vol 28 n° 3, Juillet septembre, page 581 à 587.

[157] V. S. Carval, la responsabilité civile dans sa fonction de peine privée, LGDJ, 1995.

[158] *Ibidem.* S. Carval, la responsabilité civile dans sa fonction de peine privée, LGDJ, 1995, pour approfondir la question.

responsabilité civile en sa double fonction de garantie et de peine privée[159] ». Si Boris Starck n'a pas connu sur ce sujet pour sa thèse le succès qu'il méritait au sein de la doctrine française, il est permis d'espérer un sort différent pour Madame Suzanne Carval.

83. La peine privée est celle qui profite à la victime. Elle consiste à enrichir la victime ou à éviter de l'appauvrir. Elle peut être d'origine légale, judiciaire ou conventionnelle[160], pécuniaire ou non. Comme peine privée pécuniaire, il est possible de citer l'astreinte. Il faut rappeler que c'est une somme d'argent fixée à tant par jour de retard, à laquelle le débiteur est menacé tant qu'il n'exécute pas son obligation. Elle vise à vaincre la résistance opposée à l'exécution d'une obligation. Elle a une fonction préventive dans la mesure où elle a pour but de dissuader de ne pas exécuter une obligation. L'astreinte n'a pas une fonction indemnitaire. Le créancier bénéficiaire verra son préjudice réparé indépendamment de la somme perçue à titre d'astreinte. En cela, l'astreinte se trouve différenciée des dommages-intérêts punitifs, qui ont pour but de réparer non seulement le préjudice, mais aussi de sanctionner la faute.

84. Il est possible de citer encore, comme peine privée pécuniaire, les dommages-intérêts punitifs. Il s'agit d'une mesure dissuasive afin de prévenir certains comportements abusifs ou déloyaux. Dans un arrêt du 1er décembre 2010, la première chambre civile de la Cour de cassation décida que : « si le principe d'une condamnation à des dommages-intérêts punitifs, n'est pas, en soi, contraire à l'ordre public, il en est autrement lorsque le montant alloué est disproportionné au regard du préjudice subi et des manquements aux obligations contractuelles du débiteur »[161]. Dans cette motivation la Haute juridiction judiciaire estime que les dommages-intérêts punitifs ne sont pas contraires à l'ordre public. L'ensemble de ces sanctions civiles dissuasives et préventives montre que le droit positif français consacre une attribution partagée de la fonction normative du droit entre le droit pénal et le droit civil, même s'il faut adhérer à l'idée de Monsieur André Tunc, reprise par Madame Géneviève Viney, selon laquelle « *l'effet dissuasif de la responsabilité civile est généralement*

---

[159] V. B. Starck, Essai d'une théorie générale de la responsabilité civile considérée dans sa double fonction de garantie et de peine privée, Rodstein, 1947.

[160] Lorsque l'astreinte est conventionnelle, elle est qualifiée de clause pénale. V. D. Mazeaud, la notion de clause pénale, LGDJ, 1992.

[161] Cass. 1ere civ., 1er décembre. 2010, n° 09-13.303.

inférieur à celui de la responsabilité pénale principalement parce qu'il est surtout oblitéré par l'assurance »[162].

85. Il convient ensuite de s'interroger sur l'efficacité de cette fonction normative de la responsabilité civile en matière de responsabilité parentale. Le droit civil ayant conservé sa fonction normative, la responsabilité parentale étant de nature civile, il est permis d'affirmer que la fonction normative de la responsabilité civile constitue une technique juridique de prévention dans la mise en œuvre de la règle de responsabilité parentale. Dans le droit guinéen, cette opinion est plus facile à soutenir, car le droit guinéen de la responsabilité parentale reste fondé sur la faute. En ce qui concerne le droit français, il est difficile de soutenir cette opinion sans rencontrer des oppositions, dans la mesure où le droit positif français a consacré un régime de responsabilité de plein droit.

86. Certains auteurs pourraient voir la disparition de la corrélation entre la responsabilité parentale et la fonction normative par l'effet du régime de plein droit, mais la responsabilité parentale n'est engagée que lorsque l'enfant a causé un fait dommageable. C'est le fait de l'enfant qui entraîne la responsabilité des père et mère. La règle de la responsabilité des père et mère incite donc ces derniers à plus de rigueur dans l'éducation et la surveillance de leur enfant mineur. Pour s'en convaincre il faut citer un passage de la préface du doyen Jean Carbonnier dans la thèse de Monsieur Pierre Dominique Ollier : « *dans une récente enquête d'opinion publique menée aux Etats-Unis, des majorités se dégagèrent pour réclamer l'introduction de cette responsabilité que la commonlaw ignore. Il y a beaucoup de gens là-bas, parait-il, pour penser que c'est l'absence d'une responsabilité civile des père et mère qui fait foisonner les '' blousons noirs''* »[163]. Il est permis de croire que les guinéens et les français ont autant confiance dans les vertus prophylactiques de la responsabilité civile.

87. Si la fonction normative de la responsabilité civile ne peut être remise en cause, elle n'est tout de même pas sa fonction essentielle. Cette place revient à la fonction indemnitaire.

[162] G. Viney « Réflexion sur la responsabilité civile », *op. cit.* p. 51.

[163] P.-D. Ollier. « *La responsabilité civile des père et mère, étude critique de son régime légal* », préface de J. Carbonnier, Librairie Générale de Droit et de Jurisprudence, 1961.

§ 2. La fonction indemnitaire, technique juridique de réparation des victimes de l'enfant

88. L'article 1097 alinéa 2 du Code civil guinéen, dispose que : « *Par opposition à la responsabilité pénale, une responsabilité est dite civile parce qu'elle n'est ici considérée que sur le plan d'une réparation laquelle est, en principe pécuniaire* »[164]. Suivant donc cet article, par opposition à la responsabilité pénale, qui a pour fonction la répression du délinquant, la responsabilité civile est celle qui a pour fonction la réparation de la victime. C'est cette fonction réparatrice qui permet, dans la mise en œuvre du mécanisme de responsabilité parentale, d'atteindre son but.

89. Le système de la responsabilité civile serait inefficace s'il n'y avait aux côtés de la fonction préventive, une fonction indemnitaire. Le système de la responsabilité civile consiste à assurer à la victime la réparation de son dommage. C'est dans ce but de réparer le dommage de la victime que la responsabilité civile met en œuvre sa fonction indemnitaire. Cela exige donc l'existence d'un dommage. La fonction indemnitaire de la responsabilité civile délictuelle ne joue pas en présence d'un simple risque de dommage non encore réalisé[165].

90. Dans sa fonction de réparation, la responsabilité civile est tournée vers le passé. C'est cette fonction indemnitaire qui permet de distinguer la responsabilité civile de la responsabilité pénale. Par ailleurs, elle constitue l'élément de référence dans le débat doctrinal opposant les partisans de l'unité aux partisans de la dualité de la nature de la responsabilité civile[166]. Si la fonction indemnitaire se combine avec la fonction préventive, elle constitue la fonction essentielle de la responsabilité civile. Certains auteurs de la doctrine française pensent que cette fonction indemnitaire est suffisante pour la réalisation de l'objectif de la responsabilité civile. Un auteur français affirme ainsi que « *la fonction indemnitaire de la responsabilité civile est nécessaire et suffisante. Elle n'a pas besoin de se doubler d'une fonction normative pour justifier la dette de réparation mise à la*

---

[164] V. *supra* n° 41.

[165] V. notamment : Civ. 1er, 26 février 2002, RTD civ. 2002, p. 809 obs. P.-Y. Gautier, Defrénois 2002, p. 758, obs. E. Savaux ; Cass. civ. 3e, 3 décembre 2003, JCP 2004. I. 163, obs. G. Viney.

[166] V. *supra* n° 58.

charge du responsable. Celle-ci a pour objectif la sanction du comportement fautif à l'origine du dommage »[167]. Cette opinion doit être relativisée. Tout dépend du droit considéré et de la matière concernée.

91. Depuis toujours, le système de la responsabilité civile a consisté non seulement à réparer le dommage causé à la victime, mais aussi à sanctionner le comportement répréhensible de l'auteur du dommage. D'où le fondement de la responsabilité civile sur la faute. Les législateurs guinéens et français ont consacré un principe général de responsabilité fondé sur la faute. Aux termes des articles 1098 du Code civil guinéen et 1382 du Code civil français : « *Tout fait quelconque de l'homme qui cause à autrui un dommage oblige celui par la faute duquel il est arrivé à le réparer* ». La faute constituant ainsi le fondement de la responsabilité, elle est qualifiée de responsabilité subjective, en ce sens qu'elle repose sur un jugement de valeur porté sur le comportement du sujet de droit, auteur du dommage[168].

92. En matière de responsabilité des père et mère du fait de leur enfant mineur, le caractère suffisant de la fonction indemnitaire dépend du droit dans lequel l'on se trouve. Aujourd'hui, le droit guinéen et le droit français de la responsabilité parentale ont des fondements différents. Le droit guinéen de la responsabilité parentale reste fondé sur la faute, alors que le droit français a évolué vers une responsabilité objective. La jurisprudence française permettait aux père et mère de s'exonérer par la preuve de leur absence de faute, de leur responsabilité pour le dommage causé par leur enfant mineur habitant avec eux, en interprétation de l'alinéa 7 de l'article 1384 du Code civil. Depuis l'arrêt du 19 février 1997 de la deuxième chambre civile de la Cour de cassation française[169], les père et mère ne peuvent s'exonérer que par la preuve de la cause étrangère, force majeure ou faute de la victime. La faute même présumée des parents ne sert plus de fondement à leur responsabilité pour les dommages causés par leur enfant.

---

[167] M. Bacache-Gibeili, Les obligations, la responsabilité civile extracontractuelle. Ed. Economica 2007. p. 24.

[168] V. *infra* n° 331.

[169] Cass. civ. 2e, 19 février 1997, D. 1997, p. 265, note P. Jourdain, somm. 290, obs. D. Mazeaud, JCP 1997. II. 22848, note G. Viney, concl. R. Kessous, RTD civ.

93. Avec la solution de l'arrêt Levert[170], il est possible de dire que la faute de l'enfant n'est même plus une condition requise pour mettre en œuvre la responsabilité des père et mère. Désormais, le régime de la responsabilité des père et mère est une responsabilité de plein droit. Le comportement fautif n'est exigé ni dans la personne des parents responsables ni dans la personne de l'enfant qui a causé le dommage. Seul compte le lien de causalité entre le fait de l'enfant et le dommage subi par la victime. La fonction indemnitaire de ce cas de responsabilité civile est donc nettement dominante. Toutefois, en droit français de la responsabilité des père et mère la fonction indemnitaire de la responsabilité civile n'est pas suffisante. Elle ne peut se passer de la fonction normative, même si elle demeure actuellement une responsabilité objective. Tel n'est pas le cas du droit guinéen de la responsabilité parentale.

94. Le droit guinéen de la responsabilité parentale consacre une responsabilité pour faute prouvée. Pour engager la responsabilité des parents pour le dommage causé par leur enfant mineur, la victime doit apporter la preuve de la faute des parents. L'alinéa 4 de l'article 1099 le dit clairement, « *concernant les responsabilités sus-indiquées*[171]*, les fautes, négligences ou imprudences doivent être prouvées par le demandeur conformément au droit commun* ». Le législateur guinéen consacre une responsabilité parentale fondée sur la faute prouvée. La responsabilité parentale du droit guinéen reste donc une responsabilité subjective où la faute commise par les parents joue un rôle primordial dans la réparation de la victime. Le but de réparer les dommages subis par la victime se combine alors avec le souci de sanctionner les parents du comportement répréhensible. La fonction indemnitaire est ici présente mais moins important que la fonction normative. Par conséquent, la fonction indemnitaire n'exclut pas la fonction normative. Les deux restent combinées même si la première demeure essentielle.

---

[170] V. *infra* n° 471 pour l'analyse de l'arrêt Levert.

[171] Il s'agit de la responsabilité du fait personnel, du fait d'autrui en général, des parents et des instituteurs.

Conclusion du chapitre 1

95. Le droit moderne guinéen de la responsabilité civile est essentiellement un droit légal, contrairement au droit français de la responsabilité civile qui est un droit essentiellement prétorien. Le droit moderne guinéen est un droit fondé essentiellement sur les textes de lois nationales et les conventions internationales ratifiées par la Guinée. Le droit moderne guinéen de la responsabilité civile en général, et le droit de la responsabilité parentale en particulier, connaît donc une évolution très lente. Le juge guinéen ne fait pas œuvre d'initiative. Ce droit guinéen moderne est clair quant à sa nature : le droit guinéen de la responsabilité parentale prévoit une responsabilité de nature civile délictuelle, comme en droit français. La responsabilité pénale est exclue de son domaine, là encore comme en droit français. Enfin, le mécanisme du droit guinéen de la responsabilité parentale est une responsabilité du fait d'autrui comparable à celle que connaît le droit français. Cette responsabilité civile du fait d'autrui a une fonction normative et une fonction indemnitaire, la première étant plus marquée en droit moderne guinéen qu'en droit français.

96. Le droit moderne guinéen de la responsabilité civile prévoit expressément, à travers les dispositions de l'article 1099 alinéa 2 du Code civil, la responsabilité des père et mère. Le droit français connaît un principe comparable à l'article 1384, alinéa 4 du Code civil. Ce dernier texte est plus ancien que l'article précité du droit guinéen. La jurisprudence, en conséquence, s'est développée sur ce sujet. Le droit français de la responsabilité parentale est depuis lors davantage jurisprudentiel que légal, à la différence du droit guinéen.

97. Il est apparu que, sur ces différents points, droit français et droit guinéen sont très proches. Cela n'est pas surprenant car le droit guinéen est inspiré du droit français. Il faut toutefois encore tenir compte du droit traditionnel essentiellement oral. Dans ce dernier cas, la responsabilité parentale ne connaît pas de fondement textuel. Par ailleurs, le droit traditionnel guinéen connaît l'influence d'autres sources, comme la pratique sociale, les coutumes ancestrales et les religions musulmane et animiste. Par conséquent, contrairement au droit guinéen moderne, le droit traditionnel guinéen est éloigné du droit français. Néanmoins, le droit traditionnel guinéen admet aussi la responsabilité parentale.

Chapitre 2
La responsabilité parentale en droit traditionnel guinéen

98. Le droit traditionnel guinéen est le droit hérité des traditions ancestrales. Il recouvre l'ensemble des normes de valeur juridique qui régissaient le rapport des citoyens des différentes communautés vivant en Guinée avant la colonisation et même pendant la colonisation. Aujourd'hui encore, dans les zones rurales[172], c'est le droit traditionnel qui est majoritairement appliqué.

99. Les différents peuples vivant sur le territoire guinéen ont, à un moment de l'histoire, vécus ensemble, avant de se repousser les uns les autres vers d'autres parties du territoire[173]. Les coutumes se sont donc entremêlées. L'écart entre la tradition et la modernité devenant de moins en moins important depuis la colonisation[174], elles ne sont que sensiblement différentes, d'un peuple à l'autre. Ainsi, pour expliquer la conception du droit guinéen traditionnel de la responsabilité parentale, il est permis de se limiter à l'étude des coutumes des peuples majoritaires de la Guinée, à savoir le peuple malinké et le peuple peul[175].

100. Il conviendra de voir dans un premier temps les obstacles à la responsabilité parentale dans le droit traditionnel guinéen (Section 1), avant d'analyser, dans un second temps, la conception de la responsabilité parentale qu'il consacre (Section 2).

---

[172] Ce qui représente plus du tiers de l'ensemble du territoire guinéen.

[173] V Kaké I. B. La dislocation des grands empires, Présence Africaine 1972, pour les différents mouvements de migration des peuples de Guinée.

[174] Le colon français a procédé à la destruction de nombreux rites traditionnels.

[175] Ce qui fait que la dernière élection présidentielle en 2010, caractérisée par un vote ethnique a opposé au 2e tour un candidat malinké à un candidat peul.

Section 1
Les obstacles à la responsabilité parentale dans le droit traditionnel

101. L'article 1099, alinéa 2, du Code civil guinéen qui prévoit la responsabilité des père et mère ou de toute personne les remplaçant, justifie l'admission de la responsabilité parentale dans le droit guinéen moderne. En droit guinéen traditionnel, il n'existe pas un fondement textuel comparable. Le droit traditionnel guinéen, comme tous les autres droits des anciennes colonies françaises de l'Afrique subsaharienne, est exclusivement oral. Par conséquent, il est plus complexe de justifier l'admission de la responsabilité parentale en droit traditionnel guinéen en raison même de ce caractère oral (§ 1) et confus (§ 2). Mais cette difficulté de justification n'est pas synonyme d'impossibilité.

§ 1. Les difficultés liées au caractère oral du droit traditionnel

102. Suivant l'adage, *Nemo censetur ignorare legem*[176], « *Nul n'est censé ignorer la loi* ». Cet adage juridique ne signifie pas que tous les justiciables ont l'obligation de connaître l'ensemble des textes législatifs et réglementaires qui existent dans l'ordre juridique. Cela est impossible même pour les juristes. Le sens véritable de ce principe est que nul ne peut se prévaloir de son ignorance de la loi en cause pour se soustraire à son application. C'est ainsi que l'article 4 du Code civil guinéen dispose que : « *La loi régulièrement publiée est réputée connue de tous, hormis les cas de force majeure* ». Ce principe permet d'assurer l'efficacité de la loi et l'égalité des justiciables à l'égard de la loi.

103. En droit écrit guinéen, le législateur a pris le soin de préciser à travers l'article 3 du Code civil que : « *la publication est l'opération qui porte*

---

[176] V. Locutions latines juridique, sous la direction de S. Guinchard, Dalloz *op. cit.* p. 11.

la loi à la connaissance du public. Elle se fait au moyen d'une insertion au Journal Officiel ». Dans le droit guinéen moderne, le principe « *nul n'est censé ignorer la loi* » peut revêtir un sens à compter de la publication des lois au Journal Officiel[177]. Dans le droit traditionnel, en revanche, cet adage semble absurde, parce que le droit traditionnel guinéen est un droit caractérisé par l'oralité.

104. Si le caractère oral du droit traditionnel peut présenter des avantages, comme la flexibilité des règles, il présente aussi des inconvénients. L'un de ces inconvénients est la méconnaissance des règles. Les règles du droit traditionnel n'étant pas écrites, elles ne sont pas accessibles aux justiciables censés les respecter. Selon l'adage *dura lex, scripta tamen*[178], la loi est dure mais elle est écrite. Cela signifie que les justiciables comprennent et acceptent plus facilement de se soumettre à une loi écrite. Avant la colonisation, dans les différents royaumes de la Guinée, l'on faisait connaître les décisions du roi à ses sujets par le crieur public[179]. Les annonces du crieur public constituaient une publication officielle. Ce système de publication traditionnelle a disparu avec la colonisation et l'indépendance[180]. Aujourd'hui, le droit guinéen connaît deux ordres juridiques différents : d'une part, l'ordre juridique écrit, constitué par l'ensemble des normes juridiques éditées par les institutions républicaines et les traités internationaux ratifiés par la Guinée, d'autre part, l'ordre juridique traditionnel, comportant des coutumes ancestrales diverses.

105. Pourtant, l'unité du droit guinéen a été décrétée par le président de la république le 3 mars 1961 en ces termes : « *Depuis longtemps s'est avéré la contradiction entre l'unité réelle du pays et la diversité des coutumes civiles qui régissent les guinéens...Désormais, pour toutes les questions traitées dans ce code*[181]*, les coutumes civiles et la législation française en vigueur au 30 septembre 1958*[182]*, n'ont plus force de loi. Seules s'appliqueront dorénavant les dispositions de ce*

[177] En France depuis le 1er juin 2004, il existe une édition électronique du Journal Officiel. Il faut rappeler que c'est après la publication de la loi au Journal Officiel qu'elle devient applicable.
[178] V. Locutions latines juridique, *op. cit.* p. 11.
[179] Voir Diop C. A. L'Afrique noire précoloniale, Présence Africaine, 1960 ; Zerbo. J-.K Le monde africain noir, éd. Hatier 1964 ; Histoire de l'Afrique noire, éd. Hatier 1972.
[180] Kaké I. B. La dislocation des grands empires, Présence Africaine, *op. cit*, p. 61.
[181] Il s'agit du Code des personnes et des libéralités, entré en vigueur en mars 1961.
[182] L'ordonnance n° 001/ PRG/58 du 3 octobre 1958, avait maintenu l'application du Code civil français sur le territoire guinéen. V. *supra* n° 11.

code ...»[183]. En application de ce décret, le Code civil guinéen abroge toutes les règles antérieures qui sont contraires à ses dispositions. Il assure en principe l'unité du droit applicable sur toute l'étendue du territoire guinéen. Ce décret devrait conduire à affirmer qu'il n'existe plus de droit traditionnel en Guinée. Si le décret précise que pour toutes les questions traitées dans le Code civil guinéen, les coutumes civiles n'ont plus force de loi, force est de constater que le Code civil guinéen traite de l'ensemble des questions relatives à la vie quotidienne. Le Code civil traite du mariage, de la succession, de la propriété, du statut de la personne, des conflits entre citoyens etc. Par conséquent, le Code civil ne laisse plus aucun domaine de la vie civile au droit traditionnel. Il aurait donc été possible de dire que, depuis le 3 mars 1961, le droit guinéen ne connaît qu'un seul ordre juridique pour l'ensemble des questions relatives à la vie civile. Mais il se trouve que l'unité et la primauté du droit guinéen, décrétée en 1961, n'est vraie qu'en théorie. Dans la pratique, les dispositions du Code civil guinéen ne sont que rarement appliquées. Prévalent les règles du droit traditionnel coutumier.

106. La définition de la coutume fait l'objet de querelles doctrinales. Pour certains auteurs, « *elle est une règle de droit qui se dégage lentement et spontanément des faits et des pratiques habituellement suivis dans un milieu social donné, indépendamment de toute intervention expresse ou approbation, même tacite, du législateur* ». Pour d'autres, elle est un ensemble d'usages juridiques devenus obligatoires par une répétition durable, paisible et publique. Que l'on adhère à l'une ou l'autre définition, l'on est unanime quant au rôle joué par la coutume. Ce rôle se détermine par rapport à la loi et il faut distinguer trois situations : La situation où la loi renvoie directement à la coutume : on dit que la coutume est *secundum legem* ; la situation où la coutume vise à combler une lacune de la loi ; on dit que la coutume est *praeter legem* et, enfin, la situation où la coutume vient contredire la loi ; on dit que la coutume est *contra legem*.

107. Si, en droit français, la coutume reste une source secondaire ou accessoire par rapport à la loi, notamment parce que la loi ou le règlement peut à tout instant mettre fin à une coutume dûment établie, dans le droit guinéen, la coutume résiste bien au droit légiféré. La

[183] Le Code des personnes et des libéralités est devenu le Code civil guinéen le 29 mars 1983.

population à majorité analphabète et rurale continue à se référer au droit traditionnel pour régler les différends opposant les uns aux autres. Les règles juridiques, à fort contenu moral et religieux, sont appliquées par des juges locaux[184] dans un objectif de renforcer la cohésion sociale de la communauté. Les justiciables ne portent pas leurs litiges devant les juridictions étatiques. C'est lorsque l'affaire en cause est grave, comme un meurtre, que l'on a recours aux juridictions étatiques. Trois éléments conduisent les justiciables guinéens à préférer le droit traditionnel au droit légiféré.

108. Le premier élément est le fait que la justice étatique est considérée comme un élément étranger à la vie de la communauté. Les particuliers pensent qu'elle peut porter atteinte à la conciliation, voire affecter la cohésion sociale. La préférence pour le droit traditionnel malgré l'obligation de respecter la règle du droit légiféré s'explique ainsi par la crainte d'enfreindre la règle traditionnelle à contenu moral et religieux. Un dicton malinké dit : « *celui qui enfreint une loi*[185] *est seulement blâmé. Mais celui qui transgresse un interdit*[186] *est à jamais maudit et à jamais proscrit* ». Cette formule résume bien l'état de fait. Le législateur guinéen n'a pas tenu compte de coutumes fortement ancrées dans les croyances et la culture des guinéens en éditant les lois, du moins pour la majorité des questions traitées. Ce n'est pas le cas en matière de responsabilité parentale et dans le domaine du droit de la famille en général. Sur ces questions, le législateur guinéen est resté influencé par la tradition.

109. Le deuxième élément est la crainte des juridictions étatiques. C'est la conséquence du premier élément. Les guinéens éprouvent un sentiment d'appréhension vis-à-vis des juridictions étatiques, qu'ils considèrent comme un facteur de division[187]. Ce sentiment est aggravé par la méconnaissance des juridictions étatiques par la population rurale. Tandis que les juges locaux sont des personnes en général désignées pour leur intégrité et sociabilité reconnues au sein de la communauté, les juges des juridictions étatiques sont des magistrats fonctionnaires de l'Etat nommés pour leur compétence acquise suite à

---

[184] Ces juges locaux peuvent être le chef d'une grande famille, le chef d'un secteur du quartier ou le chef du village.

[185] Il faut entendre par loi, ici, une règle dont l'origine est une autorité publique.

[186] Les interdits constituent l'ensemble des actes proscrits par les ancêtres.

[187] V. M. A. Damé, L'organisation judiciaire en Guinée, l'Harmattan. 2008.

une formation de droit[188]. Par conséquent, les justiciables guinéens se sentent beaucoup plus proches des juges locaux avec qui ils entretiennent des relations d'amitié ou de fraternité. Ainsi, les décisions rendues par les juges locaux ne sont pas perçues par les concernés comme une sentence mais plutôt comme un arrangement. Il n'y a pas de perdant, il n'y a pas de gagnant, il n'y a que des réconciliés dans un jugement rendu par une autorité rurale.

110. Le dernier élément est financier. Les justiciables guinéens, qui ont des revenus très modestes, pour ceux qui en ont, trouvent trop élevés les frais de justice. Plus de 70% de la population guinéenne vit avec moins d'un euro par jour[189]. Une réforme de l'organisation judiciaire prenant en compte la situation sociale et économique de la population est nécessaire en Guinée[190].

111. Ces trois éléments constituent les raisons fondamentales qui permettent au droit traditionnel de résister au droit légiféré[191]. Le droit traditionnel continuera encore, pour un bon temps, à primer en pratique sur le droit légiféré car le « donné social », par son essence même, domine le « construit juridique ». François Gény[192] et avant lui Montesquieu[193], ont expliqué la nécessité d'établir un lien entre « donné social » et « construit juridique ». C'est ce lien qui n'existe pas encore dans le système juridique guinéen. En dépit, depuis l'indépendance, d'une évolution considérable des mœurs[194], de l'économie[195] et de la culture[196], la société guinéenne est encore très rurale. Si bien qu'il n'est pas juste d'affirmer que le droit traditionnel guinéen ne suit pas l'évolution socio-économique de la Guinée. C'est plutôt le droit légiféré qui se trouve inadapté à la vie socioculturelle guinéenne.

---

188 V. M. A. Dramé, Les magistrats en Guinée, l'Harmattan 2008.
189 V.M. F. Touré, Monnaie, change et inflation en Guinée, l'Harmattan 2010.
190 V. M. A. Barry, La réforme de la justice guinéenne ; défi et stratégie, l'Harmattan 2011, pour approfondir l'étude de la question.
191 La majorité des droits africains connaît la même situation.
192 F. Gény. Science et technique en droit privé positif, Sirey 1924.
193 Montesquieu. De l'esprit des lois, Livre I, Chapitre 3.
194 Les mœurs deviennent de plus en plus libérales.
195 Des sociétés multinationales et des PME se créent en Guinée.
196 Le contact avec des cultures comme celle de l'Occident, influence la culture locale.

12. Pour une applicabilité et une efficacité du droit légiféré, le législateur guinéen doit tenir compte des réalités sociales[197]. Un décret présidentiel ne suffira pas à unifier le système juridique si cela ne reflète pas la vie socioculturelle. Monsieur Charles Ntampaka l'exprime éloquemment : *« Il semble actuellement prématuré d'imposer un système juridique unique. Les raisons du pluralisme juridique n'ont pas disparu avec l'indépendance nationale même si le législateur semble les ignorer. La différence entre la masse rurale et l'élite urbaine ne sont pas aplanies... »*[198]. Toutefois, si le droit traditionnel résiste encore bien face au droit moderne, son avenir paraît incertain.

13. En droit traditionnel, il n'existe pas une théorie de droit. les règles sont tout simplement appliquées dans un système casuistique. Il n'existe pas de règle à portée générale, comme dans le droit moderne. Dans le droit moderne guinéen, le Code civil définit la responsabilité civile. Dans le droit traditionnel, le système juridique n'est pas suffisamment élaboré pour donner la définition d'une règle. Comme le Code civil guinéen l'a fait dans le droit moderne, il est toutefois possible de définir la responsabilité civile dans le droit traditionnel, en l'opposant à la responsabilité pénale[199]. Ainsi, il faut préciser d'abord la définition de la responsabilité pénale dans le droit traditionnel. Celle-ci recouvre l'obligation pour une personne ou un groupe de personnes[200] de subir la honte pour la commission d'un délit pénal. Par conséquent, en ce qui concerne la définition de la responsabilité civile en droit traditionnel, il est possible de dire que : la responsabilité civile est, par opposition à la responsabilité pénale, celle qui oblige une personne à répondre de ses actes non honteux et de ceux d'autrui. C'est ainsi que les père et mère répondent des dommages causés à autrui par le fait de leur enfant.

14. La justification de la responsabilité parentale en droit traditionnel est complexe dans la mesure où il n'existe pas de formule constituant son fondement ni aucune précision sur les personnes visées, les conditions et la mise en œuvre de l'obligation de ces personnes. Pour comprendre la responsabilité parentale en droit traditionnel, il faut garder à l'esprit

[197]Melkevik B. Réflexions sur la philosophie du droit, L'Harmattan 2000.
[198] C. Ntampaka, Introduction aux systèmes juridiques africains. Presse Université de Namur. 2004. p. 88.
[199] L'article 1097 alinéa 2 du Code civil guinéen définit la responsabilité civile, V. *supra* n° 52.
[200] La responsabilité est collective dans les communautés guinéennes.

que, dans la société rurale guinéenne, l'individu est membre d'une communauté. Dans la pensée guinéenne traditionnelle, l'individu ne se conçoit que comme membre de sa communauté. C'est en tant que membre d'une communauté que l'on peut lui reconnaître des droits ou le charger de devoirs. L'individu isolé n'existe pas dans la pensée traditionnelle guinéenne. Il est lié à sa communauté d'appartenance, la communauté à la société, la société étant composée de l'ensemble des communautés. Chaque communauté est organisée autour des règles de la coutume héritée des anciens. Suivant la coutume, la communauté est solidaire de chaque membre qui lui reste totalement dévoué. Chaque communauté est tenue de réparer les dommages causés par l'un de ses membres à un autre membre d'une autre communauté pour maintenir la cohésion sociale. La responsabilité parentale en droit traditionnel est fondée sur ce principe suivant lequel chaque communauté doit réparer le tort causé par l'un de ses membres aux autres.

115. Si aucune formule verbale ne précise la responsabilité parentale en droit traditionnel, l'interprétation de la coutume fonde l'admission de la responsabilité en droit traditionnel. Selon la règle coutumière de bon voisinage, chaque famille a l'obligation de ne pas nuire aux autres. Ainsi, chaque famille est responsable des faits dommageable de son enfant. Chaque communauté est responsable des faits dommageable de son membre. Il faut préciser que cette responsabilité est fondée sur la solidarité familiale, imposée par les coutumes ancestrales.

116. Il n'est pas rare de voir en pratique une juridiction étatique guinéenne fonder sa décision sur une norme coutumière pour trancher un litige[201]. En outre, les traités africains relatifs à l'enfant admettent les coutumes nationales africaines comme source de droit. Selon la Charte africaine des droits et du bien- être de l'enfant, ce sont « des valeurs du patrimoine traditionnel et culturel »[202]. En outre, selon la Charte africaine des droits de l'homme et des peuples, les coutumes africaines sont des moyens auxiliaires de détermination des règles de droit[203]. Les coutumes africaines, notamment celles de la Guinée

---

[201] Malgré le décret de 1961 abrogeant le droit coutumier, V. *supra* n° 105.

[202] V. L'article 46 de la Charte africaine des droits et du bien être de l'enfant de 1990.

[203] V. L'article 61 de la Charte africaine des droits de l'homme et des peuples de 1981.

constituent, même au regard du droit africain, une source de droit à côté de la source écrite qui reste la source principale.

117. La coutume constitue une source de droit même dans le droit français, même si c'est à titre secondaire ou accessoire comme cela a été dit dans les développements antérieurs. Un arrêt de la première chambre civile de la Cour de cassation, en date du 23 mai 2006, en constitue une illustration. En l'espèce, un couple s'est marié à Mayotte selon les coutumes musulmanes applicables à Mayotte. De cette union conjugale des jumeaux sont nés mais après la séparation du couple. L'ex femme a saisi le Grand Cadi de Mayotte pour faire reconnaître que les jumeaux étaient légitimes et pour obtenir une pension alimentaire pour ses six enfants. Sa demande ayant été acceptée par le Grand Cadi, l'ex mari a fait appel auprès du tribunal supérieur d'appel de Mamoudzou, qui a confirmé la décision du Grand Cadi. Alors, il a formé un pourvoi devant la Cour de Cassation. Les juges étatiques avaient confirmé la décision du Grand Cadi, au motif que l'ex mari avait refusé de prononcer le serment décisoire quant à sa non paternité sur l'invitation du Grand Cadi. Qu'ainsi, en application des règles du droit coutumier, sa paternité était établie à l'égard des deux enfants en cause. Il s'agissait de savoir si une personne peut voir sa paternité établie à l'égard d'un enfant en refusant de prêter serment quant à la non paternité de cet enfant ? La Cour de cassation ne répondit pas directement à cette question. Mais, en confirmant la solution des premiers juges, il est permis de considérer qu'elle apporte une réponse affirmative de manière implicite, à condition que le serment décisoire soit prévu par les règles du droit coutumier. Elle décida : « *qu'ayant énoncé, à bon droit, qu'en application du droit coranique régissant le rapports personnels des époux, M. X... était tenu d'une contribution à l'entretien et à l'éducation des enfants indépendamment de la situation personnelle de la mère, le tribunal en a fixé souverainement le montant à 456 euros ; que le moyen n'est pas fondé* »[204].

118. Dans cette affaire, la Haute juridiction civile française approuve la référence à la coutume locale comme source de droit. La coutume a joué en l'espèce une fonction de régulation et d'adéquation du droit au corps social. Pour cette fonction de régulation et d'adéquation du droit au corps social, en matière de responsabilité parentale, le droit

---

[204] V. Cass. Civ 1ere 23 mai 2006, n° 05-16.809, Bull. civ. 2006 I n° 262 p. 230. www. dalloz.fr

coutumier parait plus efficace que le droit légiféré, grâce à son caractère flexible. Mais le droit traditionnel guinéen comporte un autre caractère regrettable, qui ne facilite pas la responsabilité parentale dans son domaine, c'est le caractère confus.

§ 2. Les difficultés liées au caractèreconfus du droit traditionnel

119. L'article 1097 alinéa 2 du Code civil guinéen dispose que : « *Par opposition à la responsabilité pénale, une responsabilité est dite civile parce qu'elle n'est ici considérée que sur le plan d'une réparation laquelle est, en principe pécuniaire* ». Le texte de cet article montre que le droit guinéen moderne distingue la responsabilité civile de la responsabilité pénale. La première a pour fonction de procurer à la victime d'un dommage la réparation de celui-ci, alors que l'objet de la seconde est de punir les comportements antisociaux. En droit traditionnel, ces deux notions restent encore confuses. Pour mettre en évidence le caractère confus du droit traditionnel, il est nécessaire de rappeler sa nature juridique. A cet effet, il faut ici citer la description qu'un auteur africain donne du droit traditionnel : « *les droits traditionnels sont les droits dont la formation et le mode de légitimation ne relèvent pas du droit de l'Etat qu'ils précèdent. Il s'agit, en définitive, de droits originaires qui témoignent d'un état de société et d'une conception particulière qui structure les rapports sociaux autochtones. Notons qu'il n'y a pas un droit traditionnel africain, car on trouve autant de traditions que de groupes humains. Aussi, les sources du droit traditionnel se trouvent dans les coutumes, mais aussi dans les décisions du conseil des anciens, du conseil du village, du conseil de famille, du clan... ainsi que dans l'héritage d'empires passés, parfois retranscrits par écrit* »[205].

120. Il est possible de résumer cette longue définition en une phase concise : le droit traditionnel est le droit en vigueur dans les sociétés africaines avant la création des Etats modernes[206]. L'auteur, Monsieur Yombatina, souligne la diversité du droit traditionnel africain,

[205] S. B. Yombatina. A la recherche du droit africain du XXIe siècle, Connaissance et Savoir, 2005, p. 161.

[206] Kaké I. B. La dislocation des grands empires, Présence Africaine, *op cit,* p. 61.

rappelée brièvement plus haut. Il faut trouver un instrument ou un sage pour saisir la particularité du droit traditionnel guinéen.

121. La Charte de Kurukan fuga constitue alors une référence majeure dans l'étude du droit traditionnel guinéen. La Charte de Kurukan Fuga, élaborée sous la forme orale[207], comporte 44 articles. Les stipulations de ces 44 articles portent sur l'organisation de l'exercice du pouvoir politique, du pouvoir religieux, du pouvoir judiciaire, des droits et devoirs de la personne, des droits patrimoniaux et extrapatrimoniaux, de la place de la femme dans la société, de la famille, de la culture de la tolérance, de la question des étrangers, de la question de la préservation de la nature, de la conservation et de la transmission de l'histoire et du règlement des conflits entre les particuliers. Du 2 au 12 mars 1998 un atelier de concertation entre traditionalistes mandingues et communicateurs des radios rurales fut tenu à Kankan, en République de Guinée, dans le but de traduire en français et mettre sous la forme écrite la Charte de Kurukan Fuga. De cet atelier fut retenue une version consensuelle[208] entre les chercheurs et traditionalistes maliens, sénégalais, nigériens, burkinabés et guinéens. Cette version est transcrite par le Centre d'Etudes Linguistiques et Historique de la Tradition Orale CELHTO, de Niamey en République du Niger. Ce texte a été rédigé sous la supervision de Monsieur Siriman Kouyaté, magistrat, conseiller à la cour d'appel de Kankan et aussi issu d'une famille de grands griots. Il se trouve être la version la plus complète et la plus fiable. Si la Charte de Kurukan Fuga n'a pas vu son authenticité contestée par les anthropologues, les traditionalistes, les juristes et autres spécialistes, elle n'a pas fait l'unanimité quant à sa nature juridique. Certains le considèrent comme une Constitution[209], d'autres comme un simple code juridique destiné à régir le rapport des individus dans la société mandingue[210].

---

[207]A cette époque, le Manding connaissait déjà l'écriture avec l'Islam. Mais la tradition reste basée sur l'oralité. Les djélis ou griots sont chargés d'être la mémoire collective de la communauté. V. Camara S. Gens de la parole. Essai sur la condition et le rôle des griots dans la société malinké, Karthala, 1992;Chérif A. L'importance de la parole chez les manding de Guinée ; parole de vie, parole de mort et rituels funéraires, l'Harmattan 2006.

[208] CELHTO, « La Charte de Kurukan Fuga, aux sources d'une pensée politique en Afrique », Editions L'Harmattan. 2008.

[209] Par exemple S. Bollé, créateur du site internet, « La constitution en Afrique ».

[210] Par exemple S. Kouyaté, conseiller à la cour d'appel de Kankan, superviseur de la transcription de la charte.

122. Dans la Charte de Kurukan Fuga, certains articles concernent l'organisation et l'exercice des pouvoirs. Ce sont les articles 8, 2 et 3. L'article 8 dispose que : « *La famille Keïta est désignée famille régnante sur l'empire* ». L'article 2 dispose que : « *Les Nyamakalas se doivent de dire la vérité au chef, d'être leurs conseillers et de défendre par le verbe les règles établies et l'ordre sur l'ensemble de l'empire* ». Enfin, l'article 3 dispose que : « *Les Morykanda sont nos maîtres et nos éducateurs en Islam. Tout le monde leur doit respect et considération* ». D'autres articles concernent le droit civil, tel l'article 23 qui dispose que : « *Ne vous trahissez jamais entre vous. Respectez la parole d'honneur* ». L'article 23 de la Charte vise la force obligatoire du contrat, parce qu'il exige le respect de la parole donnée. L'article 29, dispose plus loin, que : « *Le divorce est toléré pour l'une des causes ci-après : l'impuissance du mari, la folie de l'un des conjoints et l'incapacité du mari à assumer les obligations nées du mariage. Le divorce doit être prononcé hors du village* ». L'article 29 montre que le divorce est en principe interdit. Il énumère les cas dans lesquels le divorce est toléré. La liste est limitative.

123. La nature juridique de la Charte de Kurukan Fuga est donc hybride. Elle est à la fois une Constitution et une législation civile orale. Il faut rappeler que cette Charte a été adoptée au XIIIe siècle, précisément en 1236. A cette époque, le droit coutumier du Manding ne faisait pas la distinction entre droit privé et droit public[211]. Les règles étaient élaborées sans être classées par nature.

124. Or, cette confusion n'est pas sans influence sur l'approche théorique de la responsabilité civile, et plus spécialement sur la question de la responsabilité parentale. En effet, il est difficile de mettre à jour les règles relatives à la responsabilité parentale dans un droit qui confond le droit privé avec le droit public. Mais il est inconcevable que, dans une société donnée, les parents ne soient pas responsables des faits dommageables de leurs enfants mineurs. La confusion des normes juridiques en droit traditionnel guinéen ne remet pas en cause l'existence d'une règle de responsabilité parentale. Elle complique seulement sa justification dans la mesure où il est difficile de définir le domaine et la portée d'une telle règle.

---

[211] Voir, cependant, la position de T. O. Elias « La nature du droit coutumier africain », chapitre sur la distinction entre droit civil et droit pénal, éd. Présence Africaine. 1961.

25. Le droit guinéen traditionnel reconnaît bel et bien une responsabilité des père et mère du fait de leur enfant. Il s'agit maintenant de savoir comment le droit traditionnel conçoit la responsabilité parentale. La conception traditionnelle de la responsabilité parentale est-elle différente de celle du droit moderne guinéen ?

Section 2
La conception traditionnelle de la responsabilité parentale

26. La responsabilité revêt aussi d'autres sens que ceux que lui donnent les juristes. La responsabilité peut être politique comme elle peut être morale[212]. Le droit traditionnel guinéen, qui reste fortement influencé par la morale et la religion, a une conception de la responsabilité parentale différente de celle du droit guinéen moderne. En droit traditionnel, les conséquences de la responsabilité parentale peuvent se limiter à des conséquences morales. Mais ces conséquences peuvent aussi s'étendre à l'ensemble de la communauté d'appartenance de l'enfant auteur du dommage à autrui. C'est pourquoi il est possible d'écrire, qu'en droit traditionnel guinéen, la responsabilité parentale est collective (§ 1) et reste très influencée par la morale (§ 2).

§ 1. Une responsabilité collective, expression de la solidarité communautaire

27. La responsabilité parentale et la famille sont des concepts étroitement liés. C'est pourquoi il est nécessaire de revenir d'abord, dans ce paragraphe, sur le concept de la « famille », ensuite de définir le statut de l'enfant, pour enfin déterminer la conception traditionnelle de la « responsabilité parentale ». Il faut noter que la relation étroite de la responsabilité parentale avec le concept de « famille », plus

[212] V. Domat J. Les lois civiles dans leur ordre naturel, Paris 1857.

précisément de parenté, pose certains problèmes juridiques tels que la grande question de savoir si la responsabilité parentale ne vise que les père et mère de l'enfant auteur du dommage, ou encore la question de savoir si l'émancipation de l'enfant met fin ou non à la responsabilité pour autrui de ses père et mère. Il faut ainsi commencer par souligner la dimension communautaire de la famille guinéenne (A) avant de développer le statut de l'enfant guinéen (B).

A- La dimension communautaire de la famille guinéenne

128. Le lien de parenté est l'une des conditions exigées pour la mise en œuvre de la responsabilité parentale même en droit traditionnel. Il faut se demander alors que signifie la parenté dans le domaine du droit traditionnel. Les groupes d'ethnies vivant en Guinée ont des termes différents pour traduire la réalité à laquelle renvoie le concept de parenté. A partir de la synthèse des différentes significations que les coutumes relatives à la famille des différents groupes d'ethnies donnent au concept de parent, il est possible de dire que la parenté guinéenne est fondée sur la notion de partage. La structure de l'organisation sociale a toujours pour base le Conseil des sages. Il est composé par les représentants des différentes familles de la communauté. chaque famille est constituée par des descendants de la même lignée patriarcale. Le représentant de la famille est obligatoirement le plus ancien de la famille. Il faut donc ici comprendre la famille au sens large[213].

129. Il en résulte diverses conséquences. Ainsi, la puissance paternelle, qui constitue le fondement de la responsabilité parentale, n'est pas un attribut exclusif du père biologique de l'enfant. Les frères du père biologique de l'enfant, voire toutes les personnes considérées comme membres de la famille malgré l'inexistence de lien de sang avec l'enfant, peuvent légalement exercer l'autorité paternelle sur l'enfant. Comme un adage populaire malinké le dit : « *l'enfant appartient à tout le village* »[214]. Les auteurs du Code civil guinéen ne sont pas

[213]V. *supra* n° 18.
[214]Cuello G. et Robin L. Les malinkés de Konkudugu, éd. L'Harmattan. 2005.

restés insensibles à cet adage. Ainsi, suivant l'article 397 : « *En cas de décès du père, de démence, d'incapacité absolu du fait d'une maladie grave, d'indignité et de déchéance en vertu d'une décision de justice, le Conseil de famille désigne, pour exercer les droits de puissance paternelle, l'oncle paternel, la mère ou tout autre parent, voire un tiers* ». Ceux du nouveau Code guinéen de l'enfant se sont montrés moins sensibles à l'adage. Selon l'article 182 : « *s'il ne reste plus ni père ni mère pour exercer l'autorité parentale, il y aura lieu à l'ouverture d'une tutelle…* ».

130. Il faut encore se demander comment est mise en œuvre la responsabilité parentale dans une société qui ignore l'individualisme. Dans le droit français, suivant l'article 1384, alinéa 4 du Code civil français, la responsabilité parentale ne vise que les père et mère. Le cercle des civilement responsables des dommages causés par le fait de l'enfant est limité seulement aux père et mère. Dans le droit moderne guinéen, suivant l'article 1099 alinéa 2 du Code civil guinéen, le cercle des civilement responsables des dommages causés par l'enfant est élargi à toute personne remplaçant les père et mère. Le domaine de la responsabilité parentale se trouve donc plus étendu dans le droit guinéen quant aux civilement responsables. En droit traditionnel guinéen, ce domaine est encore beaucoup plus étendu. Aucune formule ne précise de manière expresse les personnes visées pour la responsabilité des dommages causés par l'enfant. Cette imprécision est conforme à la pratique, car n'importe qui peut être tenu de réparer le dommage causé par un enfant, à partir du moment où il a un lien, même fragile, avec cet enfant. Il faut rappeler que l'enfant appartient à toute la famille, au sens large. La famille est membre d'une communauté avec laquelle elle se trouve confondue. Lorsqu'un enfant cause un dommage à une personne extérieure à la communauté, la communauté répare ce dommage en application du principe de la solidarité du groupe. La responsabilité parentale n'est pas individuelle dans la mesure où l'individu n'est qu'une simple unité de la communauté. La responsabilité est collective : la dette née du dommage commis par l'enfant est à la charge de l'ensemble de la communauté. Lorsqu'un enfant est accusé d'un délit pénal ou civil, il est traduit devant l'autorité habilitée pour son jugement, par le représentant de sa famille biologique. S'il est reconnu coupable des faits que l'on lui reproche, c'est la communauté qui répare le dommage. Il peut arriver que la famille, au sens étroit, de l'enfant

auteur du dommage, supporte la charge finale de la réparation de la victime. Ce sont les cas où la réparation du dommage n'est pas trop couteuse pour elle.

131. En principe, pour indemniser la victime les membres de la communauté cotisent à la hauteur du montant exigé par l'arbitre ou le juge. Lorsque la réparation doit se faire en nature, chaque membre de la communauté apporte son effort pour indemniser la victime. Exemple : le cas où il a été exigé de reconstruire la case d'habitation de la victime suite à l'incendie provoqué par la faute de l'enfant. Il arrive souvent qu'une personne riche, membre de la communauté de l'enfant auteur du dommage à réparer, décide de payer tout ou partie de la réparation de la victime. C'est ce que peut faire également un simple voisin qui éprouve de la sympathie pour la famille de l'enfant auteur du dommage. Dans la société guinéenne, même urbanisée, il est très apprécié de jouer le rôle du gentil voisin, le bon samaritain. Les membres les plus riches de la communauté sont souvent sollicités pour venir en aide aux moins fortunés. C'est le système de sécurité sociale traditionnelle en Guinée. Le système de la responsabilité parentale du droit traditionnel guinéen n'est pas sans rappeler celui de Rome où la responsabilité du père était fondée sur l'idée de solidarité familiale[215]. Le père de famille romain, *pater familias*, seul à posséder un patrimoine, avait l'obligation de réparer le dommage causé par ses enfants à autrui, sans pouvoir prétendre qu'il avait ou non correctement exercé son devoir de surveillance et d'éducation sur ces derniers. En effet, comme se présente actuellement le régime du droit français de la responsabilité parentale, la responsabilité parentale du droit romain n'était pas fondée sur le devoir de surveillance et d'éducation. Le père avait, à l'époque, comme moyen de s'exonérer de son obligation d'indemnisation la livraison de son enfant, auteur du dommage, à la victime[216]. Il apparaît que la responsabilité parentale en droit guinéen est une responsabilité collective dans la mesure où la charge de l'indemnisation de la victime pèse sur la communauté de l'enfant auteur du dommage. C'est aussi une responsabilité morale contrairement au droit moderne et au droit français. Dans la coutume guinéenne, il est inconcevable que les parents biologiques soient les

---

[215] Bart J. Histoire du droit privé : de la chute de l'Empire romain au XIXème siècle, Montchrestien, 1998.

[216] Pour approfondir la question, V. Lepointe et Monier, Les obligation en droit romain et dans l'ancien droit français, Sirey, 1954, p. 137 et s.

seuls responsables des dommages causés par l'enfant. Il appartient à l'ensemble de la communauté d'indemniser la victime conformément au principe de la solidarité communautaire plus morale que juridique.

132. La notion traditionnelle de parenté ainsi définie, il faut à présent s'interroger sur le statut particulier de l'enfant guinéen.

B- Le statut particulier de l'enfant guinéen

133. Définir le statut juridique de l'enfant en droit traditionnel n'est pas une tâche facile vu les caractères oral et confus du droit traditionnel. Contrairement au droit écrit, aucune règle juridique ne précise le statut juridique de l'enfant dans le droit traditionnel. Pour surmonter la difficulté, il faut avoir recours aux pratiques traditionnelles relatives à l'enfant. L'examen de ces pratiques conduit à constater deux points : la reconnaissance du concept de l'enfance (1) et le caractère non limité dans le temps du statut de l'enfant (2).

1. L'enfance est un concept juridiquement reconnu

134. Le premier point est que l'enfance est un concept juridiquement reconnu dans le droit traditionnel. Cette affirmation peut prêter à sourire, parce que cela semble évident. Il s'agirait là d'une erreur. Les questions relatives à l'enfance dans la tradition sont source d'équivoque. Il faut noter que dans la tradition guinéenne, s'il est exigé du père de loger, éduquer, nourrir, vêtir son enfant, celui-ci bénéficie à l'égard de ce dernier d'une puissance paternelle illimitée. On peut la comparer à la *patria potestas* du droit romain plutôt qu'à la puissance paternelle qui existait en droit français jusqu'à la loi du 4 janvier 1970[217].

135. En droit traditionnel guinéen, le père dispose à l'égard de son enfant d'un droit absolu, allant de la correction corporelle[218] jusqu'à un droit

---

[217] V. *infra* n° 198.

[218] Le droit de correction du père sur l'enfant est reconnu par le Code civil guinéen en son article 398.

de vie ou de mort. Le père peut faire de son enfant ce qu'il veut. Il peut arriver, par exemple, qu'un père offre à son créancier son enfant en remboursement de sa dette[219]. Lorsqu'on affirme que l'enfant est une richesse en Afrique, c'est à la fois au sens figuré et propre. Dans la tradition guinéenne, le père a un droit de propriété sur son enfant. Si l'Etat guinéen sanctionne des pratiques inhumaines, comme la vente, le troc ou le gage, infligées à l'enfant, ou encore l'infanticide, il se montre très faible quant à la violation des droits fondamentaux de l'enfant par les père et mère. Il faut faire remarquer qu'il est très fréquent en Guinée qu'un père marie son enfant contre son gré, par exemple.

136. Le droit romain offrait aussi au père une autorité quasiment absolue sur son enfant. Depuis le christianisme, le père a vu son autorité sur son enfant de plus en plus limitée progressivement. Mais l'enfant ne fut que tardivement reconnu sujet de droit en droit français. De nos jours, les parents associent leur enfant aux décisions qui le concernent. C'est cette évolution de la considération de l'avis de l'enfant dans les actions le concernant qu'un auteur de la monographie sur « l'enfant sujet de droits », relève ainsi : « *Jusqu'à une époque récente (la date de signature de la Convention de New York peut en l'occurrence représenter un repère), les parents étaient considérés comme seuls juges du bien de l'enfant. La Convention internationale des droits de l'enfant a institué, en son article 3, le droit pour l'enfant d'être consulté et d'exprimer son opinion dans les décisions qui le concernent. Ce droit est aujourd'hui consacré dans le Code civil français à l'article 371-1, alinéa 3, dans sa rédaction résultant de la loi du 4 mars 2002, en ces termes « les parents associent l'enfant aux décisions qui le concerne, selon son âge et son degré de maturité ». Au- delà d'un simple avis de l'enfant, certains actes sont subordonnés à l'accord de l'enfant, spécialement dans le domaine de la santé…* »[220]. Le droit africain a été lui-même influencé par cette évolution du droit.

137. Selon l'article 4 de la Charte africaine sur les droits et le bien-être de l'enfant de 1990[221] : « *dans toute action concernant un enfant,*

---

[219]Giribila D. Le don d'enfant en société traditionnelle africaine, *in* l'enfant et la famille nourricière en droit comparé, Toulouse. 1997.

[220] V. C. Brunetti- Pons, *in* « L'enfant sujet de droits », Collection Lamy Axe Droit, 2010.

[221]Olinga A. D. La Charte africaine sur les droits et le bien-être de l'enfant, Rec. Penant, 1996.

entreprise par une quelconque personne ou autorité, l'intérêt supérieur de l'enfant sera la considération primordiale ». La République de Guinée, en ratifiant cette Charte le 27 mai 1999, s'est engagée à mettre le droit guinéen, même traditionnel, en conformité avec les conventions internationales. Ce texte devrait aider à faire respecter les droits de tous les enfants guinéens présents sur le territoire guinéen. Mais cet engagement de l'Etat guinéen est loin d'être respecté. Les parents qui prennent en compte l'intérêt supérieur et l'avis de l'enfant dans les décisions le concernant sont aussi rares en Guinée que le Soleil en hiver rémois. D'ailleurs, aucune disposition du Code civil guinéen ne traite de « l'intérêt supérieur de l'enfant ». Il faut se féliciter de la correction partielle de cette défaillance par le nouveau Code guinéen de l'enfant du 19 août 2008.

38. Aux termes de l'article 2 alinéa 2 du nouveau Code guinéen de l'enfant : « *L'intérêt supérieur de l'enfant doit être la considération primordiale dans toutes les mesures prises à l'égard de l'enfant par les institutions publiques ou privées, les tribunaux ou les autorités administratives* ». Il est permis de regretter l'oubli des personnes chargées de l'éducation de l'enfant, c'est-à-dire les parents ou toute personne les remplaçant et les enseignants, dans l'énumération des autorités susceptible de poser des actions concernant l'enfant. D'ailleurs, cet oubli n'en est pas vraiment un. Les auteurs du nouveau Code guinéen de l'enfant ont sciemment exclu les personnes chargées de l'éducation de l'enfant de l'obligation de tenir compte de l'intérêt supérieur de l'enfant dans les actions le concernant. Ils sont conscients de limiter cette obligation aux institutions publiques et privées qui n'interviennent en général qu'en cas de conflit relatif à l'enfant.

39. Si les auteurs du nouveau Code guinéen de l'enfant étaient soucieux du strict respect des dispositions de la Charte africaine des droits et du bien-être de l'enfant, ils auraient repris simplement et exactement la formule de l'article 4 de la Charte, selon laquelle, il faut le rappeler : « *dans toute action concernant un enfant, entreprise par une quelconque personne ou autorité, l'intérêt supérieur de l'enfant sera la considération primordiale* ». Cette formule permet de viser toutes les personnes susceptibles d'intervenir dans une décision concernant l'enfant. Le choix des auteurs du nouveau Code guinéen de l'enfant est *a priori* incompréhensible quant à l'objectif de ce Code qui est de conformer le droit guinéen applicable à l'enfant à la Charte africaine

des droits et du bien-être de l'enfant de 1990. Mais ce choix s'explique par l'influence de la tradition guinéenne sur les auteurs du Code. Il faut noter que le nouveau Code guinéen de l'enfant fait tout de même référence à l'intérêt supérieur de l'enfant en traitant de l'autorité parentale sous l'angle de la relation de l'enfant avec ses frères et sœurs. Ainsi, aux termes de l'article 173 du nouveau Code guinéen de l'enfant de 2008 : « *l'enfant ne doit pas être séparé de ses frères et sœurs, sauf si cela n'est pas possible ou si son intérêt supérieur commande une autre solution…* ». Il est permis donc de dire que dans le nouveau Code guinéen de l'enfant aussi, aucune disposition n'impose clairement et directement aux parents de tenir compte de l'intérêt supérieur de l'enfant[222] dans toute action le concernant.

140. L'idée selon laquelle l'enfant guinéen est indispensable pour le bonheur d'un foyer, comme l'illustre le conte sur Boubacar et Fatoumata[223], cache une fausse évidence du statut juridique de l'enfant en droit traditionnel. Il est pourtant impératif de déterminer les personnes susceptibles d'être considérées comme un enfant en droit traditionnel. Déterminer le statut juridique de l'enfant au sens du droit traditionnel n'a pas seulement un intérêt sémantique. L'intérêt est celui de la compréhension de la conception traditionnelle de la responsabilité parentale. Au-delà de cet intérêt pédagogique, l'intérêt pratique et juridique est l'adaptation de la règle de la responsabilité parentale à la réalité guinéenne pour une meilleure efficacité du droit.

141. Il convient de noter que malgré l'ambiguïté des pratiques traditionnelles relatives à l'enfant, le droit traditionnel semble lui reconnaître un statut juridique. Des pratiques traditionnelles comme l'initiation[224] permettent de considérer que la tradition reconnaît implicitement mais nécessairement le statut de l'enfant. Un statut qui n'est pas limité dans le temps.

---

[222] Sur la réception du concept à l'échelle européenne, V. F. Granet Revue Lamy 2011. Pour une étude approfondie du concept de « l'intérêt supérieur » de l'enfant, V. G. Lebreton, Le droit de l'enfant au respect de son « intérêt supérieur ». Critique républicaine de la dérive individualiste du droit civil français, CRDF, n° 2, 2003, p. 77 à 86. Et V. Brunetti-Pons C. L'intérêt supérieur de l'enfant, une définition possible, Revue Lamy 2011.

[223] V. L'introduction de la présente thèse.

[224] V. Camara L. L'enfant noir, Présence Africaine, 1953. Dans ce roman autobiographique adapté au cinéma par le réalisateur français, Laurent Chevalier, l'auteur explique le rite de la circoncision par lequel l'enfant guinéen passe du statut de l'enfant à celui d'un homme adulte.

2. Le statut de l'enfant n'est pas limité dans le temps

142. Le second point qu'il est possible de constater en examinant les pratiques traditionnelles relatives à l'enfant, est que le statut de l'enfant n'est pas limité dans le temps, surtout pour une fille, du moins par un âge précis. Dans toutes les communautés guinéennes, il faut que l'enfant ait atteint l'âge de la puberté pour être reconnu comme membre à part entière de la communauté. Ce n'est en effet qu'à partir de la puberté que l'enfant compte au nombre des membres de sa communauté. On pourrait conclure de la pensée traditionnelle sur la puberté que c'est seulement à l'âge de la puberté que l'individu acquiert la personnalité juridique. Mais le refus par la tradition de l'interruption volontaire de grossesse peut conduire aussi à affirmer qu'en droit traditionnel l'enfant simplement conçu est un sujet de droit. Deux questions se posent : celle du début de la personnalité (a) et celle de la majorité (b).

a. Les débuts de la personnalité[225]

143. Il faut rappeler que le droit traditionnel est fortement influencé par la morale et la religion, qui considèrent l'interruption de grossesse comme un acte contre la vie humaine. Cette position de la tradition sur l'interruption volontaire de grossesse a influencé le législateur guinéen qui sanctionne par l'article 307 du Code pénal l'interruption volontaire de grossesse de 1 à 2 ans d'emprisonnement et d'une amende de 50.000 à 400.000 francs guinéens ou de l'une de ces deux peines seulement. Ces sanctions sont encourues sauf dans les hypothèses où « *l'interruption de la grossesse est nécessitée par la sauvegarde de la vie de la mère gravement menacée, ainsi que dans le cas de grossesse précoce, de viol, d'inceste et d'affectation grave de l'enfant à naître* ». Il existe ainsi des exceptions importantes à la règle de la prohibition de l'avortement en droit guinéen, mais le droit français va plus loin. Dans la législation française, depuis la loi Veil du 17 janvier 1975, l'interruption volontaire de la grossesse peut être

[225] Sur la question V. N. Bailleau-Wirtz, *in* L'enfant simplement conçu, l'intérêt de l'enfant depuis la CIDE, Lamy Droit, *op. cit.*p. 81

pratiquée avant la fin de la douzième semaine de grossesse, soit la quatorzième semaine d'aménorrhée, conformément à l'article L. 2212-1 du Code de la santé publique, selon lequel : *« la femme enceinte que son état place dans une situation de détresse peut demander à un médecin l'interruption de sa grossesse. Cette interruption ne peut être pratiquée qu'avant la fin de la douzième semaine de grossesse »*[226]. Il faut noter que l'interruption de la grossesse peut également avoir lieu à tout moment pour des raisons médicales concernant la mère ou l'enfant.

144. Si le droit traditionnel reste obscur sur le moment de l'acquisition de la personnalité juridique, le droit guinéen écrit n'est pas plus explicite sur sa position quant à l'enfant simplement conçu. Il est permis de déduire du droit spécial de la succession que l'enfant simplement conçu est réputé avoir la personnalité juridique lorsqu'il y va de son intérêt conformément à l'article 465 du Code civil guinéen, selon lequel « *l'enfant simplement conçu est tenu vivant et succède à son auteur…* ».

145. Il faut noter que, dans le droit français, il existe des dispositions similaires à l'article 465 du Code civil guinéen à l'article 725, alinéa 1er du Code civil français, selon lequel : *« pour succéder, il faut exister à l'instant de l'ouverture de la succession ou, ayant déjà été conçu, naître viable »*[227]. Cet article reprend un adage ayant valeur de principe général du droit : *infans conceptus*…Par exemple l'arrêt de la première chambre civile de la Cour de cassation en date du 10 décembre 1985, requis ce principe général selon lequel : *« l'enfant doit être considéré comme une personne dès sa conception chaque fois qu'il y va de son intérêt »*. En l'espèce, une personne avait adhéré à une police d'assurance-groupe souscrite par son employeur pour son personnel auprès de la compagnie européenne d'assurances sur la vie (Euravie), laquelle garantissait, en cas de décès, le paiement d'un capital d'un montant de 200 % du salaire de base, majoré de 30 % par enfant à charge vivant au foyer de l'assuré. Son épouse a mis au monde des jumeaux après son décès. La compagnie a refusé de prendre en compte ces enfants, qui n'étaient pas nés au moment de la

[226] L'article 2212-1 du Code de la santé publique a été modifié par la loi n° 2001-588 du 4 juillet 2001.
[227] L'article 725, alinéa 1er du Code civil français a été modifié par la loi n° 2001-1135 du 3 décembre 2001.

réalisation du risque, pour le paiement de l'indemnité d'assurance. L'épouse a fait appel pour obtenir le paiement de la somme complémentaire. La cour d'appel de Paris a rejeté sa demande au motif que : « *la seule bénéficiaire contractuellement désignée de l'assurance décès était Mme Y... que la clause de la police était envisagée comme une notion de seul fait et que les enfants simplement conçus dont il s'agit ne vivaient pas au foyer de l'assuré* ». L'épouse a alors formé un pourvoi devant la Cour de cassation. Il s'agissait de savoir s'il est possible de considérer comme né un enfant avant sa naissance ? La première chambre civile de la Cour de cassation, en sanctionnant les juges du fond, donna une réponse affirmative à cette question en ces termes : « *l'enfant conçu est réputé né chaque fois qu'il y va de son intérêt* »[228]. Il faut noter que ce principe général de droit sur lequel la Haute juridiction judiciaire se fonde en l'espèce, inspiré de la maxime « *infans conceptus pro nato habetur quoties de commodis ejus agitur* », issue du droit romain, permet d'anticiper l'acquisition de la personnalité juridique dès la conception sous la condition résolutoire que l'enfant naisse vivant et viable dans l'hypothèse où cela y va de son intérêt.

146. En principe l'enfant doit naître vivant et viable pour acquérir la personnalité juridique comme le souligne Monsieur Alain Sériaux selon lequel : « *l'argument n'est guère convaincant... Inspiré par le souci très pragmatique d'assurer l'égalité de traitement successoral entre les enfants déjà nés et à naître, l'adage est assorti dans notre droit d'une condition si nascitur : l'enfant simplement conçu n'aura valablement été traité comme une personne qu'à condition qu'il naisse plus tard viable* »[229]. C'est sur ce principe que Monsieur Jean Hauser écrit que : « *L'accouchement est, dans le principe, le moment où l'enfant acquiert la personnalité juridique. Peu importe que la déclaration juridique en soit faite ensuite. C'est la date et l'heure de l'accouchement qui seront retenues conformément aux articles 55 et 56 du Code civil. À cette date l'enfant jouit d'une personnalité qui lui permettra d'acquérir des droits mais aussi de supporter les obligations afférentes. Ainsi, si l'enfant hérite de son père alors que celui-ci est décédé pendant sa gestation, il demeurera tenu des obligations liées à sa parenté et, quand bien même il renoncerait à la succession de celui-ci il restera tenu d'assurer les frais de succession*

[228]Cass. 1er civ. 10 décembre 1985, Bull civ I, n° 339. D. 1987, Jur, p. 449, note Paire G.
[229] V. A. Sériaux, les personnes, PUF. 1992, p. 6 .

(C. civ., art. 806). C'est une application paroxystique de la personnalité dès la naissance ! »[230].

147. C'est ainsi qu'en matière pénale, la jurisprudence française, notamment un arrêt de l'assemblée plénière de la Cour de cassation en date du 29 juin 2001, a décidé qu'il ne peut y avoir d'homicide qu'à l'égard d'un enfant dont le cœur battait à la naissance et qui a respiré. En l'espèce, une personne a causé un accident sur une femme enceinte de six mois, qui a entraîné la disparition du fœtus qu'elle portait. La victime a fait appel pour obtenir la condamnation de l'auteur de l'accident pour homicide involontaire sur la personne de son enfant à naître. La cour d'appel de Metz ayant rejeté cette demande, la victime s'est pourvue en cassation en soutenant, d'une part que *« l'article 221-6 du Code pénal réprimant le fait de causer la mort d'autrui n'exclut pas de son champ d'application l'enfant à naître et viable »*, et de l'autre que « *le fait de provoquer involontairement la mort d'un enfant à naître constitue le délit d'homicide involontaire dès lors que celui-ci était viable au moment des faits quand bien même il n'aurait pas respiré lorsqu'il a été séparé de la mère, de sorte qu'auraient été violés les articles 111-3, 111-4 et 221-6 du code pénal et 593 du Code de procédure pénale* ». Il s'agissait alors de savoir si une personne responsable d'un accident ayant entraîné la disparition du fœtus est pénalement coupable d'homicide involontaire ? L'assemblée plénière de la Cour de cassation, en rejetant le pourvoi donna une réponse négative à cette question. Elle affirma que : « *le principe de la légalité des délits et des peines, qui impose une interprétation stricte de la loi pénale, s'oppose à ce que l'incrimination prévue par l'article 221-6 du code pénal, réprimant l'homicide involontaire d'autrui, soit étendue au cas de l'enfant à naître dont le régime juridique relève de textes particuliers sur l'embryon ou le fœtus* »[231]. Selon la Cour de cassation donc, l'interprétation stricte de la loi pénale interdit d'appliquer la loi à un cas non prévu par la loi. En l'occurrence, l'incrimination

---

[230] V. J. Hauser qui a publié une excellente étude récente sur l'acquisition et la perte de la personnalité,Les bornes de la personnalité juridique en droit civil, Droit de la famille n° 9, Septembre 2012, dossier 4 ; C. Petit, La notion de personne au sens juridique, Droit de la famille n° 9, Septembre 2012, dossier 3 ; C. Brunetti-Pons, Quelques réflexion à propos de l'évolution de la législation relative à l'interruption volontaire de grossesse, Droit de la famille n° 11, Novembre 2001, chron. 23 ; F. Dekeuwer-Defosser, Rapport de synthèse : existe-t-il une définition unique et transversale de la notion de personne ? Droit de la famille n° 9, Septembre 2012, dossier. 11.

[231] Cass. ass. plén, 29 juin 2001, JCP G 2001 II n° 10569, rapp. Sargos P, concl. Sainte-Rose J, note Rassat M-L.

d'homicide involontaire ne peut s'appliquer qu'à une personne juridique[232].

48. Cet arrêt montre que la Cour de cassation française considère qu'en principe un enfant qui n'est pas né vivant n'est pas une personne. Cette solution a été confirmée par un arrêt de la chambre criminelle de la Cour de cassation en date du 25 juin 2002[233]. Cependant, lorsque l'enfant est né, a respiré et est mort des conséquences de l'accident dont il a été victime *in utero*, la qualification d'homicide involontaire de la part de l'auteur de l'accident a été retenue par la jurisprudence, notamment, un arrêt de la chambre criminelle de la Cour de cassation en date du 2 décembre 2003[234]. Il faut noter qu'un arrêt de la chambre criminelle en date du 4 mai 2004, a maintenu qu'il ne peut y avoir d'homicide involontaire lorsque l'enfant n'est pas né vivant.

49. Ainsi, pour qu'il ait confirmation de la personnalité juridique de l'enfant, celui-ci doit naître vivant et viable. Le seuil de viabilité a été défini par l'organisation mondiale de la santé. C'est 22 semaines d'aménorrhée ou un poids du fœtus de 500 grammes. Mais, selon la jurisprudence française, notamment un arrêt du 6 février 2008 de la première chambre civile de la Cour de cassation, l'établissement d'un acte d'enfant sans vie n'est pas subordonné à ces critères.

50. Si le statut de l'enfant n'est pas limité dans le temps en droit traditionnel, le droit guinéen moderne, en prévoyant la majorité, fixe la durée de l'enfance.

b. L'étape de la majorité

51. L'évolution sociale de l'enfant dans le droit traditionnel guinéen passe par l'accomplissement de divers rites comme l'initiation et le mariage. Chez certaines familles, l'âge de la puberté pour une fille va de 11 ans à 13 ans, de 15 ans à 17 ans pour un garçon[235], chez d'autres, l'âge de la puberté va de 13 ans à 15 ans pour une fille et de 16 ans à 18 ans pour un garçon. Si la puberté permet à l'enfant d'être reconnu comme

---

[232] G. Beaussonie,Les bornes de la personnalité juridique en droit pénal, Droit de la famille n° 9, Septembre 2012, dossier 5.
[233]Cass. crim, 25 juin 2002, Dr. Famille 2002, chron. 25.
[234]Cass. crim, 2 décembre 2003, D. 2004, jur, p. 449, note J. Pradel.
[235] Bâ A. H. Amkoullel, l'enfant peul, mémoire, éditions Acte Sud, 1991.

membre de la communauté, après le rite de l'initiation, elle ne met pas fin à l'enfance. Pour jouir pleinement des droits de l'adulte, la jeune fille ou le jeune homme doit se marier et quitter le foyer des parents. Dans le film français sur la communauté africaine de France, « Fatou la malienne »[236], précisément la scène de l'anniversaire de Fatou, (jouée par Fatou N'diaye) où celle-ci conteste la décision de son père de la marier contre son gré, est une illustration parfaite de ces propos. Lorsque Fatou affirma, que comme elle venait d'avoir 18 ans, il lui revenait désormais de décider de sa vie en tant que majeure, Hawa, (une amie de la famille jouée par Claudia Tagbo), rétorqua qu'en Afrique on devenait majeure seulement après le mariage. Il faut faire remarquer, qu'en Afrique, tout individu, même pubère, qui reste au foyer de son père est considéré comme un enfant. Son père exerce sur lui l'autorité paternelle. Par conséquent, le père reste responsable des dommages causés aux autres, sauf dans le cas où l'individu est resté dans le foyer de ses parents après son mariage pour des raisons économiques ou sociales. Dans cette circonstance exceptionnelle, celui-ci est reconnu socialement et juridiquement capable en vertu du statut matrimonial. Il répondra lui-même de ses faits dommageables à l'égard des tiers.

152. Ainsi, sont considérés comme des enfants, irresponsables en droit traditionnel guinéen, les individus avant l'âge de la puberté et ceux qui ont atteint l'âge de la puberté mais qui ne sont pas encore mariés et vivent chez leurs parents. En droit traditionnel, l'enfant ne peut s'émanciper et ainsi libérer ses parents de ses actes dommages que par le mariage, alors que selon les articles 433 du Code civil guinéen et 271 du nouveau Code guinéen de l'enfant, l'enfant, même non marié, peut être émancipé. Il faut noter que l'article 432 du Code civil guinéen précise quand même que : « *le mineur est émancipé de plein droit par le mariage* ». Cette règle est reprise par l'article 268 du nouveau Code guinéen de l'enfant du 19 août 2008. Le droit moderne guinéen considère donc, comme le droit traditionnel, que le mariage a un effet émancipatoire.

153. Contrairement au droit traditionnel, le droit guinéen écrit précise la limite de l'enfance. Suivant l'article 1er du nouveau Code guinéen de l'enfant du 19 août 2008, « *tout être humain âgé de moins de 18 ans*

[236] V. le film « Fatou la malienne » de Daniel Vigne sorti le 14 mars 2001.

est un enfant ». Cette définition est calquée sur celle de l'article premier de la Convention internationale des droits de l'enfant du 20 novembre 1989, selon lequel : « *un enfant s'entend de tout être humain âgé de moins de dix huit ans* »[237]. Si l'on fait un raisonnement *a contrario* de cet article, il est possible de dire que tout être humain, âgé de dix huit ans, au moins, n'est plus considéré comme un enfant en Guinée. Il peut être encore mineur, mais il n'est plus un enfant, parce que l'article 399 du Code civil guinéen dispose que : « *le mineur est l'individu de l'un ou de l'autre sexe, qui n'a point, encore l'âge de vingt et un ans accomplis* ». Suivant l'article 399 du Code civil guinéen donc, l'âge de la majorité civile en Guinée est de vingt et un ans[238]. C'est conformément à cet article et à l'article 281 du Code civil guinéen lequel dispose que : « *le mariage exige le consentement des époux* », que l'alinéa 1er de l'article 284 du même Code, exige, pour le mariage des personnes qui n'ont pas atteint l'âge de vingt et un ans, le consentement du père et, à défaut du père, de celui du chef de famille. Le droit guinéen moderne établit une distinction entre l'âge de l'enfant et l'âge de la majorité, contrairement au droit français. Il est permis de se féliciter de l'effort fourni par le législateur guinéen à travers ce nouveau Code de l'enfant qui précise aussi l'âge de la responsabilité pénale, car le Code pénal guinéen reste muet sur l'âge de la responsabilité pénale. L'article 338 alinéa 1er du nouveau Code guinéen de l'enfant du 19 août 2008 dispose que : « *la responsabilité pénale est fixée à 18 ans* ».

154. Si les pratiques sociales montrent que le droit traditionnel guinéen reconnaît le statut de l'enfant, elles montrent aussi que ce statut n'est pas limité dans le temps contrairement au droit guinéen moderne et au droit français. Le droit traditionnel a une conception flexible de la notion de l'enfance et une dimension communautaire de la famille.

---

[237] V. C. Brunetti-Pons, « L'enfant sujet de droit », Intervention à la journée Place au Droit 2012, Nancy, pour une analyse de la définition de l'enfant dans la Convention internationale des droits de l'enfant.
[238] V. *infra* n°450 et suivant pour l'analyse de l'âge de la minorité en droit guinéen.

§ 2. Une responsabilité morale, sous l'influence de la pratique traditionnelle

155. Il a été montré dans les pages précédentes, à travers la Charte de Kurukan Fuga que le droit traditionnel ne distingue pas le droit public du droit privé, encore moins le droit pénal du droit civil. Identifier la responsabilité civile pour examiner la responsabilité parentale s'avère en conséquence une démarche complexe.

156. Le droit traditionnel guinéen ne connaissant pas une théorie de la responsabilité civile, le système juridique qu'il met en place est casuistique. De ce point de vue, le droit guinéen se rapproche également du droit romain, l'une des sources d'inspiration du droit français. Comme le droit traditionnel guinéen, le droit romain ne distinguait pas la responsabilité pénale de la responsabilité civile. Mais le droit romain faisait la distinction entre « délit public » et « délit privé », même s'il ne distinguait pas de manière claire et nette la peine de la réparation, donc la responsabilité pénale de la responsabilité civile. Il faut préciser l'existence dans le droit romain des actions à but principalement indemnitaire, appelées des actions *réipersecutoires*, différentes des actions spécialement pénales[239].

157. La comparaison du droit romain en matière de responsabilité avec le droit traditionnel guinéen est pertinente. La différence entre ces deux droits est surtout de forme, car le droit romain est un droit écrit qui a laissé des documents importants en matière de responsabilité, telle la loi des XII tables[240] et la loi *Aquilia*[241], consacrée à l'indemnisation des atteintes aux intérêts d'autrui. En droit traditionnel guinéen, il faut consulter les anciens ou les griots pour obtenir des informations comparables. C'est dans ce sens que le regretté Ahmadou Hampaté Bâ a écrit qu' : « *un vieillard qui meurt en Afrique c'est une bibliothèque*

---

[239] Pour la distinction entre l'action pénale et l'action *réipersecutoire*, Voir Y. Buffelan-Lanore et V. Larribau-Terneyre, Droit Civil, Les obligations, 12e éd. Sirey. 2010. p. 488.

[240] Les XII tables ne prévoyaient que l'ablation d'un membre, la fracture d'un os et les violences légères, les cas d'indemnisation pour les atteintes à la personne. Le prêteur ajoutera, les menaces et manœuvres frauduleuses et certaines atteintes à l'honneur ou à la réputation. V. Gazzaniga, J-L. Introduction historique au droit des obligations, droit fondamental, *op. cit.*p *25*.

[241] Sur la loi *Aquilia*, V. les études offertes à D. Daube, éd. A. Watson, Edimbourg- Londres 1974.

qui brûle »[242]. Cette pensée a été relativisée par un romancier et essayiste en ces termes : « *J'ai déjà dit que même si en Afrique un vieillard qui meurt c'est une bibliothèque qui brûle, reste à savoir quel vieillard et quelle bibliothèque, les vieux cons n'ayant pas disparu de ce monde* »[243]. Toutefois, Malgré qu'elle ne soit pas écrite, la parole du griot est perçue par le peuple, surtout celui des zones rurales, comme un témoignage fiable et crédible[244].

158. La responsabilité revêt aussi d'autres sens que ceux que lui donnent les juristes. L'ordre juridique moderne ne connaît que deux types de responsabilité. La responsabilité pénale et la responsabilité civile. La responsabilité administrative est un régime juridique particulier de responsabilité civile, applicable aux personnes publiques et parfois à des personnes privée[245]. Dans l'ordre juridique traditionnel, la responsabilité peut être morale. Dans ce sens, elle signifie l'obligation de répondre de ses actes devant Dieu ou devant sa conscience.

159. En droit traditionnel, la responsabilité civile et la responsabilité morale se confondent. Mais, à y réfléchir, le concept de responsabilité n'est-il pas avant tout moral ? La morale veut que l'on répare le dommage que l'on cause à autrui par sa faute. C'est ce principe chrétien qui a influencé les auteurs du XVIIe siècle. Domat, juriste chrétien et influencé par les auteurs romains, a fait une synthèse des droits canoniques et romains, pour établir sa conception de la responsabilité civile[246]. Il pense que l'on doit réparer les dommages que l'on cause à autrui par crime ou délit. Il affirme la fameuse formule, empruntée à Grotius[247], selon laquelle, « *toute les pertes et tous les dommages qui peuvent arriver par le fait de quelque personne, soit imprudence, légèreté, ignorance de ce qu'on doit savoir, ou autres fautes semblables, si légères qu'elles puissent être, doivent être réparées par celui dont l'imprudence ou autre faute y a*

---

[242] A. H. Bâ, historien et écrivain malien V. l'enfant peul, mémoire, éditions Acte Sud, *op. cit.* p. 88, et Aspects de la civilisation africaine, édition Présence Africaine, 2000.

[243] A. Mabanckou, auteur franco-congolais, prix Renaudot 2006. V. Le sanglot de l'homme noir, édition Fayard. 2012.

[244] V. Camara S. Gens de la parole. Essai sur la condition et le rôle des griots dans la société malinké, *op. cit.* p. 72;Chérif A. L'importance de la parole chez les manding de Guinée ; parole de vie, parole de mort et rituels funéraires, *op. cit.* p. 72.

[245] J. P. Dubois, La responsabilité administrative, Hachette, coll. Repère, 1996 ; C. Guettier, La responsabilité administrative, LGDJ, coll. Système, 1996 ; M. Paillet, La responsabilité administrative, Dalloz, coll. Cours, 1996.

[246] V. *supra* n° 25.

[247] Grotius s'est inspiré lui-même de l'école espagnole de Salamaque

donné lieu ». Domat pose ainsi le principe de la responsabilité civile, fondé sur la faute[248].

160. Quelle soit pénale ou civile, la responsabilité consiste traditionnellement à répondre de sa faute et de celle des personnes dont on est responsable. Il est vrai que dans le droit français, il existe une évolution considérable de la responsabilité sans faute, mais ce sont des régimes spéciaux de responsabilité civile. Le droit commun de la responsabilité prévu par l'article 1382 du Code civil français, principe posé par Domat, demeure fondé sur la faute. Quant au droit guinéen moderne, à l'exception de la responsabilité du fait des choses[249], tous les régimes de responsabilité sont fondés sur la faute. Les sanctions de cette responsabilité sont d'abord morales en droit traditionnel et la responsabilité de l'*infans* est exclue pour des raisons morales.

161. Il convient d'examiner cette exclusion de la responsabilité de l'*infans* (1) avant de préciser que le caractère moral du droit guinéen de la responsabilité parentale érige la question en une atteinte à l'honneur (2).

1. L'exclusion de la responsabilité de l'*infans*

162. En droit traditionnel guinéen, la responsabilité des père et mère ou de toute personne les remplaçant, du fait de l'enfant, est surtout morale. Elle dépend de l'âge de l'enfant et de la nature du préjudice causé. Lorsque l'enfant, auteur du dommage causé à autrui par sa faute, est un enfant en bas âge, son père ou toute personne le remplaçant ne verra pas sa responsabilité civile engagée. Il ne lui sera pas demandé de réparer le préjudice de la victime de son enfant. Seules des excuses solennelles à l'égard de la victime et sa famille lui seront demandées. La tradition a une conception angélique de l'enfant en bas âge. Par conséquent, toutes les communautés estiment que l'enfant en bas âge ne peut commettre une faute. Il n'est donc pas concevable de

---

[248] V. O. Descamps, les origines de la responsabilité pour faute personnelles dans le Code civil de 1804. éd. LGDJ. 2005.

[249] Le législateur guinéen a consacré un régime de responsabilité de plein droit en matière de responsabilité du fait des choses.

condamner le civilement responsable. Les dommages que l'enfant en bas âge cause à autrui par sa faute sont considérés comme des faits de Dieu. Lorsque le dommage est grave, la victime est réparée en totalité ou en partie par une sorte d'allocation communautaire constituée par la contribution de l'ensemble des communautés du village.

63. Les responsables de l'enfant auteur d'un dommage causé à autrui sont tenus de réparer ce dommage si et seulement si ce dommage constitue pour la victime une atteinte physique ou patrimoniale grave, comme l'incendie de sa case d'habitation, de son grenier ou la dégradation de sa récolte. Mais c'est aussi à condition que la cause du dommage ne soit pas la faute exclusive d'un enfant en bas âge. Par ailleurs, si l'acte de l'enfant en bas âge constitue un comportement anormal rendant vraisemblable la négligence ou l'imprudence des parents, ceux-ci seront tenus de réparer les dommages causés à la victime. Il faut rappeler ici que, dans le droit traditionnel, les enfants sont les individus avant l'âge de la puberté et ceux qui ont atteint l'âge de la puberté, mais ne sont pas encore mariés et vivent chez leurs parents.

64. Le droit guinéen moderne n'a pas pris position sur la question de la responsabilité de l'*infans*. Aucun texte légal ne permet de déterminer la conception du législateur sur la question. Il est en outre difficile de connaître la position de la jurisprudence guinéenne car très peu, voire aucune affaire concernant les dommages causés par les enfants en bas âge, ne constitue un procès devant les juridictions étatiques. Aussi, si les juges guinéens partagent l'opinion d'un conseiller d'Etat français, selon laquelle la justice doit être en prise avec les réalités sociales, ils s'aligneront sur la position du droit traditionnel guinéen quant à la question de la responsabilité de l'*infans* : la responsabilité de l'*infans* est exclue. Le conseiller français écrit que : « *Pour bien légiférer, il faut être à l'écoute. De même, pour bien juger la société, il faut bien la connaître. Le juge doit être ouvert aux préoccupations de ses concitoyens. Il doit ancrer sa réflexion dans les réalités économiques et sociales de son pays et de son époque* »[250]. Ainsi, il est permis de prévoir que les juges guinéens adopteraient, si l'occasion s'en présentait, la position du droit traditionnel guinéen. Cela constituerait une autre différence évidente entre le droit guinéen de la responsabilité des père et mère et le droit français.

[250] Y. Aguila, Le juge et les réalités sociales, *in* Droit et Justice, Recherche, n° 31 Hiver 2008-2009.

165. La société française qui connaît actuellement des réalités économiques et sociales différentes de celles de la Guinée, adopte, au sujet de la responsabilité de l'*infans*, une position différente de celle qui prévaut en droit traditionnel guinéen. La question de la responsabilité de l'*infans* a fait l'objet d'une division au sein de la doctrine française. Il s'agissait de savoir si l'enfant en bas âge peut ou non commettre une faute. C'est ainsi que la responsabilité de l'*infans* a opposé les tenants de la faute morale aux partisans de la faute objective. Dans la présente thèse, développer cette querelle doctrinale ne présente pas beaucoup d'intérêt. Il faut plutôt rappeler la position de la jurisprudence française sur la question pour préciser la différence avec le droit guinéen. Toutefois, il n'est pas inutile de rappeler les opinions argumentées de quelques auteurs de la doctrine française. Monsieur François Chabas, soutint notamment que : « *...si notre faveur va à la conception objective de la faute, c'est parce qu'il nous paraît plus normal que celui qui a créé un trouble social par un comportement défectueux*[251]*, comme dirait M. Dejean de la Bâtie, en supporte les conséquences pécuniaires. La responsabilité n'est pas une sanction ; elle est avant tout recherche de celui qui doit réparer, ou mieux, supporter le poids du dommage. Il est juste que celui qui n'a pas agi dans la norme ne soit pas, en cas de dommage, préféré à une victime qui n'a pas transgressé l'ordre social* »[252].

166. Toutefois, d'un autre côté, l'enfant en bas âge est par définition privé de discernement. Par conséquent, il n'a pas le discernement suffisant pour apprécier ses actes. Ainsi, il ne peut considérer une norme de comportement comme un devoir qui s'impose à lui. C'est ce que Madame Warembourg-Auque résume de manière concise en une phrase : « *aucune norme de comportement ne s'impose à l'enfant privé de discernement* »[253]. Ce que Monsieur Dejean de la Bâtie, cité par Monsieur François Chabas dans son article ne manquait pas de critiquer : « *...il est vrai, on fait valoir que l'infans ne pourrait commettre de faute parce que l'illicite serait la transgression d'une norme... Mais c'est un préjugé de croire que toute faute serait la violation d'une norme préexistante que le sujet aurait eu la possibilité*

[251] Le droit guinéen comme le droit français considère que commettre une faute, c'est poser un acte illicite, un acte qui constituerait la transgression d'une norme préexistante.
[252] F. Chabas, D. 1984. 525
[253] F. Warembourg-Auque, Irresponsabilité ou responsabilité civile de « l'*infans* », Rev. Trim. Dr. Civ. 1982. 328, n° 14.p. 339.

d'intérioriser et qui s'imposerait à lui comme une sorte de devoir. La conduite illicite n'est souvent rien d'autre, en réalité, qu'un comportement socialement défectueux, et il est difficile de ne pas qualifier tel le geste consistant, par exemple à lancer un projectile pointu vers l'œil d'un être humain »[254]. Dans l'arrêt du 4 mai 1977 de la deuxième chambre civile de la Cour de cassation[255], la position de la Haute juridiction judiciaire française fut qualifiée de neutre en ces terme : « *...l'arrêt du 4 mai 1977 n'a pas, pensons-nous pris parti entre les deux conceptions de la faute malgré la généralité de la formule où s'inscrit le raisonnement des hauts magistrats* »[256]. En revanche, depuis les arrêts du 9 mai 1984, il est permis de dire que la jurisprudence française a opté pour la conception objective de la faute.

167. La question relative à la responsabilité de l'*infans* a été source d'embarras pour la jurisprudence française. Les chambres de la Cour de cassation avaient une position divergente sur la question. C'est dans ce contexte que le président de la Haute juridiction judiciaire a soumis en 1983 cinq affaires à l'Assemblée plénière pour résoudre en un jour la difficulté. A cet effet, Monsieur le premier avocat général, Jean Cabannes invita la formation solennelle à tracer une voie pour la responsabilité objective en la matière, en ces termes : « *J'aimerais, pour ma part, que, précédant, ou orientant le législateur, vos décisions ouvrent nettement la voie à la responsabilité objective* »[257]. Si les cinq affaires étaient liées indirectement ou directement à la responsabilité des père et mère, chacune d'elles comportait des éléments propres par rapport aux autres. Dans les cinq affaires, l'Assemblée plénière était donc saisie pour trancher la question de la responsabilité civile du mineur en tenant compte des circonstances particulière à chaque espèce.

168. Dans la première affaire, un enfant de neuf ans avait été pénalement et civilement reconnu coupable d'incendie volontaire. Les parents avaient attaqué la décision en soutenant que, pour condamner l'enfant, les juges du fond auraient dû relever qu'il avait compris et voulu l'acte, toute infraction supposant que son auteur ait agi avec intelligence ou volonté. L'Assemblée plénière approuve la décision de

---

[254] V. N. Dejean De La Batie notesousciv. 2e, 29 avril 1976, JCP, 1978. II. 18793,
[255] V. *infra* n° 334 pour l'analyse de l'arrêt du 4 mai 1977 de la 2e chambre civile.
[256] V. R. Legeais, note sur l'arrêt du 4 mai 1977, civ 2e, D. 1978, p. 393.
[257] V. J. Cabannes, conclusion sur les arrêts de 1984, Dalloz 1984.

la cour d'appel par un attendu de principe : « *Mais attendu qu'après avoir relevé le comportement et les déclarations contradictoires du jeune S... D... qui connaissait les lieux pour s'y être déjà introduit et y avoir volé les clés de contact des véhicules, la cour d'appel a souverainement retenu que l'enfant avait « volontairement allumé l'incendie », et a, par ce seul motif, légalement justifié sa décision* ».

169. Dans les affaires Derguini et *Lemaire*, l'enfant était décédé. Ce sont les ayants droit qui demandaient la réparation. Dans l'affaire Derguini, une enfant âgée de 5 ans avait été mortellement blessée par une voiture. La cour d'appel a partagé par moitié la responsabilité des conséquences de l'accident. Les parents de la l'enfant victime ont alors attaqué la décision en soutenant que le défaut de discernement exclut toute responsabilité de la victime. La Cour de cassation décida que : « *Mais attendu qu'après avoir retenu le défaut d'attention de M. Tidu et constaté que la jeune Fatiha, s'élançant sur la chaussée, l'avait soudainement traversée malgré le danger immédiat de l'arrivée de la voiture de M. Tidu et avait fait aussitôt demi-tour pour revenir sur le trottoir, l'arrêt énonce que cette irruption intempestive avait rendu impossible toute manœuvre de sauvetage de l'automobiliste ; qu'en l'état de ces constations et énonciation, la cour d'appel, qui n'était pas tenue de vérifier si la mineure était capable de discerner les conséquences de tels actes, a pu, sans se contredire, retenir sur le fondement de l'art. 1382 c. civ., que la victime avait commis une faute qui avait concouru, avec celle de M. Tidu, à la réalisation du dommage dans une proportion souverainement appréciée ; d'où il suit que le moyen n'est pas fondé* »[258]. L'Assemblée plénière avait retenu en l'espèce la responsabilité civile de l'*infans* sur le fondement de l'article 1382 du Code civil français.

170. Dans l'affaire Lemaire, l'Assemblée plénière a, selon un raisonnement comparable, confirmé la décision de la cour d'appel qui avait retenu à l'encontre d'un enfant de 13 ans, décédé par électrocution à la suite de travaux défectueux, sa participation dans la réalisation de son dommage. Comme l'arrêt Derguini, la Cour de cassation considère que l'enfant a commis une faute et retient sa responsabilité sur le fondement de l'article 1382 du Code civil français.

---

[258] V. Les arrêts de 1984 D. 1984. 525

171. Enfin, il faut encore relever l'affaire Gabillet. En l'espèce, l'enfant Eric Gabillet âgé de trois ans, en tombant d'une balançoire, avait éborgné un autre enfant avec un bâton qu'il tenait à la main. Les juges du fond avaient retenu la responsabilité de l'enfant sur le fondement de l'article 1384, alinéa 1er du Code civil français en le considérant comme gardien de l'objet. Les parents ont attaqué cette décision devant la Cour de cassation en soutenant que la cour d'appel n'avait pas recherché si l'enfant avait la faculté de discernement. L'Assemblée plénière confirma la décision des juges du fond : « *Mais attendu qu'en retenant que le jeune Eric avait l'usage, la direction et le contrôle du bâton, la cour d'appel qui n'avait pas, malgré le très jeune âge de ce mineur, à rechercher si celui-ci avait un discernement, a légalement justifié sa décision* ».

172. La jurisprudence française connaissait déjà des décisions qui avaient retenu qu'un enfant mineur pouvait être gardien d'une chose inanimée[259]. Mais les juges avaient recherché si l'enfant avait le discernement nécessaire[260]. Ainsi, ils refusaient de retenir la responsabilité de l'enfant en l'absence de discernement[261]. Ces deux arrêts, en admettant la responsabilité de l'*infans* sans rechercher si celui-ci disposait ou non d'une faculté de discernement au moment des faits, ont opéré un revirement par rapport à la jurisprudence antérieure qui avait jusqu'ici consacré une conception subjective de la responsabilité de l'*infans*. Il est permis de croire que la jurisprudence Trichard de la deuxième chambre civile de la Cour de cassation en date du 18 décembre 1964[262] n'a pas été sans influence sur le revirement opéré par ces arrêts du 9 mai 1984. En l'espèce, la deuxième chambre civile avait considéré qu'un dément pouvait être déclaré responsable en tant que gardien d'une chose inanimée. Une idée que Monsieur Schmelck, l'avocat général, avait suggérée à la Cour dans ses conclusions, soutenant que la faute civile devait s'apprécier en faisant abstraction de la notion de discernement. Il avait proposé aussi la généralisation de la méthode. Le législateur français

---

259 V. J-F. Barbieri, Inconscience et responsabilité dans la jurisprudence civile. JCP 1982, I. 3057, pour approfondir la question sur l'*infans* gardien.

260 V. Trib. Grande Inst. Avesnes, 8 juillet 1976, JCP. 1977. II. 18556, note Savatier ; Cass. civ. 2e, 14 mars 1963, D. 1963. 500.

261 V. Cass. civ. 2e, 7 décembre 1977, D. 1978. I. R. 205 ; Rev. Trim. dr. civ. 1978. 654, obs. Durry.

262 V. Cass. civ. 2e, 18 décembre 1964, JCP. 1965. II. 14304, note Dejean De la Bâtie ; Rev ; Trim. dr. 1965. 351 ; D. 1965. 191, concl. Schmelck, note P. Esmein.

entérina l'idée de l'avocat général quatre ans plus tard par la loi du 3 janvier 1968 qui prévoit à l'article 489-2[263] du Code civil français la responsabilité civile du dément. Il devenait alors difficile pour la Haute juridiction judiciaire française de maintenir sa jurisprudence selon laquelle la recherche de la faculté de discernement de l'enfant était nécessaire pour retenir sa responsabilité. C'est ainsi que l'Assemblée plénière procéda à la généralisation de la jurisprudence Trichard du 18 décembre 1964 à l'occasion des arrêts *Gabillet* et *S...D* du 9 mai 1984.

173. Depuis ces arrêts de 1984 la faculté de discernement de l'enfant en bas âge est indifférente pour la mise en œuvre de sa responsabilité en droit français, et cela bien avant les arrêts Bertrand et Levert. Par ces arrêts du 9 mais 1984, l'Assemblé plénière décidait que l'*infans* peut commettre des fautes même s'il n'est pas doué de discernement, qu'il s'agisse d'ailleurs de les rendre responsables de dommages causés à des tiers ou de leur opposer leur propre faute pour réduire, ou exclure, leur droit à réparation. Une position que certains auteurs de la doctrine française n'ont pas manqué de critiquer. Par exemple le doyen Raymond Legeais s'est interrogé en ces termes : « *Au temps où l'on reconsidère même les peines, où l'on émousse de tout aspect inhumain chaque obligation, quel juriste peut durablement admettre qu'un jeune enfant soit engagé dès ses premières années, à un moment où il ne pouvait comprendre et vouloir, par une obligation civile de réparer pour un montant pouvant dépasser tout ce qu'il lui sera possible de gagner par son travail pendant le cours de sa vie ?* »[264]. Le Professeur Christophe Radé écrit dans le même sens que : « *Comme cela a été souligné par beaucoup d'auteurs*[265]*, cette affirmation dénature totalement la notion même de faute et expose l'enfant en bas âge à devoir indemniser toute sa vie des victimes dont il ne se souviendra jamais, ou à ne jamais percevoir d'indemnisation pour un dommage subi à un âge où deux et deux ne faisaient pas encore quatre...* ».

174. Toutefois, comme l'auteur souligne plus loin, « *le contexte dans lequel a été rendue cette série d'arrêt a considérablement évolué. Non seulement la loi du 5 juillet 1985 indemnise désormais les enfants*

---

[263] V. *infra* n° 333.
[264] V. R. Legeais note sur l'arrêt du 4 mai 1977, Cass. civ 2e, D. 1978, p. 393. *op. cit.* p. 96.
[265] Notamment le Professeur François Chabas à qui l'auteur pense entre autres sans aucun doute, V. D. 1984. 525.

distraits, à moins qu'ils n'aient volontairement recherché le dommage, mais de surcroît la mise en cause de la responsabilité des père et mère, fondée sur l'article 1384, alinéa 4, du Code civil, ne suppose plus la preuve d'une faute commise par l'enfant ».

75. L'utilité des arrêts rendus en 1984 n'est donc plus vérifiée puisqu'il est possible de condamner les parents de l'enfant responsable sans que le fait causal de ce dernier n'ait à être qualifié de fautif. Dans ces conditions, l'abandon de la conception purement « objective » de la faute, qui constitue un défi au bon sens, et des solutions dégagées en 1984 permettrait de protéger le jeune enfant victime sans sacrifier les intérêts des victimes du jeune enfant[266] ».

76. Si l'abandon de l'imputabilité morale au profit d'une simple imputabilité physique peut se comprendre dans un droit consacrant une responsabilité objective, tel celui du droit français de la responsabilité des père et mère, il n'est pas possible de dire la même chose en ce qui concerne le droit guinéen fondé sur la faute.

2. L'atteinte à l'honneur

77. Lorsque les conditions de la responsabilité du fait de l'enfant sont réunies et que la preuve en est rapportée, le père ou toute personne qui le remplace est tenu de réparer intégralement le dommage de la victime. Cette sanction lui est plus supportable que la honte qu'il éprouve vis-à-vis de la communauté. La communauté d'appartenance de l'enfant auteur du dommage éprouve à son tour un sentiment de honte à l'égard des autres communautés, parce que c'est l'éducation familiale qui est remise en cause. L'honneur de chaque communauté dépend de l'éducation inculquée aux enfants. Aucune famille ne badine avec l'éducation des enfants, parce que c'est la réputation de la famille et de toute la communauté qui en dépend. Aux termes de l'article 32 de la Charte de Kurukan Fuga on a le droit de tuer son ennemi, mais on n'a pas le droit de l'humilier[267]. Cette règle montre à

[266] V. C. Radé, commentaire de l'arrêt CA Chambéry, ch. civ., 12 avril. 2005, SA AGF La lilloise et autre c/ SA Colas Rhône-Alpes et autres. Resp. civ et assur. 11 novembre 2005.
[267] Cette règle n'est pas sans rappeler l'histoire de Rodriguez et Chimène. Ce qui montre que la société occidentale traditionnelle apporte la même importance à l'honneur que la société traditionnelle africaine. V. P. Corneille, le Cid, publié chez Augustin Courbé, 1637.

quel degré le peuple rural redoute le sentiment de la honte. C'est pourquoi un adage populaire et historique, dit que : « *La mort est préférable à la honte* »[268].

178. Certes, le sentiment de la honte n'est qu'une conséquence de la responsabilité qui n'est pas juridique. Mais toute la nuance de la notion de responsabilité parentale dans le droit traditionnel guinéen réside dans cette conséquence morale. C'est cet élément moral qui distingue la conception traditionnelle de la responsabilité parentale de celle retenue par le droit légiféré.

[268] Selon la légende de Soundiata, Sa mère aurait prononcé cet adage en le voyant marcher après 7 ans de paralysie. 'Sayakafissamaloyé', en malinké « plutôt la mort que la honte. » V. Niane D. T. Soundiata ou l'épopée mandingue, Présence Africaine 2000. Voir aussi le blog de Justin Morel Junior, ancien ministre de la culture de Guinée.

Conclusion du chapitre 2

179. La responsabilité parentale est consacrée en droit traditionnel guinéen malgré ses caractères oral et confus. Si le droit traditionnel connaît une mise en œuvre de la responsabilité parentale complètement différente de celle que connaît le droit moderne guinéen, cela ne peut conduire à en nier l'existence. Il faut noter que même le droit français de la responsabilité parentale remonte à une coutume de Bretagne. Or, de nos jours, les règles de mise en œuvre de la responsabilité parentale dans le droit français s'avèrent différentes de celles de la coutume de Bretagne. Par ailleurs, comme le droit moderne guinéen et le droit français de la responsabilité des père et mère, le droit de la responsabilité parentale traditionnel guinéen est l'expression de la solidarité familiale. C'est l'ensemble de la communauté qui est responsable des faits dommageables de l'enfant mineur car le concept de famille a une dimension communautaire dans la tradition guinéenne. En outre, si le droit traditionnel ne pose pas un statut de l'enfant, des pratiques sociales montrent que l'enfance est un concept juridiquement reconnu.

180. L'essentiel de la distinction du droit traditionnel guinéen avec le droit moderne guinéen se situe à l'échelle des conséquences qui découlent de la responsabilité : le droit traditionnel guinéen connaît une forte influence de la morale. Engager la responsabilité des parents du fait de leur enfant est ressenti par ces derniers comme une atteinte à l'honneur de la famille. La dimension morale prime sur la dimension indemnitaire dans la conception traditionnelle de la responsabilité parentale guinéenne. C'est pourquoi, dans le droit traditionnel guinéen, la responsabilité de l'*infans* est exclue contrairement à ce qu'il en est dans le droit moderne guinéen et dans le droit français.

181. Le droit guinéen de la responsabilité parentale moderne, distinct du droit traditionnel, a subi tout de même l'influence de ce dernier. L'influence de la conception traditionnelle de la responsabilité parentale a conduit le législateur guinéen à étendre la responsabilité parentale à d'autres personnes que les père et mère, contrairement au cas du législateur français.

Titre 2
La spécificité du droit guinéen quant à la définition du cercle des civilement responsables de l'enfant

182. Les parents étant les premières personnes chargées d'éduquer et de surveiller leurs enfants mineurs habitant avec eux, ils sont par conséquent les premiers tenus de réparer les dommages causés par leurs enfants mineurs. Les membres de la famille autres que les père et mère ont toujours bénéficié de l'indulgence du droit positif à leur égard. Si le fondement de la responsabilité des parents connaît une évolution considérable dans le droit positif français depuis les années quatre-vingt-dix, la définition du cercle des destinataires de la règle spéciale reste stable. Le mécanisme de la responsabilité repose sur la désignation de responsables du fait de l'enfant qui sont les père et mère, sur le fondement de l'article 1384, alinéa 4 du Code civil français.

183. Le mécanisme de la responsabilité pour le fait d'autrui dépend des structures culturelles, sociales et économiques du pays à l'origine de la règle de droit. Le mécanisme de la responsabilité parentale, l'un des cas de responsabilité du fait d'autrui, dépend en particulier des structures familiales. C'est pourquoi, en Guinée où l'on a une conception de la famille large et où il est fréquent de voir l'autorité parentale attribuée à d'autres personnes que les père et mère pour des raisons économiques ou sociales, le cercle des civilement responsables est plus large qu'en droit français.

184. Suivant l'article 1099 alinéa 2 du Code civil guinéen, ce sont les père et mère ou toute personne les remplaçant qui sont responsables des dommages causés par l'enfant mineur habitant avec eux. Il est permis de dire que, conformément aux dispositions de l'article 1099, alinéa 2, le droit guinéen étend la responsabilité à d'autres personnes que les père et mère, à condition que celles-ci bénéficient de la même autorité que les parents à l'égard de l'enfant mineur. Pour clarifier le droit existant et améliorer l'indemnisation de la victime, une réforme légale ou une évolution jurisprudentielle précisant le cercle des civilement responsables du fait de l'enfant mineur est vivement souhaitable à la

fois dans le droit français et dans le droit guinéen. Ces deux droits pourraient s'inspirer l'un de l'autre pour évoluer.

185. C'est pourquoi il conviendra de réaliser d'abord une étude comparative au sujet du cercle des civilement responsables dans les droits français et guinéens actuels de la responsabilité parentale (Chapitre 1), pour ensuite présenter des propositions d'évolution à partir d'une inspiration réciproque (Chapitre 2).

Chapitre 1
Etude comparative de droit français et de droit guinéen du cercle des civilement responsables du fait de l'enfant mineur

86. Les textes de lois guinéennes et françaises consacrant la responsabilité parentale sont les premiers instruments permettant de faire une comparaison du cercle des civilement responsables du fait de l'enfant mineur. Il s'agit des articles 1099 alinéa 2 du Code civil guinéen et 1384, alinéa 4 du Code civil français. Depuis 1804, date à laquelle le Code civil français fut publié, la portée du principe posé par l'article 1384, alinéa 4, quant aux personnes visées pour la responsabilité parentale, n'a pas variée. Ni la loi ni la jurisprudence n'a fait évoluer le cercle des civilement responsables sur le fondement de l'article 1384 alinéa 4. Ce sont, depuis 1804, les père et mère de l'enfant.

87. Le législateur guinéen, en s'inspirant de son homologue français pour élaborer la responsabilité des père et mère du fait de leurs enfants mineurs habitant avec eux, a posé une règle originale conforme à la pratique sociale. Depuis la consécration de la responsabilité parentale par le législateur guinéen, le cercle des civilement responsables n'a pas évolué non plus dans le droit guinéen. Mais, par rapport au droit français, il faut noter que le droit guinéen de la responsabilité parentale connaît un cercle des civilement responsables du fait de l'enfant mineur plus étendu, suivant les textes spéciaux qui prévoient la règle. Toutefois, l'un et l'autre des droits désignent les père et mère comme les premiers responsables du fait de l'enfant mineur (Section 1). Le droit guinéen laisse de son côté le cercle des civilement responsables ouvert à d'autres personnes que les père et mère (Section 2).

Section 1
Les père et mère, premiers responsables désignés

188. Le législateur français a voulu que la responsabilité parentale pour les dommages causés par les enfants mineurs habitant avec leurs père et mère soit limitée à ces derniers. Quant au législateur guinéen, influencé par le droit français mais restant original, il a souhaité que la règle soit aussi appliquée à toute personne, autre que les père et mère, qui se trouve être leur substitut.

189. Qu'il s'agisse de droit français ou de droit guinéen, c'est le législateur lui-même qui a désigné les père et mère comme les premiers responsables des dommages causés par les enfants mineurs habitant avec eux (§ 1). La jurisprudence française exclut des tiers, et même des membres de la famille, du cercle des personnes civilement responsables des dommages causés par les enfants mineurs habitant avec leurs parents, en application de la règle de l'article 1384, alinéa 4 du Code civil. Contrairement au droit guinéen, le droit français refuse en cela d'étendre le cercle des civilement responsables (§ 2).

§ 1- Les père et mère désignés par le législateur

190. Les auteurs de la doctrine française ne situent l'origine de la règle de la responsabilité des père et mère du fait de leur enfant mineur habitant avec eux, ni dans le droit romain, ni dans les coutumes de l'ancienne France. Mais ils s'accordent pour reconnaître que la coutume de Bretagne avait pris le soin d'énoncer la responsabilité des parents du fait de leur enfant[269]. L'article 1384, alinéa 4, du Code civil aurait son origine dans cette coutume. En effet, aux termes de l'article 656 de la coutume de Bretagne : « *Si l'enfant fait tort à autrui, tant qu'il sera au pouvoir de son père, le père doit payer l'amende civile*

[269] V. G. Viney, les conditions de la responsabilité, 2e édition. LGDJ. p. 978.

parce que le père doit châtier son enfant ». Trois observations peuvent être apportées sur ce texte.

191. La première observation est que la coutume de Bretagne reconnaît une responsabilité civile du père de l'enfant qui cause un dommage à autrui. Le texte précise que le père de l'enfant auteur d'un dommage est tenu d'une amende civile. La coutume de Bretagne faisait donc une distinction entre la responsabilité pénale et la responsabilité civile. La précision sur la nature civile de l'amende à la charge du père l'illustre bien.

192. La deuxième observation est que le texte de la coutume de Bretagne précise que le père de l'enfant auteur du tort est tenu de payer l'amende civile tant que l'enfant est sous son pouvoir. Cette précision renvoie au fondement de la responsabilité civile du père. Le père est tenu de réparer le dommage de la victime causé par son enfant parce que celui-ci est sous son pouvoir. Il faut entendre ici par pouvoir l'habilité naturelle de diriger et de corriger son enfant[270]. Le texte dit « devoir » et non « droit » de corriger l'enfant. Ce qui montre le pouvoir naturel du père de conduire son enfant, reconnu par la coutume. Il faut rappeler d'ailleurs que le texte de l'article 656 de la coutume de Bretagne précise que le père a le devoir de corriger son enfant. Le texte souligne cette autorité du père sur l'enfant en affirmant que le père paye l'amende civile à la victime de l'enfant, parce que le père doit châtier son enfant.

193. Le Code civil guinéen consacre encore le droit de correction du père sur l'enfant à travers son article 398 alinéa 1er qui détermine les droits du père à l'égard de son enfant : « *Les droits de la puissance paternelle*[271] *sont les suivants : droit de correction sur l'enfant ; droit de fixer le domicile et la résidence de l'enfant* ». Le nouveau Code guinéen de l'enfant du 19 août 2008, en revanche, a fait disparaître ce droit de correction du père sur la personne de l'enfant. Le droit français a aussi connu une évolution du droit de correction du père sur l'enfant qu'un auteur français retrace dans une monographie sur l'enfant sujet de droits : « *Pendant longtemps, la puissance paternelle- patria potestas- fonda un droit de correction du père à la fois*

[270] V. S. Bisson, L'autorité dans la famille, thèse Reims 2004, pour l'étude du concept de « pouvoir ».

[271] Il faut faire remarquer que le Code civil guinéen parle encore de puissance paternelle et non de l'autorité parentale. V. *infra* n° 412.

discrétionnaire et quasiment illimité, allant à Rome jusqu'à un droit de vie ou de mort – ius vitae necisque. Après la révolution française, le pouvoir de correction fut soumis au contrôle d'un tribunal, le mineur pouvant être toutefois incarcéré en guise de sanction. Le Code civil de 1084 consacra la conception de la puissance paternelle romaine qui n'allait pas cependant jusqu'au droit de vie et de mort. Les articles 371 et suivants du Code civil envisageaient la puissance paternelle comme un ensemble de droits du père, le droit de correction étant abordé à l'article 376 en ces termes « si l'enfant est âgé de moins de 16 ans commencés le père pourra le faire détenir pendant un temps qui ne pourra excéder un mois (...) ». Les mesures de protection étatique de l'enfant n'interviendront que beaucoup plus tard. Avec la loi du 22 juillet 1912 fut institué le tribunal pour enfant, puis le juge des enfants avec l'ordonnance du 2 février 1945. Corrélativement, des mesures d'assistance éducative furent substituées au droit d'incarcération, mais le droit de correction subsista. Un vieil arrêt du 17 décembre 1819, rendu par la Cour de cassation, est considéré comme étant à l'origine de ce droit de correction, ce droit n'allant pas toutefois jusqu'à autoriser les mauvais traitements qui mettraient en péril la vie ou la santé de l'enfant. La jurisprudence vint ensuite notamment préciser que les parents peuvent utiliser des mesures de coercition privée, sous réserve de ne pas dépasser la juste mesure fixée par les usages et que le châtiment soit proportionné à la gravité de l'inconduite[272]*. Jean Carbonnier*[273] *définissait le droit de correction, rattaché à l'éducation, comme « le droit d'infliger à l'enfant, en cas d'infraction à la discipline familiale, les sanctions qu'approuve la coutume ». Notamment, deux arrêts rendus par la chambre criminelle de la Cour de cassation sont venus préciser la limite entre ce prétendu droit de correction et les mauvais traitements »*[274].

194. La dernière remarque est que si l'on fait une analyse *a contrario* du texte de la coutume de Bretagne, l'on pourrait dire qu'il exclut la mère de la règle de la responsabilité parentale, car le texte vise seulement le père comme la personne qui doit payer l'amende civile pour le tort de l'enfant. Le texte parle du pouvoir du père et de son devoir de châtier

---

272 L'auteur renvoie à un arrêt du Tribunal de Police de Bordeaux en date du 18 mars 1981, avec la référence D. 1982, p. 182, note de D. Mayer.

273 L'auteur donne la référence suivante : J. Carbonnier, Droit civil 2. La famille, PUF 21e éd. 2002. p. 113.

274 V. Brunetti-Pons C, L'enfant sujet de droits, *op. cit.* p. 81.

l'enfant. C'est la reconnaissance d'une puissance paternelle sur l'enfant. Suivant ce texte donc, c'est au père de l'enfant que revient la mission de veiller sur la conduite de son enfant. Si l'enfant commet un dommage à autrui, l'on considère qu'il a failli à ce devoir de surveillance et d'éducation. Par conséquent, il est tenu d'indemniser la victime concernée. Le texte de l'article 656 de la coutume de Bretagne, fondé sur la puissance paternelle avec un devoir du père de châtier son enfant, montre l'inégalité entre le père et la mère dans l'organisation de la structure familiale de l'époque. Tel est le cas du droit guinéen de la famille actuel.

195. L'article 324 du Code civil guinéen affirme clairement que : « *le mari est le chef de la famille...* ». Contrairement au droit guinéen de la famille, le droit français de la famille n'est plus marqué par l'inégalité dans le couple[275]. La rédaction du texte de l'article 656 de la Coutume de Bretagne reste conforme à la culture de son époque. Aujourd'hui, la mentalité des français sur le rapport de l'homme et de la femme a beaucoup changé. Cela a eu un impact sur le droit français concernant le couple en général et sur le droit de la responsabilité parentale en particulier. Le droit a commencé à évoluer avec la loi n° 70-459 du 4 juin 1970 relative à l'autorité parentale[276]. Avec cette loi, l'époux et l'épouse exercent une direction conjointe de la famille, avec son corollaire sur le terrain de la responsabilité civile : la responsabilité des père et mère du fait de l'enfant mineur. C'est ainsi qu'un auteur de la monographie, précitée sur « *l'enfant sujet de droits », fait observer que « depuis la loi de 2002, la responsabilité parentale n'est plus liée à l'attribution de la garde de l'enfant mais à l'exercice de l'autorité parentale : la présomption de responsabilité pèse sur le père et sur la mère, solidairement, en tant qu'ils exercent l'autorité parentale, jusqu'à l'arrivée de la majorité ou de l'émancipation de l'enfant, au moment des faits* »[277]. Le droit français a connu une évolution du fondement de la responsabilité parentale du « droit de garde » à « l'autorité parentale ». L'émancipation de la femme dans la société

[275] V. *supra* n° 31

[276] V. C. Colombet, « Commentaire de la loi du 4 juin 1970 sur l'autorité parentale », D. 1971, chron, p. 1.

[277] V.C. Brunetti-Pons, « L'enfant sujet de droits »,*op. cit,* p. 80. n° 331, V. aussi. A. Gouttenoire-Cornut, « La consécration de la coparentalité par la loi du 4 mars 2002 », Dr. fam. 2002, chron, n°24 ; F. Boulanger, « autorité parentale et responsabilité des père et mère des faits dommageable de l'enfant mineur après la réforme du 4 mars 2002. Réflexion critique », D. 2005 ; « Modernisation ouutopie ? La réforme de l'autorité parentale par la loi du 4 mars 2002 », D. 2002, chron, p 1571 ; C. Brière, « La coparentalité : mythe ou réalité ? », Rev. Dr. samit. 2002, p 567.

française est récente[278]. Le texte de l'article 656 de la coutume de Bretagne pose clairement la règle de la responsabilité civile d'un père du fait de son enfant[279]. Si ce texte se trouve différent, dans sa rédaction, de celui de l'article 1384 alinéa 4, du Code civil, il est tout de même fort possible que les rédacteurs du Code civil s'en soient inspiré pour prévoir la règle de la responsabilité parentale.

196. En 1804, à travers l'article 1384, les rédacteurs du Code civil français ont affirmé que : « *le père et la mère, après le décès du mari, sont responsables du dommage causé par leurs enfants mineurs habitant avec eux...* ». Pour les rédacteurs du Code civil français, la mère est ainsi une responsable par défaut des dommages causés par son enfant mineur. C'est une innovation par rapport à l'article 656 de la coutume de Bretagne qui excluait purement et simplement la responsabilité de la mère. Pour les rédacteurs du Code civil français, la mère peut être responsable des dommages commis par l'enfant mineur en cas de décès du mari.

197. L'autre innovation des rédacteurs du Code civil français est la précision de la condition de minorité de l'enfant auteur du dommage pour engager la responsabilité des parents, alors que, dans la coutume de Bretagne, suivant les dispositions de l'article 656, la condition de minorité n'était pas requise. Mais la disposition posait la condition du pouvoir du père sur l'enfant au moment des faits dommageables, pour engager la responsabilité du père. Il faut considérer que cette condition du pouvoir du père sur l'enfant correspondait à la condition de minorité de l'article 1384, parce qu'il est difficilement concevable que le père continue à exercer le pouvoir sur son enfant qui a atteint l'âge de la majorité légale. Dans les développements précédents il a été fait observer que, dans le droit traditionnel guinéen, tant que l'individu n'est pas marié, son père continue à exercer la puissance paternelle à son égard et par conséquent sera civilement tenu des faits dommageable qu'il cause à autrui[280]. Tel était certainement le cas en Bretagne traditionnelle.

---

[278] C'est seulement à partir du 21 avril 1944 que la femme a eu le droit de vote en France et la capacité juridique en 1965.
[279] Le texte de l'article 656 de la coutume de Bretagne ne précise pas la condition de minorité de l'enfant.
[280] V. *supra* n° 151.

98. Sous l'ancien droit français ainsi qu'en droit guinéen, la « puissance paternelle » constitue le fondement matériel de la règle de la responsabilité parentale. La règle de la responsabilité parentale, garantie naturelle de la réparation du dommage commis par l'enfant mineur, est la contrepartie de la « puissance paternelle » sur l'enfant, reconnue par la loi. Aujourd'hui, cette « puissance paternelle » est remplacée en droit français par l'autorité parentale[281]. Malgré les multiples modifications que la règle de la responsabilité parentale a connues depuis sa rédaction de 1804, le lien traditionnel entre l'autorité parentale reconnue par la loi aux parents et la responsabilité qui leur incombe pour les dommages causés par leurs enfants n'a jamais été abandonné par le droit français. Il est même possible de dire que ce lien a été confirmé plusieurs fois. Par exemple, la loi n° 64-1230 du 14 décembre 1964 portant modification des dispositions du Code civil relative à la tutelle et à l'émancipation a écarté l'application de l'article 1384, alinéa 4, pour les dommages causés par le mineur après son émancipation. L'émancipation soustrait donc, juridiquement, l'enfant concerné à l'autorité de ses parents. Par conséquent, ces derniers ne sont plus responsables des dommages qu'il aurait à causer à autrui[282]. Suivant l'article 413-7 du Code civil français : « *le mineur émancipé cesse d'être sous l'autorité de ses père et mère. Ceux-ci ne sont pas responsables de plein droit, en leur seule qualité de père ou de mère, du dommage qu'il pourra causer à autrui postérieurement à son émancipation* ». Il existe donc un lien entre l'exercice de l'autorité parentale et la responsabilité du fait des dommages causés par l'enfant.

99. Depuis que la loi du 4 juin 1970 a remplacé en droit français la « puissance paternelle » par « l'autorité parentale » le père et la mère exercent conjointement l'autorité parentale. Le père et la mère sont tenus solidairement responsables des dommages commis par leurs enfants mineurs habitant avec eux[283]. Avant la réforme du 4 juin 1970, la jurisprudence française ne mettait en cause la mère qu'à défaut du mari, parce que le père était le principal bénéficiaire de la puissance paternelle. L'article 1384, alinéa 4 était rédigé comme suit : « *le père et la mère, après le décès du mari, sont responsables du dommage*

---

[281] V. S. Bisson, L'autorité dans la famille, thèse Reims 2004. *op. cit* p. 109.

[283] V. C. Colombet, « Commentaire de la loi du 4 juin 1970 sur l'autorité parentale », D. 1971, chron, *op. cit.* p.111.

causé par leur enfants mineurs habitant avec eux ». La jurisprudence exigeait donc que le civilement responsable soit le titulaire de la puissance paternelle, en l'occurrence le père, la mère étant un titulaire à défaut. Aujourd'hui, la « puissance paternelle » étant remplacée par l'« autorité parentale », la jurisprudence exige encore que le civilement responsable soit le titulaire de l'« autorité parentale ». Comme le père et la mère exercent désormais conjointement l'autorité parentale, le père et la mère sont tenus solidairement responsables des dommages commis par leurs enfants. Les développements qui vont suivre montreront ce qu'il en est en cas de séparation des parents ou de filiation à l'égard d'un seul parent[284]. Il faut noter que les deux parents sont toujours solidairement responsables sur le fondement de l'article 1384, alinéa 4 du Code civil français lorsqu'ils exercent en commun l'autorité parentale hors séparation.

200. Depuis la rédaction du Code civil français, les personnes visées en droit français pour la responsabilité parentale n'ont presque pas changé. Les rédacteurs du Code civil français avaient vu la mère comme une responsable de substitut, pour les dommages causés par l'enfant mineur, alors qu'aujourd'hui elle est autant responsable que le père dès lors qu'elle exerce l'autorité parentale sur l'enfant. Elle peut même se trouver la seule responsable de l'enfant si elle est la seule à exercer l'autorité parentale sur l'enfant au moment où celui-ci a commis l'acte dommageable. La jurisprudence française tient fermement à ne pas modifier ce cercle de personnes civilement responsables sur le fondement de l'article 1384 alinéa 4 du Code civil français.

201. Comme dans la règle du droit français, la règle de la responsabilité parentale du droit guinéen vise d'abord le père et la mère. L'article 1099, alinéa 2 du Code civil guinéen commence par : « *c'est ainsi que les père et mère ou toute personne les remplaçant sont responsables…* ». Il est permis de dire que toute autre personne que les père et mère est un responsable de substitut. Le législateur guinéen a désigné les père et mère comme premiers responsables des dommages causés par leur enfant mineur à autrui. On peut comprendre qu'une règle de la responsabilité parentale puisse exclure de son domaine toute autre personne que les père et mère, comme c'est le cas en droit

---

[284] V. *infra* n° 421 et suivant.

français, mais il est difficile de concevoir une règle de la responsabilité parentale qui ne pèserait pas en premier lieu sur les père et mère dans la mesure où ceux-ci sont les titulaires naturels de l'autorité parentale grâce à la filiation.

202. Il est possible de retenir la responsabilité d'une personne pour les faits d'un enfant mineur sur un autre fondement que celui de la règle de la responsabilité parentale. C'est le cas sur le fondement du principe général de responsabilité du fait d'autrui dégagé de l'article 1384, alinéa 1 du Code civil français. Toutefois, si le législateur guinéen a été favorable à l'ouverture du cercle des civilement responsables à toute autre personne que les père et mère, la jurisprudence française refuse d'étendre le cercle des civilement responsables sur le fondement de l'article 1384, alinéa 4 du Code civil français.

§ 2. Le refus d'étendre le cercle des civilement responsables

203. Par un arrêt en date du 15 décembre 1911, la Haute juridiction judiciaire française a refusé formellement d'étendre le régime de la responsabilité parentale à d'autres personnes que celles qui y sont visées. Il s'agit d'une jurisprudence constante qui suit l'énoncé littéral de la règle de la responsabilité parentale. Même s'il se trouve que d'autres personnes peuvent avoir à l'égard des enfants des obligations analogues à celles des père et mère, la jurisprudence française considère qu'il n'y a pas lieu de raisonner par analogie pour appliquer le texte de l'article 1384, alinéa 4, du Code civil français. Selon la jurisprudence française, l'application du texte de l'article 1384, alinéa 4, du Code civil, suppose que soient en cause des personnes ayant la qualité de père ou mère. La jurisprudence française ne manque pas de rappeler que seuls les père et mère sont tenus des dommages commis par leurs enfants mineurs habitant avec eux sur le fondement de l'article 1384, alinéa 4 du Code civil français. Toute autre personne est exclue du cercle des civilement responsable en application des dispositions de l'article 1384, alinéa 4 du Code civil français. La jurisprudence respecte strictement l'énumération limitative donnée par l'article 1384, alinéa, 4 du Code civil français.

204. Par plusieurs arrêts, la Haute juridiction judiciaire française a refusé formellement d'appliquer le régime de la responsabilité parentale aux grands- parents de l'enfant[285]. Par exemple, la deuxième chambre civile de la Cour de cassation, dans un arrêt en date du 8 février 2005, a sanctionné les juges du fond pour avoir appliqué l'article 1384, alinéa, 4 du Code civil français à la grand- mère d'un enfant. L'arrêt était motivé comme suit : « *La circonstance que le mineur avait été confié, par ses parents, qui exerçaient l'autorité parentale, à sa grand-mère, n'ayant pas fait cesser la cohabitation de l'enfant avec ceux-ci, la cour d'appel qui écarte la présomption de responsabilité qui pèse sur les parents en vertu de l'article 1384, alinéa, 4 du Code civil a méconnu le sens et la portée de ce texte* »[286]. Aucun membre de la famille donc, si proche soit-il, ne peut voir sa responsabilité civile engagée pour les dommages causés par un enfant mineur sur le fondement de l'article 1384, alinéa 4, du Code civil français, y compris les grands-parents même s'il se trouve que l'enfant vit chez eux depuis des années.

205. En l'espèce, l'enfant vivait chez ses grands-parents depuis douze ans, mais la haute juridiction n'a pas considéré que cette durée de temps de vie était pertinente au regard de l'application de l'article 1384, alinéa 4. Elle s'est fondée uniquement sur l'exercice de l'autorité parentale pour motiver sa décision. Certains auteurs de la doctrine française[287] ont suggéré d'apporter une limite à cette solution dans les circonstances où les parents de l'enfant mineur sont décédés et que l'enfant était sous la garde de l'un des membres de sa famille au moment de la réalisation de l'acte à l'origine du dommage causé à autrui. Ils soutiennent que le membre de la famille de l'enfant concerné, à qui le droit de garde a été confié, se trouve implicitement mais suffisamment investi de l'autorité parentale pour être assimilé aux père et mère lors de l'appréciation de la règle de la responsabilité parentale posée par l'article 1384 alinéa 4 du Code civil français[288]. La jurisprudence française a refusé de suivre cette suggestion doctrinale et maintient sa position jusqu'à ce jour.

---

[285] V. G. Blanc, « A propos de la responsabilité des grands-parents (brève contribution à la réflexion sur la responsabilité du fait d'autrui) », D. 1997, chron, p 327.
[286] Cass. civ. 2e, 8 février 2005. JCP 2005, éd. G. II. n° 10049.
[287] Demogue ; Savatier, Chronique, D. H, 1931, p. 81.
[288] D. Mazeaud, « Famille et responsabilité (réflexions sur quelques aspect de ''l'idéologie de la réparation'', dans Mél. P. Catala, Litec, 2001, p. 569.

206. La jurisprudence française refusant d'étendre la règle de la responsabilité parentale posée par l'article 1384, alinéa 4 aux autres membres de la famille, il était prévisible qu'elle adopte la même position à l'égard des tiers à la famille. Il faut entendre par tiers toute personne morale ou physique qui n'est pas membre de la famille de l'enfant. Il peut s'agir d'un organe de tutelle[289], d'un établissement d'éducation ou de service de l'aide à l'enfance, ou d'une personne physique désignée par une décision judiciaire. Pour toutes ces personnes, la jurisprudence refuse, sans distinctions, l'application de l'article 1384, alinéa 4 du Code civil français. Des auteurs français contemporains critiquent aussi cette position jurisprudentielle. Ils regrettent que la jurisprudence n'étende pas la règle de la responsabilité parentale à toutes les personnes qui ont sur l'enfant une autorité analogue à celle des parents[290]. Ils souhaiteraient l'application par la jurisprudence du principe selon lequel deux personnes dans une situation identique doivent se voir réserver un traitement identique. Si cette opinion doctrinale semble juste, elle semble aussi omettre les termes de l'article 1384, alinéa 4, du Code civil français qui ne visent que les père et mère. La position de la jurisprudence est juridiquement irréprochable. Certes, elle nie la réalité des faits dans certains cas, mais elle reste conforme à la loi. C'est au législateur qu'il faut demander de changer la loi. Pour l'instant, le lien de filiation et l'exercice de l'autorité parentale restent, avec la condition de résidence habituelle et la minorité de l'enfant, les conditions de l'application de la responsabilité fondée sur l'article 1384, alinéa 4, du Code civil français.

207. L'analyse de la jurisprudence française conduit à établir des distinctions selon les tiers concernés. Il faut adhérer à la position de la jurisprudence française de refuser l'application de l'article 1384 alinéa 4, à toute autre personne, membre de la famille, différente des père et mère, parce qu'une position contraire serait sévère pour ces personnes. La sévérité jurisprudentielle constituerait un frein à la solidarité familiale à l'égard des enfants mineurs. Certaines personnes apportent leur aide à l'enfant volontairement et à titre de bénévolat. C'est le cas des grands-parents, des oncles et tantes de l'enfant. Le seul profit que tirent les grands-parents d'un enfant en acceptant sa garde, c'est le plaisir éprouvé à l'occasion des moments qu'ils passent avec leur petit

[289] Cependant, la tutelle d'un enfant est généralement confiée à un membre de la famille de l'enfant.
[290] Notamment G. Viney, les conditions de la responsabilité, *op. cit.* p. 108.

enfant et le sentiment de se sentir encore utile pour la famille pendant les dernières années qu'ils ont à vivre. Il faut donc approuver la jurisprudence pour sa position indulgente à l'égard des autres membres de la famille que les père et mère.

208. En ce qui concerne les professionnels de l'éducation et le tuteur légal de l'enfant, il semble en revanche logique et opportun de les assimiler aux parents. A la différence des autres membres de la famille que les père et mère, qui sont des gardiens occasionnels de l'enfant, les professionnels de l'éducation et de la surveillance des enfants sont des personnes formées et rémunérées pour éduquer et surveiller les enfants. La rigueur jurisprudentielle à leur égard serait donc justifiée. Tel est le cas, mais sur le fondement de l'article 1384, alinéa 1 du Code civil français pour les associations éducatives, sous certaines conditions. Ces cas seront traités dans les pages qui vont suivre[291]. Ces personnes se sont vues attribuer une autorité suffisante pour organiser et diriger le mode de vie de l'enfant. C'est pourquoi il semble cohérent de les soumettre à la même rigueur juridique que celle que connaissent les parents, comme dans le droit guinéen, d'autant qu'elles sont en principe assurées. L'article 1099, alinéa 2 du Code civil guinéen étend la règle de la responsabilité parentale à toute personne qui remplace les père et mère en vertu de la loi dans le droit de garde de l'enfant.

209. Le législateur guinéen, en affirmant que « *les père et mère ou toute personne les remplaçant sont responsables…* » des dommages causés par leur enfant mineur habitant avec eux a ouvert le cercle des civilement responsables de la responsabilité parentale là où le législateur français et la jurisprudence française ont voulu le fermer. La position du droit guinéen peut se comprendre par l'influence de la pratique de la tradition et de la conception de la famille.

---

[291] V. *infra* n° 259 et suivant

Section 2
Le cercle des civilement responsables élargi à d'autres personnes que les père et mère

10. Le droit de la responsabilité pour autrui est l'une des matières du droit civil où le législateur guinéen s'est montré le plus original par rapport à son homologue français dans le domaine de la responsabilité du fait d'autrui. Alors que dans le droit français, la responsabilité du commettant constitue la section la plus importante à côté de celle consacrée à la responsabilité des père et mère, dans le chapitre consacré à la responsabilité du fait d'autrui, le législateur guinéen n'a pas consacré de texte sur la responsabilité du commettant du fait de son préposé. En outre, le texte sur la responsabilité parentale est innovant.

11. Il faut regretter l'imprécision du législateur guinéen au sujet de la définition et des contours de la notion de substitut des parents (§ 1). Il est toutefois possible d'éclairer les textes en examinant les règles du droit de la famille consacrées à la désignation du substitut (§ 2).

§ 1. L'imprécision légale au sujet des substituts des parents pour la responsabilité parentale

12. Aux termes de l'article 1099, alinéa 2, du Code civil guinéen : *« les père et mère, ou toute personne les remplaçant, sont responsables, en vertu du droit de garde qui leur est dévolu par la loi, des dommages causés par leurs enfants mineurs habitant avec eux »*. Si le législateur guinéen prévoit l'extension du cercle des civilement responsables du fait de l'enfant mineur, il ne précise pas la qualité des substituts remplaçants des parents. L'article 1099, alinéa 2 du Code civil se contente de viser d'abord les père et mère, ensuite leur remplaçant. Autrement dit, le civilement responsable doit d'abord avoir la qualité de père ou mère. La règle posée par l'article 1099, alinéa 2 du Code civil guinéen le précise comme celle de l'article 1384, alinéa 4 du Code civil français. En droit français, la qualité de père ou de mère s'acquiert par le lien de sang ou par un jugement d'adoption. En droit

guinéen, à défaut d'être père ou mère, il faut être leur remplaçant en vertu du droit de garde dévolu par la loi, selon l'article 1099, alinéa 2 du Code civil guinéen. C'est là que le problème se pose : qui est le « remplaçant » dans le droit guinéen ?

213. L'alinéa 2 de l'article 1099 du Code civil guinéen garde le silence sur la qualité du remplaçant. Le législateur se contente d'une expression vague et générale pour désigner les substituts des parents dans la responsabilité parentale. L'expression utilisée, *« toute personne les remplaçant »*, renvoie à n'importe qui. Il peut s'agir d'un membre de la famille autre que le père et la mère, proche ou éloigné ; il peut s'agir d'un tuteur ; il peut s'agir encore d'un tiers à la famille, tel un ami ou un simple voisin.

214. Cette imprécision légale sur la qualité de substitut des parents n'est pas un hasard. Le législateur guinéen a consciemment voulu une expression générale et vague pour désigner les substituts des parents. Le choix de cette démarche s'explique par le souci d'édicter une loi reflétant la réalité de la pratique sociale. En effet, il n'est pas rare de trouver en pratique, dans la société guinéenne, un enfant éduqué par une personne autre que son père ou sa mère. Cette personne peut être un membre proche de la famille. En général, il s'agit de l'oncle ou de la tante. En Guinée, les femmes stériles se voient fréquemment confier la garde d'un neveu ou d'une nièce, en guise de solidarité familiale. La société guinéenne ne conçoit pas une femme, un foyer, sans enfant. C'est pourquoi l'affirmation de l'avocat général Kessous *« un parent qui a des enfants est aujourd'hui un aventurier qui prend des risques »*[292], choquerait plus d'une personne en Guinée, même prononcée par un tribunal de l'Etat.

215. La loi guinéenne pose toutefois une limite à la qualité de « substitut des parents » : cette fonction est légale. Suivant les dispositions de l'article 1099, alinéa 2, les père et mère ou toute personne les remplaçant sont responsables de leur enfant mineur habitant avec eux, en vertu du droit de garde qui leur est dévolu par la loi. Conformément à cette disposition donc, le droit de garde doit être attribué par la loi. L'article 1099, alinéa 2 du Code civil guinéen exclut ainsi les substituts de fait. Pour être civilement responsable des dommages

---

[292] V. Cass. 2e civ. 19 févr. 1997 arrêt Bertrand, concl. R. Kessous, note G. Viney, JCP. éd. G 1997, II, 22848, D. 1997, p 265, note P. Jourdain.

causés par l'enfant mineur, il faut être bénéficiaire du droit de garde à son égard en vertu de la loi.

216. Il existe toutefois en pratique un décalage entre cette exigence légale et ce qui est toléré par la coutume. Une personne étrangère à la famille, tel un ami de la famille, peut se voir confier la garde d'un enfant. Cela est considéré comme une preuve d'affinité forte entre les parents de l'enfant et l'ami à qui la garde de l'enfant est confiée. Mais cela est le plus souvent motivé par des raisons économiques et sociales. Un individu qui connaît une situation financière aisée sera sollicité par un autre aux revenus modestes pour s'occuper de son enfant. Il y aura toujours une relation d'affinité entre les deux, qui sera mise en avant. Ces gardes d'enfant d'autrui se font sans aucune décision judiciaire ni fondement légal. Elles se font en application de la règle coutumière suivant laquelle «*pour qu'un enfant grandisse, il faut tout un village* »[293]. En ce cas, il n'y a pas de responsabilité parentale, le gardien de fait n'est pas civilement responsable du fait de l'enfant mineur.

217. En pratique, il est rare que le remplacement des parents se fasse suivant la loi. Les guinéens ont très rarement, voire jamais, recours à la justice pour la garde d'un enfant, si ce n'est dans une procédure de divorce. Même en matière de divorce la garde de l'enfant peut ne pas constituer un conflit difficile à résoudre dans la mesure où, selon l'article 359 du Code civil guinéen : *« sauf accord spécial entre les parties, les enfants, dès qu'ils auront atteint l'âge de sept ans, seront confiés à leur père »*. Selon cette règle la garde des enfants de moins de sept ans doit en principe être attribuée à la mère en cas de divorce. Cette règle peut se comprendre par la conception guinéenne de l'éducation de l'enfant selon laquelle la mère est la meilleure personne pour s'occuper de l'enfant de moins de sept ans. Cette règle peut se comprendre aussi par la pratique : l'enfant guinéen de moins de sept ans est beaucoup plus proche de sa mère que de son père. Le fait que les femmes guinéennes nourrissent leurs bébés au sein et les portent au dos à l'aide d'un pagne, crée un lien fort entre elles et leurs enfants. En général, c'est à sept ans que l'enfant guinéen quitte les jupons de sa mère pour l'école républicaine. Il faut donc approuver la règle

[293] Cette formule est un adage populaire du Manding, la Haute Guinée, la région où l'ethnie malinké et assimilée est majoritaire.

guinéenne qui exige que la garde de l'enfant de moins de sept ans soit confiée en principe à sa mère en cas de divorce[294].

218. Si le législateur guinéen a été imprécis, quant à la qualité des substituts des parents, il est *a priori* clair sur leur mode de désignation. Ceux-ci doivent être désignés par la loi suivant les dispositions de l'article 1099, alinéa 2 du Code civil guinéen. Pour connaître ces substituts éventuels des parents, il faut examiner les règles du droit de la famille et du nouveau Code guinéen de l'enfant du 19 août 2008 relatives à l'exercice de l'autorité parentale. Il faut le rappeler, la responsabilité civile des père et mère pour les dommages causés par leur enfants mineurs habitant avec eux reste fondée sur le droit de garde qui est un attribut de l'autorité parentale.

§ 2. Les règles de désignation du substitut des père et mère

219. Suivant l'article 1099 alinéa 2 du Code civil guinéen tout le monde peut être substitut des parents pour la responsabilité parentale pour le dommage causé par l'enfant mineur. Ce texte précise que le substitut doit être désigné par la loi comme la personne ayant le droit de garde de l'enfant mineur. Or, il se trouve que la loi guinéenne est ambigüe sur la question. Avant de préciser la détermination de la règle applicable (B), il convient de souligner la dualité des règles applicables (A).

A- La dualité des règles applicables

220. Les substituts des père et mère sont désignés par le Code civil guinéen (1) et les règles du nouveau Code guinéen de l'enfant du 19 août 2008 précisent leur qualité (2).

[294] Voir S. Koïta, « *la résidence de l'enfant après le divorce : étude de droit comparé franco-guinéen* » *in* La complémentarité des sexes en droit de la famille, édition Mare et Martin, 2014.

1. La désignation du substitut des père et mère dans le Code civil guinéen

221. L'examen des dispositions du Code civil guinéen relatives à la personne de l'enfant permet de constater qu'il n'existe aucune règle qui attribue expressément la garde de l'enfant à une personne en dehors de ses père et mère. Même le droit de garde des père et mère n'est pas mentionné de manière expresse et directe, hors le cas de divorce. L'article 395 du Code civil guinéen dispose que : « *l'enfant, à tout âge, doit honneur et respect à ses père et mère.*
Il reste soumis à leur autorité jusqu'à sa majorité ou émancipation ».
C'est de cet article qu'il faut déduire le droit de garde dévolu aux père et mère en droit guinéen.

222. Il n'est pas nécessaire que le Code civil guinéen impose le droit de garde de l'enfant au bénéfice des père et mère. Les père et mère sont les titulaires naturels du droit de garde de l'enfant. Est titulaire naturel du droit de garde celui qui reçoit ce droit de la nature. Parfois, le législateur attribue expressément le droit de garde. L'ancien article 371-2 du Code civil français le faisait en ces termes : *« L'autorité appartient aux père et mère pour protéger l'enfant dans sa sécurité, sa santé et sa moralité.*
Ils ont à son égard droit et devoir de garde, de surveillance et d'éducation ».
Cet article mentionnait donc, expressément, le terme « droit de garde » dans la règle prévoyant l'autorité parentale. La réforme du 4 mars 2002 a fait disparaître le mot « garde » dans les dispositions prévoyant l'autorité parentale. Désormais l'article 371-1 du Code civil français est rédigé comme suit : « *L'autorité parentale est un ensemble de droits et de devoirs ayant pour finalité l'intérêt de l'enfant.*
Elle appartient aux père et mère jusqu'à la majorité ou l'émancipation de l'enfant pour le protéger dans sa sécurité, sa santé et sa moralité, pour assurer son éducation et permettre son développement, dans le respect dû à sa personne.
Les parents associent l'enfant aux décisions qui le concernent, selon son âge et son degré de maturité ». Ainsi, en droit français le droit de garde de l'enfant est un élément de l'autorité parentale.

223. L'article 371-1 du Code civil français, cité plus haut, affirme que l'autorité parentale est un ensemble de droits et de devoirs ayant pour finalité l'intérêt de l'enfant. De son côté, l'article 398 du Code civil guinéen énumère la liste de cet ensemble de droits et devoirs : le droit de correction sur l'enfant et le droit de fixer le domicile et la résidence de l'enfant sont les droits de la puissance paternelle. Comme devoirs, l'article 398 cite : l'instruction, l'éducation, l'entretien et l'établissement de l'enfant. Le concept de « garde » n'est pas expressément mentionné par cet article. Mais le droit de fixer le domicile et la résidence de l'enfant énoncé par l'article 398 du Code civil guinéen peut être interprété comme un droit de garde.

224. S'il est possible d'affirmer que le droit de fixer le domicile et la résidence de l'enfant peut être interprété comme le droit de garde[295] de l'enfant et que les père et mère sont les titulaires naturels de ce droit de garde en vertu de l'article 395 du Code civil guinéen, cité plus haut, il est impossible de dire qu'une autre personne que les père et mère est titulaire du droit de garde en vertu de la loi. Mais l'article 397 du même Code, en disposant qu' : *« en cas de décès du père, de démence, d'incapacité absolue du fait d'une maladie grave, d'indignité et de déchéance en vertu d'une décision de justice,le conseil de famille désigne pour exercer les droits de puissance paternelle, l'oncle paternel, la mère ou tout autre parent, voire un tiers »*, reconnaît implicitement mais suffisamment qu'une autre personne que les père et mère peut être titulaire du droit de garde sur l'enfant.

225. Deux observations sur les dispositions de l'article 397 du Code civil guinéen méritent être apportées. La première est que, pour le législateur guinéen, la mère est un titulaire subsidiaire du droit de garde de l'enfant. Par conséquent, une responsabilité subsidiaire des dommages commis par l'enfant mineur pèse sur la mère. Cela n'est pas sans rappeler l'ancien droit français[296]. Suivant l'énumération des substituts du père dans l'exercice de la puissance paternelle par l'article 397 du Code civil guinéen, la mère ne vient qu'après l'oncle paternel de l'enfant. Cela signifie que la mère ne se verra attribuer l'exercice de la puissance paternelle en remplacement de son mari que si et seulement si le frère de ce dernier n'y pouvait pas. Cette règle est

---

[295] V. *infra* n° 402.
[296] V *supra* n° 190 et suivant.

conforme à la réalité sociale. Dans la tradition guinéenne, l'oncle paternel d'un enfant est considéré comme le père même de l'enfant. En cas de décès de son mari, il est fréquent que la femme se voit contrainte d'épouser son beau-frère en application de la Coutume. Ce dernier aura pour charge l'éducation des enfants du mari défunt au même titre que de ses propres enfants au cas où il en aurait.

26. La seconde remarque est que cette reconnaissance légale implicite de la qualité de titulaire de la puissance paternelle à une personne autre que les père et mère est conditionnée par la désignation de cette personne par le conseil de famille. Il aurait été possible de dire donc, qu'en application des articles 397 et 1099, alinéa 2 du Code civil guinéen, toute personne désignée par le conseil de famille pour remplacer les père et mère dans l'exercice de l'autorité paternelle, pourra voir sa responsabilité civile engagée pour les dommages causés par l'enfant mineur. Toutefois, on ne peut l'affirmer. En effet, l'exercice de l'autorité parentale n'est attribué à un tiers que si celui-ci a été désigné comme tuteur de l'enfant, selon le nouveau Code guinéen de l'enfant, en date de 2008.

2. La désignation du substitut des père et mère dans le nouveau Code guinéen de l'enfant

27. Le nouveau Code guinéen de l'enfant du 19 août 2008, contrairement au Code civil guinéen, ne donne aucune compétence au conseil de famille, ni directement ni indirectement pour désigner une autre personne que les père et mère pour la garde de l'enfant. L'article 170 du nouveau Code guinéen de l'enfant dispose que : « *L'autorité appartient aux père et mère pour protéger l'enfant dans sa sécurité, sa santé, sa moralité et son développement.*
Ils ont à son égard droit et devoir de garde, de surveillance et d'éducation. » Trois observations peuvent être apportées sur cette règle.

28. La première est que le nouveau Code guinéen de l'enfant du 19 août 2008 utilise le mot « garde », contrairement aux Code civil guinéen et français. Le nouveau Code guinéen de l'enfant, en affirmant que les

père et mère ont à l'égard de leur enfant le droit de garde, simplifie la justification du fondement légal de la responsabilité parentale dans le droit guinéen car, suivant l'article 1099, alinéa 2, du Code civil guinéen, les père et mère sont responsables des dommages causés par leur enfant mineur en vertu du droit de garde qui leur est dévolu par la loi. Or, comme cela a été dit plus haut, aucune disposition du Code civil guinéen n'affirme clairement, expressément, que les père et mère ont le droit de garde à l'égard de leur enfant mineur. Il faut donc se féliciter de cette expression dans le nouveau Code guinéen de l'enfant à travers son article 170, alinéa 2. Il en résulte que les dispositions légales sur la responsabilité parentale et celles sur l'autorité parentale demeurent plus cohérentes.

229. La deuxième observation est que le législateur guinéen, pour la rédaction de cet article 170 du nouveau Code guinéen de l'enfant, n'a pas fait que s'inspirer du législateur français actuel, comme cela est de tradition. Il a réalisé une copie exacte, une transposition mot pour mot, de l'ancien article 371-2 du Code civil français, cité plus haut. Le nouveau Code guinéen de l'enfant datant de 2008, il est étonnant que le législateur guinéen se soit inspiré de la formule datant d'avant la réforme de la loi n° 2002-305 du 4 mars 2002 relative à l'autorité parentale. Si ce choix du législateur guinéen peut surprendre, il est évident que ce n'est pas le fruit du hasard. L'insertion du mot garde supprimé par la loi française de 2002 dans le domaine de la responsabilité parentale, était recherchée pour le lien établi avec la responsabilité parentale. En outre, la rédaction ancienne est plus précise que celle d'aujourd'hui résultant de la loi du 4 mars 2002 relative à l'autorité parentale.

230. La troisième observation tient à la suppression de l' « autorité paternelle ». Le législateur guinéen de 2008 aurait pu choisir de rester fidèle à lui-même en reprenant les dispositions du Code civil guinéen sur l'autorité parentale. Mais il montre sa volonté de changer sa conception de l'autorité parentale. Il remplace d'abord l'expression « autorité paternelle », utilisée dans le Code civil guinéen, par le concept d' « autorité parentale ». Ensuite, dans ce nouveau Code de l'enfant guinéen, il affirme, à travers l'article 174, que les père et mère, pendant le mariage, exercent en commun l'autorité parentale. Or, l'article 396 du Code civil guinéen dispose que : « *durant le mariage, le père exerce, en tant que chef du ménage, les droits de*

puissance paternelle ». Sous cet angle, le droit guinéen se rapproche du droit français issu de la réforme de la loi n° 70-459 du 4 juin 1970 relative à l'autorité parentale.

231. Enfin, contrairement au Code civil guinéen, le nouveau Code guinéen de l'enfant du 19 août 2008 n'admet l'exercice de l'autorité parentale par une autre personne que les père et mère que si cette personne est tuteur légal de l'enfant concerné. Il énonce en son article 182 que : « *s'il ne reste plus ni père ni mère en état d'exercer l'autorité parentale, il y aura lieu à l'ouverture d'une tutelle ainsi qu'il est dit aux articles 213 et suivant du présent Code* ». La solution est différente de celle du Code civil guinéen. Suivant l'article 397 du Code civil guinéen, cité plus haut, le conseil de famille peut désigner, pour exercer les droits de la puissance paternelle, l'oncle paternel, la mère, ou tout autre parent, voire un tiers, lorsque le père se trouve dans l'impossibilité d'exercer la puissance paternelle. Ici encore les rédacteurs du nouveau Code guinéen de l'enfant du 19 août 2008 ont préféré adopter la conception française de l'exercice de l'autorité parentale : l'article 182 du nouveau Code guinéen de l'enfant reprend, le texte de l'article 373-5[297] du Code civil français, reprise à l'identique du texte de l'ancien article 373-4 du même Code.

232. La dualité des règles applicables en droit guinéen de la responsabilité des père et mère du fait de leur enfant mineur habitant avec eux rend la matière encore plus complexe, surtout la détermination de la règle applicable pour désigner le substitut des père et mère.

B- La détermination de la règle applicable

233. En ce qui concerne la qualité de substitut des père et mère pour la responsabilité parentale selon le Code civil guinéen, toute personne, membre de la famille ou tiers à la famille, peut devenir substitut des parents si et seulement si elle a été désignée par le conseil de famille à cet effet. Selon le nouveau Code guinéen de l'enfant du 19 août 2008, seul le tuteur peut devenir le substitut des parents. Ces deux Codes

[297] Cet article est issu de la loi n° 87-570 du 22 juillet 1987 sur l'exercice de l'autorité parentale.

étant contradictoires sur la question il est indispensable de se poser la question de savoir quelle est la règle applicable.

234. Pour répondre à cette question il faut se référer aux règles de conflit de loi. En droit, il existe un adage *specialia generalibus derogant :* le droit spécial déroge au droit général. Cet adage constitue un outil juridique permettant au juge de régler le problème de conflit entre les lois spéciales et le droit commun. Selon un auteur français : « *la distinction des lois spéciales et générales paraît remonter à Aristote. Elle est connue du droit romain et de l'Ancien Droit, notamment au travers des maximes célèbres relatives à l'abrogation des lois*[298]. *Aujourd'hui, cette notion de lois spéciales s'est enrichie d'un caractère supplémentaire : elle est le plus souvent l'œuvre de spécialistes* »[299]. Selon le même auteur : « *traditionnellement, on entend par lois spéciales celles qui donnent une règle particulière à une série de cas déterminés. On les oppose aux lois générales qui déterminent les règles applicables à tous les cas qui composent un genre donné de rapports juridiques. Constituent ainsi des lois spéciales les articles 1384 à 1386 du Code civil en ce qu'ils posent des règles particulières de responsabilité du fait des choses et du fait d'autrui, tandis que les articles 1382 et 1383 sont la loi générale en matière de responsabilité civile* »[300].

235. Le législateur guinéen, en adoptant le 19 août 2008 un code comportant des dispositions spéciales applicables aux enfants, a créé un droit spécial de l'enfant par rapport aux dispositions du Code civil guinéen qui sont des règles du droit commun. Dans le domaine de l'application des lois, on admet en principe que les lois spéciales excluent les lois générales dans la sphère de leur compétence conformément à l'adage *specialia generalibus derogant.* Cet adage a pour origine le droit canonique, plus précisément dans un passage du Sexte, recueil de Décrétale postérieure à celles de Grégoire IV, rassemblées et promulguées par le pape Boniface VIII à la fin du XIIIe siècle.[301] Cet adage est un instrument important pour le juge. Il

[298] Ce sont des maximes telles que *In toto jure per speciememderogatur* (en toute matière il est dérogé par le droit spécial) ou *specialiageneralibusderogant* (ce qui est spécial déroge à ce qui est général).
[299] R. Gassin, Lois spéciales et droit commun, D. 1961 chr, p. 91 et s.
[300] R. Gassin, Lois spéciales et droit commun, *op. cit* p. 130.
[301] V. H. Roland et L. Boyer, Adages du droit français, Traité, Litec, 4e éditions 1999, n° 418.

est utilisé aussi bien dans l'ordre interne[302] que dans l'ordre international[303] et semble exprimer un principe incontournable dans le système juridique romano-germanique. Pourtant, sa nature demeure sujette à interrogations. Il faut se poser la question de savoir quelle est la valeur juridique de cet adage. Dans quelle catégorie de norme cet adage rentre-t-il ? Est-il une loi, un principe général du droit ou une coutume ? Pour répondre à cette question il est nécessaire de qualifier l'adage. Pour savoir si l'adage a la valeur d'une loi ou d'un principe général du droit, il faut se demander s'il a été consacré ou non par un texte légal.

236. L'adage *specialia generalibus derogant* n'a été consacré ni par une loi française ni par une loi guinéenne. C'est pourquoi un auteur français écrit qu' : « *aucune disposition générale ne lui a accordé l'onction législative et la force normative qui l'accompagne* »[304]. L'adage n'a donc pas la valeur d'une loi. Serait-il alors un principe général du droit ? Pour le savoir il convient de définir d'abord ce qu'est un principe général du droit. Les principes généraux du droit sont des règles de droit objectif exprimées ou non dans les textes appliqués par la jurisprudence et dotées d'un caractère suffisant de généralité[305]. L'adage *specialia generalibus derogant « connaît un caractère de généralité dans la mesure où il s'applique à tous les conflits de normes entre lois spéciales et lois générales, et donc à une série indéterminée de situations. C'est l'obligation et la sanction qui semblent en revanche lui faire défaut. En effet, l'étude de la jurisprudence se révèle décevante tant la place qui lui est accordée est inconstante. Il est fait quelquefois référence à l'adage par les juges du fond, qui s'en inspirent pour rendre leur décision.* », selon un auteur français qui ne manque pas de citer les décisions des juridictions française pour justifier ses propos[306]. Un autre auteur écrit dans le même sens que : « *cette règle, qui n'est d'ailleurs pas posée en principe par la Cour de cassation, ne fait pas l'objet d'une*

---

[302] V. par exemple G. Lardeux *specialia generalibus derogant* ou la simplicité apparente des fausses évidences, RDC 2008. 1251.

[303] V. par exemple D. Bureau, Les conflits de conventions, travaux du Comité français de droit international privé 1999-2000, APedonne, 2001, p. 201.

[304] C. Goldie-Genicon, Contribution à l'étude des rapports entre le droit commun et le droit spécial des contrats, 2006, p. 514. n° 347.

[305] Pour étude approfondie de la question V. P. Morvan, Le principe de droit privé, thèse, Panthéon-Assas. 1999. p. 227 et s ; J. –L. Bergel, Théorie générale du droit, Méthode du droit, Dalloz, 4e éditions 2003. p. 100. n° 74 et s.

[306] S. Mauclair, La force normative de l'adage *specialia generalibus derogant, in* la force normative. C. Thibierge et Alii, LGDJ-Bruylant, 2009. p. 223 ;

application systématique... Il ne s'agit donc pas d'un principe général de solution sur l'application duquel le plaideur doit compter »[307]. En effet, l'étude de la jurisprudence française laisse apparaître que l'adage *specialia generalibus derogant «* n'a pas de véritable force obligatoire pour le juge »[308] dans le droit français.

237. La même opinion est valable pour le droit guinéen qui demeure un droit essentiellement légal. L'adage *specialia generalibus derogant*serait alors une règle coutumière ? Pour être qualifié de coutume, l'adage devrait avoir un caractère obligatoire[309]. Or, dans les développements précédents, il est dit que cet adage connaît en jurisprudence française des applications épisodiques. Par conséquent, il est difficile de lui reconnaître une valeur coutumière. L'adage *specialia generalibus derogant* ne pourrait donc être classé ni dans la catégorie de loi, ni dans la catégorie de principe général du droit ni encore dans la catégorie de coutume. Mais le contenu et la fonction de l'adage forcent à lui reconnaître une valeur normative. C'est une maxime qui indique au juge la marche à suivre lors du conflit entre la loi spéciale et la loi générale[310]. Conformément à cet adage, donc, les dispositions du Code civil guinéen devraient être écartées par celles du nouveau Code guinéen de l'enfant du 19 août 2008 en cas de conflit.

238. Les personnes pouvant être substituts des parents sont donc les personnes ayant la qualité de tuteur de l'enfant en application de l'article 182 du nouveau Code guinéen de l'enfant du 19 août 2008. Dans les développements qui vont suivre, il sera expliqué que le droit français aussi reconnaît la responsabilité d'autres personnes que les père et mère, dont celle des associations éducatives, sur le fondement de l'article 1384, alinéa 1 du Code civil français[311].

---

[307] F. Bussy-Dunaud, Le concours d'action en justice entre les mêmes parties. LGDJ, tome 201. 1988, p. 263, n° 561.

[308] J. Ghestin, G. Goubeaux, M. Fabre-Magnan, Traité de droit civil. Introduction général, LGDJ, 1994. n° 471.

[309] V. *supra* n° 106 et suivant pour l'étude de la coutume.

[310] S. Mauclair, La force normative de l'adage *specialiageneralibusderogant*, *in* la force normative. C. Thibierge et Alii, LGDJ-Bruylant, 2009. p. 223 *op. cit.* p.131.

[311] V *infra* n° 260 et suivants.

Conclusion du chapitre 1

39. Les droits français et guinéen de la responsabilité des père et mère pour les dommages causés par l'enfant mineur habitant avec eux peuvent connaître une évolution adaptée et juste conformément à la pratique sociale de leurs peuples respectifs. Les auteurs de la doctrine française ont souhaité l'évolution de la responsabilité des père et mère telle qu'elle a été réalisée par la jurisprudence française. C'est ainsi que la jurisprudence française a fait évoluer le droit français du régime de la responsabilité des père et mère de la faute présumée à un régime de responsabilité de plein droit. Mais, en ce qui concerne la définition du cercle des civilement responsables, la jurisprudence française fait la sourde oreille et reste fixée sur la liste énumérée par la loi. Elle y a simplement ajouté un cas sur le fondement de l'article 1384, alinéa 1er du Code civil français : les associations chargées de l'éducation des enfants.

40. Le droit guinéen, de son côté influencé par les pratiques sociales traditionnelles, est favorable à l'application de la règle de l'article 1099, alinéa 2 du Code civil guinéen à d'autres personnes que les père et mère. Ainsi, une personne autre que les père et mère pourrait voir sa responsabilité engagée du fait d'un enfant mineur si elle bénéficie du droit de garde à l'égard de cet enfant en vertu de la loi. Le Code civil guinéen étant ambigu sur la qualité des substituts des père et mère, l'éclaircissement est apporté par le nouveau Code guinéen de l'enfant du 19 août 2008 : En dehors des père et mère seul le tuteur bénéficie du droit de garde à l'égard de l'enfant en vertu de la loi. Par conséquent, le tuteur est le seul substitut des père et mère qui pourrait voir sa responsabilité civile engagée par le fait de l'enfant mineur sur lequel il exerce le pouvoir d'organiser, de diriger et de contrôler le mode de vie. Il est permis donc de dire que le droit guinéen de la responsabilité parentale vise les père et mère et le cas échéant le tuteur de l'enfant contrairement au droit français dont le domaine reste limité aux père et mère.

41. En droit guinéen, la situation juridique est encore compliquée par la force des coutumes, lesquelles permettent à un tiers d'être en charge de fait d'un enfant. La solution juridique aux problèmes de responsabilité n'est pas alors fondée sur la loi, mais sur la coutume. La

présente étude est surtout axée sur l'analyse de la loi, plus facile à étudier.

242. La société étant en constante mutation, il est question de renouveler la suggestion d'une évolution législative quant aux civilement responsables de l'enfant à la fois pour le droit français et le droit guinéen.

Chapitre 2
Suggestions d'évolution des droits français etguinéen quant au cercle des civilement responsables

243. Si la Haute juridiction française a refusé d'étendre le régime de la responsabilité parentale fondé sur l'article 1384 alinéa 4 du Code civil français à d'autres personnes que celles qui y sont visées, les victimes ne sont pas privées de tout moyen juridique pour obtenir la réparation de leur dommage causé par l'enfant mineur lorsque les conditions de l'article 1384, alinéa 4 du Code civil français ne sont pas réunies. Elles peuvent tout d'abord se fonder sur l'article 1382 du Code civil français. Elles peuvent aussi parfois se fonder sur l'article 1384, alinéa 1 du Code civil français, aux conditions posées par l'arrêt Blieck du 29 mars 1991, rendu par l'assemblée plénière de la Cour de cassation française.

244. Au-delà de la jurisprudence Blieck, il est souhaitable que le cercle des civilement responsables sur le fondement de l'article 1384 alinéa 4 du Code civil français soit élargi aux personnes qui exercent l'activité de l'éducation et de la surveillance des enfants à titre professionnel (section 1). Quant au droit guinéen, il est nécessaire d'introduire la mention « tuteur » dans le cercle des civilement responsables. A cet effet, une modification de la rédaction de la règle de la responsabilité parentale s'impose (section 2).

Section 1

L'élargissement du cercle des civilement responsables aux professionnels dans le droit français

245. Il a été rapidement dit plus haut que d'autres personnes que les père et mère peuvent avoir à répondre du fait dommageable de l'enfant, mais sur d'autres fondements que l'article 1384, alinéa 4 du Code civil français. Il semble nécessaire de rappeler, d'abord, l'état actuel du droit positif français en matière de responsabilité civile des autres personnes que les père et mère pour les dommages causés par les enfants mineurs habitant avec eux (§ 1), pour ensuite justifier les

suggestions d'élargissement du cercle des civilement responsables aux professionnels qui exercent l'activité d'éducation et de surveillance des enfants mineurs contre rémunération (§ 2). Solliciter le droit guinéen peut aider à comprendre ces propositions et à les justifier.

§ 1. L'évolution jurisprudentielle ayant conduit à la responsabilité d'autres personnes queles père et mère pour le fait de l'enfant

246. En droit français, les victimes des dommages causés par l'enfant bénéficient, tout d'abord, d'une action fondée sur l'article 1382 du Code civil contre les personnes chargées d'un devoir d'éducation et de surveillance sur l'enfant. Mais, sur ce fondement de droit commun, la victime doit apporter la preuve de la faute du responsable en lien avec son dommage. La responsabilité personnelle est une responsabilité pour faute prouvée. Or, dans le cas de la responsabilité des père et mère pour les dommages causés par l'enfant mineur habitant avec eux, il est difficile d'apporter la preuve d'une faute d'éducation ou de surveillance. Le régime de droit commun fondé sur l'article 1382 du Code civil français n'est pas susceptible de favoriser l'indemnisation des victimes de l'enfant. Or, dès 1804, la responsabilité des père et mère apparaissait comme une garantie de solvabilité pour la victime. Alors on s'est demandé, en doctrine, si la victime pouvait aussi se fonder sur l'article 1384 alinéa 1 du Code civil français en application de la jurisprudence Consorts Blieck[312]précitée. Sur cette question, la jurisprudence semble adopter des solutions nuancées selon que l'enfant a été confié à une personne privée ou à un organisme professionnel ou encore à la puissance publique. Cela conduit à examiner, d'abord, les solutions jurisprudentielles lorsque l'enfant était confié à une personne privée au moment de son acte dommageable (A) pour ensuite envisager les solutions lorsque la personne responsable est la puissance publique (B).

[312] Cass. ass. plén. JCP 1991, II, 21673, concl. Dontenwille, note J. Ghestin ; D. 1991, p. 324, note C. Larroumet ; *ibid.* chron. 157, par G. Viney ; *ibid.*somm. 324, obs. J-L. Aubert ; RDT civ. 1991, p. 5141, obs. P. Jourdain ; Gaz. Pal. 1992, p. 513, note F. Chabas ; Resp. civ. Et assur. 1991, chron. n° 9, par H. Groutel.

A- La responsabilité des personnes privées

247. En ce qui concerne la responsabilité des personnes privées chargées de l'éducation et de la surveillance de l'enfant, il faut distinguer les particuliers qui sont chargés d'éduquer et de surveiller bénévolement l'enfant mineur (1) des établissements professionnels qui exercent la même activité contre rémunération (2).

1. Les particuliers bénévoles

248. Sont ici visés les membres de la famille, c'est-à-dire les grands parents, les tantes, les oncles, les marraines ou les parrains, ou encore des amis de la famille, qui acceptent de garder l'enfant provisoirement ou durablement et à titre bénévole[313]. La jurisprudence française considère que la responsabilité de ces particuliers non professionnels ne peut être engagée sur le fondement de l'article 1384, alinéa 4, du Code civil[314]. Les victimes ne peuvent se fonder que sur l'article 1382 du même Code pour obtenir la réparation de leur dommage causé par l'enfant mineur. Elles doivent apporter la preuve de la faute personnelle du particulier attaqué, en relation de causalité avec son dommage. Ces particuliers, qui gardent l'enfant de manière occasionnelle et volontaire, ne sont pas responsables sur le fondement de l'article 1384 alinéa 1, du Code civil français selon un arrêt du 18 septembre 1996 de la deuxième chambre civile de la Cour de cassation, notamment[315]. L'indulgence de la jurisprudence à l'égard de cette catégorie de personne peut se comprendre. L'analyse de l'arrêt cité peut aider à le justifier.

249. En l'espèce, il s'agissait d'un enfant âgé de 10 ans qui avait heurté et blessé un piéton en circulant à bicyclette alors qu'il se trouvait chez sa grand- mère et sa tante pour les vacances. Le piéton a demandé réparation de son préjudice, d'une part, aux père et mère de l'enfant,

---

[313]V.P. Gourdon, la « garde de fait » du mineur dans le contexte de la responsabilité civile du fait d'autrui, Droit de la famille n° 6, Juin 2003, chron. 20.

[314] V. notamment Cass. civ. 2e 25 janvier 1995, Bull. civ. II, n° 29 ; D. 1995. p. 232 ; obs. P. Delbecques ; G. Viney ; JCP 1995 I. 3853, n° 15.

[315]Cass. civ. 2e, 18 septembre 1996. Bull. civ., II. n° 217 ; D. 1998, jurisp. p. 119, note J. Rebourg ; Resp. civ. et assur. 1996, comm. n° 379. H. Groutel ; Cass. 2e civ. 5 février 2004, Petites affiches, 24 juin 2005 n° 125, p. 14, note de D. Bertol ; Cass. 2eciv., 18 mars 2004, n° 03-10.600, FS-P+B, Épx B. c/ B et autres, Responsabilité civile et assurances n° 7, Juillet 2004, comm. 216, commenté par H. Groutel.

d'autre part, à la grand-mère et à la tante. La cour d'appel de Montpellier a mis hors de cause les père et mère et rejeté la demande subsidiaire à l'encontre de la grand-mère et de la tante de l'enfant. Le piéton s'est alors pourvu en cassation en soutenant notamment qu' : « *on est responsable du dommage causé par le fait des personnes dont on doit répondre ; que la grand-mère et la tante qui hébergent un enfant pendant les vacances scolaires en un lieu éloigné du domicile de ses parents doivent répondre de celui-ci ; qu'en ayant énoncé que la responsabilité de la grand-mère et de la tante ne pouvait être recherchée sur le fondement de l'article 1384 du Code civil français la cour d'appel aurait violé, par refus d'application, le premier alinéa de ce texte…* ». Il s'agissait donc de savoir si un membre de la famille autre que les père et mère peut ou non voir sa responsabilité engagée sur le fondement de l'article 1384, alinéa 1, du Code civil français pour le dommage causé à autrui par l'enfant hébergé pendant les vacances ? A cette question, la deuxième chambre civile de la Cour de cassation en rejetant le pourvoi, apporta une réponse négative. Elle affirma dans son avant dernier attendu qu' « *après avoir exactement énoncé que la responsabilité édictée par l'article 1384, alinéa 4, du Code civil nes'applique qu'aux père et mère l'arrêt retient qu'aucune faute n'est établie envers la grand- mère et la tante de l'enfant* » et, dans son dernier attendu, qu' : « *en l'état de ces constatation et énonciations, alors que les conditions d'application de l'article 1384, alinéa 1, du Code civil n'étaient pas réunies, l'arrêt a légalement justifié sa décision* ».

250. En décidant que l'article 1384, alinéa 4, du Code civil français ne s'applique qu'aux parents, cet arrêt confirme le refus ferme de la jurisprudence d'admettre toute autre personne que les père et mère dans le cercle des civilement responsable du fait de l'enfant sur le fondement de l'article 1384, alinéa 4[316]. Ce qui est surtout intéressant, dans cet arrêt, c'est l'affirmation selon laquelle : « *les conditions d'application de l'article 1384, alinéa 1, du Code civil n'étaient pas réunies* ». La victime a invoqué la jurisprudence Blieck pour obtenir la réparation de son préjudice par la grand-mère et la tante. Or, il se trouve que les conditions posées dans l'arrêt Blieck n'étaient pas réunies en l'espèce, ce que les juges n'ont pas manqué de rappeler[317]. Cette solution est satisfaisante à deux points de vue. D'abord, du point

[316] V. *supra* n° 203.
[317] Pour les conditions posées par l'arrêt *Blieck*, V. *infra* n° 259.

de vue juridique, il est logique d'écarter la responsabilité de la grand-mère et de la tante, parce que l'autorité des père et mère sur l'enfant n'était pas rompue du fait de ses vacances chez sa grand-mère et sa tante[318]. Ensuite, du point de vue social, c'est une solution qui peut encourager les formes de solidarité familiale utiles. Les parents autres que les père et mère interviennent dans la garde de l'enfant à titre de bénévole.

51. Les alinéas, 4 et 1er de l'article 1384 du Code civil français sont inapplicables aux proches autres que les père et mère de l'enfant. C'est donc sur le fondement de l'article 1382 du Code civil français que les victimes des dommages causés par un enfant mineur peuvent attaquer ces proches lorsque l'enfant est hébergé chez eux. Si la faute de ces proches n'est pas établie, la victime ne pourra obtenir aucune réparation. Certains auteurs de la doctrine française trouvent aujourd'hui cette position de la jurisprudence discutable. C'est le cas de Monsieur Gérard Blanc qui soutient que : « *Lesrécents revirements en matière de responsabilité du fait d'autrui semblent en effet autoriser une remise en cause de la solution adoptée. En instituant une présomption de responsabilité à la charge de certains groupements pour les dommages causés par les personnes dont ils ont la garde, l'arrêt Blieck a en quelque sorte ouvert la voie* ». L'auteur poursuit son argumentation plus loin en ces termes : « *Ces deux importantes décision*[319] *sont-elles le signe d'une certaine généralisation de la responsabilité de plein droit du fait d'autrui ? On peut le penser, voire le souhaiter, ne serait-ce que pour la cohérence du système... On se félicitera donc d'un certain renversement de tendance en faveur d'une relative uniformisation des régimes de responsabilité du fait d'autrui. Le plaideur ne peut qu'y gagner en compréhension et en facilité d'accès au système* »[320].

52. D'autres auteurs ne partagent pas cette opinion et approuvent la position de la jurisprudence. C'est le cas de Madame Géneviève Viney[321], qui défendait l'interprétation stricte de l'article 1384, alinéa

---

[318] Sur le lien entre responsabilité et autorité parentale, V. ASériaux, Droit des obligations, 2e édition mise à jour mars 1998, PUF ; J.-B. Thierry Le rôle de l'autorité parentale dans la responsabilité des parents du fait de leur enfant mineur, Petites affiches, 07 janvier 2008 n° 5, p. 4.

[319] L'auteur fait référence aux arrêts Bertrand du 19 février 1997 et Blieck du 29 mars 1991 qu'il ne manque pas de citer dans son commentaire.

[320] G. Blanc, A propos de la responsabilité des grands-parents… (Brève contribution à la réflexion sur la responsabilité du fait d'autrui). D. 1997. p. 327.

[321] G. Viney, sous Cass. 2eciv., 19 février 1997, II, n° 22848, p. 253.

1er bien avant la jurisprudence du 18 septembre 1996 de la deuxième chambre civile de la Cour de cassation. Elle soutient à raison que, faire supporter une responsabilité de plein droit par les membres de la famille de l'enfant autre que les père et mère, alors qu'ils gardent occasionnellement l'enfant, est une solution peu souhaitable. La charge serait d'autant plus lourde que ceux-ci ne sont pas le plus souvent assurés contre un tel risque. Ce serait à terme décourager l'entraide familiale et les remèdes aux carences affectives si nécessaire pourtant dans la période en cours caractérisée par la fréquence des divorces, des recompositions familiales et les situations de monoparentalité.

253. Faut-il étendre cette solution aux particuliers qui ne sont ni parents ni proches mais qui agissent à titre bénévole auprès de l'enfant, par exemple une association ? En considérant que la réticence à étendre le domaine de l'article 1384, alinéa 1er du Code civil français est justifiée par le caractère bénévole et occasionnel de la garde de l'enfant mineur, il est permis de répondre à cette question par l'affirmative. Toute personne morale ou physique qui agit à titre gratuit pour le bien être de l'enfant doit connaître l'indulgence de la jurisprudence. Cela encouragerait la solidarité sociale. Le droit français peut s'inspirer du droit guinéen lequel est indulgent à l'égard des gardiens d'occasion et bénévoles. Il faut le rappeler, l'article 1099, alinéa 2 du Code civil guinéen exige que le civilement responsable bénéficie du droit de garde à l'égard de l'enfant en vertu de la loi pour engager sa responsabilité pour le dommage causé par ce dernier. Par conséquent, le droit guinéen écarte les gardiens d'occasion et bénévole du domaine de la responsabilité parentale. Une position contraire aurait affecté la solidarité sociale.

254. En revanche, il est aussi compréhensible que la jurisprudence ne montre pas la même indulgence quand c'est un établissement spécialisé de l'éducation et de la surveillance de l'enfant qui agit à titre onéreux.

2. Les établissements spécialisés

255. Les établissements spécialisés de l'éducation et de la surveillance de l'enfant sont des professionnels de rééducation ou des centres de loisirs. En ce qui concerne leur responsabilité pour les dommages causés par les enfants dont ils ont la charge, l'évolution sociale dans l'éducation des enfants et le mode très libéral de traitement des malades mentaux entraînant une multitude de dommages, ont conduit la jurisprudence à consacrer un principe général de responsabilité du fait d'autrui[322].

256. C'est à l'occasion de l'affaire Jand'heur du 13 février 1930 des chambres réunies de la Cour de cassation que le procureur général Matter avance l'idée d'un principe général de responsabilité du fait d'autrui comparable à celui consacré en matière de la responsabilité du fait des choses que l'on a sous sa garde[323]. Cette idée a été soutenue par certains auteurs français, principalement René Savatier[324], mais elle a été rejetée par la majorité de la doctrine, notamment les frères Mazeaud, qui ont soutenu que le développement du machisme entraînant une multitude d'accidents justifiait l'évolution du droit positif en matière de responsabilité du fait des choses, mais pas dans le domaine de la responsabilité du fait d'autrui.

257. En raison de l'évolution des activités d'ordre éducatif exercées par des mineurs en dehors de la famille ou de l'école et aussi de la méthode libérale de traitement appliquée aux handicapés et aux délinquants, certains auteurs ont proposé un principe général de responsabilité du fait d'autrui[325]. L'arrêt Blieck du 29 mars 1991 de l'assemblée plénière de la Cour de cassation intervint dans ce contexte.

258. Dans l'arrêt Blieck rendu par l'assemblée plénière le 29 mars 1991, la Haute juridiction judiciaire a consacré un principe général de responsabilité du fait d'autrui en se fondant sur l'article 1384, alinéa 1, du Code civil. Sur la portée de l'arrêt Blieck, la doctrine est divisée.

---

322 V. P. Jourdain pour la réserve apportée à cette opinion suite à l'arrêt Blieck, « existe-t-il un principe général de responsabilité du fait d'autrui ? » *in*resp civ. et assur. novembre 2000. n° 11 bis.

323 V. Les conclusions du procureur général P. Matter sous l'arrêt Jand'heur.

324 V. R. Savatier, DH 1933, chron. 81.

325 V. H. Martaguet et P. Robert, la responsabilité des établissements de rééducation : solution ou évolution ? D. 1966, chron. 17 ; R. Legeais, Un article à surprise ou le nouvel essai de généraliser la responsabilité du fait d'autrui : D. 1965, chron. 131.

Certains auteurs la considèrent comme un nouveau cas de responsabilité du fait d'autrui tandis que d'autres estiment que la solution pose un véritable principe général. Parmi les opposants à la reconnaissance d'un principe général du fait d'autrui, il faut citer Monsieur Patrice Jourdain, lequel conclut son rapport du colloque organisé par le Centre de Droit et de la responsabilité de l'Université du Maine, intitulé : ''existe-t-il un principe général de responsabilité du fait d'autrui'', en ces termes : « *Aussi plutôt que de forcer l'interprétation de la jurisprudence, mieux vaut se résoudre à constater que, pour le moment au* moins, la portée du principe issu de l'interprétation jurisprudentielle de l'article 1384, alinéa 1er, demeure limitée à la création de deux nouveaux cas de responsabilité du fait d'autrui qui s'ajoutent à ceux qui régissent les alinéas 4 à 7 »[326]. Un autre auteur fait observer que l'article 1384, alinéa 1er, n'est pas un « *fardeau transférable sur les épaules du tuteur* ». C'est suite à un arrêt de la deuxième chambre civile de la Cour de cassation, en date du 25 février 1998, lequel a décidé que l'article 1384, alinéa 1er, ne s'applique pas au tuteur d'un majeur protégé, que Madame Anne-Marie Galliou-Scanvion, a commenté qu' : « *apprécié sous l'angle de considérations sociologiques, l'arrêt du 25 février 1998 ne peut qu'être approuvé* »[327]. Il est possible donc, de déduire de cette affirmation une position qui n'est pas en faveur de la reconnaissance d'un principe général du fait d'autrui. Parmi les défenseurs de la reconnaissance d'un principe général du fait d'autrui, il faut citer messieurs Eric Savaux et Phillipe Le Tourneau[328].

259. Dans l'arrêt Blieck, la Cour de cassation pose des conditions : l'acceptation par l'association de l'organisation et du contrôle du mode de vie de la personne de l'enfant et le caractère permanent de la garde. Quant au régime juridique, la Cour de cassation s'est montrée prudente. Elle a ignoré l'usage de la « présomption de responsabilité » par la cour d'appel. Il fallut attendre les jurisprudences postérieures pour mesurer la portée de l'arrêt Blieck. Notamment, dans un arrêt du 20 janvier 2000 de la deuxième chambre civile[329], la Cour de cassation

[326] P. Jourdain, Existe-t-il un principe général de responsabilité du fait d'autrui ?:*in* La responsabilité du fait d'autrui, Actualité et évolution, colloque de l'université du Maine : Resp. civ. et Assur. n° hors série, nov. 2000, p. 5 et s ; V. aussi P. Brun. Responsabilité civile extracontractuelle, éd. Litec 2009. p. 304.

[327] A-M. Galliou-Scanvion, L'article 1384 alinéa 1er, et la responsabilité du fait d'autrui : un fardeau non transférable sur les épaules du tuteur, n° 8.

[328] V. E. Savaux, n° 223 et Ph. Le Tourneau, n° 7366.

[329]Cass. 2eciv., 20 janvier 2000: Bull. civ. II, n° 15 ; JCP 2000, I, 241, n°14, obs. G. Viney ; D. 2000, p. 571, note M. Huyette ; RTD civ. 2000, p. 588, obs. P. Jourdain.

a décidé que le foyer est responsable du fait de l'enfant mineur dès lors que le juge lui a confié sa garde.

260. Dans un attendu de principe, la deuxième chambre civile de la Cour de cassation énonce : « *attendu que la personne physique ou morale à qui le juge des enfants confie la garde d'un mineur en danger en application des articles 375 et suivants du Code civil, ayant pour mission d'organiser, de diriger et de contrôler le mode de vie du mineur, est responsable des dommages qu'il cause à cette occasion, y compris aux autres enfants placés dans l'établissement* ». La Haute juridiction judiciaire qui construit sa jurisprudence progressivement sur la responsabilité civile des services éducatifs qui accueillent des mineurs confiés par le juge des enfants, rappelle ici que, désormais, comme celle des parents, la responsabilité de ces services éducatifs est une responsabilité de plein droit. La Haute juridiction judiciaire trouve le fondement légal de cette responsabilité dans l'article 1384, alinéa 1er du Code civil français au motif que le service éducatif auquel est confiée la garde d'un enfant mineur reçoit, par là même, la mission d'organiser, de diriger et de contrôler le mode de vie du mineur. Par conséquent, ce service éducatif est responsable des dommages que l'enfant cause pendant son séjour. C'est ce principe que l'arrêt du 20 janvier 2000 de la deuxième chambre de la Cour de cassation applique en l'espèce.

261. Cette solution appelle l'approbation pour des raisons qu'un auteur développe particulièrement bien : « *...rappelons qu'en cas de mesure judiciaire les parents n'ont aucune latitude pour choisir le service éducatif qui accueillera leur enfant. Ils n'ont aucune possibilité de décider qui sera leur interlocuteur pendant des mois voire des années. La raison d'être de l'intervention judiciaire et la réalité de la mise en œuvre des mesures de protection excluent toute notion de contrat entre famille et service d'accueil. Il n'est donc certainement pas possible d'utiliser le droit des contrats en matière d'assistance éducative. Les parents d'un enfant confié en assistance éducative à un foyer par un juge des enfants, et victime des agissements d'un autre enfant confié de la même façon, peuvent donc réclamer réparation des dommages subis à l'établissement d'accueil, sur le seul fondement de l'article 1384, alinéa 1er du Code civil* »[330]. Un autre

[330] V. M. Huyette D. 2000, p. 571

arrêt de la même chambre en date du 6 juin 2002[331] précise que, même quand l'enfant est chez ses parents pour une visite régulière au moment des faits dommageables, le foyer sera tenu responsable des dommages qu'il a causés, dès lors qu'il a la garde permanente de l'enfant.

262. En l'espèce, un mineur âgé de 16 ans, placé par un juge des enfants dans un foyer éducatif géré par l'association de la région havraise pour l'enfance et l'adolescence en difficulté a, lors d'un séjour de fin de semaine au domicile de ses parents, commis un incendie volontaire qui a détruit le fonds de commerce de Mme Gentil. Celle-ci et son assureur ont assigné en réparation l'association et son assureur. Leur demande a été accueillie au Tribunal mais rejetée par la cour d'appel de Rouen. Ils se sont donc pourvus en cassation. Il s'agissait de savoir si un service éducatif reste responsable d'un dommage causé par l'enfant pendant les temps d'hébergement réguliers dans sa famille. La deuxième chambre civile de la Cour de cassation, en cassant la décision de la cour d'appel, apporte une réponse affirmative. Dorénavant, une association chargée par décision d'un juge des enfants d'organiser et de contrôler à titre permanent le mode de vie d'un mineur demeure, en application de l'article 1384, alinéa 1er du Code civil français, responsable de plein droit du fait dommageable commis par ce mineur, même lorsque celui-ci habite avec ses parents, dès lors qu'aucune décision judiciaire n'a suspendu ni interrompu cette mission éducative.

263. Cette solution de l'arrêt du 6 juin 2002 de la deuxième chambre civile de la Cour de cassation concilie bien rigueur juridique et prise en compte de la réalité : en effet, le foyer a pour mission d'organiser et de contrôler le mode de vie du mineur qui lui a été confié jusqu'au jugement mettant définitivement fin à l'accueil de ce mineur. Le fait que le mineur retourne chez ses parents pour quelques heures ne suspend pas cette mission éducative puisque le foyer conserve la garde du mineur. Par conséquent, il est logique de tenir le foyer responsable des dommages causés par ce mineur. Par ailleurs, l'enfant confié à un service éducatif est essentiellement sous l'autorité de ce service. Même si les parents gardent l'autorité parentale sur le mineur confié, les éducateurs du foyer, en côtoyant journellement le mineur pendant

---

[331]Cass. 2e civ. 6 juin 2002, Bull civ. II, n° 120 ; JCP 2003, II, 10068, note A. Gouttenoire et N. Roget ; D. 2002, p. 2750, note M. Huyette ;

des mois voire des années, vont acquérir une autorité plus forte sur le mineur.

64. La solution posée par l'arrêt du 6 juin 2002 par la deuxième chambre civile de la Cour de cassation venait contredire la position adoptée auparavant par la chambre criminelle. En effet, dans un arrêt du 26 mars 1997, la chambre criminelle avait décidé que le service éducatif à qui le mineur est confié reste civilement responsable en cas de dommage causé par ce mineur même lorsqu'il se trouve chez ses parents si ce retour ne résulte « d'aucune décision judiciaire ni d'aucun accord passé entre l'établissement gardien et la mère de l'enfant »[332]. Cet arrêt n'était pas assez clair. Le doute existait jusqu'à un autre arrêt du 25 mars 1998[333]. Dans ce dernier arrêt, la chambre criminelle a décidé que les parents redevenaient civilement responsables lorsque le dommage est causé pendant la durée de l'hébergement chez eux. Dix ans après, la chambre criminelle adoptera une position inverse. En effet, un arrêt de la chambre criminelle en date du 8 janvier 2008[334] confirme la position de la deuxième chambre civile. En revanche, la Haute juridiction, notamment dans un arrêt du 19 juin 2008 de la deuxième chambre civile, refuse l'application de l'article 1384 alinéa 1 lorsque le mineur a été confié en vertu d'un simple contrat. L'arrêt le dit en ces termes : *« L'association, qui ne s'est vu confier qu'une mesure d'action éducative en milieu ouvert, n'est pas investie de la charge d'organiser, de diriger et de contrôler à titre permanent le mode de vie du mineur et ne peut être déclarée responsable des dommages causés par celui-ci »*[335].

65. Ces questions ne pourraient pas se poser en droit guinéen. Il existe dans le droit guinéen deux catégories de personnes qui ont le pouvoir d'organiser, diriger et contrôler le mode de vie de l'enfant mineur en vertu de la loi : ses propres parents et le tuteur. Toute autre personne qui aurait la garde de l'enfant sera considérée comme un gardien de fait. Par conséquent, elle serait exclue du domaine de la responsabilité parentale prévue par l'article 1099, alinéa 2 du Code civil guinéen.

[332]Cass. crim, 26 mars 1997. JCP 1998, II, n° 10015. note M. Huyette.
[333]Cass. crim, 25 mars 1998, JCP 1998, II, n° 10162. note M. Huyette.
[334]Cass. crim., 8 janvier 2008, Bull. crim. n° 3 ; AJF 2008, p. 170 ; Resp. civ. et assur. 2008, comm. 88, note H. Groutel.
[335]Cass. 2e civ. 19 juin 2008. Bull. civ. II, n° 114 ; D. 2008, 2205, note M. Huyette ; JCP 2008, II 10203, note F. Boulanger ; RTD civ. 2008. 682, obs. P. Jourdain.

Aussi, en Guinée, le niveau de la solidarité familiale est très élevé. Il est très rare de voir un enfant mineur abandonné à son sort pour son comportement difficile, pour des raisons économiques ou pour toute autre raison. L'enfant mineur trouve le plus souvent un proche en dehors de ses père et mère pour s'occuper de lui. En général, les orphelinats guinéens, qui sont d'ailleurs privés et bénévoles, accueillent des enfants abandonnés par des mères qui ont caché leur grossesse précoce de crainte de subir la réprobation familiale.

266. Il est possible de déduire des solutions jurisprudentielles, rendues depuis l'arrêt Blieck, que la jurisprudence française se montre plus indulgente envers les particuliers intervenant à titre bénévole qu'à l'égard des établissements professionnels, dès lors qu'une décision judiciaire ou administrative leur a confié la garde de l'enfant de manière permanente. Ces derniers se trouvant ainsi chargés de l'organisation, de la direction et du contrôle du mode de vie de l'enfant, ils sont responsables de plein droit des dommages causés par l'enfant concerné.

267. La responsabilité civile pour les dommages causés par l'enfant étant liée à l'autorité exercée sur cet enfant, la position de la jurisprudence est à approuver. Il serait même logique que ces établissement entrent dans le cercle des civilement responsables de l'article 1384, alinéa 4 du Code civil français, ce qui sera démontré dans les développements qui vont suivre. Auparavant il faut étudier ce qu'il en est de la responsabilité de la puissance publique pour les dommages causés par l'enfant mineur.

B- La responsabilité de la puissance publique

268. La responsabilité de la puissance publique peut être engagée pour les dommages causés par les enfants qu'elle a la charge de surveiller[336]. Ces enfants sont le plus souvent, soit placés dans une famille d'accueil, soit placés dans un centre de rééducation. Selon la jurisprudence du Conseil d'Etat, notamment l'arrêt du 19 octobre

[336] V. Ch. Hugon, La responsabilité civile délictuelle des services chargés d'une mesure d'assistance éducative, Droit de la famille n° 10, Octobre 2004, étude 25 ; M.-Ch. Rouault, Responsabilité sans faute de l'État pour des dommages causés par des mineurs placés au titre de l'assistance éducative, La Semaine Juridique Edition Générale n° 22, 1er Juin 2005, II 10070.

1990[337], la responsabilité de la puissance publique est engagée dans les cas où un enfant placé dans une famille d'accueil par le service de l'Aide sociale à l'enfance ou de l'action sanitaire cause un dommage à autrui.

269. Dans l'arrêt cité du 19 octobre 1990, un enfant de sept ans, pupille de l'assistance publique, avait été placé dans une famille d'accueil par la Direction départementale de l'action sanitaire et sociale. Celui-ci ayant blessé un autre enfant, le département fut attaqué en responsabilité civile pour la réparation de la victime. La Haute juridiction administrative décida que les parents nourriciers avaient la « garde » de l'enfant qui habitait avec eux, et que le département n'apportait pas la preuve qu'ils n'avaient pu empêcher le fait à l'origine des dommages. Le Conseil d'Etat en déduisit que la responsabilité du département était engagée. Cette solution de la jurisprudence administrative n'est pas sans rappeler le régime de la responsabilité des père et mère dans le droit civil avant l'arrêt Bertrand du 19 février 1997 de la Cour de cassation. Il est possible de dire que la juridiction administrative opère ici la transposition de la présomption édictée, à l'époque du Code civil, par l'article 1384 alinéa 4 du Code civil français. Par conséquent, la jurisprudence administrative se trouve moins stricte que celle de la Cour de cassation en matière de responsabilité du fait des enfants pour ce qui concerne le cas des enfants placés en famille d'accueil.

270. La solution est différente pour les dommages causés par l'enfant placé dans un centre de rééducation. Mais il a fallu établir une distinction entre deux hypothèses. Selon la jurisprudence administrative, notamment l'arrêt du Conseil d'Etat en date du 11 avril 1973[338], si l'enfant n'a pas été placé dans l'établissement de rééducation par une décision judiciaire à la suite d'un délit, le dommage qu'il a pu causer à des tiers pendant qu'il se trouvait sous la surveillance de cet établissement ne peut engager la responsabilité de la puissance publique sur le fondement du risque. En revanche et, depuis l'arrêt du 3 février 1956 du Conseil d'Etat[339], la Haute juridiction administrative décide que la puissance publique doit répondre, sur le fondement de la théorie du risque, des dommages causés à des tiers par des enfants

[337] CE, 19 octobre 1990, revue française de droit adm, novembre-décembre. 1991, p. 992, note P. Bon.
[338] CE, 11 avril 1973, Département de la Marne, Rec, p. 1001.
[339] CE, 3 février 1956, Thouzellier, RD public, 1956, p. 854, note M. Waline.

placés dans les centres de rééducation[340]. C'est donc une responsabilité de plein droit que consacre le Conseil d'Etat à la charge de la puissance publique pour les dommages causés par des enfants en centre de rééducation. Si cette jurisprudence du Conseil d'Etat admet la responsabilité de plein droit de la puissance publique, elle la conditionne par le placement judiciaire de l'enfant dans le centre de rééducation. En conséquence, il est possible d'affirmer que la jurisprudence de l'arrêt du 3 février 1956 ne s'applique pas aux dommages causés par les enfants placés dans le centre dans le cadre d'un accord avec les parents. Il aurait été possible de dire que pour ces cas, la responsabilité de la puissance publique ne peut être engagée que si la faute en lien de causalité avec le dommage est prouvée.

271. Cette distinction entre les dommages causés par l'enfant placé à la suite d'une décision judiciaire et les dommages causés par l'enfant placé dans un autre cadre, était critiquable. La distinction n'était pas justifiée à l'égard de l'impératif de protection des tiers exposés aux risques qu'engendre le fonctionnement de ces centres de rééducation. Il faut adhérer à la conception de Madame Géneviève Viney, selon laquelle : « *Depuis 1991, cette position est devenue encore plus intenable. L'arrêt Consorts Blieck que la jurisprudence administrative a inspiré doit aujourd'hui inciter les juges administratifs à remettre en question cette distinction et, à notre avis, à généraliser l'application de la responsabilité pour risque à tous les dommages causés aux tiers par les mineurs placés dans ces centres de rééducation* »[341]. Un autre auteur écrit dans le même sens qu' : « *il serait souhaitable pour que l'unité soit établie que la jurisprudence administrative retienne également une responsabilité immédiate de l'Etat en cas de dommage causé par un mineur placé... La théorie du risque servirait de fondement à l'unification des jurisprudences civiles et administrative. Il suffirait d'admettre que tout mineur est un être potentiellement dangereux, qu'il se trouve placé dans le cadre de l'ordonnance de 1945 ou de 1958, voire même au sein de sa famille* »[342].

---

[340] V. H. Muscat, La responsabilité du fait des mineurs délinquants placés en dehors de la jurisprudence Thouzellier, Droit Administratif n° 4, Avril 2011, comm. 43.
[341] V. G. Viney Les conditions de la responsabilité, *op. cit.* p. 108.
[342] V. F. Alt-Maes, Les nouveaux droits reconnus à la victime d'un mineur : JCP G 1992, I, 3627 ; Dr. enfant. et famille. 1994, n° 39, p. 37.

272. Selon le Conseil d'Etat, notamment dans son arrêt *Garde des Sceaux contre MGFA et Georges Caron,* en date du 14 juin 1978[343], si le dommage a été causé à la fois par des mineurs délinquants et par des mineurs non délinquants, le régime de la responsabilité pour risque est applicable.

273. Il était souhaitable que la jurisprudence administrative s'aligne sur la jurisprudence judiciaire en procédant à la généralisation du régime de la responsabilité de plein droit pour les dommages causés par les enfants mineurs. L'arrêt Axa Courtage du 11 février 2005 en substituant à la responsabilité pour faute, une responsabilité sans faute fondée sur la notion de garde semble amorcer le rapprochement de la jurisprudence administrative avec la jurisprudence judiciaire. En l'espèce le Conseil d'Etat décida qu' : « *en raison des pouvoirs dont se trouve investi l'État lorsqu'un mineur a été confié par le juge des enfants, dans le cadre de l'assistance éducative, à un service ou un établissement qui relève de son autorité, sa responsabilité est engagée même sans faute* »[344]. Comme l'a écrit un auteur français, « *Les pouvoirs auxquels il fait référence correspondent à la garde juridique d'autrui telle qu'on la retrouve dans la jurisprudence judiciaire* »[345]. Mais le rapprochement de la jurisprudence administrative avec la jurisprudence judiciaire par l'arrêt du 11 février 2005 se limitait aux mineurs placés au titre de l'assistance éducative. Un autre arrêt en date du 1er février 2006 du Conseil d'Etat[346] a étendu ce régime aux mineurs délinquants. Certains auteurs de la doctrine française ont critiqué cette harmonisation de la jurisprudence administrative[347], d'autres l'ont salué[348]. Le commissaire du gouvernement avait proposé de substituer au risque spécial la notion de garde à l'occasion

343 CE, 14 juin 1978, RTD sanit, et soc, 1978, p. 562, concl. D. Labetoulle ; Act, jur. dradm, 1978, p. 556, ch, O. Duthellet De Lamothe et Y. Robineau ; D. 1978, p. 686, note F. Moderne.
344 CE, 11 février. 2005, n° 252169, GIE Axa Courtage : Juris Data n° 2005-067899 ; Rec. CE 2005, p. 45 ; JCP A 2005, 1132, note J. Moreau ; JCP G 2005, II, 10070, concl. C. Devys, note M.-Ch. Rouault ; RFD adm. 2005, p. 595, concl. C. Devys et p. 601, note P. Bon ; AJDA 2005, p. 663, note C. Landais et F. Lenica ; D. 2005, p. 1762, obs. F. Lemaire.
345 N. Droin, Réflexions sur le concept de « garde », nouveau fondement de la responsabilité sans faute de l'État ? La Semaine Juridique Edition Générale n° 16, 19 Avril 2010, 455.
346 CE, 1er février. 2006, n° 268147, Min. Justice c/ Maif : JurisData n° 2006-069580 ; Rec. CE 2006, p. 42 ; RFD adm. 2006, p. 602, concl. M. Guyomar, note P. Bon.
347 V. notamment D. Meillon, Un nouveau fondement de la responsabilité sans faute des personnes publiques : la garde d'autrui ? : RD publ. 2006, p. 1226 ; F. Lemaire, Rupture ou continuité de la responsabilité des organismes publics envers les tiers victimes d'un mineur placé ? : D. 2005, p. 1762 ; J.-C. Barbato, Élargissement de la responsabilité de la puissance publique. Le renouveau de la garde des personnes en droit administratif : RFD adm. 2007, p. 786.
348 V. notamment C. Eisenmann, Cours de droit administratif, tome. II : LGDJ, 1983, p. 861 et 862.

de l'arrêt du 1er février 2006. Mais la Haute juridiction administrative, à l'occasion d'un arrêt du 16 juin 2008, a préféré opter pour le cumul, estimant qu'à côté de la responsabilité du gardien, il doit rester possible de rechercher la responsabilité de l'État à raison du risque spécial créé pour les tiers dans sa décision[349]. Un autre arrêt du Conseil d'Etat en date du 13 février 2009[350] a confirmé ce cumul au profit de la victime. Un cumul qu'il est permis de regretter parce que l'option paraît fictive. Les victimes auront plus tendance à rechercher la responsabilité de l'État sur le fondement du risque spécial, celui-ci étant solvable.

274. Cette distinction n'est plus aujourd'hui juridiquement fondée. Selon la jurisprudence récente, la responsabilité de la puissance publique est une responsabilité sans faute que l'enfant ait été confié à l'établissement par décision judiciaire ou non. Le Conseil d'Etat admet la responsabilité de la puissance publique sans faute dès lors que celle-ci a la charge d'organiser et de contrôler à titre permanent le mode de vie de l'enfant mineur. C'est ce que montre une décision de la cour administrative d'appel de Nantes, en date du 14 octobre 2005. Dans cet arrêt la cour décida que : « *considérant que lorsqu'une personne publique, même en l'absence d'une décision du juge des enfants lui confiant la garde d'un mineur en danger, accepte, à la suite de la carence des membres de la famille du mineur ou à la demande de ceux-ci, d'assumer la charge d'organiser, de diriger et de contrôler la vie de l'intéressé, sa responsabilité, qui découle des conditions même dans lesquelles fonctionne le service, est engagée, même sans faute, pour les dommages causés aux tiers par ce mineur* »[351]. Cette décision a été attaquée devant le Conseil d'Etat qui l'a confirmée le 9 avril 2008[352].

275. Ainsi, le Conseil d'Etat reconnaît la responsabilité de la puissance publique sans faute pour des dommages causés par un mineur accueilli à la demande des parents. Mais les parents demeurent responsables s'ils confient eux même leur enfant mineur à un établissement public non spécialisé dans la garde des mineurs en danger, par exemple à un

---

349 V. CE, 16 juin 2008, n° 285385, Min. Justice c/ Assoc. Montjoie et Maif : JurisData n° 2008-073747 ; LPA 20 mars 2009, p. 7, note F. Lopes.
350 CE, 13 févr. 2009, n° 294265, Dpt Meurthe-et-Moselle : JurisData n° 2009-074928 ; JCP A 2009, act. 225 ; JCP A 2009, 2118, note F.-X. Fort ; JCP G 2009, II, 10059, note P. Tifine.
351 V. CA Nantes, 14 octobre 2005, Recueil Lebon
352 CE, 9 avril 2008, comm. Pierre Verdier, JDJ, septembre 2008.

internat scolaire. C'est la puissance publique, personne morale qui est tenue responsable des dommages causés par l'enfant mineur dont elle a la charge d'organiser et de contrôler à titre permanent le mode de vie. Ce n'est donc pas le directeur ou l'éducateur de l'institution qui verra sa responsabilité personnelle engagée, sauf en cas de faute personnelle grave, ou s'il a agi hors de ses fonctions ou mission, ou dans un intérêt personnel.

76. Le droit français de la responsabilité du fait de l'enfant mineur a connu une évolution partant de l'indulgence vers la rigueur. Mais en matière de responsabilité des membres de l'enseignement, l'évolution du droit français a été dans l'autre sens, c'est-à-dire de la rigueur vers l'indulgence.

77. En effet, en 1804 les auteurs du Code civil avaient prévu à l'encontre des instituteurs une responsabilité analogue à celle qui pesait sur les père et mère. Les instituteurs pouvaient voir leur responsabilité engagée pour les dommages causés par leurs élèves, à moins qu'ils ne prouvent qu'ils avaient exercé correctement leur devoir de surveillance. La responsabilité des instituteurs était donc une responsabilité pour faute présumée. Les tribunaux appliquaient ce régime avec rigueur. Les instituteurs voyaient leur responsabilité systématiquement retenue. C'est ainsi qu'un enseignant condamné se donna la mort. Cette affaire indigna l'opinion publique et aboutit à l'intervention du législateur le 20 juillet 1899 pour substituer la responsabilité de l'Etat à celle des instituteurs. Mais les instituteurs ont jugé la réforme insatisfaisante parce que les conditions de la responsabilité n'avaient pas changé. Alors, une autre réforme fut apportée à la responsabilité des instituteurs par la loi du 5 avril 1937[353]. Cette loi du 5 avril 1937 a soustrait tous les instituteurs[354] de l'enseignement public et privé à la présomption de faute, à travers l'alinéa 8 de l'article 1384 du Code civil. Depuis, conformément à l'article 1384, alinéa 8 du Code civil, la jurisprudence exige que la victime prouve la faute de l'enseignant attaqué pour la responsabilité des dommages causés par un élève sous sa surveillance. C'est ainsi que la deuxième chambre civile de la Cour de cassation, par un arrêt

[353] V. M. Waline, DP., 1938. 1. 41 ; H. Desbois, le nouveau régime de la responsabilité des instituteurs, d'après la loi du 5 avril 1937, DH., 1937 ; chron, p. 53.
[354] Il faut entendre par instituteur tous les membres de l'enseignement public et privé.

du 16 mars 1994[355], a rejeté le pourvoi contre la décision de la cour d'appel qui avait subordonné la condamnation d'un professeur à la preuve d'une faute.

278. L'indulgence du droit français à l'égard des membres de l'enseignement doit être approuvée, car cela permet d'alléger leurs tâches alourdies par l'augmentation des effectifs des élèves. En revanche il est souhaitable que le droit français élargisse le cercle de la responsabilité parentale prévu par l'article 1384 alinéa, 4 du Code civil aux autres professionnels de l'éducation, y compris le tuteur de l'enfant.

§ 2. La justification de l'élargissement aux professionnels du cercle des civilement responsables de l'article 1384 alinéa 4

279. Selon l'article 1384, alinéa 4, du Code civil français, seul les père et mère sont concernés par la responsabilité parentale. La jurisprudence française, de manière constante, suit l'énoncé littéral de cette règle. Elle exclut du cercle des civilement responsables, non seulement les autres parents qui ne sont pas les père et mère, mais aussi toute autre personne qui aurait une autorité analogue à celle des parents à l'égard de l'enfant[356]. La position de la jurisprudence française est à encourager. Elle traduit l'expression de son indulgence à l'égard des autres membres de la famille et de ceux qui exercent l'activité de l'éducation et de la surveillance des enfants à titre gratuit. Il faut en revanche regretter l'exclusion du cercle des civilement responsables des professionnels qui exercent l'activité de l'éducation et de la surveillance des enfants à titre onéreux. Le critère de la garde du mineur (A) et le critère professionnel (B) devraient conduire à admettre la responsabilité des professionnels dans le cercle des civilement responsables du fait de l'enfant mineur sur le fondement de l'article 1384, alinéa 4 du Code civil français.

---

[355]Cass. civ. 2e, 16 mars 1994, Resp. civ. et assur, 1994, com. n° 240, note M. A. Peano. Obs. G. Viney, JCP, 1994. I. 3773, n° 8 à 10.

[356] V. *supra* n° 203 et suivant.

A- La « garde » du mineur

280. L'énumération donnée par l'alinéa 4 de l'article 1384 du Code civil français, des personnes qui répondent du fait d'autrui est limitative. Il est donc difficile de reprocher à la jurisprudence de faire une application stricte de la loi. C'est une réforme légale qu'il faut suggérer dans le but d'introduire dans le cercle des civilement responsables les professionnels de l'éducation et le tuteur de l'enfant. Dans la mesure où ces personnes se sont vu attribuer une autorité suffisante pour organiser, diriger et contrôler le mode de vie de l'enfant, il semble cohérent de les soumettre à la même rigueur juridique que celle que connaissent les parents, ce que la jurisprudence n'a pas manqué de faire depuis l'arrêt Blieck,[357] mais sur le fondement de l'article 1384, alinéa 1 du Code civil français.

281. Selon la jurisprudence, les établissements professionnels auxquels une décision judiciaire ou administrative confie la garde de l'enfant de manière permanente sont responsables de plein droit des dommages causés par l'enfant concerné sur le fondement de l'article 1384, alinéa 1er,^ du Code civil français. Il paraît alors inutile de faire une réforme légale pour étendre la responsabilité parentale aux professionnels de l'éducation et de la surveillance des enfants qui bénéficient du droit de garde permanent à l'égard de l'enfant. Ces professionnels subissent en effet le même traitement juridique que les parents : cette extension est pour l'instant fondée sur l'article 1384, alinéa 1er du Code civil français. Mais ce fondement n'est guère satisfaisant car il n'existe pas, à proprement parler, de principe général de responsabilité du fait d'autrui. En considérant l'esprit de cette loi, ne serait- il pas possible de proposer un élargissement du cercle des civilement responsables sur le fondement de l'article 1384, alinéa 4 ? Pour répondre à cette question, il faut partir du fondement de la responsabilité parentale.

282. Dans le droit français antérieur à l'arrêt Bertrand du 19 février 1997, la responsabilité des père et mère était justifiée par l'autorité parentale. Les enfants mineurs n'obligeaient leurs parents par leurs dommages causés que s'ils étaient sous leur autorité. La garde puis l'autorité parentale après la réforme du 4 juin 1970 et la faute constituaient le

---

[357] V. *supra* n° 258.

fondement de la responsabilité. La garde puis l''autorité parentale étant le fondement matériel, la faute le fondement juridique. La responsabilité parentale du fait de l'enfant mineur était le corollaire de l'autorité parentale exercée sur cet enfant. Cela explique que, lorsque l'enfant est émancipé, les parents ne sont plus responsables de plein droit des dommages causés à autrui par sa faute.

283. L'autorité parentale étant le fondement matériel de la responsabilité parentale du droit français, le lien de filiation ne devrait pas être la seule condition de l'application de la responsabilité fondée sur l'article 1384, alinéa 4, du Code civil français. Tout lien juridique octroyant une autorité à l'égard d'un enfant, à une personne analogue à celle des parents devrait suffire pour l'application de l'article 1384, alinéa 4 du Code civil français. La difficulté tient à ce que l'autorité parentale découle en droit français de la filiation. Seuls les père et mère en sont titulaires, sous réserve non seulement de cas exceptionnels dans lesquels le juge retire l'autorité parentale aux père et mère ou à l'un d'eux, mais encore des cas de délégation à un tiers dans des circonstances également exceptionnelles et en considération de l'intérêt de l'enfant[358].

284. Il suffirait, comme en droit québécois, de poser une règle qui rattache la responsabilité civile pour les fais commis par l'enfant mineur à la garde de l'enfant. Autrement dit, à l'exercice des pouvoirs de garde et de surveillance analogues à ceux des père et mère, titulaires de l'autorité parentale. D'autant que, depuis l'arrêt Bertrand du 19 février 1997 qui a consacré une responsabilité de plein droit pour le régime de la responsabilité parentale, celle- ci connaît une fusion de ses fondements en un seul concept : « la garde ».

285. Ainsi, la responsabilité parentale dépourvue de toute notion de faute a pour fondement à la fois matériel et juridique le droit de garde, contrairement à l'ancien droit français et au droit guinéen où le fondement matériel de la responsabilité parentale demeure le droit de garde et le fondement juridique la faute dans l'éducation ou la surveillance de l'enfant mineur. Les professionnels de l'éducation et de la surveillance des enfants mineurs exercent le droit de garde de la même manière que les parents. Ils ont à l'égard de l'enfant une

[358]V. Brunetti-Pons C, enfant sujet de droit, Lamy Axe Droit, *op cit*, p. 81.

autorité impliquant un pouvoir de contrôle et de direction de son mode de vie.

286. Toutefois, le droit de garde dont bénéficient les parents à l'égard de leur enfant mineur est rattaché à l'autorité parentale alors que celui des professionnels de l'éducation en est détaché[359]. La jurisprudence française, notamment les arrêts de la chambre criminelle de la Cour de cassation en date du 10 octobre 1996[360] et du 26 mars 1997[361] n'ont pas manqué de le préciser : « *la garde d'un mineur en danger transfère au gardien la responsabilité d'organiser, diriger, et contrôler le mode de vie du mineur et donc la responsabilité de ses actes, celle-ci n'étant pas fondée sur l'autorité parentale mais sur la garde* ». Si le droit de garde dont bénéficient les professionnels de l'éducation à l'égard de l'enfant mineur est détaché de l'autorité parentale, il est toutefois calqué sur le droit de garde des parents. C'est un pouvoir découlant d'une décision judiciaire qui implique, selon la jurisprudence, le pourvoir d'organisation, de contrôle et de direction du mode de vie du mineur. Cela explique que les professionnels de l'éducation et de la surveillance des enfants mineurs, comme les parents, sont responsables de plein droit des dommages causés par les enfants pendant leur séjour. Il est donc souhaitable de procéder à l'extension du domaine de l'article 1384, alinéa 4 du Code civil français aux professionnels de l'éducation et de la surveillance des enfants mineurs qui interviennent à titre onéreux et sur décision judiciaire ou administrative. Bien qu'ils connaissent déjà la même rigueur que les parents sur le fondement de l'article 1384, alinéa 1er du Code civil français, leur étendre le domaine de l'article 1384, alinéa 4 du Code civil français permettra de procéder à l'uniformisation des régimes de responsabilité du fait des enfants mineurs des personnes titulaires du droit de garde, à l'exclusion des gardiens de fait.

287. Cette dernière considération conduit à revenir au droit québécois cité plus haut. L'article 1459, alinéa 1er,^ du nouveau Code civil du Québec[362] entré en vigueur en 1994, dispose que : « *Le titulaire de*

[359] V. C. Brunetti-Pons, enfant sujet de droit, Lamy Axe Droit, *op cit*, p. 81.
[360] Cass. crim., 10 octobre 1996. Bull. crim., n° 317 ; JCP G 1997, II, 22833, note F. Chabas ; D. 1997, p. 309, note M. Huyette.
[361] Cass. crim., 26 mars 1997. Bull. crim., n° 124 ; JCP G 1997, II, 22868, rapp. Desportes ; et obs. G. Viney, Chronique Responsabilité civile : JCP G 1997, I, 4070 ; P. Jourdain : D. 1997, p. 497 ; JCP G 1998, II, 10015, note M. Huyette.
[362] Le Québec comme la Guinée a connu la colonisation française, d'où la référence ici comme exemple.

l'autorité parentale est tenu de réparer le préjudice causé à autrui par le fait ou la faute du mineur à l'égard de qui il exerce cette autorité, à moins de prouver qu'il n'a lui-même commis aucune faute dans la garde, la surveillance ou l'éducation du mineur ». L'article 1459, alinéa 1er, du nouveau Code civil du Québec se voit complété par l'article 1460 du même Code, en ces termes : « *La personne qui, sans être titulaire de l'autorité parentale, se voit confier, par délégation ou autrement, la garde, la surveillance ou l'éducation d'un mineur est tenu, de la même manière que le titulaire de l'autorité parentale*[363]*, de réparer le préjudice causé par le fait ou la faute du mineur* ». Le droit québécois, toutefois, va plus loin que ce qu'il est souhaitable de proposer en droit français. Il ne distingue pas selon que la garde du mineur est exercée à titre bénévole ou professionnel. Or, c'est le caractère professionnel de l'activité du civilement responsable des dommages causés par l'enfant mineur qui justifierait l'extension de l'article 1384, alinéa 4 du Code civil français aux professionnels.

288. Il n'est pas question de suggérer au droit français de la responsabilité parentale d'adopter la même conception que le droit du Québec. Il est simplement souhaitable de voir l'application en droit français des dispositions de l'article 1384, alinéa 4 du Code civil aux professionnels de l'éducation et de la surveillance des enfants qui agissent à titre onéreux, pour les raisons développées ci-dessus. Mais encore faut-il pour que cela soit pleinement justifié, que l'activité ait un caractère professionnel.

B- Le caractère professionnel de l'activité

289. Une réforme législative visant à élargir le cercle des civilement responsables aux professionnels chargés des enfants, hors-mis les enseignants pour les raisons énumérées ci-dessus[364], serait souhaitable dans le droit français. Les professionnels spécialisés dans l'éducation des enfants souscrivent à des contrats d'assurance permettant de financer l'indemnisation des victimes des enfants. Ainsi, la nouvelle loi prévoyant la responsabilité parentale pourrait être rédigée comme suit : ''les père et mère, en tant qu'ils exercent l'autorité parentale,

---

[363] Il faut souligner l'expression « tenu de la même manière que le titulaire de l'autorité parentale ».
[364] V. *supra* n° 278.

sont solidairement responsable du dommage causé par leur enfant mineur. Toute personne les remplaçant de manière permanente et rémunérée à ce titre, est soumise à la même responsabilité''.

90. Pothier avait désigné les père et mère, tuteur et précepteur, responsables des dommages causés par les enfants qu'ils ont en charge lorsqu'ils ne les ont pas empêchés[365]. L'idée d'élargir la liste des responsables de l'article 1384, alinéa 4 n'est donc pas nouvelle.

91. L'évolution jurisprudentielle française a conduit à la responsabilité d'autres personnes que les père et mère pour le fait de l'enfant sur le fondement de l'article 1384, alinéa1 du Code civil français[366]. Il est maintenant souhaitable qu'une évolution législative conduise à l'élargissement aux professionnels, désignés par une décision judiciaire ou administrative, du cercle des civilement responsables de l'article 1384 alinéa 4 du Code civil français parce qu'ils agissent à titre onéreux et que le juge leur transfert un pouvoir de garde sur le mineur. Cela serait une réforme majeure du droit français de la responsabilité des père et mère. Une réforme parallèle mais différente est vivement souhaitée pour le droit guinéen.

Section 2
La nécessité d'introduire le tuteur dans le cercle des civilement responsables en droit guinéen

92. Selon les dispositions de l'article 1099, alinéa 2 du Code civil guinéen, cité plus haut, ce sont les père et mère ou toute personne les remplaçant en vertu de la loi qui peuvent voir leur responsabilité engagée pour le fait des enfants mineurs habitant avec eux. La règle ainsi rédigée semble insuffisante quant à la définition des personnes susceptibles de remplacer les père et mère. L'article 1099, alinéa 2 du Code civil guinéen exige que les substituts des père et mère soient désignés en vertu de la loi. Cela représente une grande difficulté lorsqu'il faut mettre en œuvre la responsabilité parentale pour le fait d'un enfant qui a perdu son père et sa mère. Pour surmonter la difficulté il faut avoir recours aux règles de désignation des substituts

[365] V. R. J. Bugnet, œuvre de Pothier, tome 2, Les obligations, Paris, 1848, n° 121, p. 58 et n° 456, p. 253.
[366] V. *supra* n° 246 et suivant.

des parents. Cela revient à examiner les règles relatives à l'ouverture d'une tutelle prévues par le Code civil et le nouveau Code guinéen de l'enfant du 19 août 2008 (§ 1). L'étude des règles relatives à l'ouverture de la tutelle montrera que le tuteur est le seul substitut légal des parents (§ 2).

§ 1. Les règles de l'ouverture d'une tutelle

293. Lorsque l'enfant connaît la disparition de son père, le conseil de famille nomme une personne qui s'occupera de la personne de l'enfant. Cette personne peut être un oncle, une tante ou la mère de l'enfant, voire un tiers, selon le Code civil guinéen. Tout membre de la famille ou tiers à la famille peut devenir substitut des parents si et seulement si il a été désigné par le conseil de famille à cet effet, en application de l'article 397 du Code civil guinéen, qui dispose qu' : « *en cas de décès du père, de démence, d'incapacité absolue du fait d'une maladie grave, d'indignité et de déchéance en vertu d'une décision de justice, le conseil de famille désigne pour exercer les droits de puissance paternelle, l'oncle paternel, la mère ou toute autre parent, voire un tiers* ». L'article 182 du nouveau Code guinéen de l'enfant du 19 août 2008 vient remettre cette règle en cause en prévoyant l'ouverture d'une tutelle pour remplacer les père et mère. Il faut s'en féliciter parce que la tutelle est un mécanisme juridique de protection de l'enfant (A) dont les avantages par rapports à d'autres règles africaines ne sont pas négligeables (B).

A- La protection de l'enfant par un mécanisme juridique de désignation du tuteur

294. Selon l'article 182 du nouveau Code guinéen de l'enfant du 19 août 2008 : « *s'il ne reste plus ni père ni mère en état d'exercer l'autorité parentale, il y aura lieu à l'ouverture d'une tutelle ainsi qu'il est dit aux articles 213 et suivant du présent Code* ». Suivant les dispositions de cet article, lorsque les père et mère ne sont plus dans l'état d'exercer l'autorité parentale, il ne reviendra plus au conseil de famille de désigner une autre personne pour les remplacer. Il sera procédé à l'ouverture d'une tutelle pour organiser et diriger le mode de vie de

l'enfant. Le tuteur est donc la seule personne susceptible de devenir le substitut des parents. Par conséquent, seul le tuteur peut être tenu de répondre des dommages causés par l'enfant en dehors des père et mère.

295. Le nouveau Code guinéen de l'enfant du 19 août 2008 apporte ici une précision du cercle des civilement responsables pour les dommages causés par l'enfant. Il renforce aussi la protection de la personne de l'enfant par l'ouverture d'une tutelle. Il faut rappeler que le nouveau Code guinéen de l'enfant du 19 août 2008 a été édicté pour adapter le droit guinéen de l'enfant à la Convention internationale des droits de l'enfant.

296. Le droit français a aussi pris en compte des notions contenues dans la Convention internationale des droits de l'enfant, dite CIDE. Ainsi, en droit français, la loi du 4 mars 2002 a supprimé dans la définition de l'autorité parentale la référence au droit de garde et à l'obligation de surveillance. Mais la loi du 4 mars 2002 « *a introduit dans le Code civil français des mots nouveaux pour moderniser la notion d'autorité parentale en envisageant l'enfant comme sujet de droits, s'inscrivant dans la logique de la CIDE* »[367]. En droit français, lorsqu'un enfant mineur non émancipé connaît la disparition d'un de ses parents, sont mis en œuvre des mécanismes de sauvegarde de l'intérêt de l'enfant. Ce dernier sera systématiquement confié à son parent survivant, si celui-ci n'a pas été déchu de ses droits parentaux. Si ce sont les deux parents de l'enfant mineur non émancipé qui disparaissent, il y aura ouverture d'une tutelle conformément aux dispositions de l'article 390, alinéa 1er du Code civil selon lequel : « *La tutelle s'ouvre lorsque le père et la mère sont tous deux décédés ou se trouvent privés de l'exercice de l'autorité parentale* ».

297. Les lois française et guinéenne attribuent un double rôle au tuteur. Selon les dispositions de l'article 408, alinéa 1er du Code civil français : « *le tuteur prend soin de la personne du mineur et le représente dans tous les actes de la vie civile, sauf les cas dans lesquels la loi ou l'usage autorise le mineur à agir lui-même* ». L'alinéa 3 du même article dispose que : « *le tuteur gère les biens du mineur et rend compte de sa gestion conformément aux dispositions*

[367] C. Brunetti-Pons, l'enfant sujet de droit, intervention aux journées de Nancy, place au droit, septembre 2012. Rttp://www.place-audroit.com/ programme.

du titre XII ». L'article 416 du Code civil guinéen dispose de son côté que : « *le tuteur prendra soin de la personne du mineur et le représentera dans tous les actes civils. Il administrera ses biens en bon père de famille et répondra des préjudices qui pourraient résulter d'une mauvaise gestion. Il ne peut ni acheter les biens du mineur ni les prendre à ferme sans autorisation du conseil de famille, ni accepter la cession d'aucun droit ou créance contre son pupille* ». Le sujet de la présente thèse étant -« la responsabilité des père et mère en droit guinéen. Etude prospective à la lumière du droit français »-, il n'est pas opportun de traiter du rôle du tuteur dans l'administration des biens de l'enfant mineur.[368] Il convient de se limiter à l'étude du rôle du tuteur dans la gouvernance de la personne du mineur. C'est dans ce rôle que l'autorité du tuteur en droit français est d'une part calquée sur celle des père et mère et, d'autre part, constitue une protection de l'enfant.

298. En droit guinéen, le rôle du tuteur dans la gouvernance de l'enfant mineur varie selon que les parents ou l'un d'eux exerce encore l'autorité parentale sur lui. Lorsque les parents n'exercent plus l'autorité parentale sur l'enfant mineur, soit parce qu'ils sont tous les deux décédés soit légalement évincés de leur droit, il revient au tuteur la garde de l'enfant qui le domicilie chez lui. Toutefois le rôle du tuteur demeure subordonné au conseil de famille. Mais le tuteur demeure l'organe essentiel de l'organisation de la tutelle. C'est pourquoi il est permis de l'introduire dans le cercle des civilement responsables du fait de l'enfant mineur sur le fondement de l'article 1099, alinéa 2 du Code civil guinéen. Cet article permettant d'élargir la responsabilité parentale à une autre personne que les père et mère.

299. Si les dispositions de l'article 1099, alinéa 2 du Code civil guinéen permettent d'appliquer la responsabilité parentale à une autre personne que les père et mère à partir du moment où celle-ci bénéficie du droit de garde en vertu de la loi, il faut noter que seule l'ouverture de la tutelle garantit la protection de l'enfant. L'ouverture de la tutelle obéit à une procédure juridique. En outre, la famille de l'enfant mineur reste associée au fonctionnement de la tutelle à travers le conseil de famille. Cela permet d'éviter les trafics d'enfants et le mauvais traitement que l'on pourrait infliger à l'enfant. Sous l'influence de la Convention

[368] Pour une étude du rôle du tuteur dans la gestion des biens de l'enfant mineur voir notamment J. Massip, Administration légale et tutelle des mineurs Defrénois 1995, p. 141, n° 162 et s.

internationale relative aux droits de l'enfant, les droits guinéen et français relatifs à l'enfance se sont fixé pour objectif de concilier respect de l'autorité parentale et protection de l'enfance dans l'intérêt supérieur de l'enfant. A cet effet, le législateur guinéen a procédé à la création du nouveau Code guinéen de l'enfant le 19 août 2008 tandis que son homologue français, par la loi n° 2007-293 du 5 mars 2007 réformant la protection de l'enfance, a instauré un ensemble de dispositions nouvelles dans le Code civil français qui octroient à la prévention une place prépondérante. Le législateur français a commencé à intégrer les dispositions de la Convention avec la loi du 4 mars 2002. Le nouveau Code guinéen de l'enfant du 19 août 2008 et la loi française du 5 mars 2007 ont permis d'adapter respectivement le droit guinéen et le droit français à la prise en compte de « la primauté de l'intérêt de l'enfant »- sont intérêt supérieur- contenu dans la Convention internationale des droits de l'enfant, CIDE, adoptée le 20 novembre 1989 par l'Organisation des nations unies, ONU.

300. Suivant l'article 1099 alinéa 2 du Code civil guinéen, toute personne bénéficiant du droit de garde à l'égard d'un enfant en vertu de la loi peut être substitut des parents. C'est-à-dire qu'elle entre dans le cercle des civilement responsables pour la responsabilité parentale. Le législateur guinéen qui a choisi d'être original par rapport à son homologue français, en éditant la règle de la responsabilité parentale, aurait pu être plus précis quant au civilement responsable comme le législateur sénégalais[369].

B- Les avantages de ce mécanisme par rapport à d'autres règles africaines

301. L'article 143 du nouveau Code sénégalais des obligations civiles et commerciales dispose que : « *est responsable du dommage causé par l'enfant mineur habitant avec lui celui de ses père, mère ou parent qui en a la garde* ». Le législateur sénégalais s'est aussi démarqué du législateur français. Il a choisi d'étendre la responsabilité parentale à d'autres personnes que les père et mère. Mais, contrairement au

[369] Le Sénégal et la Guinée connaissent la même culture et la même histoire : d'abord l'empire du Mali ensuite la colonisation par la France. D'où la référence à loi sénégalaise pour expliquer la loi guinéenne. La république du Mali, qui est aussi de même culture et histoire que la Guinée, appliquant toujours le Code civil français.

législateur guinéen, il précise un peu plus la qualité des autres personnes pouvant être responsables des dommages causés par les enfants mineurs. Si le civilement responsable n'est pas le père ou la mère, il faut qu'il soit un parent qui a la garde. Dans le droit sénégalais, le tiers à la famille est donc exclut du cercle des civilement responsables pour les dommages causés par l'enfant mineur, alors que, dans le droit guinéen, toute personne, y compris le tiers à la famille, peut être le substitut des père et mère. L'article 397 du Code civil guinéen, cité plus haut, précise que le tiers à la famille peut être le substitut du père dès lors qu'il a été désigné par le conseil de famille à cet effet.

302. Le législateur guinéen peut se montrer plus précis encore que son homologue sénégalais en détermination le cercle des civilement responsables pour les dommages causés par l'enfant mineur. Suivant l'article 143 du nouveau Code sénégalais des obligations civiles et commerciales, tout autre parent que les père et mère peut être civilement responsable de l'enfant à condition d'être titulaire du droit de garde. Si cette règle sénégalaise est plus précise que la loi guinéenne de la responsabilité parentale quant aux civilement responsables, elle demeure générale quant à la notion de parenté.

303. En Afrique, la parenté a un sens large. La notion de parenté renvoie aux personnes proches de la famille par un lien de sang, d'alliance ou de simple affinité. Il est possible, donc, d'affirmer que les dispositions de l'article 143 du nouveau Code sénégalais des obligations civiles et commerciales sont imprécises quant à la définition des parents autres que les père et mère. Le législateur sénégalais précise que le substitut des père et mère doit être un parent, mais il ne dit pas lequel des parents. Il ne dit pas s'il doit être proche de la famille telle la tante, l'oncle ou s'il peut être un parent éloigné comme un cousin au père de l'enfant.

304. Le législateur guinéen est encore allé plus loin dans la précision du cercle des civilement responsables en considérant les dispositions de l'article 182 du nouveau Code guinéen de l'enfant. Il serait toutefois souhaitable qu'il reformule les dispositions de l'article 1099, alinéa 2 du Code civil en visant expressément le tuteur de l'enfant pour déterminer le cercle des civilement responsable. Par exemple, l'article 126, alinéa 1er, du Code libanais des obligations et des contrats inclut

le tuteur dans la liste des civilement responsables du fait de l'enfant[370]. Le législateur guinéen peut en faire autant.

05. La réforme de la règle de la responsabilité parentale du droit guinéen dans le but d'introduire le tuteur dans le cercle des civilement responsables, rétablira la cohérence des dispositions légales quant à la responsabilité parentale en droit guinéen. Dans l'état actuel des lois, contrairement à ce que les dispositions de l'article 1099, alinéa 2 du Code civil guinéen peuvent faire penser, seul le tuteur de l'enfant, en dehors des père et mère, doit répondre des dommages causés par l'enfant en application de l'article 182 du nouveau Code guinéen de l'enfant.

§ 2. La responsabilité du tuteur, substitut des parents dans le droit guinéen

06. Il faut définir la responsabilité du tuteur dans sa fonction et sur le fondement de l'article 1099, alinéa 2 du Code civil guinéen (B). Mais avant il est important de rappeler auparavant les différentes sources de la tutelle en droit guinéen (A). Cette démarche permettra de mieux comprendre la suggestion de l'intégration du tuteur dans le cercle des civilement responsables du fait de l'enfant mineur.

A- Les sources de la tutelle dans le droit guinéen

07. Il découle du texte de l'article 416 du Code civil guinéen, cité plus haut que le droit guinéen relatif à l'organisation de la tutelle ne définit pas le tuteur. A travers les dispositions de l'article 416 qui détermine la fonction du tuteur, il est possible toutefois de déduire la notion de tuteur. Suivant l'article 416 du Code civil guinéen, le tuteur a pour fonction de prendre soin du mineur et de le représenter dans tous les actes civils. Le Code civil français est beaucoup plus clair sur la notion de tutelle. En effet, l'article 394 du Code civil français issu de la loi relative aux incapacités du 5 mars 2007 entrée en vigueur le 1er

[370] V. F. Daher, La responsabilité des parents du fait de leurs enfants mineurs, pour une évolution du droit libanais à la lumière du droit français, thèse Poitiers, 2006.

janvier 2009 dispose que : *« la tutelle, protection due à l'enfant, est une charge publique. Elle est un devoir des famille et de la collectivité publique »*.
Le législateur français, à la différence de son homologue guinéen, précise que la tutelle est une mesure de protection due à l'enfant. Il précise à travers les dispositions de l'article 408 du Code civil français, en quoi consiste cette mesure de protection. Suivant cet article, le tuteur prend soin du mineur, le représente dans tous les actes civils[371] et gère ses biens. Le nouveau Code guinéen de l'enfant est encore beaucoup plus précis sur la définition de la tutelle. Suivant l'article 213 du nouveau Code guinéen de l'enfant, *« la tutelle est le mandat donné à quelqu'un pour veiller sur la personne et les biens d'un enfant mineur »*. La tutelle peut être qualifiée de mandat dans la mesure où le tuteur représente le mineur et agit pour son compte. Mais il s'agit d'un mandat légal, parce que le tuteur est un représentant légal du mineur.

308. Il ne faut pas confondre le tuteur avec l'administrateur légal. Comme le tuteur, l'administrateur légal a vocation à représenter légalement le mineur. Le mécanisme de la tutelle et celui de l'administrateur légal différents. Tuteur et administrateur légal sont désignés selon des modes différents. Les parents, titulaires naturels de l'autorité parentale, sont désignés automatiquement administrateurs légaux de leur enfant mineur non émancipé. En ce qui concerne la désignation du tuteur, la procédure est spécifique. En droit guinéen, la tutelle peut résulter de trois sources.

309. La première source est la volonté agissant *post mortem* de l'un des deux parents. Suivant l'article 406, alinéa 1er, du Code civil guinéen, *« le droit individuel de choisir un tuteur ou une tutrice, parent ou parente, étranger ou étrangère n'appartient qu'au père survivant »*, alors que selon l'article 219, alinéa 1er, du nouveau Code guinéen de l'enfant : *« le droit individuel de choisir un tuteur, parent ou non, n'appartient qu'au dernier mourant des père et mère, s'il a conservé, au jour de sa mort, l'exercice de l'administration légale ou de la tutelle »*. Deux remarques au sujet de ce dernier article. La première est qu'il est inspiré de l'article 403, alinéa 1er du Code civil français issu de la réforme du droit des incapacités de 2007, selon lequel *« le*

[371] C'est ce que l'article 416 du Code civil guinéen, cité, reprend dans la détermination de la fonction du tuteur.

droit individuel de choisir un tuteur, qu'il soit ou non parent du mineur, n'appartient qu'au dernier vivant des père et mère, s'il a conservé, au jour de son décès, l'exercice de l'autorité parentale ». La seconde remarque est que le nouveau Code guinéen de l'enfant, inspiré par le droit français, assure l'égalité parentale pour la désignation du tuteur, ce que le Code civil guinéen ignore.

310. La deuxième source de tutelle est la position d'ascendant. Selon l'alinéa 2 de l'article 219 du nouveau Code guinéen de l'enfant : « *lorsqu'il n'a pas été choisi de tuteur par le dernier mourant des père et mère, la tutelle de l'enfant est déférée à celui des ascendants qui est du degré le plus rapproché* ». Cette méthode de désignation du tuteur n'est pas mentionnée dans le Code civil guinéen.

311. La dernière source de tutelle est la nomination par le conseil de famille. L'article 407 du Code civil guinéen dispose que : « *lorsqu'un enfant mineur non émancipé restera sans père ni mère, ni tuteur élu par son père, il sera pourvu par le conseil de famille à la nomination d'un tuteur ou d'une tutrice* ». Le nouveau Code guinéen de l'enfant prévoit aussi cette source de tutelle. Son article 221 dispose que : « *s'il n'y a ni tuteur testamentaire, ni ascendant tuteur ou si celui qui avait été désigné en cette qualité vient à cesser ses fonctions, un tuteur sera donné à l'enfant par le conseil de famille* ». Ce texte est inspiré de l'article 404 du Code civil français, selon lequel : « *s'il n'y a pas de tuteur testamentaire ou si celui qui été désigné en sa qualité vient à cesser ses fonctions, le conseil de famille désigne un tuteur au mineur* ».

312. Dans la pratique, la tutelle testamentaire est très rare en Guinée. L'ouverture de la tutelle a lieu souvent après la mort, la déchéance ou la disparition du père. Dans ces cas-là, la tutelle est déférée par le Conseil de famille au membre de la famille qui est jugé le plus capable de l'exercer. Le plus souvent, c'est le frère aîné du père ou à défaut, un frère cadet. Mais il peut arriver qu'il s'agisse d'un simple ami de la famille. Quoi qu'il en soit, la responsabilité civile demeure la même.

B- Les fondements de la responsabilité du tuteur en droit guinéen

313. Les fonctions assurées par le tuteur conduisent à l'assimiler aux parents en matière de responsabilité parentale. Le tuteur remplace les père et mère auprès de l'enfant à l'égard de qui il bénéficie du droit de garde. La loi, par les dispositions des articles 416 du Code civil guinéen et 227 du nouveau Code guinéen de l'enfant du 19 août 2008, a attribué au tuteur le droit de prendre soin de la personne de l'enfant, comme le droit français à travers l'article 408, cité plus haut. Par conséquent, la loi confère au tuteur un droit analogue à celui qui découle de l'autorité parentale qui est de nature à justifier l'élargissement du cercle des civilement responsable pour les dommages causés par l'enfant. Si le droit positif français refuse l'assimilation du tuteur aux parents dans la responsabilité fondée sur l'article 1384, alinéa 4 du Code civil, d'autres droits admettent cette assimilation. C'est le cas du droit libanais. L'article 126, alinéa 1er, du Code libanais des obligations et des contrats inclut le tuteur dans la liste des civilement responsables du fait de l'enfant mineur[372]. Deux arguments peuvent être avancés ici pour soutenir l'assimilation du tuteur aux père et mère pour la responsabilité du fait de l'enfant mineur.

314. Le premier argument est fondé sur la conception traditionnelle de la notion de tutelle. Dans la tradition guinéenne, le tuteur n'est pas perçu comme une simple institution légale ayant pour mission de veiller sur la personne d'un enfant mineur et de gérer ses biens. La conception traditionnelle guinéenne de la tutelle est beaucoup plus profonde que cela. Elle renvoie au titre attribué à une personne considérée comme le substitut des père et mère. Cette idée se retrouve dans les dispositions de l'article 407 du Code civil guinéen : « *lorsqu'un enfant mineur non émancipé restera sans père ni mère, ni tuteur élu par son père il sera pourvu par le conseil de famille à la nomination d'un tuteur ou d'une tutrice* ». Dans la tradition guinéenne, le tuteur d'un enfant est son père qui ne l'a pas conçu. Le plus souvent, il s'agit du frère du père de l'enfant, c'est-à-dire son oncle paternel, que le conseil de famille nomme comme son tuteur.

[372] V. *supra* n° 304.

315. Le tuteur a les même droits et devoirs que le père à l'égard de l'enfant. Et les obligations imposées à l'enfant vis-à-vis de ses père et mère sont identiques à celles auxquelles il est soumis à l'égard de son tuteur. Les prérogatives du tuteur ne sont pas différentes de celles du père. Il y a, en droit guinéen une assimilation complète du tuteur aux père et mère. Certes, dans les lois légiférées, contrairement au père de l'enfant, le tuteur se voit soumis au contrôle du conseil de famille dans l'exercice de sa mission. L'article 428, alinéa 1er, du Code civil guinéen, dispose que : « *tout tuteur autre que le père, peut être tenu, même durant la tutelle, de présenter au conseil de famille ses comptes de gestion après un préavis d'une semaine* ». Ainsi le tuteur a des droits limités par rapport au père. Mais, en pratique, une fois que le tuteur a été nommé par le conseil de famille, il n'est soumis à aucun contrôle que ne peut connaître le père lui-même. C'est ce que veut la coutume. Dans la tradition guinéenne, être le tuteur d'un enfant c'est être simplement et purement son père.

316. Le second argument est fondé sur la loi même, précisément les dispositions de l'article 182 du nouveau Code guinéen de l'enfant, selon lequel : « *s'il ne reste plus ni père ni mère en état d'exercer l'autorité parentale, il y aura lieu à l'ouverture d'une tutelle ainsi qu'il est dit aux articles 213 et suivant du présent Code* ». Il faut y ajouter les dispositions de l'article 213 du même Code selon lequel : « *La tutelle est le mandat donné à quelqu'un pour veiller sur la personne et les biens d'un enfant mineur* ». Ces deux textes conduisent à affirmer que la loi attribue une autorité au tuteur analogue à celle des père et mère. Le tuteur bénéficie du droit de garde à l'égard de l'enfant lorsqu'il ne reste plus ni père ni mère en état d'exercer l'autorité parentale.

317. Selon la règle posée par l'article 1099, alinéa 2, du Code civil guinéen, toute personne remplaçant les père et mère dans le droit de garde de l'enfant en vertu de la loi peut voir sa responsabilité engagée pour les dommages causés par l'enfant concerné. Il a été démontré que seul le tuteur peut légalement remplacer les père et mère dans le droit de garde de l'enfant[373]. Par conséquent il est suggéré dans la présente thèse d'étendre le cercle des civilement responsables au tuteur.

[373] V. *Supra* n° 294.

318. L'extension de la règle de la responsabilité parentale au tuteur ne devrait pas poser de problème dans le droit guinéen, parce que cette extension est prévue par le législateur guinéen. Contrairement au droit français, dans le droit guinéen, toute personne qui remplace les père et mère conformément à la loi, peut être intégrée dans le cercle des civilement responsable.

319. Une réforme légale pour préciser le cercle des civilement responsables du fait de l'enfant dans le droit guinéen est souhaitable. L'expression « ou toute personne » dans la formule de l'article 1099, alinéa 2, du Code civil guinéen devrait être remplacée par l'expression « ou le tuteur ». Cette nouvelle expression rendra la règle de la responsabilité parentale du droit guinéen plus précise et cohérente, parce que le tuteur est le seul habilité légalement à bénéficier du droit de garde à l'égard de l'enfant mineur en dehors des père et mère. Ainsi, la nouvelle règle de la responsabilité parentale du droit guinéen pourrait être rédigée comme suit : « les père et mère, ou le tuteur, sont présumés responsables des dommages causés par l'enfant mineur à l'égard duquel ils bénéficient du droit de garde ». La formule suggérée conserve la condition de garde et supprime celle de la cohabitation. La responsabilité du tuteur en droit guinéen est fondée sur le texte même de l'article 1099, alinéa 2 du Code civil guinéen.

Conclusion du chapitre 2

20. Il fallait s'interroger sur le domaine d'application de la règle prévoyant la responsabilité des père et mère, par exemple. En droit français, la responsabilité parentale fondée sur l'article 1384, alinéa 4 du Code civil ne vise que les père et mère. Cependant, les professionnels bénéficiant du droit de garde impliquant le pouvoir de diriger, d'organiser et de contrôler le mode de vie de l'enfant, conduit à suggérer de leur élargir le cercle des civilement responsables de l'article 1384, alinéa 4 du Code civil français. Cette réforme législative suggérée sera la bienvenue d'autant que les professionnels agissent à titre onéreux. Le texte suggéré pourrait être rédigé comme suit : « Les parents, en tant qu'ils exercent l'autorité parentale sont solidairement responsables du dommage causé par leurs enfants mineurs. Cette responsabilité revient aux professionnels chargés d'organiser, de diriger et de contrôler le mode de vie de l'enfant ». Par ailleurs, le texte aurait le mérite de rendre conforme les dispositions de l'article 1384, alinéa 4 à la loi qui prévoit le mariage pour tous.

21. En droit guinéen, la règle de la responsabilité parentale peut être appliquée à une autre personne que les père et mère. L'étude des règles relatives au droit de garde et à l'autorité parentale a permis de constater que seul le tuteur de l'enfant peut légalement remplacer les parents. Ainsi, il a été suggéré de procéder à une réforme législative permettant d'introduire la mention du mot « tuteur » dans la règle de la responsabilité parentale. Cela permettrait de garantir la protection de l'enfant contre le trafic d'enfant, la maltraitance, l'exploitation abusive etc. Contrairement aux gardiens de fait, le tuteur est soumis à des obligations juridiques. L'article 1099, alinéa 2 du Code civil guinéen serait rédigé comme suit : « les père et mère, ou le tuteur, sont présumés responsables des dommages causés par l'enfant mineur à l'égard duquel ils bénéficient du droit de garde ». En attendant de voir ces réformes suggérées consacrées à la fois dans le droit français et dans le droit guinéen, il est permis de conclure que le droit français actuel de la responsabilité parentale connaît un domaine d'application restreint, alors que celui du droit guinéen est large. Cela rend le second original par rapport au premier.

322. La portée de la règle de la responsabilité parentale du droit guinéen n'est pas le seul élément de distinction avec le droit français. L'originalité du droit guinéen de la responsabilité parentale par rapport au droit français se trouve aussi situé sur le terrain des fondements respectifs de ces deux droits.

Partie 2

L'originalité du fondement de la responsabilité parentale en droit guinéen

323. Pour caractériser l'originalité du fondement du droit guinéen de la responsabilité parentale par rapport au droit français il faut analyser les fondements de la responsabilité civile. Cela commence par la question à savoir le pourquoi de l'obligation de réparer en matière de responsabilité civile. La réponse constituera le fondement juridique de la responsabilité appliquée. Si l'on a recours aux textes du Code civil français qui est, il faut le rappeler encore, la principale source d'inspiration du Code civil guinéen, pour trouver la réponse au pourquoi de l'obligation de réparer en matière de responsabilité civile, l'on constate que la réponse se trouve d'abord dans l'article 1382 du Code civil français. Selon cet article : chacun doit réparer le dommage qu'il cause, par sa faute, à autrui.

324. Dans le Code civil français de 1804 la faute constitue le fondement de la responsabilité civile. Certains auteurs pensent même que l'article 1382 du Code civil français résume à lui seul le système juridique français tout entier. Un auteur français écrivit que : « *s'il ne fallait choisir dans le Code civil qu'un texte et renoncer à tous les autres, sans doute l'article 1382 serait-il l'élu. Même l'article 1134 apparaît moins essentiel, alors qu'il exprime pourtant en droit positif la maxime pacta sunt servanda, car ce qui intéresse les parties contractantes est moins que le Code leur rappelle l'obligation de respecter la parole donnée (la morale ou la pression du groupe y suffisent) que de leur garantir une juste réparation si l'autre ne s'exécutait pas* »[374]. Aussi Messieurs Mazeaud pensent que la règle posée par l'article 1382 est : « *l'une de ces grandes règles d'équité qui pourraient, à elles seules, résumer le droit tout entier* »[375]. Si l'on peut avoir une opinion contraire à celle exprimée par ces éminents auteurs,

---

[374] C. Radé, Réflexion sur les fondements de la responsabilité civile. L'impasse. Dalloz 1999.

[375] H. et L. Mazeaud, Traité théorique et pratique de la responsabilité civile délictuelle et contractuelle, Montchrestien 1965.

l'on ne peut contester le primat de la faute en matière de responsabilité civile, qu'il s'agisse du droit guinéen ou du droit français. A la fin du XIXe siècle et dans le courant du XXe siècle, furent développées en France des théories nouvelles prônant une responsabilité objective fondée sur le risque. Mais celle-ci sont relativement récentes.

325. En 1804, lorsque les rédacteurs du Code civil français ont prévu les cas de responsabilité du fait d'autrui, ils les établirent sur le fondement traditionnel de la responsabilité : la faute. Ainsi, la responsabilité du fait d'autrui avait le même fondement que la responsabilité du fait personnel de l'article 1382 du Code civil français. Le droit guinéen s'en inspira et fonda également la responsabilité du fait d'autrui sur la faute. Dans la seconde moitié du XXe siècle, la jurisprudence française opéra une rupture entre responsabilité du fait d'autrui et faute *stricto sensu*. C'est en interprétant les causes légales d'exonération du civilement responsables que la Haute juridiction a changé la nature initiale de la responsabilité du fait d'autrui. Le droit guinéen qui connaît une jurisprudence très peu dynamique et entreprenante, reste encore fidèle au fondement initial. Pour engager la responsabilité des père et mère le droit guinéen actuel exige la preuve de la faute (Titre 1). La société guinéenne ayant connu une évolution depuis la rédaction du Code civil guinéen, il est nécessaire de faire une étude prospective d'autres solutions adaptées à la nouvelle réalité guinéenne (Titre 2).

Titre 1
Une responsabilité pour faute prouvée

326. Le mécanisme de la responsabilité des père et mère du fait de l'enfant mineur est un mécanisme d'exception qui reste fondé sur la faute, du moins dans le droit guinéen, car le droit français de la responsabilité du fait d'autrui en général, de la responsabilité parentale en particulier, tend aujourd'hui de plus en plus à s'éloigner du fondement de la faute. Les conditions du droit guinéen de la responsabilité parentale découlent de ce fondement. A l'origine, toutefois, le droit français de la responsabilité des père et mère pour le fait de leur enfant mineur était aussi fondé sur la faute. Mais le droit français consacrait un système de faute présumée. Il revenait au civilement responsable de l'enfant mineur d'établir la preuve de l'absence de faute d'éducation ou de surveillance pour se dégager de la responsabilité parentale. La faute était présumée. En droit guinéen, en revanche, la faute du civilement responsable du fait de l'enfant mineur doit être prouvée selon l'article 1099, alinéa 4 du Code civil guinéen.

327. La responsabilité pour faute prouvée est un régime de responsabilité dans lequel la victime doit établir le lien de causalité entre son préjudice et la faute du défendeur. La responsabilité civile suppose en principe un rapport de causalité certain entre la faute imputée au défendeur et le dommage, selon l'expression employé en jurisprudence[376]. Par application du droit commun de la preuve, c'est à la victime qu'il appartient d'établir ce lien. A défaut, elle succombera dans son action[377]. C'est-à-dire que la victime ne verra pas son préjudice indemnisé si le juge estime qu'en considération des éléments apportés, le dommage subi se serait réalisé même sans l'intervention du fait du défendeur[378]. Il peut arriver qu'un doute subsiste sur le lien de cause à effet entre le fait du défendeur et le dommage subi. Cette incertitude relative au lien de causalité entraîne le rejet de l'action en responsabilité, au même titre que la certitude de l'absence du lien de causalité, car le risque de la preuve est supporté

---

[376] V. par exemple Cass. 2eciv.; 27 octobre 1975, Gaz. Pal. 1976, I, p. 169, note A. Plancquel.

[377] V. Notamment, Cass. civ. 2e, 15 novembre 1989, Bull civ. n° 206, RDT civ. 1990, p. 487, obs. P. Jourdain.

[378] C'est ce que la jurisprudence française décide, par exemple Cass. civ. 2e, 21 avril 1966, JCP 1966, II, 14710.

par le demandeur, qui a la charge de la preuve. Cela ne sera pas le cas seulement dans l'hypothèse où une présomption vient inverser le fardeau de la preuve. En droit français, la faute était présumée dès 1804.

328. Selon l'article 801 du Code civil guinéen : c'est également « *au demandeur, c'est-à-dire celui qui intente une action en justice, qu'incombe la charge de la preuve* ». En droit français cette règle est prévue par l'alinéa 1er de l'article 1315 du Code civil, suivant lequel « *celui qui réclame l'exécution d'une obligation doit la prouver* ». Cette règle remonte à la maxime latine, la charge de la preuve incombe au demandeur, *Actori incombit donatio*[379]. Il est donc permis de dire qu'à la différence du droit français, le droit guinéen de la responsabilité des père et mère actuel exige que la victime apporte la preuve de la faute du civilement responsable en rapport avec son dommage pour obtenir la réparation (Chapitre 1). Mais cela ne suffirait pas. Il faudra encore que les autres conditions découlant de la faute soient réunies pour mettre en œuvre la responsabilité du civilement responsable (Chapitre 2).

---

[379] V. Locutions latines juridique Dalloz 2014, *op. cit* p. 11.

Chapitre 1
La faute comme condition de la responsabilité parentale

29. L'alinéa 4 de l'article 1099, du Code civil guinéen dispose que : « *concernant les responsabilités sus- indiquées*[380]*, les fautes, négligences ou imprudences doivent être prouvées par le demandeur conformément au droit commun* ». Par ces dispositions, le législateur guinéen prévoit que la responsabilité parentale est une responsabilité pour faute prouvée. Le législateur guinéen énonce de manière claire et précise qu'il appartient au demandeur, ici la victime de l'enfant, d'apporter la preuve de la faute en lien de causalité avec le dommage dont elle demande la réparation, conformément au droit commun de la preuve. Mais l'alinéa 4 de l'article 1099 du Code civil guinéen ne précise pas de quelle faute il s'agit. Il énonce simplement que : « *les fautes, négligences ou imprudences doivent être prouvées par le demandeur conformément au droit commun* ». A travers ces dispositions, le législateur guinéen se contente d'affirmer qu'il faut apporter la preuve de la faute, de la négligence ou de l'imprudence, conformément au droit commun. Mais il faut comprendre qu'en matière de responsabilité parentale, il s'agit d'abord de la faute dans l'éducation et la surveillance de l'enfant mineur. C'était déjà le cas en droit français à l'époque où la faute fondait la responsabilité des père et mère. Cela se comprend dans la mesure où ce sont les principaux attributs de l'autorité parentale. C'est pourquoi il convient d'examiner les éléments de la faute requis pour la responsabilité parentale (Section 1), avant de préciser la faute requise en matière de responsabilité parentale (Section 2).

[380] Il s'agit de la responsabilité parentale, l'alinéa 2 et la responsabilité des instituteurs, alinéa 3 de l'article 1099 du Code civil guinéen.

Section 1
Les éléments de la faute requis pour la responsabilité parentale

330. Il existe des éléments de la faute qui sont indifférents à la mise en œuvre de la responsabilité parentale (§ 2), et un caractère objectif de la faute en droit français à la différence du droit guinéen (§ 1).

§ 1. La question du caractère objectif de la faute

331. Traditionnellement, en droit français, la faute comportait deux éléments : un élément objectif consistant dans la violation d'une obligation ou d'un devoir préexistant[381] et un élément subjectif tenant dans l'aptitude psychologique de l'auteur à comprendre ses actes et en discerner les conséquences. Cet élément moral a disparu du droit français. Seul subsiste l'élément objectif.

332. L'élément subjectif de la faute entraînait l'irresponsabilité des enfants en très bas âges[382], *infantes*. Dépourvus de discernement, les enfants en bas âge, ne se voyaient pas reprocher leurs actes dommageables. Par conséquent, les parents n'étaient pas appelés à répondre de leur fait. La victime était alors privée de réparation. Sous l'influence d'une doctrine militante, prônant la faute objective, l'élément subjectif de la faute a disparu progressivement.

333. La loi n° 68-5 du 3 janvier 1968 relative aux incapables majeurs a instauré la responsabilité civile des personnes dépourvues de discernement. Aux termes de l'article 489-2 ancien du Code civil français, issu de cette loi, « *celui qui a causé un dommage à autrui alors qu'il était sous l'empire d'un trouble mental, n'en est pas moins obligé à réparation* ». La doctrine française s'est divisée quant au fondement de cette règle de l'article 489-2 ancien du Code civil français. Certains auteurs ont lié cette règle à l'article 1382 du Code civil[383], alors que, pour d'autres, s'annonçait en cela une

---

381 Planiol définissait la faute ainsi. V. M. F. Traite élémentaire de droit civil, T. II. 1899

382 Les personnes atteintes d'un trouble mental étaient également irresponsables, car elles sont également privées de discernement.

383 G. Viney, réflexion sur l'article 489-2 du Code civil, RTD civ. 1970, p. 25 ; Ph. Le Tourneau, la responsabilité civile des personnes atteintes d'un trouble mental, JCP 1971. I. 2401.

responsabilité civile spéciale, autonome par rapport au droit commun de la responsabilité civile[384].

334. Cette divergence doctrinale a été rapidement tranchée par la jurisprudence, notamment l'arrêt de la deuxième chambre civile de la Cour de cassation en date du 4 mai 1977 selon lequel l'article 489-2 ancien du Code civil français n'institue pas un nouveau cas de responsabilité. En l'espèce, le conducteur d'un autobus de la RATP avait dû effectuer une manœuvre pour éviter le piéton en état de démence qui s'était jeté devant son véhicule. Une dame qui se trouvait dans l'autobus, ayant été blessée à cette occasion, demanda réparation au dément et à l'assureur de celui-ci. La cour d'appel de Paris ayant accepté cette demande, l'assureur forma un pourvoi contre la décision en soutenant que la responsabilité mise à la charge du dément par l'article 489-2 ancien du Code civil français a un caractère *sui generis*. Or, la police d'assurance ne garantissait l'assuré que pour les responsabilités qu'il pouvait encourir au titre des articles 1382 et 1383 du Code civil français. Il s'agissait donc de savoir si la responsabilité mise à la charge du dément par les dispositions de la loi du 3 janvier constituant l'article 489-2 ancien du Code civil français était ou non une responsabilité particulière par rapport au droit commun de la responsabilité civile. La deuxième chambre civile de la Cour de cassation répondit à la question par l'attendu suivant : « *Mais attendu que la cour d'appel relève à bon droit que l'article 489-2 du Code civil ne prévoit aucune responsabilité particulière et s'applique à toutes les responsabilités prévues par les articles 1382 et suivant dudit code* »[385]. La solution de la deuxième chambre civile mérite approbation. Le dément étant assuré, il ne serait pas justifié que le trouble mental de l'agent constitue un obstacle à réparation de la victime[386].

335. La loi du 1er novembre 1968 visait les incapables majeurs. La règle de l'article 489-2 ancien du Code civil français a été étendue à la responsabilité des enfants en bas âges. Par une série d'arrêts de l'Assemblée plénière, en date du 9 mai 1984, la Haute juridiction a affirmé que les juges du fond n'étaient pas tenus de vérifier la capacité

---

[384] R. Savatier, le risque pour l'homme de perdre ses esprits et ses conséquences en droit civil, D. 1968, chr. 109 ; B. Starck, H. Roland et L. Boyer, obligations, V. I, Responsabilité délictuelle, 1996, n° 407 et suivant.
[385]Cass. civ. 2e, 4 mai 1977, D. 1978, p. 393, note R. Legeais ; RTD civ. 1977, p. 772, obs. G. Durry.
[386] V. R. Legeais pour le commentaire de cet arrêt, D. 1978, p. 393.

de discernement d'un mineur avant de constater sa faute[387]. Cette jurisprudence se comprend dans la mesure où c'est le manque de discernement qui justifie l'irresponsabilité de ces deux catégories de personnes. C'est ce que le garde des Sceaux, Monsieur Foyer a expliqué à l'Assemblée nationale, le 20 décembre 1966, en rappelant les éléments de la faute : « *Il y a, en effet, dans la notion de faute, deux éléments à distinguer : D'abord, un élément objectif : est une faute l'action qui n'est pas conforme, à une certaine règle ; un élément subjectif ; l'action non-conforme, à une certaine règle, à un certains modèle de conduite- c'est ce qu'admettait la jurisprudence- ne pouvait être imputée à son auteur et entraîner pour luil'obligation de réparation qu'autant qu'en l'accomplissant celui-ci avait eu conscience de ce qu'il faisait et qu'il avait eu la volonté de le faire. Or, ce que nous proposons de supprimer dans l'article 489-2 du Code civil, c'est l'élément subjectif et non l'élément objectif. Par conséquent, il est évident que si l'incapable cause un préjudice à autrui par un acte qui, objectivement et intrinsèquement, est un acte innocent, il n'encourt aucune responsabilité* ».[388]

336. Monsieur François Chabas se fonda sur ces paroles du garde des sceaux pour écrire que : « *Ce n'est donc pas seulement une responsabilité sans imputabilité morale que consacre la loi, mais bien une notion de faute qui n'inclut pas l'imputabilité. Or, il nous semble que s'il en est ainsi, le principe doit être étendu à l'infans* ». Toutefois, il est permis de dénoncer une extension abusive du domaine d'application de l'article 489-2 ancien du Code civil français au détriment du jeune enfant. Bien avant même les arrêts Lemaire et Derguini de 1984 dont les solutions sont regrettables[389], la jurisprudence, précisément un arrêt de la première chambre civile en date du 20 juillet 1976[390], n'a pas manqué d'étendre l'application du texte de l'article 489-2 ancien du Code civil aux mineurs atteints d'un trouble mental.

---

[387]Ass. plé. 9 mai 1984, arrêts Lemaire et Derguini, D. 1984, p. 525, concl. Cabannes, note F. Chebas ; RTD civ. 1984, p. 508, obs. J. Huet ; JCP 1984, II. 20255, note N. Dejean de la Bâtie et 20256 note P. Jourdain.

[388] V. J. O. débat Assemblée nationale 21 décembre 1966.

[389] V. *supra* n° 167.

[390]Cass. civ. 1er, 20 juillet 1976, JCP 1978. II. 18793, note N. Dejean de la Bâtie ; RTD civ. 1976, p. 783, obs. G. Durry.

337. La règle de l'article 489-2 ancien du Code civil français a été abrogée par la réforme du droit des incapacités du 5 mars 2007 en vigueur depuis le 1er janvier 2009. Les dispositions de l'article 489-2 ancien du Code civil français sont désormais celles de l'article 414-3 du même Code. La règle, toutefois, reste inchangée.

338. Désormais, la faute se réduit à son élément objectif[391]. Si le droit commun de la responsabilité civile est fondé sur la faute[392], ni le Code civil guinéen, ni le Code civil français ne donnent une définition de la faute. Le principe suivant lequel « *tout fait quelconque de l'homme, qui cause à autrui un dommage, oblige celui par la faute duquel il est arrivé à le réparer* », posé par l'article 1382 du Code civil français et l'article 1098 du Code civil guinéen, ne donne pas une définition de la faute. Ce principe général touche « tout fait quelconque de l'homme ». Le législateur prévoit même la réparation du préjudice causé par simple négligence ou imprudence, d'où la règle posée par l'article 1383, suivant lequel « *chacun est responsable du dommage qu'il a causé non seulement par son fait, mais encore par sa négligence ou son imprudence* ».

339. Cette formule est reprise en droit guinéen à l'article 1099 alinéa 1er du Code : « *On est responsable non seulement du dommage causé par son propre fait, sa négligence ou son imprudence, mais aussi de celui causé par le fait des personnes dont on doit répondre* ». S'il faut toujours se féliciter de la formule de l'article 1382 du Code civil français qui pose un principe général, il est permis de regretter celle de l'article 1383 du même Code. Elle est une redondance inutile dans la mesure où la formule de l'article 1382, avec l'expression « tout fait quelconque de l'homme », permettait d'inclure les faits commis par la négligence et l'imprudence. C'est ce qui semble être la conception du législateur guinéen, parce qu'en s'inspirant de son homologue français, il s'est limité à faire une copie du texte de l'article 1382 du Code civil français. C'est dans le texte de l'article 1099, alinéa 1er, qui pose le principe général de la responsabilité du fait d'autrui que l'on rencontre les notions de « négligence » et d'« imprudence ». Le législateur guinéen fait l'économie d'un article. En dehors de ces textes, le législateur n'offre aucune précision sur la notion de faute.

---

[391] V. P. Brun pour la composition de la faute en deux éléments après l'éviction de l'élément moral de la faute. Responsabilité civile extracontractuelle, 2e éd. Litec 2009. p. 185.
[392] V. *supra* n° 42.

340. C'est la doctrine française qui définit la faute. De son côté, la doctrine guinéenne est en construction. La définition de la faute ne s'est pas faite en doctrine sans controverse. C'est Planiol qui a donné la définition la plus célèbre de la faute. Il la définit comme : « le manquement à une obligation préexistante »[393]. Pour cet auteur, le fait reproché au défendeur ne doit être considéré comme fautif que s'il constitue la violation d'une obligation préexistante, revêtant ainsi un caractère illicite. Si la majorité des auteurs français ont adhéré à cette définition de Planiol, celle-ci n'est pas demeurée sans connaître des critiques de la part d'auteurs imminents, qui lui ont reproché « *son caractère inutile et artificiel* »[394]. Parmi les auteurs contemporains sceptiques à l'égard de la définition de Planiol, il faut citer le professeur Philippe Brun qui soulève la question : « *comment procéder lorsque la loi est muette. Comment dresser la liste de ces obligations dont la violation serait fautive ?* »[395]. Parmi les auteurs contemporains qui adoptent le raisonnement de Planiol, il faut citer le professeur Patrice Jourdain et le professeur Geneviève Viney, selon lesquels, « pour caractériser une faute, il est toujours nécessaire d'établir la méconnaissance d'un devoir ou d'une obligation imposée par l'ordre juridique »[396]. Ces auteurs ajoutent toutefois en précision à la définition de Planiol.

341. Suivant l'article 1352, alinéa 2 de l'avant- projet de réforme du droit des obligations et de la prescription[397], « *constitue une faute la violation d'une règle de conduite imposée par une loi ou un règlement ou le manquement à un devoir général de prudence ou de diligence* »[398]. Ce projet a donné la réforme de la prescription civile, opérée par la loi du 17 juin 2008, publiée le 19 juin 2008. En revanche, le droit français des obligations n'a pas été modifié. Cette définition n'a donc pas été intégrée au Code civil français. Toutefois, l'article 8 de la loi n° 2015-177 de modernisation et de simplification du droit et des procédures dans les domaines de la justice et des affaires intérieures, habilitant le gouvernement à procéder par voie

---

[393] M. F. Planiol, Traite élémentaire de droit civil, T. II.

[394] H.et L. Mazeaud et A. Tunc, traité théorique et pratique de la responsabilité civile délictuelle et contractuelle, T. I, 6e éd. 1965, n° 389 et 392.

[395] P. Brun, Responsabilité civile extracontractuelle, 2e éd. Litec 2009. n° 289.

[396] G. Viney et P. Jourdain, les conditions de la responsabilité, 3e édition, LGDJ. 2006. n° 445.

[397] V. S. A. Mekki et B. Fauvarque-Cosson, Droit des contrats, Recueil Dalloz 224 2010 04 28-01-2010 ; D. Mazeaud, Réforme du droit des contrats : haro, en Hérault, sur le projet ! Dalloz 2008. p. 2675.

[398] Avant projetCatala de réforme du droit de la responsabilité civile, RDC civ. 2007.

d'ordonnance à la réforme du droit des contrats, du régime général et de la preuve des obligations, conduit à penser que la réforme si attendue n'est plus loin d'aboutir[399] .

42. La notion de « faute » demeure donc toujours complexe à définir. Ce que Monsieur Philippe Brun, cité plus haut, souligne en ces termes : « *la faute est une notion délicate à saisir. Les efforts déployés en doctrine pour donner une définition cohérente de la notion ne peuvent suffire à en cerner les contours exacts* »[400]. Aussi, la faute comporte des éléments qui sont indifférents pour la responsabilité parentale.

§ 2. Les éléments apparemment indifférents pour la responsabilité parentale

43. La divergente doctrinale concernant la définition de la faute est d'ordre sémantique, parce que la faute, en matière civile, ne comporte plus que son élément objectif. Sur le fond du droit, il existe donc une unité de la notion de faute, qui est la violation d'une obligation préexistante. Même si certains auteurs de la doctrine française trouvent que cette unité de la notion de faute est « fragile » ou « relative », ils reconnaissent par là même le caractère unitaire de la notion de la faute. En revanche, il faut faire remarquer qu'il existe plusieurs types de faute que la doctrine divise en deux grandes catégories. La première relative à la nature de l'obligation violée et la seconde relative à l'existence ou l'absence d'intention. Pour la responsabilité parentale, ces éléments sont indifférents pour que soit engagée la responsabilité des père et mère du fait de leur enfant mineur. Le droit français de 1804 exigeait une faute parentale. Aujourd'hui, le droit guinéen exige encore une faute parentale. Il faut toutefois expliquer en quoi, les caractères traditionnels de la faute sont ici indifférents.

---

399 Voir N. Dissaux et Ch. Jamin, Projet de réforme du droit des contrats, du régime général et de la preuve des obligations, Dalloz 2015.

400 P. Brun, Responsabilité civile extracontractuelle. Litec, *op. cit* p. 184.

344. En premier lieu, il est indifférent que la faute parentale soit de commission ou d'abstention. La distinction entre la faute de commission et la faute d'abstention est l'œuvre de la doctrine, notamment Monsieur Delvilani dans le cadre de sa thèse pour le titre d'un doctorat[401]. Les Codes civils français et guinéen n'ont pas fait de distinction entre les fautes d'omission et les fautes de commission. Dans l'ancien système français, les délits étaient nommés. Il s'agissait de la méthode casuistique de définition des délits spéciaux. Les articles 1382 du Code civil français et 1098 du Code civil guinéen prévoient un autre système qui a établi un principe général de prudence et de diligence pour éviter de nuire à autrui en toute circonstance, rompant ainsi avec le système casuistique de l'ancien régime[402].

345. Selon la doctrine française, la faute de commission consiste pour l'agent à faire ce qu'il n'aurait pas dû faire, alors que la faute d'abstention consiste à ne pas avoir fait ce qu'il aurait dû faire. Dans la célèbre affaire Branly, la Haute juridiction a reconnu, au-delà des textes, l'existence d'une faute d'abstention pure et simple non intentionnelle. En l'espèce, le professeur Turpain, après avoir, en 1931, contesté la valeur et la portée des travaux scientifiques d'Edouard Branly dans ses articles qui ont fait l'objet de vives controverses, écrivit un autre livre sur l'histoire de la télégraphie sans fil dans lequel il omit le nom du professeur Branly. Les ayants droit de celui-ci l'assignèrent en réparation. Mais la cour d'appel de Poitiers du 27 février 1943 les débouta de leur demande en estimant que le professeur Turpain n'avait pas agi de mauvaise foi en omettant volontairement de citer l'œuvre et le nom du professeur Branly en ce qui concerne les origines de la télégraphie sans fil et qu'il n'avait pas davantage agi par malice et avec l'intention de nuire. Les ayants droit de Branly attaquèrent alors la décision de la cour d'appel devant la Cour de cassation qui censura le 27 février la décision des juges du fond pour défaut de base légale en ces termes : « *Mais attendu que, sans qu'il y ait lieu de prendre en considération l'énonciation que l'attitude de Turpain n'avait pas été dictée par la malice ou le désir de nuire, cette énonciation étant inopérante à l'égard du quasi-délit dont se prévaut les demandeurs et qui ne requiert pas cet élément intentionnel, il n'en reste pas moins que l'arrêt attaqué ne pouvait*

[401] A-F. Delvilani, La responsabilité pour omission ou abstention, Thèse Grenoble, 1978.
[402] La méthode casuistique est encore de règle dans le système anglo-saxon.

légalement dégager Turpain, en sa qualité d'historien, de l'obligation de réparer le préjudice résultant de l'omission incriminée, au seul motif que telle était « son opinion, peut être erronée, mais paraissant sincère... »[403]. La Haute juridiction judiciaire française reconnaît ainsi la faute d'abstention pure et simple. Pour la responsabilité parentale du droit français avant l'arrêt Bertrand et du droit guinéen, cet élément est indifférent. Dans tous les cas, la faute serait sanctionnée. Cela permet toutefois de montrer que la notion de faute est large en la matière, puisqu'elle recouvre aussi bien l'action que l'abstention.

346. La question pourrait toutefois se poser au regard de la non-assistance à personne en danger. La question se pose alors en effet de savoir si l'on peut reprocher à un enfant de ne pas assister une personne en danger. En droit positif français il faut, pour qu'une telle faute puisse être sanctionnée qu'un texte légal pénal en cause suppose la majorité de l'auteur du dommage.

347. En second lieu, il est indifférent que la faute parentale soit intentionnelle ou d'imprudence. Une faute peut être intentionnelle ou non. C'est l'autre distinction de la faute fondée sur l'existence ou l'absence d'intention. Le droit romain faisait déjà la distinction entre délit et quasi-délit. Cette distinction est opérée par les Codes civils français et guinéen[404]. En effet, les articles 1382 et 1383 du Code civil français se trouvent dans un Chapitre intitulé « des délits et quasi-délits ». Mais le Code civil français ne donne aucune définition de délits et quasi-délit, contrairement au Code civil guinéen.

348. Il n'existe pas, comme en droit pénal, une liste des délits. L'article 1382 du Code civil français n'en donne qu'une définition générale. Suivant l'article 1097, alinéa 1er, du Code civil guinéen, « *en matière civile, on appelle délit ou quasi-délit tous faits causant des dommages à autrui avec ou sans intention de lui nuire* ». S'il faut souligner l'effort de définition des délits et quasi-délits du législateur guinéen par rapport au législateur français, il est permis de regretter le manque de rigueur dans cette définition. La définition de l'article 1097, alinéa 1er, du Code civil guinéen, énonce que tous faits causant des dommages à autrui avec ou sans intention de lui nuire est un délit ou

---

[403] Cass. civ. 27 février 1951, D. 1951, p. 329, note H. Desbois.

un quasi- délit. Il ne précise pas ce qui distingue un délit d'un quasi-délit. Mais il est sous-entendu que le délit est le dommage causé avec intention de nuire à autrui tandis que, dans le quasi-délit, l'agent n'a pas voulu le dommage causé à autrui. En effet, la faute intentionnelle est, d'une façon générale et pas seulement en droit français, celle qui implique chez l'agent la volonté de causer le dommage[405]. Il ne s'agit pas seulement de la volonté de l'acte, mais aussi de la volonté orientée vers le résultat dommageable.

349. En matière de responsabilité civile, la distinction entre faute intentionnelle et faute non intentionnelle a un intérêt limité dans la mesure où l'agent doit répondre de sa faute quelque soit sa gravité[406]. Mais il faut s'attendre à ce que le juge se montre moins exigeant sur le plan de la causalité lorsque la faute est intentionnelle et même plus généreuse à l'égard de la victime dans le calcul du montant de l'indemnité. Dans le domaine de la responsabilité parentale, cet élément est indifférent, mais l'existence ou l'absence d'une intention de nuire aurait les conséquences, légères certes, ci-dessus énoncées. La faute requise est aussi bien intentionnelle que d'imprudence ou de négligence.

350. Le droit français actuel de la responsabilité parentale n'étant plus fondé sur la faute, l'existence ou l'absence d'une intention de nuire n'a pas beaucoup d'intérêt dans la mise en œuvre de la responsabilité parentale. En revanche cela peut être important dans le droit guinéen qui exige encore la faute pour la mise en œuvre de la responsabilité parentale. Même en droit français, l'analyse est intéressante. Les caractères de la faute ont pu notamment jouer un rôle dans l'appellation de la faute caractérisée.

Section 2

La faute requise pour la responsabilité parentale

351. En matière de responsabilité parentale du fait de l'enfant mineur, la faute des parents porte essentiellement sur l'éducation (§ 1) et la

[405] A. Vignon-Barrault, intention et responsabilité civile, PUAM 2004.

[406] Par rapport à la responsabilité pénale où l'élément psychologique est plus important.

surveillance (§ 2) de l'enfant mineur habitant avec ses parents. Il faut rappeler que l'éducation et la surveillance sont des attributs essentiels de l'autorité parentale dont bénéficient les parents.

§ 1. La faute dans l'éducation de l'enfant

352. L'éducation de l'enfant est une obligation que les lois guinéennes mettent à la charge des parents. Selon l'article 398 alinéa 2 du Code civil guinéen : « *les obligations de celui qui exerce les droits de puissance paternelle sont : l'instruction, l'éducation, l'entretien de l'enfant, l'établissement de l'enfant, jusqu'à sa majorité* ». L'alinéa 2 de l'article 170 du nouveau Code guinéen de l'enfant dispose aussi que : « *les père et mère ont à son égard*[407] *droit et devoir de garde, de surveillance et d'éducation* »[408]. Les deux Codes ne mentionnent pas la surveillance alors qu'ils mentionnent tous les deux l'éducation. Cela tient à ce que l'éducation constitue la principale des obligations des parents à l'égard de l'enfant. Il convient d'examiner le contenu de l'éducation (A) avant de préciser la faute d'éducation (B).

A- Le contenu de l'éducation

353. Dans les instruments juridiques internationaux relatifs à l'enfant, il est réservé à l'éducation une place majeure. Les dispositions de la Convention de New York relative aux droits de l'enfant, conclue le 20 novembre 1989, ratifiée par la France le 26 janvier 1990, entrée en vigueur le 6 septembre de la même année, ratifiée par la Guinée le 13 juillet 1990, entrée en vigueur la même année le 2 septembre, et la Charte africaine des droits et du bien-être de l'enfant[409], ratifiée par la Guinée le 27 mai 1999, illustrent ces propos. Selon l'article 28 de la Convention des Nations Unies relative aux droits de l'enfant, « *Les Etats parties reconnaissent le droit de l'enfant à l'éducation...* ». Et selon l'article 20 de la Charte africaine : « *les parents ou autres*

[407] Il s'agit des père et mère à l'égard de l'enfant.

[408] La formule de l'ancien article 371-2, alinéa 2, du Code civil français peut être remarquée dans cette loi guinéenne.

[409] La Charte africaine des droits et du bien- être de l'enfant est une Convention établie par les pays africains, qui a été adoptée en juillet 1990 et est entrée en vigueur en le 29 novembre 1999. Elle est inspirée de la Convention de New York de 1989.

personnes chargées de l'enfant sont responsables au premier chef de son éducation et de son épanouissement...».

354. Si le Code civil français ne mentionne plus la surveillance dans sa définition de l'autorité parentale, il garde toujours la mention de « l'éducation ». L'ancien article 371-2 disposait que : « *l'autorité appartient aux père et mère pour protéger l'enfant dans sa sécurité, sa santé et sa moralité.*
Ils ont à son égard droit et devoir de garde, de surveillance et d'éducation ».
Désormais, l'article 371-1 dispose que : « *l'autorité parentale est un ensemble de droit et devoir ayant pour finalité l'intérêt de l'enfant.*
Elle appartient aux père et mère jusqu'à la majorité ou l'émancipation de l'enfant pour le protéger dans sa sécurité, sa santé et sa moralité, pour assurer son éducation et permettre son développement, dans le respect dû à sa personne.
Les parents associent l'enfant aux décisions qui le concernent, selon son âge et son degré de maturité ». Dans les règles du droit français et guinéen relatives à l'autorité parentale, la prééminence de l'éducation dans les devoirs des parents à l'égard de l'enfant apparaît toujours. Il est important de savoir en quoi consiste l'éducation des parents pour pourvoir démontrer en quoi peut consister leur défaillance.

355. Les lois guinéennes, de source interne, ne déterminent pas l'objet de l'éducation : ni le Code civil, ni le nouveau Code guinéen de l'enfant. Il faut avoir recours aux instruments juridiques internationaux, cités plus haut, qui sont applicables dans l'ordre juridique interne guinéen sur le fondement de l'applicabilité des traités internationaux ratifiés, pour connaître l'objet de l'éducation. Selon l'article 29 de la Convention de New York de 1989 : « *Les Etats parties conviennent que l'éducation de l'enfant doit viser à : a) favoriser l'épanouissement de la personnalité de l'enfant et le développement de ses dons et des aptitudes mentale et physique, dans toute la mesure de leur potentialité, b) inculquer à l'enfant le respect des droits de l'homme et des libertés fondamentales, et des principes consacrés dans la Charte des Nations Unies ; c) inculquer à l'enfant le respect de ses parents, de son identité, de sa langue et de ses valeurs culturelles, ainsi que le respect des valeurs nationales du pays dans lequel il vit, du pays duquel il peut être originaire et des civilisations différentes de la sienne ;d) préparer l'enfant à assumer les responsabilité de la vie*

dans une société libre, dans un esprit de compréhension, de paix, de tolérance, d'égalité entre les sexes et d'amitié entre tous les peuples et groupes ethniques nationaux et religieux, et avec les personnes d'origine autochtone ; e) inculquer à l'enfant le respect du milieu naturel ». Quant à la Charte africaine des droits et du bien-être de l'enfant, elle définit l'éducation à travers son article 11, selon lequel l'éducation de l'enfant vise, notamment, « *à préparer l'enfant à mener une vie responsable dans une société libre, dans un esprit de compréhension, de tolérance, de dialogue, de respect mutuel et d'amitié entre les peuples, et entre les groupes ethniques, les tribus et communautés religieuses* »[410].

56. Ces dispositions de la Charte africaines s'inspirent en l'occurrence de la Convention des Nations Unies. Ces textes énumèrent une liste de devoirs qui entrent dans l'objet de l'éducation. Cela va de l'obligation de promouvoir et développer la personnalité de l'enfant à l'obligation de promouvoir la compréhension des soins de santé primaire par l'enfant. Ces sources internationales invitent les Etats membres à préparer les enfants à devenir des adultes responsables et pouvant vivre en harmonie avec les autres malgré la différence de culture et de religion. L'éducation de l'enfant a un sens vague et large.

57. La définition de l'éducation donnée par les juges de la Cour européenne des droits de l'Homme dans l'affaire Campbell-Cosans en date du 25 mars 1993 n'est pas plus précise. Selon la Cour européenne, l'éducation est la « somme de procédés par lesquels dans toute société, les adultes tentent d'inculquer aux plus jeunes leurs croyances, coutumes et autres valeurs »[411]. C'est ainsi qu'un auteur français spécialiste de l'enfance, écrit qu' : « *A l'aube du 3ème millénaire, un bref regard en arrière donne à voir de nombreuses avancées technologiques, des progrès innommables dans le domaine de la médecine, des moyens de communication fulgurants... Il est possible aujourd'hui de prolonger la vie de l'individu, de remplacer une grande partie du corps humain par des matériaux étrangers, de procréer et de transmettre la vie sans toujours donner priorité à la nature... Les progrès sont indéniables et atteignent une telle ampleur que, pour la première fois, nous sommes pris de vitesse, dépassés*

[410] V. L'article 11 de la Charte africaine des droits et du bien être de l'enfant.
[411] V. Affaire Campbell et Cosans, Cour européenne des Droits de l'homme, 25 mars 1993, Jurisprudence Cour européenne, 5e édition, Sirey, 1996, n° 1172 et s.

incapables d'appréhender, d'assimiler et de nous adapter au rythme effréné de cette évolution endiablée. Chacun de se dire « mais où va le temps ? », ce temps qui défile si vite qu'il ne laisse plus le temps de le vivre. Et pourtant, il reste un domaine où, malgré des ajustements, des expériences différentes, contradictoires, des éclairages théoriques nombreux et diversifiés, les questions restent ouvertes, entières, les solutions (s') échappent, le mystère demeure, livré à nos consciences, à nos doutes, à nos intuitions. Il s'agit du domaine de l'éducation »[412]. L'éducation est en effet une notion complexe et variable d'une époque à une autre, d'une société à une autre. Eduquer un enfant implique le devoir de l'adulte de l'instruire ou de le faire instruire, de le former philosophiquement, religieusement et moralement.

358. En droit guinéen, la dimension morale est dominante dans la notion d'éducation. Le dictionnaire français Larousse donne deux définitions de la morale. Pour la première définition, la morale serait « *l'ensemble des règles de conduite, considérées comme bonnes de façon absolue ou découlant d'une certaine conception de la vie* ». Selon la seconde, la morale serait *« la science du bien et du mal, théorie des comportements humains, en tant qu'ils sont régis par des principes éthiques* ». Ainsi, la morale veut que l'on distingue le bien du mal. Eduquer un enfant consisterait alors à lui apprendre à faire la distinction entre le bien et le mal. Cette dimension morale est de l'essence même de l'éducation. L'éducation de l'enfant suppose que les parents aient inculqué à leur enfant un nombre important de valeurs morales pendant toute la durée de l'enfance.

359. L'éducation morale de l'enfant se fait souvent, même de nos jours, à travers les contes et légendes[413]. L'éducation morale consiste à apprendre à l'enfant les bonnes manières de façon continue. La dimension morale puise alors davantage sa source dans les usages que dans les codes. C'est aussi le cas en France. Le législateur français prévoit le devoir d'éduquer les enfants dans le chapitre du Code civil traitant des devoirs respectifs des époux. Ce qui est significatif. Aux termes de l'article 213 issu de la loi du 4 juin 1970 : « *Les époux assurent ensemble la direction morale et matérielle de la famille. Ils pourvoient à l'éducation des enfants et préparent leur avenir* ». Le législateur guinéen aussi a introduit dans les devoirs imposés aux

---

[412] B. Walter, Le droit de l'enfant à être éduqué. L'Harmattan, 2001. p. 7.
[413] V. *supra* n° 4.

époux l'éducation de leurs enfants. Selon l'article 324 alinéa 2 du Code civil guinéen, « *La femme concourt avec le mari à assurer la direction morale et matérielle de la famille ; à pourvoir à son entretien, à élever les enfants et à préparer leur établissement* ». La direction morale de la famille peut être qualifiée ici d'éducation morale des enfants.

360. Sur le fondement des textes cités, il est permis de dire que l'on retrouve la dimension morale de l'éducation dans des textes légaux à travers les dispositions des articles 213 du Code civil français et 324, alinéa 2 du Code civil guinéen. Il est aussi possible de déduire des textes juridiques relatifs à l'enfant que l'éducation de l'enfant recouvre l'éducation morale, scolaire, religieuse et civile, puisque, selon les textes cités plus haut, éduquer un enfant revient à lui apprendre à faire la distinction entre le bien et le mal (l'éducation morale), à l'inscrire dans un établissement scolaire (pour son éducation scolaire et civile) et à lui apprendre les préceptes religieux. Le dernier volet est surtout important en Guinée où l'éducation religieuse est un devoir. En droit français, il s'agit d'une liberté.

361. L'enfant est un adulte en devenir. La finalité de l'éducation consiste à faire de l'enfant, être malléable, un être social, un bon citoyen par la transmission de connaissances. Il revient aux parents de jouer le premier rôle de transmission. C'est l'éducation familiale. Ensuite l'école viendra en aide aux parents pour ce rôle de transmission de connaissance à l'enfant. C'est l'éducation scolaire. Selon l'article 28 de la Convention internationale des droits de l'enfant, « *les Etats parties reconnaissent le droit de l'enfant à l'éducation ... en vue notamment de contribuer à éliminer l'ignorance et l'analphabétisme... et de faciliter l'accès aux connaissances scientifiques et techniques et aux méthodes d'enseignement moderne* ». En se fondant sur les dispositions de cet article 28 de la CIDE, il est permis de dire que l'éducation est un droit pour l'enfant, une obligation pour les parents et qu'il revient à l'Etat de garantir l'éducation des enfants.

362. Les père et mère ou toute personne les remplaçant sont les titulaires des droits et devoirs relatifs à l'éducation de l'enfant. A ce titre, il leur revient le choix de l'établissement scolaire et ceux-ci sont membres de la communauté éducative conformément à l'article L. 111-4 du Code

français de l'éducation[414]. L'Etat devant garantir l'éducation scolaire des enfants, les années 90 ont connu la construction de nombreux établissements scolaires publics en Guinée avec des campagnes de sensibilisation, soutenues par l'UNICEF Guinée, en mettant l'accent sur la scolarisation des jeunes filles.

363. Le contenu de l'éducation est à la fois laïc et religieux. L'éducation laïque de l'enfant est l'éducation qui favorise la socialisation de l'enfant à travers l'école qui transmet à l'enfant des connaissances, des savoirs être et des savoirs faire lui permettant d'appréhender le monde dans lequel il vit. L'école se charge de faire d'un enfant un citoyen honnête doté d'une culture générale et universelle. Parallèlement à l'école, la famille joue le rôle essentiel dans l'éducation de l'enfant. Les parents sont les premiers éducateurs de l'enfant dans la mesure où la famille est la première institution que l'enfant connaît. Les parents inculquent à l'enfant une culture d'origine et des valeurs lui permettant de vivre en harmonie avec les autres membres de la famille, d'une part et de vivre pacifiquement avec les autres familles, d'autre part. Quant à l'éducation religieuse de l'enfant, la majorité de la population guinéenne étant de confession musulmane, les enfants sont éduqués suivant les principes de l'Islam. En général, les parents envoient leurs enfants à l'école coranique pour acquérir les connaissances du Coran et la vie du prophète Mohamed (paix et salut sur son âme). Les parents aisés ont pris l'habitude de faire venir un *karamoko*, maître coranique, chez eux pour enseigner aux enfants l'Islam, après l'école républicaine. Contrairement à la France où les parents peuvent décider de ne pas donner une éducation religieuse à l'enfant, en Guinée, l'enfant reçoit toujours une éducation religieuse. Lorsqu'elle n'est pas musulmane, elle est chrétienne ou animiste. Les parents défaillants dans l'éducation de leur enfant sont susceptibles d'engager leur responsabilité pour faute d'éducation.

---

[414] Selon l'article 111-4 du Code français de l'éducation « *les parents d'élèves sont membres de la communauté éducative* ».

B- La faute d'éducation

364. Suivant la loi, la victime doit démontrer que l'enfant mineur qui est auteur de son dommage a été mal éduqué. Il faut se poser la question de savoir quels sont les instruments de preuve dont dispose la victime pour établir la faute d'éducation de l'enfant afin d'obtenir la réparation de son dommage ? Dans le régime ancien du droit français de la responsabilité des père et mère, l'examen des faits des arrêts a montré que lorsque le fait dommageable reproché à l'enfant mineur procédait d'une maladresse ou d'une simple erreur de conduite, les juges avaient davantage tendance à retenir une faute de surveillance qu'une faute d'éducation[415]. Lorsque le dommage résultait d'une infraction pénale commise par l'enfant les juges retenaient plus facilement la faute des parents[416].

365. Dans le droit guinéen, l'examen des solutions jurisprudentielles s'avère difficile, voire impossible, en matière de la responsabilité parentale, car il est rare qu'un acte dommageable causé par un enfant mineur fasse débat devant une juridiction. Le plus souvent, les litiges provoqués par les enfants sont réglés à l'amiable entre la famille de l'enfant auteur du dommage et la famille de la victime. Les litiges les plus graves, tel le viol et l'atteinte physique, sont réglés au niveau du chef de quartier dont le conseil est composé par des notables du quartier. Seuls les cas de meurtre sont portés devant les juridictions étatiques. Dans les règlements à l'amiable, l'éducation de l'enfant est rarement remise en cause. C'est la faute de surveillance qui est le plus souvent retenue car, selon un adage populaire, *« il appartient à tout le village d'éduquer l'enfant »*[417]. Cependant, les parents restent les débiteurs principaux de l'obligation d'éduquer l'enfant. En cas de dommage causé par l'enfant mineur, le comportement des parents est apprécié pour juger de l'acte de l'enfant. La réputation des parents est déterminante dans le jugement de l'acte de l'enfant. Cela est vrai même devant les juridictions de l'Etat guinéen.

---

[415] V. Cass. 2e civ. 2 avril 1979, n° 78-10.645, Bull civile. 2 n° 111.

[416] V. Cass. crim. 5 octobre 1977, n° 75-93.348 Bull. crim. n° 292 p. 742 ; 18 juin 1980. n° 78-93.304 Bull. criminel n° 197. En l'espèce la Cour de cassation décida que : « *Lorsque le mineur poursuivi habite chez ses parents, ceux-ci ne peuvent s'exonérer de la responsabilité que l'article 1384 du Code civil fait peser sur eux, qu'en rapportant la preuve qu'aucune faute d'éducation ou de surveillance ne pouvant leur être reprochée, ils n'ont pu empêcher le fait délictueux* ».

[417] Cet adage se retrouve dans toutes les ethnies de la Guinée.

366. S'il est rare de voir un tribunal étatique saisi pour demander la réparation d'un dommage causé par un enfant, il n'est pas impossible qu'une affaire concernant un litige résultant de l'acte d'un enfant arrive devant une juridiction étatique. Dans ces cas- là, la victime doit démontrer la défaillance des parents dans l'éducation de l'enfant. La victime du dommage causé par l'enfant peut apporter la preuve de la faute d'éducation des parents, soit à titre principal soit à titre subsidiaire. Elle apporte la preuve de la faute d'éducation des parents à titre principal lorsqu'elle fonde sa demande d'indemnisation principalement sur la faute d'éducation. Elle apporte la preuve de la faute d'éducation des parents à titre subsidiaire lorsqu'elle sa demande est principalement fondée sur un autre motif que la faute d'éducation, par exemple la faute de surveillance et qu'elle se prévale de la faute d'éducation pour soutenir sa demande.

367. C'est lorsque l'enfant commet un acte constitutif d'un délit ou d'un crime que la défaillance des parents à son éducation apparaît le plus nettement dans la jurisprudence guinéenne, comme dans l'ancien régime du droit français. Comme il a été dit plus haut, l'éducation est fondamentalement morale en droit guinéen. Elle consiste à apprendre aux enfants à distinguer le bien du mal. C'est une question de conscience. Il appartient aux parents d'assurer l'intégrité morale de leur enfant. L'éducation consistant donc à faire de l'enfant un citoyen honnête, la victime doit montrer que son dommage provient d'un acte dû à l'éducation reçue. C'est sur cette question que se concentrera le débat devant les juges du fond. La rareté de jurisprudence dans le droit guinéen qui confirme cette affirmation ne la remet pas tout de même en cause. Les circonstances de l'espèce, l'âge et le sexe de l'enfant sont des éléments susceptibles d'être pris en compte dans l'examen de la preuve de la faute d'éducation de l'enfant.

368. Dans sa décision le juge peut considérer que le seul fait que l'enfant ait commis un acte criminel était la preuve que ses parents ne lui avaient pas donné une bonne éducation. Il peut s'agir d'un viol commis sur une jeune fille par un jeune garçon. Les parents de la victime attaqueraient les parents de l'enfant mineur auteur du viol au pénal et se constitueraient partie civile. Ils demanderaient réparation pour la perte de la virginité de leur fille avant le mariage. Très souvent, les cas de viol sur la femme sont dissimulés par la victime elle-même. Quand l'auteur de l'acte est un enfant, la victime d'abord

et ses parents ensuite, pensent qu'il est préférable de cacher l'acte de viol pour préserver l'honneur de la famille. Il est donc très rare de trouver dans le droit guinéen une décision relative à un viol commis par un enfant mineur.

69. Dans l'appréciation de la faute d'éducation, il est tenu compte, en Guinée, du sexe de l'enfant. Dans la société guinéenne, il y a une catégorisation par sexe des activités que les enfants peuvent pratiquer. Lorsqu' un enfant mineur de sexe féminin cause un dommage à autrui en pratiquant une activité dévouée aux garçons, comme le football par exemple, les juges seront plus susceptibles de reprocher à ses parents une faute d'éducation, en considérant qu'ils ne lui ont pas appris à faire la distinction entre les activités pour les filles et celles des garçons. Aucune décision judiciaire ne confirme cette affirmation, mais elle est l'avis de nombreux magistrats et avocats consultés en Guinée.

70. L'âge de l'enfant est aussi un critère sur lequel les tribunaux se fondent pour établir l'existence de l'absence de faute dans l'éducation de l'enfant. Par exemple, un enfant porté sur le dos de sa mère en bandoulière avait renversé, pendant que celle-ci discutait le prix d'un article avec un commerçant, le pot de miel, destiné à la vente, du commerçant de la table d'à côté. Le conciliateur du litige né de ce fait a demandé à la victime de considérer son dommage comme un fait du hasard, vu le bas âge de l'enfant auteur de l'acte. Ce n'est pas l'éducation de la mère qui a été remise en cause en l'espèce, mais sa surveillance. Il ne lui a pas été demandé de réparer le préjudice du commerçant parce que, dans la culture guinéenne, les enfants en bas âge sont considérés comme des anges. Par conséquent, les dommages qu'ils commettent sont mis sur le compte du hasard[418].

71. D'une façon générale, les dommages commis par les enfants en bas âges peuvent être évités par une surveillance appropriée de leurs parents. Certes, ces dommages ne sont pas la preuve irréfutable de la mauvaise éducation des parents mais, dans de tels cas, l'éducation pourrait être invoquée à titre subsidiaire, comme complément de preuve d'une négligence dans la surveillance de l'enfant auteur du dommage causé à autrui. Il est difficile de faire la preuve de

---

[418] V. La responsabilité du fait des *infanssupra* n° 167.

l'éducation inculquée à l'enfant sur l'ensemble de son enfance. En général, les circonstances du dommage ne montrent pas de manière évidente que l'éducation en est la cause principale. La victime peut se fonder sur la surveillance pour démontrer que les parents ont été défaillants dans l'exercice de leur obligation d'éducation. Il faudra que la victime apporte la preuve de la faute d'éducation sur un point particulier, en rapport avec la surveillance.

372. Lorsque le dommage est commis par l'enfant à l'occasion de l'exercice d'une activité dangereuse ou qui demande des connaissances ou des précautions particulières, il faut admettre que les juges accueillent facilement la preuve d'une mauvaise éducation apportée par la victime. Parce que les parents doivent instruire leur enfant des règles à suivre dans l'activité autorisée et s'assurer que l'enfant est en mesure de pratiquer l'activité en observant la rigueur requise. Dans une espèce où un enfant de 19 ans[419] avait provoqué un incendie dévastant la récolte de taro d'un voisin, le chef de quartier, saisi pour régler l'affaire, avait considéré que le père de l'enfant qui ne lui avait pas appris suffisamment la technique de la terre brûlée[420] et le rituel précédant tout acte relatif à l'activité agricole[421], avait manqué à son obligation d'éducation[422]. Cette affaire montre en quoi les particularités de l'espèce se révèlent déterminantes dans la caractérisation de la faute d'éducation.

373. A partir d'une défaillance particulière, le juge ou l'arbitre aura tendance à élargir la faute sur l'ensemble de l'éducation de l'enfant. Lorsqu'un enfant de quinze ans laisse un troupeau de vaches détruire la récolte de maïs d'autrui, au mépris de toutes les règles de prudence et de vigilance, les parents seront condamnés à réparer le dommage commis malgré la bonne éducation prétendue par le père[423]. La faute d'éducation des parents est retenue pour la simple preuve de la commission de l'acte reproché à l'enfant. Pourtant le droit guinéen

---

[419] L'âge légal de la majorité civile en guinée est 21 ans.

[420] Pendant la saison sèche, certains cultivateurs mettent le feu à leur champ après avoir désherbé pour recevoir la pluie prochaine dans de bonne condition. Ce qui rend la terre plus fertile.

[421] En Guinée chaque métier rural a un rituel spécial. Avant de commencer tout acte relatif à un métier donné, il est de coutume de respecter le rituel requis. Cela consiste à invoquer la bienveillance des anciens, des esprits et de Dieu.

[422] Cette affaire a été expliquée par un notable de Taïré, un village situé près de Labé, capitale de la région de la Moyenne-Guinée.

[423] C'est ce qui a été décidé par un conseil de quartier arbitrant dans un litige né dans une affaire où l'enfant d'un éleveur de bœufs et de vaches avait laissé le troupeau dévaster la culture d'un paysan.

actuel de la responsabilité des père et mère ou toute personne les remplaçant du fait de l'enfant mineur est fondé sur la faute prouvée. Il revient à la victime de prouver la faute des parents. Cette pratique constitue alors un renversement de la charge de la preuve car, pour que les parents se voient exonérés de leur responsabilité, ils doivent apporter la preuve de la bonne éducation inculquée à leur enfant.

374. La preuve de la bonne éducation ne suffit pas toujours. Le juge dispose ici d'un pouvoir d'appréciation. Il se fonde sur les éléments des circonstances de l'acte dommageable pour apprécier l'éducation donnée à l'enfant. La victime du dommage causé par l'enfant mineur doit prouver que l'éducation donnée, qui est fonction du milieu social, de l'âge et de l'activité exercée par l'enfant, montre la faute des parents. Dans certains cas la faute est présumée, comme il est apparu ci-dessus.

375. L'éducation étant l'affaire de tous, c'est la surveillance qui fait souvent l'objet de débats. Dans la pratique, l'éducation est rarement contestée. Les juges examinent les circonstances du dommage et déclarent que l'enfant n'a pas été surveillé avec la rigueur requise. Si la victime tient à obtenir réparation, elle établit la surveillance défaillante.

§ 2. La faute de surveillance de l'enfant

376. La victime peut encore démontrer qu'elle n'aurait pas subi de dommage si les parents de l'enfant mineur l'avaient convenablement surveillé.

377. La tradition, en droit français comme en droit guinéen, fonde « l'obligation de surveillance »[424] sur l'autorité. C'est en raison de l'autorité qu'il exerce sur son préposé que le commettant est tenu d'une obligation de surveillance. De même, les père et mère sont tenus de surveiller leurs enfants mineurs habitant avec eux en raison de l'autorité parentale dont ils sont bénéficiaires à leur égard. Le droit

[424] V. pour une étude très détaillée de cette expression C. Coulon, L'obligation de surveillance, thèse Economica 2003.

positif français reste conforme à cette tradition malgré l'arrêt *Bertrand*, selon lequel il n'est plus nécessaire de démontrer l'existence d'une faute commise par les parents de l'enfant auteur du dommage pour engager leur responsabilité. Dans le droit français, l'obligation de surveillance à la charge des parents n'est plus fondée sur la faute, mais sur le risque[425]. Si l'obligation de surveillance se trouve affaiblie dans le droit français de la responsabilité parentale, elle n'a pas complètement disparu. Quant au droit guinéen, il maintient toujours un lien fort entre l'autorité parentale et l'obligation de surveillance dans la mesure où la responsabilité parentale reste fondée sur la faute. Ainsi, l'intérêt de l'obligation de surveillance est beaucoup plus grand dans le droit guinéen que dans le droit français. Il convient de définir d'abord l'obligation de surveillance en matière de responsabilité parentale(A) pour ensuite déterminer les éléments qui permettent d'apprécier la conduite des parents dans l'exécution de leur obligation de surveillance (B).

A- Le contenu de l'obligation de surveillance

378. Dans le langage courant, le mot surveillance renvoie le plus souvent à l'idée de protection. Ainsi, le vigile et la caméra surveillance ont pour mission d'empêcher autrui de voler, cambrioler ou vandaliser la chose objet de surveillance. C'est dans ce même sens que le droit appréhende le mot « surveillance ». Selon le dictionnaire de l'association Henri Capitant, la surveillance est « *l'action de veiller sur une personne ou une chose dans l'intérêt de celle-ci* ». Ce vocabulaire juridique donne donc une définition du mot surveiller qui évoque l'idée de protection. En droit de la responsabilité civile, l'obligation de surveillance est évoquée dans sa fonction de prévention de l'acte dommageable. L'on fait usage de l'expression, « obligation de surveillance », pour désigner le devoir imposé à certaines personnes de contrôler les faits des autres, dans le but de prévenir tout comportement susceptible de causer dommage à autrui. En matière de responsabilité parentale, l'obligation de surveillance a également cette fonction de prévention des actes dommageable du fait des enfants. Un auteur français définit la surveillance comme la « *mission incombant aux parents de veiller sur leur enfant afin*

[425] V. *infra* n° 582 et suivant.

d'assurer sa sécurité, sa santé et sa moralité ». Il poursuit en affirmant que : « *Cet attribut de l'autorité parentale se trouvait expressément consacré, avant la loi du 4 mars 2002, à l'article 371-2, alinéa 2, ancien du Code civil. Depuis la loi de 2002, la surveillance, comme la garde, n'est plus visée en tant que telle au titre de l'autorité parentale* »[426].

379. Il faut adhérer à l'opinion d'un autre auteur français selon laquelle « *l'arrêt Bertrand n'a, en soi, aucune influence sur le contenu de l'autorité parentale, dont le droit et devoir de surveillance demeure certainement l'un des attributs. Certes, il est notable de constater que, dans sa nouvelle rédaction issue de la loi du 4 mars 2002 sur l'autorité parentale, l'article 371-2 du Code civil n'y fait plus directement référence, mais cela n'atteste aucunement de la volonté du législateur de décharger les père et mère de leur obligation de surveillance, que l'on peut d'ailleurs inclure dans l' « ensemble de droits et devoirs ayant pour finalité l'intérêt de l'enfant », que vise l'article 371-1. Garants de la « sécurité », de la « santé » et de la « moralité » de leur enfants, les parents demeurent à l'évidence tenus de surveiller ces derniers* »[427]. En effet, l'autorité parentale est un ensemble de droits et de devoirs permettant de protéger l'enfant, dans sa sécurité, sa santé et sa moralité.

380. Si, en droit français la victime ne peut se prévaloir de la violation de l'obligation de surveillance sur le fondement de l'article 1384, alinéa 4, du Code civil, la responsabilité des père et mère n'étant plus fondée sur la faute, elle peut toutefois demander la réparation de son préjudice sur le fondement de l'article 1382 du Code civil français. Mais elle se prévaudra ainsi d'une responsabilité civile fondée sur la faute, donc plus difficile à mettre en œuvre car il faudra apporter la preuve de la faute. Il appartient enfin au juge d'apprécier les éléments de la faute.

---

[426] V. Brunetti-Pons C. L'enfant sujet de droit, Lamy, *op. cit.* p. 81.

[427] C. Coulon L'obligation de surveillance, thèse, édition Economica, *op. cit.* p. 202.

B. Les éléments d'appréciation de la faute

381. Le juge tiendra compte des circonstances de chaque espèce pour apprécier la conduite fautive ou non des parents dans la surveillance de l'enfant auteur de l'acte à l'origine du dommage causé à autrui. En principe, la faute s'apprécie *in abstracto*. Les éléments de circonstance sont notamment l'âge, le caractère de l'enfant et le caractère dangereux de la chose utilisée par l'enfant.

382. Lorsque l'enfant est en bas âge, il est prudent d'exercer sur lui une surveillance plus rigoureuse que sur un enfant proche de la majorité. Il suffit pour la victime de montrer que son dommage a été causé par un enfant en bas âge mal surveillé pour établir la faute de surveillance des parents. Le jeune âge de l'enfant est un facteur qui facilite la preuve de la faute de surveillance. L'âge jeune de l'enfant est une circonstance qui entraîne un renversement de la charge de la preuve. Il revient alors aux père et mère ou toute personne les remplaçant de prouver que le dommage causé par l'enfant n'est pas dû à une faute dans sa surveillance[428]. Les père et mère doivent montrer qu'ils se sont comportés en bon père de famille, en individus prudents et diligents.

383. Ainsi, le droit guinéen de la preuve auquel renvoie l'alinéa 4, de l'article 1099 du Code civil guinéen doit être renversé si l'acte dommageable est le fait d'un enfant en bas âge. Les juges ne doivent pas tenir compte du principe du droit commun, selon lequel la charge de la preuve incombe au demandeur. Ils doivent plutôt exiger des parents la preuve des faits destinés à établir leur irresponsabilité.

384. Le même raisonnement est adopté lorsque l'enfant qui a commis l'acte dommageable est connu pour son tempérament nerveux ou est malade. Les parents d'un tel enfant doivent se montrer beaucoup plus prudents et vigilants à son égard. Ils doivent adopter le même comportement

---

[428] V. Le droit français antérieur, notamment les arrêts du 29 avril 1976 (n° 74-13.710, Bull civil. 2 n° 140, p 109) ; du 2 novembre 1960 (D. 1961.770) ; du 13 juin 1968 (Bull civ. II. n° 176); du 12 octobre 1955 (D. 1956. 301, n. R. Rodière, JCP, 1955.II. 9003) ; de la 2e chambre civile de la Cour de cassation. Il faut rappeler que le droit français a consacré un régime de responsabilité de plein droit depuis l'arrêt Bertrand du 19 février 1997. Par conséquent, en droit français actuel les parents ne peuvent se dégager de leur responsabilité civile en prouvant qu'ils n'ont pas commis une faute de surveillance à l'origine de l'acte dommageable de leur enfant. Seule la preuve d'un cas de force majeure ou d'une faute de la victime peut exonérer les parents de la responsabilité de plein droit encourue du fait des dommages causés par leur enfant mineur habitant avec eux.

lorsqu'ils ont laissé entre les mains de leur enfant une chose dangereuse.

85. La chose dangereuse utilisée par l'enfant mineur peut être une machette, une houe, un marteau ou un fusil de chasse, par exemple. Ces instruments que les parents peuvent laisser dans les mains de leurs enfants mineurs pour son apprentissage du métier de forgeron, de cultivateur ou de chasseur, peuvent être la source de dommage à autrui. Il n'est pas possible d'interdire aux parents de laisser leurs enfants manier ces instruments car, si l'enfant du griot[429] commence à s'exerce à son art dès l'enfance en tapant sur le balafon, le djembé et en grattant sur les cordes de la cora, tout en chantant pour travailler sa voix, il est normal aussi que l'enfant du forgeron, du cultivateur ou du chasseur apprenne à manipuler les instruments de son métier. Il est simplement demandé aux parents une vigilance accrue lorsque les enfants inexpérimentés ont entre leurs mains ces instruments qui ont un caractère dangereux et qui peuvent même servir d'arme mortelle.

86. Les choses dangereuses peuvent ne pas être des instruments de travail. Il peut arriver que l'enfant cause un dommage à autrui avec une pierre ou un morceau de bois quelconque. Le plus souvent, c'est au cours d'un jeu que l'enfant se sert d'une chose naturellement inoffensive mais dont l'usage est susceptible d'être à l'origine d'un dommage. Si le jeu auquel l'enfant s'est livré est adapté à son âge, son sexe et sa capacité, la victime d'un acte dommageable causé par celui-ci aura une chance très maigre de se faire indemniser. Dans l'hypothèse contraire, les parents verront leur responsabilité engagée pour imprudence. Mais c'est toujours à la victime de prouver que les parents ont été défaillants dans leur obligation de surveillance, sauf si les circonstances fondent un renversement du fardeau de la preuve, notamment en cas de bas âge, de maladie ou de manipulation de chose dangereuse.

87. Les parents peuvent se défendre en soutenant qu'ils n'ont pas pu empêcher le dommage en invoquant leur absence sur le lieu du dommage ou l'impossibilité d'éviter le dommage malgré la

---

[429] Le griot est, en Afrique occidentale, la personne qui détient la mémoire collective. C'est un conteur, un communicateur et un historien. A l'occasion des cérémonies comme le mariage ou le baptême, il chante les louanges des familles nobles. Aujourd'hui, la majorité des artistes chanteurs en Guinée est issue des familles de griots. Ce sont principalement les Kouyaté et Diabaté. V. Camara S. Gens de la parole. Essai sur la condition et le rôle des griots dans la société malinké, *op. cit.* p. 73.

surveillance adaptée. L'impossibilité d'exercer la surveillance à cause de l'absence sur les lieux du dommage, invoquée par les parents, ne peut avoir une valeur libératoire que si elle est justifiée. L'absence des parents ne doit pas être une faute qui leur soit imputable. Il est demandé en théorie aux parents une présence constante auprès de leurs enfants mineurs ou de les confier à une garde d'enfant quand il n'est pas dans une école. Les exigences de la vie moderne rendent difficile, en pratique la présence constante des père et mère auprès de leurs enfants mineurs, surtout dans les villes urbaines où le plus souvent tous les deux travaillent.

388. Pour obtenir l'exonération de responsabilité, les parents devraient démontrer qu'ils ont pris toutes les précautions possibles afin d'assurer une surveillance effective et appropriée de l'enfant mineur. Ils doivent montrer que leur absence est légitime et que le dommage de la victime résulte d'un acte purement accidentel de leur enfant mineur. L'impossibilité d'exercer la surveillance, invoquée par les parents, n'est pas un moyen de défense d'une grande efficacité. Il arrive que les parents invoquent aussi le fait d'avoir confié la garde de l'enfant à un tiers, si tel est le cas.

389. Il peut arriver que le dommage soit causé par l'enfant pendant qu'il se trouvait sous la garde d'un tiers. Certes, ce fait ne suffit pas à libérer les parents de leur responsabilité civile dans la mesure où ceux-ci conservent l'autorité parentale à l'égard de l'enfant, mais il peut s'agir d'un élément d'appréciation de leur comportement quant au dommage causé par l'enfant. Cette circonstance prouve que les parents ont été dans l'impossibilité d'empêcher le dommage, dans la mesure où le tiers a été temporairement mais nécessairement substitué aux parents dans l'exercice du devoir de surveillance sur l'enfant mineur. Cette preuve peut exonérer les père et mère de leur responsabilité envers la victime. Il faut encore préciser que la responsabilité du tiers ne saurait être engagée que sur le fondement du droit commun, si jamais la victime envisage de l'attaquer. Le droit guinéen de la responsabilité parentale étant fondé sur la faute, les parents ne sont pas responsables s'il est impossible de leur reprocher une faute. Aucune jurisprudence ne peut être citée pour confirmer cette affirmation. Toutefois, peut être invoquée la jurisprudence française, précisément l'arrêt de la Chambre

des requêtes en date du 30 juin 1898[430]. Dans une affaire où l'enfant avait causé un dommage à autrui en l'absence de ses parents, la chambre des requêtes avait affirmé ce qui suit : « *les père et mère sont à bon droit déchargés de toute responsabilité à raison d'une blessure causée à un tiers par leur enfant mineur... qui avait quitté la maison paternelle seul en compagnie du tiers et sur l'invitation de celui-ci, si des déclarations des juges du fond appréciant souverainement les circonstances de la cause, il ressort qu'en permettant à leur enfant de sortir avec ce tiers, les père et mère n'ont commis aucune imprudence ou négligence, que l'enfant n'était porteur d'aucun objet dangereux, d'aucune arme, qu'il n'était ni méchant, ni querelleur et qu'il était convenablement élevé, les parents devant être alors réputé avoir été dans l'impossibilité d'empêcher le fait préjudiciable* »[431].

390. La chambre des requêtes subordonne en l'espèce l'exonération des parents pour le cas d'absence au moment de l'acte dommageable de l'enfant à deux conditions. La première condition est liée à l'éducation de l'enfant. L'acte de l'enfant à l'origine du dommage ne doit pas laisser présumer une faute des parents dans son éducation. Cette condition peut être déduite de l'expression de la chambre des requêtes selon laquelle « *il était convenablement élevé* ». La seconde condition est relative à la faute de surveillance antérieure. L'acte de l'enfant à l'origine du dommage ne doit pas être commis à cause d'une faute de surveillance pouvant être reprochée aux parents. Si ces conditions font défaut c'est-à-dire en cas de bonne éducation et de surveillance antérieure appropriée, les parents risquent de voir leur responsabilité engagée, à moins qu'ils n'invoquent l'impossibilité matérielle d'empêcher le dommage malgré la surveillance au moment de l'acte dommageable.

391. Enfin, les père et mère peuvent s'exonérer de leur responsabilité en prouvant qu'il leur était impossible d'empêcher le dommage au moment de l'acte. Malgré la vigilance des parents, il peut arriver que l'enfant cause un dommage à autrui. C'est ce qu'un auteur affirme de manière très éloquente dans sa thèse de doctorat: « *Il existe en vérité des gestes et des mouvements que l'homme le plus avisé est incapable de prévoir ou d'empêcher, même au prix d'une attention soutenue ou*

---

[430]A cette date la Guinée était encore une colonie française, donc la référence à la jurisprudence de la chambre des requêtes est opportune.
[431]Req, 30 juin 1898, S. 1900, IV, 18.

d'une surveillance très étroite ; on n'a pas le droit de lui en tenir rigueur »[432]. Cette formule n'est pas sans rappeler l'adage populaire français : « *à l'impossible nul n'est tenu* ». Maintenant il faut se demander si la jurisprudence adhère à cette pensée. En Guinée, il est difficile de le savoir en raison du peu de jurisprudence sur le sujet. Mais la politique judiciaire guinéenne, qui reste basée sur la notion de faute, devrait conduire à répondre par l'affirmative. En ce qui concerne le droit français, cette question reviendra au moment de l'étude des causes d'exonération des père et mère[433].

392. Il a été dit que le droit guinéen de la responsabilité parentale exige que la victime apporte la preuve de la faute dans l'éducation ou la surveillance de l'enfant pour obtenir la réparation de son dommage.

---

[432] V. P. D. Ollier, La responsabilité des père et mère en droit français, critique de son régime légal, *op. cit.* p 54.

[433] V. *infra* n° 581 et suivant.

Conclusion du chapitre 1

393. Si aujourd'hui le droit français n'est plus fondé sur la faute, en droit guinée la faute est la condition de la responsabilité parentale. La faute dans la responsabilité parentale en droit guinéen a un caractère subjectif puisque l'on apprécie le comportement du civilement responsable de l'enfant mineur. Cela n'est pas le cas du droit français qui a consacré un régime de responsabilité de plein droit. Toutefois, en droit guinéen il est non seulement indifférent que la faute parentale soit de commission ou d'abstention, mais aussi, il est indifférent que la faute parentale soit intentionnelle ou d'imprudence. Il suffit que l'acte de l'enfant mineur à l'origine du dommage soit une faute dans l'éducation ou une faute de surveillance de cet enfant.

394. L'autorité parentale dont bénéficient les parents à l'égard de leur enfant mineur comporte l'obligation d'éduquer, de surveiller et fixer la résidence habituelle de cet enfant. Toute personne autre que les père et mère de l'enfant qui aura le droit de garde, aura par là même le pouvoir de fixer la résidence habituelle de l'enfant comme les parents. Pour le droit français de la responsabilité des père et mère, en plus de l'exercice de l'autorité parentale, le législateur exige le lien de filiation pour la mise en œuvre de l'article 1384, alinéa 4 du Code civil. Dans les développements précédents, il a été montré que la jurisprudence, s'estimant liée par la lettre de l'article 1384, alinéa 4 du Code civil français, qui ne vise que les père et mère, refuse formellement de manière constante, d'appliquer le régime de la responsabilité parentale aux personnes autres que les père et mère. Pour l'instant, le lien de filiation reste une condition de l'application de la responsabilité fondée sur l'article 1384, alinéa 4 du Code civil français. En ce concerne la nature de filiation à considérer, la loi française ne distingue pas entre les filiations légitime, naturelle et adoptive.

395. En plus de l'établissement de la faute, le droit guinéen, comme le droit français, retient la responsabilité des père et mère seulement lorsque certaines conditions sont réunies, qu'il convient maintenant d'examiner

Chapitre 2
Les autres conditions découlant de la faute

96. Pour engager la responsabilité des père et mère ou de toute personne les remplaçant pour le fait d'un enfant mineur habitant avec eux, il a été dit que le juge guinéen vérifiera la preuve de la faute d'éducation ou de surveillance à l'origine du dommage causé par l'enfant mineur. Mais, avant de faire le constat de l'établissement de la faute des parents en rapport avec le préjudice de la victime, le juge examinera aussi si les conditions de la mise en œuvre de la responsabilité parentale sont réunies en l'espèce.

97. La responsabilité des père et mère du fait de l'enfant mineur est un mécanisme de responsabilité civil qui met en jeu trois personnes. La victime, la personne qui a subi un dommage, l'enfant mineur, la personne qui a causé ce dommage et les père et mère ou toute personne les remplaçant, la personne civilement responsable du dommage. Si la preuve de la faute à l'origine du dommage causé à la victime est une condition nécessaire dans le droit guinéen, ce n'est pas une condition suffisante. Il existe des conditions préalables que le juge examinera pour la mise en œuvre de la responsabilité parentale. Certaines de ces conditions sont relatives aux père et mère ou toute personne qui les remplace. De ce point, le droit guinéen est original (Section 1). D'autres conditions concernent l'enfant, auteur de l'acte à l'origine du dommage à autrui (Section 2). Elles sont communes au droit guinéen et au droit français. Le point commun que présentent ces conditions est que celles-ci découlent de la faute. Cela explique qu'elles tendent à disparaître en droit français.

Section 1
Les conditions relatives au civilement responsables

398. Il a été démontré que la responsabilité parentale est une responsabilité du fait d'autrui et de nature civile. La responsabilité parentale consiste à mettre en œuvre la responsabilité civile d'une personne qui n'est pas à l'origine de l'acte dommageable. La responsabilité parentale apparait donc comme une responsabilité d'exception. Le mécanisme de la responsabilité parentale consiste à concilier l'objectif indemnitaire de la victime et l'intérêt du civilement responsable de l'enfant mineur. Pour retenir la responsabilité d'une personne pour le fait d'un enfant, la loi guinéenne exige donc, que cette personne soit le titulaire du droit de garde (§ 1) et qu'elle cohabite avec l'enfant auteur de l'acte dommageable (§ 2). Ces conditions sont spécifiques au droit guinéen, mais elles peuvent être rapprochées du droit français qui, sur ces deux points a évolué.

§ 1. La condition du droit de garde

399. La condition du droit de garde est prévue par le législateur guinéen. En plus de prouver que le dommage est imputable à la faute de la personne attaquée, il est nécessaire de démontrer que celle-ci bénéficiait du droit de garde à l'égard de l'enfant. Pour faire l'analyse de la condition du droit de garde, il est important de préciser d'abord ce concept (A), pour ensuite montrer que le droit guinéen a tout intérêt de maintenir cette condition à laquelle le droit français ne fait plus référence (B).

A- La définition de la notion de gardeen droit français et guinéen

400. La notion de garde est souvent confondue avec celle d'autorité parentale. Dans les développements qui précèdent, il a été démontré que la première est un attribut de la seconde. Il s'agit à présent

d'expliquer la notion de « droit de garde » malgré l'ambiguïté de cette notion.

401. La tâche s'avère difficile parce que, ni le législateur guinéen, ni son homologue français n'ont donné une définition de la notion de garde de l'enfant. L'un et l'autre se sont contentés de mentionner la notion sans en préciser le contenu. Les textes internationaux relatifs aux droits de l'enfant ne défissent pas non plus la notion de garde. Ni la Convention de New York de 1989 ni la Charte africaine des droits et du bien- être de l'enfant de juillet 1990. Il est possible de trouver des définitions de la garde dans les travaux de la doctrine française. Certains auteurs français la conçoivent largement. Ainsi, la garde comporterait la direction, l'éducation et la surveillance de l'enfant. Cette conception large du droit de garde de l'enfant se confond avec la notion d'autorité parentale. Pourtant, les législateurs français et guinéen, distinguent nettement la garde de l'autorité parentale en affirmant expressément que la première est un attribut de la seconde comme l'éducation et la surveillance.[434]

402. Il est préférable d'écarter la notion large de garde dans la présente étude, en raison du risque de confusion avec celle d'autorité parentale qu'un auteur français définit comme « *la charge du gouvernement de la personne des enfants, le respect et la reconnaissance que ces derniers doivent en retour* »[435]. Cela conduit à adhérer à la conception plus stricte que d'autres auteurs français prônent. Pour Monsieur Simler, la garde serait *« le droit de retenir l'enfant auprès de soi, c'est-à-dire, en termes de technique juridique, le droit de fixer le lieu de résidence de l'enfant*[436]. Un autre auteur écrit que : *« la garde peut être définie en l'occurrence comme le droit et le devoir de garder un enfant mineur sous sa protection en fixant sa résidence et en veillant sur sa santé, sa sécurité et sa moralité* »[437]. Cette définition rejoint celle donnée par Monsieur François Boulanger, pour qui la garde est le moyen de s'assurer le contrôle physique de l'enfant. Elle « *implique que le mineur non émancipé ne puisse avoir d'autre domicile que*

[434] V. *supra* n° 222.
[435] S. Bisson, « L'autorité dans la famille », *op. cit.*, p. 110.
[436] V. P. Simler, La notion de garde de l'enfant, RTD. civ ; 1972. L'auteur fait une étude détaillée de la notion de garde.
[437] V. Brunetti-Pons C, l'enfant sujet de droit, *op. cit.* p. 81.

celui du ou des titulaires de l'autorité »[438]. L'auteur rappelle ce que cela entraîne en droit en ces termes : « *En droit français, il se voit interdire de quitter ce domicile sans permission parentale, (art. 371-3 Code civil). Il commettrait autrement une fugue illégitime, sauf intervention, comme nous le verrons de l'assistance éducative, en raison du danger encouru au domicile parentale. A l'inverse, toute personne, parente ou non, qui tenterait d'enlever l'enfant des mains de ceux qui exercent l'autorité parentale, commettrait un délit de « soustraction d'enfant » punissable pénalement d'un à cinq ans d'emprisonnement, (art. 227-7 et 227-8 Code pénal)* ».

403. La précision de la notion est essentielle pour la mise en œuvre de la responsabilité des père et mère, du moins pour le droit guinéen. La notion de garde n'existe plus dans la règle prévue par le droit français pour la responsabilité parentale. La jurisprudence n'y fait pas référence dans son appréciation des conditions de la responsabilité parentale.

B- Le maintien de la condition de garde en droit guinéen

404. Aux termes de l'article 1099, alinéa 2 du Code civil guinéen : « *les père et mère, ou toute personne les remplaçant, sont responsables en vertu du droit de garde qui leur est dévolu par la loi, des dommages causés par leurs enfants mineurs, habitant eux* ». Suivant cette disposition, le législateur guinéen a prévu deux conditions relatives aux civilement responsables : le droit de garde et la cohabitation avec l'enfant auteur de l'acte dommageable. Ces deux conditions permettent de vérifier que les parents de l'enfant, auteur de l'acte à l'origine du dommage, disposaient, au moment de la réalisation de l'acte dommageable, d'un pouvoir effectif de contrôle et de surveillance sur l'enfant. En droit français, depuis le passage du régime de la responsabilité pour faute présumée à celui de la responsabilité de plein droit, il est permis de dire que la jurisprudence a procédé à un allégement de ces conditions légales. Aujourd'hui, en droit français, il suffit de constater qu'au moment où l'enfant a

[438] F. Boulanger, Les rapports juridiques entre parents et enfants. Perspectives comparatistes et internationales. Economica 1998. p 126, n° 118.

commis l'acte dommageable le parent attaqué bénéficiait de l'autorité parentale à son égard.

405. Si les juges français ne sont pas allés jusqu'à écarter ces conditions, il est possible de remarquer qu'ils ont de plus en plus tendance à les interpréter largement. Cela distingue les conditions du droit français de celles du droit guinéen, lequel reste fidèle à la rigueur voulue par le législateur. Il est permis d'en conclure que la jurisprudence française tient à maintenir le critère de la mise en œuvre de la responsabilité parentale : l'exercice de l'autorité parentale, contrairement à l'ancien droit français et au droit guinéen actuel qui prévoit le droit de garde de l'enfant mineur pour la mise en œuvre de la responsabilité des père et mère.

406. Selon l'article 1099, alinéa 2 du Code civil guinéen, lorsqu'un enfant mineur cause un dommage à autrui, la personne qui bénéficie du droit de garde à son égard peut voir sa responsabilité engagée par la victime. Le droit de garde est l'une des conditions que le législateur guinéen pose dans le Code civil.

407. La jurisprudence française, notamment l'arrêt de la chambre criminelle de la Cour de cassation en date du 10 octobre 1996, précisait que la responsabilité du fait d'autrui n'est pas fondée sur l'autorité parentale mais sur la garde. Il est permis donc de dire que la jurisprudence française distinguait la garde de l'autorité parentale. Selon la jurisprudence française, la garde implique un pouvoir de surveillance et de direction de l'existence de l'enfant[439] de manière permanente[440]. En effet, si la garde au sein de la famille unie est ici rattachée à l'autorité parentale, elle peut être détachée d'elle lorsque la famille est éclatée ou lorsque le mineur est placé. Depuis que le législateur français a supprimé la garde de l'article 1384, alinéa 4, cette jurisprudence n'est plus de droit positif. Toutefois, des distinctions doivent être opérées selon que les père et mère sont ou non titulaires conjoints de l'autorité parentale. S'il convient de retenir la conception de garde selon laquelle elle serait le droit et le devoir de

[439] V. Cass. crim., 10 octobre. 1996 : Bull. crim., n° 317 ; JCP G 1997, II, 22833, note F. Chabas ; D. 1997, p. 309, note M. Huyette.

[440] V. L'arrêt Blieck, Cass. ass. plén., 29 mars 1991 : D. 1991, p. 324, note C. Larroumet ; JCP G 1991, II, 21673, concl. Dontenwille, note J. Ghestin ; P. Jourdain : RTD civ. 1991, p. 541 ; Chabas : Gaz. Pal. 1992, 2, p. 513 ; Viney : D. 1991, chron. p. 157 ; M. C. Lebreton : Petites affiches 1997, n° 24, chron. 6 ; J.-L. Aubert : Defrénois 1991, art. 35062.

fixer la résidence de l'enfant mineur, il faut noter que c'est une prérogative qui appartient en principe aux père et mère en raison de l'autorité parentale dont ils sont titulaires. En droit guinéen, on continue de se référer à la garde.

408. Il peut arriver que l'enfant cause un dommage à autrui au moment où il résidait ailleurs que chez le titulaire du droit de garde. Dans de telles circonstances, l'on parle de « garde de fait », par opposition à la « garde de droit », dont est investi par la loi ou par le juge le véritable gardien[441]. Le législateur guinéen, en affirmant que « *les père et mère ou toute personne les remplaçant sont responsable, en vertu du droit de garde qui leur est dévolu par la loi, des dommages causés par leur enfants mineurs*», exclut expressément les gardiens de fait dans la mise en œuvre de la responsabilité parentale. Quant au droit français, avant même la réforme du 4 juin 1970, qui a fait de la mère le co-titulaire de l'autorité parentale, la jurisprudence considérait que « *la seule séparation de fait, situation illégitime, ne pouvait pas justifier un transfert de la garde à la mère* »[442]. En droit positif français, une garde de fait, celle de grands-parents pour les vacances, par exemple, ne fonde pas la responsabilité du gardien de fait. Mais le droit français a déplacé la question sur le terrain de l'autorité parentale, contrairement au droit guinéen. Le droit français de la responsabilité des père et mère actuel, tout comme le droit guinéen, ignore la situation de fait. Seul le parent qui bénéficie du droit de garde pour le droit guinéen et de l'autorité parentale pour le droit français peut voir sa responsabilité engagée pour les dommages causés par l'enfant mineur.

409. La responsabilité parentale fondée sur les textes des articles 1099, alinéa 2 du Code civil guinéen est expressément liée à l'exercice du droit de garde. Dans le droit guinéen, le critère fondamental est le droit de garde. Le critère du lien de filiation n'est pas nécessaire car, selon l'article 1099, alinéa 2 du Code civil guinéen, une personne autre que les père et mère peut voir sa responsabilité retenue si elle bénéficie du droit de garde en vertu de la loi à l'égard de l'enfant mineur auteur du dommage.

---

[441] V. Deman, Droit de garde et gardien de fait, J.C. P. 1964. I. 1830.

[442] Paris. 21 février 1964, J.C.P. 1964. II. 13629. Obs. A. Rouast.

10. En droit français, l'existence d'un lien de filiation est déterminante car la titularité de l'autorité parentale y est attachée. Ainsi, en droit guinéen et contrairement au droit français, le lien de filiation n'est pas déterminant. Toutefois, si le lien de filiation n'est pas une condition de la responsabilité parentale du droit guinéen, la nature de la filiation peut exercer une influence sur cette responsabilité. Ce rattachement direct de la responsabilité parentale à l'exercice du droit de garde peut se justifier par les règles du droit de la famille. Or, il se trouve que les règles d'attribution du droit de garde de l'enfant sont différentes selon qu'il s'agit d'un enfant légitime ou naturel.

11. Pour les couples mariés, selon l'article 324 du Code civil guinéen, « *le mari est le chef de la famille. Il exerce cette fonction dans l'intérêt commun du ménage et des enfants* ». L'article 331, alinéa 1er du même Code dispose que : « *le choix de la résidence de la famille appartient au mari : la femme est obligée d'habiter avec lui et il est tenu de la recevoir* ».

12. L'article 396 du Code civil guinéen dispose que : « *durant le mariage, le père exerce, en tant que chef du ménage, les droits de puissance paternelle* ». L'article 398 alinéa 1er du même code, précise que les droits de la puissance paternelle sont le droit de correction sur l'enfant et le droit de fixer le domicile et la résidence de l'enfant. Le droit français a connu aussi une évolution très progressive en matière de droit de garde de l'enfant dans un couple marié. La loi du 4 juin 1970 relative à l'autorité parentale a supprimé la notion de chef de famille. Depuis la loi n° 2009- 61 du 16 janvier 2009 ratifiant l'ordonnance n° 2005-759 du 4 juillet 2005 portant réforme de la filiation, la distinction entre la filiation légitime et la filiation naturelle n'existe plus. Le droit français a parachevé l'égalité dans les conditions d'exercice de l'autorité parentale par les père et mère avec la loi du 4 mars 2002. Les père et mère exercent désormais en commun l'autorité parentale quelle que soit l'origine de la filiation, légitime ou naturelle, conformément aux dispositions de l'article 372, alinéa 1er du Code civil français selon lequel : « *les père et mère exercent en commun l'autorité parentale* », sauf lorsqu'il y a une attribution unilatérale, soit en cas de décès ou privation d'exercice pour l'un d'entre eux, soit plus rarement à la suite d'une reconnaissance tardive, en principe plus d'un an après la naissance de l'enfant. En droit français, un divorce peut entraîner l'exercice unilatéral de l'autorité parentale. Les père et

mère connaissent une égalité de traitement en matière d'exercice de l'autorité parentale dans le principe d'un exercice conjoint, même après divorce ou séparation.

413. Cette égalité de traitement a conduit le législateur français à prévoir expressément dans la nouvelle formule de l'article 1384, alinéa 4, du Code civil, une obligation solidaire des père et mère en cas de dommages causés par les enfants mineurs. Avant même le changement de formule, la jurisprudence notamment, l'arrêt *Samda* du 19 février 1997, de la deuxième chambre civile de la Cour de cassation[443], se montrait intransigeante sur le respect de l'obligation solidaire des parents. Ainsi, cet arrêt a sanctionné les juges du fond, pour avoir refusé de mettre en cause les deux parents pour vol d'automobile et dommage causé par leur enfant mineur lors d'un droit de visite exercé chez le père. La Cour de cassation estime que : « *l'exercice d'un droit de visite et d'hébergement ne fait pas cesser la cohabitation du mineur avec celui des parents qui exerce sur lui le droit de garde* ». Il faut saluer la prise en compte du principe de l'égalité de traitement des père et mère dans la responsabilité par l'arrêt en l'espèce. Mais le droit français devrait introduire aussi le critère de l'intérêt supérieur de l'enfant comme le droit guinéen. Les rédacteurs du nouveau Code guinéen de l'enfant du 19 août 2008 n'ont pas hésité à s'inspirer du droit français pour établir l'égalité de traitement entre les père et mère dans l'exercice de l'autorité parentale. Cette influence conduit à approfondir cette question de la garde en droit guinéen, sous l'éclairage du droit français.

414. Pour une meilleure clarté, il convient d'analyser d'abord les différences entre les droits français et guinéen (1), pour ensuite justifier l'originalité du droit guinéen en la matière (2)

[443] V. Samda c/ Macif, Cass. civ. 2e, 19 février 1997, Bull. Civ. II. n° 55. RDT. civ. 1997. p. 670. Obs. P. Jourdain.

1- Des différences entre les droits français et guinéen

415. Il convient d'analyser la distinction entre le concept de « garde » et celui de « l'autorité parentale » lorsque l'enfant est né en mariage (a) et dans le cas des enfants naturels (b).

a- Garde et autorité parentale lorsque l'enfant est né en mariage

416. Le droit de garde qui est le droit de fixer le lieu de résidence de l'enfant, et le père étant le seul titulaire de ce droit conformément à l'article 331 du Code civil guinéen, cité plus haut, l'on pouvait comprendre que la responsabilité parentale du droit guinéen soit directement attachée au droit de garde, la garde étant la seule condition indispensable relativement au civilement responsable.

417. Depuis l'entrée en vigueur, le 19 août 2008 du nouveau Code guinéen de l'enfant, les données ont changé. Selon l'article 170 du nouveau Code guinéen de l'enfant du 19 août 2008 : « l'autorité parentale » appartient aux père et mère. L'article 174 du même Code précise que : « pendant le mariage, les père et mère exercent en commun l'autorité parentale ». Désormais, conformément au nouveau Code guinéen de l'enfant de 2008 qui substitue « l'autorité parentale » à « la puissance paternelle», le père ne bénéficie plus d'un droit exclusif d'exercice de l'autorité parentale. C'est ainsi que l'article 179, alinéa 1er du nouveau Code guinéen de l'enfant dispose que : « *si les père et mère sont divorcés ou séparés de corps, l'autorité parentale est exercée soit en commun par les deux parents, soit par celui d'entre eux à qui le tribunal l'a confié* ». Sur ce point, le droit guinéen rejoint le droit français. Cependant, le droit guinéen n'en demeure pas moins original par rapport au droit français en la matière. Il introduit un critère d'âge.

418. L'article 359, alinéa 1er du Code civil guinéen dispose qu'en cas de divorce : « *sauf accord spécial entre les parties, les enfants dès qu'ils auront atteint l'âge de sept ans, seront confiés à leur père* ». En raisonnant *a contrario*, il est permis de dire que le droit guinéen de la

famille octroie en principe la garde d'un enfant de moins de sept ans à sa mère, et à partir de sept ans au père.

419. Cette règle se comprend par la tradition religieuse et sociale. Le peuple guinéen est à majorité de confession musulmane. Selon le verset 223 de la sourate 2 du Coran : « nulle mère ne sera lésée en son enfant »[444]. En effet, les législations influencées par la tradition islamique connaissent la « *Hadanah* »[445] ou ce qui s'en approche. La « *Hadanah* » est le principe qui veut que l'on confie les enfants en bas âge à la femme pour leur soin. Le principe de la « *Hadanah* » est fondé sur l'intérêt de l'enfant. La femme est préférée à l'homme pour la garde des enfants en bas âge parce que l'on estime que ces derniers ont plus besoin du service de leur mère que celui de leur père. Toutefois, la mère doit remplir des conditions de moralité et de santé pour bénéficier de la « *Hadana*h »[446] : être une femme pubère, de bonne mœurs, saine d'esprit et exempte de maladies contagieuse. Elle a aussi l'obligation d'élever l'enfant avec les principes religieux de son père, c'est-à-dire l'Islam. Le père n'est pas totalement exclu de la gestion de la personne et des biens de l'enfant mineur. Il bénéficie d'une tutelle permanente sur la personne de l'enfant qui lui permet, en cas de divorce, par exemple de vérifier que la mère remplit toujours les conditions de la « *Hadanah.*

420. La règle de l'article 359, alinéa 1er du Code civil guinéen, cité plus haut se comprend aussi par la pratique sociale. La majorité des femmes guinéennes nourrissent leurs bébés avec le lait maternel. La tradition guinéenne pense qu'un enfant en bas âge qui a reçu l'amour de ses parents et a été élevé avec tendresse, sera un adulte avec de grandes qualités sociales et de compassion. La tradition considère la mère comme la personne la mieux qualifiée pour élever l'enfant dans de telles conditions. C'est pourquoi elle bénéficie en principe d'une priorité pour la garde de l'enfant en bas âge, sauf s'il s'avère que c'est une mère indigne ou qui n'est pas saine d'esprit. Cette influence de la tradition sociale et religieuse est confirmée par les tribunaux. Les juges continuent à se fonder uniquement sur le texte de l'article 359 du Code civil guinéen, cité plus haut, au détriment des articles du nouveau Code guinéen de l'enfant du 19 août 2008. C'est ainsi qu'ils

---

[444] V. Le Coran, il en existe en version française.
[445] V. Pansier F. J. et Guellaty K. Le droit musulman, Que sais-je ? PUF. 2000.
[446] V. Milliot L. et Blanc F. P. Introduction à l'étude du droit musulman, Dalloz, 2001.

attribuent la garde de l'enfant à la mère lorsqu'il a moins de sept ans, et au père lorsqu'il a au moins sept ans.

421. Dans le droit français l'attribution de la garde après le divorce des parents se fait différemment[447]. Depuis la loi n° 70-459 du 4 juin 1970, les parents exercent l'autorité parentale conjointement. La règle de l'exercice conjointe de l'autorité parentale, prenant en compte l'intérêt de l'enfant, a été renforcée par la loi n° 93-22 du 8 janvier 1993, modifiant le Code civil français, relative à l'état civil, à la famille et aux droits de l'enfant (C. civ., art. 373-2 ancien), érigeant en principe l'exercice en commun de l'autorité parentale par les époux divorcés ou séparés. La loi Malhuret[448] n° 87-570 du 22 juillet 1987 relative à l'exercice de l'autorité parentale confirme le principe de la coparentalité. Elle distingue l'exercice de l'autorité parentale du droit de garde de l'enfant. En 1999, le rapport Dekeuwer-Défossez[449] expliqua la nécessité de « *redonner aux pères toute leur place* », dans l'intérêt de l'enfant à être élevé par ses deux parents. La loi n° 2002-305 du 4 mars 2002[450] relative à l'autorité parentale renforça le principe de la coparentalité en le généralisant. Il n'est pas question de garde en droit français, comme il a été dit plus haut, mais le mot garde sera utilisé dans cette thèse pour asseoir la comparaison avec le droit guinéen. En outre, dans la pratique, on continue à parler de garde en droit français.

422. Ainsi, après la séparation des parents, deux cas de figures peuvent se présenter, en droit français : soit la garde de l'enfant est confiée à un seul des parents, soit la garde est confiée aux deux. Dans la seconde hypothèse l'on parle de garde alternée ou de résidence alternée. C'est une solution prévue à l'article 373-2-9 du Code civil français pour régler le conflit des parents sur la question de la garde de leur enfant. La jurisprudence française distingue la garde partagée de la garde alternée, « dite résidence alternée » : en ce qui concerne la garde partagée, la fratrie est séparée, chacun des parents hébergeant un ou

[447] V. notamment Gaumont-Prat H, La résidence alternée à l'épreuve du droit comparé (France-Belgique), Droit de la famille n° 7, Juillet 2012, étude 15.
[448] La loi Malhuret à l'initiative de Claude Malhuret, secrétaire d'Etat chargé des droits de l'Homme, prévoit l'extension de l'exercice de l'autorité parentale par les deux parents aux couples non mariés et aux couples divorcés. V. Loi n° 87-570, 22 juill.1987 : Journal Officiel 24 Juillet 1987, p. 08253. - F Dekeuwer, Maguin, Vauville, Droits de l'homme et droits de l'enfant : D. 1988, chron. p. 137.
[449] V. Dekeuwer-Défossez, Rénover le droit de la famille, propositions pour un droit adapté aux réalités et aux aspirations de notre temps, Paris, Doc. fr., 1999.
[450] V. Loi. n° 2002-305, 4 mars 2002 : Journal Officiel 5 Mars 2002, p. 4161.

plusieurs enfants à titre habituel. Alors que s'agissant de la garde alternée, c'est l'ensemble de la fratrie que les parents se "partagent" à tour de rôle. L'examen des décisions judiciaires montre que la garde partagée peut donner lieu à plusieurs combinaisons : le juge peut fixer la résidence des garçons chez le père et la résidence des filles chez la mère[451]. Il peut aussi fixer la résidence de l'aîné des enfants chez le père, la résidence du plus jeune chez la mère[452]. Il peut encore fixer la résidence du garçon en difficulté scolaire chez le père avec qui il entretient de bonnes relations, résidence des filles chez la mère[453], etc. Les arrêts sur la détermination de la résidence de l'enfant après le divorce des parents montrent aussi que le juge français, dans le souci de protéger l'intérêt de l'enfant prend souvent en compte l'âge et le sexe de l'enfant pour fixer sa résidence chez son père ou sa mère. Ainsi, la détermination de la résidence de l'enfant par le juge en droit français le rapproche du droit guinéen[454].

423. La jurisprudence française protège le droit de garde des parents contre le déplacement illicite aux sorties de territoire non autorisée par les deux parents par l'application de la Convention de la Haye du 25 octobre 1980 sur les aspects civils de l'enlèvement international d'enfants. Ainsi, un arrêt de la 1ere chambre civile de la Cour de cassation en date du 14 mars 2012[455] a admis que le seul fait de ne pas avoir obtenu du père l'autorisation de sortir l'enfant du territoire national peut constituer un déplacement illicite d'enfant. Comme le commente un auteur, « *la Cour de cassation protège le maintien des liens de l'enfant avec ses deux parents. Elle procède à une interprétation large de l'article 3 de la Convention de la Haye, et permet ainsi l'extension de son champ d'application à toutes les hypothèses de non-respect des droits parentaux sans se limiter à la garde stricto sensu. Une telle analyse permet en outre de protéger non seulement les droits du parent qui vit habituellement avec l'enfant, mais également le droit du parent non hébergeant, de maintenir des liens personnels avec l'enfant* »[456].

---

[451]CA Nancy, 3e ch. civ., 30 mars 1992 : Juris-Data n° 1992-051709. - CA Aix-en-Provence, 6e ch., 25 mars 1994 : Juris-Data n° 1994-051926. - CA Toulouse, 1re ch., 28 nov. 1995 : Juris-Data n° 1995-051515

[452]CA Paris, 24e ch., sect. A, 12 mai 1998 : Juris-Data n° 1998-023928.

[453]CA Paris, 24e ch., sect. D, 15 avr. 1999 : Juris-Data n° 1999-023636

[454] V. *supra* n° 418.

[455] V. Cass. 1erciv., 14 mars 2012,n° 11-17.011 : Juris Data n° 2012-004578.

[456] V. A. Gouttenoire, Autorité parentale, JCP. Ed. G. n° 29, 16 Juillet 2012, 878.

24. Un autre arrêt de la 1ere chambre civile de la Cour de cassation en date du 26 octobre 2011[457] était déjà allé plus loin dans la lutte contre les déplacements illicites des enfants hors du territoire de leur résidence habituelle. En l'espèce, une femme, de nationalité française, épouse un homme de nationalité américaine aux États-Unis. Cinq ans plus tard, le 12 janvier 2005, ils donnent naissance à une fille dans l'État du Michigan où la famille réside. Alors que l'épouse est enceinte du deuxième enfant, elle se rend en France au mois de novembre 2007 accompagnée de son aînée, pour rendre visite à son père mourant. Le père des enfants accepte ce déplacement qui devait être ponctuel. Mais la mère se maintient en France où elle accouche le 10 février 2008 du deuxième enfant du couple et demande le 15 du même mois le divorce devant le tribunal de grande Instance de Lyon. Le père demanda le retour des enfants aux Etats- Unis. Le tribunal de grande Instance de Lyon accueillit la demande. La mère attaqua alors cette décision que la cour d'appel confirma au motif que le déplacement ou le non-retour des enfants est illicite au regard de l'article 3 de la Convention de la Haye. La mère forma un pourvoi devant la Cour de cassation en soutenant qu'un enfant né en France et qui ne s'est jamais rendu aux États-Unis n'a pas pu faire l'objet d'un « déplacement » depuis ce pays, ou d'un « non-retour » vers ce pays et que l'application de la Convention suppose : « *que l'enfant ait voyagé d'un État signataire de la Convention vers un autre* ». La Cour de cassation, en rejetant ce pourvoi, confirma la décision de la cour d'appel. En effet, selon l'article 3 de la Convention de La Haye de 1980, le non-retour de l'enfant est entaché d'illicéité s'il y a violation d'un droit de garde, attribué à une personne, seul ou conjointement, par le droit de l'État dans lequel l'enfant avait sa résidence habituelle avant son non-retour[458]. L'arrêt du 26 octobre 2011 rendu par la 1ere chambre civile de la Cour de cassation sanctionne la violation du droit de garde du père par la mère[459].

---

[457]Cass. 1er civ. - 26 oct. 2011. - n° 10-19.905. - M. Charruault, président. - Mme Vassallo, rapporteur. - M. Chevalier, avocat général. - SCP Le Bret-Desaché, SCP Nicolaÿ, de Lanouvelle et Hannotin, avocat. - JurisData n° 2011-023344. note de C. Chalas, Journal du droit international (Clunet) n° 3, Juillet 2012, 13.

[458] V. Convention de La Haye du 25 octobre 1980 sur les aspects civils de l'enlèvement international d'enfants, article. 3, a.

[459]Pour une analyse juridique au regard du droit international privé français, V. C. Chalas, Convention de La Haye. - Autorité parentale. - Résidence habituelle. - Enlèvement international. - Enfant en gestation. - Déplacement in utero. Journal du droit international (Clunet) n° 3, Juillet 2012.

425. Dans ces hypothèses de parents séparés, la victime recherchera la responsabilité civile des deux parents tant qu'ils exercent conjointement l'autorité parentale sur le fondement de l'article 1384, alinéa 4 du Code civil français dans la mesure où le juge ne se réfère plus à la garde mais désigne comme responsables les père et mère en tant qu'ils exercent l'autorité parentale[460].

426. Selon l'article 8 du Règlement Bruxelles II bis, (CE) du Conseil n° 2201/2003 du 27 novembre 2003relatif à la compétence, la reconnaissance et l'exécution des décisions en matière matrimoniale et en matière de responsabilité parentale : « *Les juridictions d'un État membre sont compétents en matière de responsabilité parentale à l'égard d'un enfant qui réside habituellement dans cet État membre au moment où la juridiction est saisie* »[461]. Dans le cadre du Règlement Bruxelles II bis, donc, la responsabilité parentale repose sur la notion de résidence habituelle. Le Conseil de l'Union européenne précise dans le paragraphe 12 que : « *Les règles de compétence établies par le présent règlement en matière de* responsabilité parentale sont conçues en fonction de l'intérêt supérieur de l'enfant et en particulier du critère de proximité. Ce sont donc en premier lieu les juridictions de l'Etat membre dans lequel l'enfant a sa résidence habituelle qui devraient être compétentes, dans les cas de changement de résidence de l'enfant ou suite à un accord conclu entre les titulaires de la responsabilité parentale ». Toutefois, le Conseil de l'Union européenne précise encore dans le paragraphe 13 que : « *Dans l'intérêt de l'enfant, le présent règlement permet à la juridiction compétente, à titre exceptionnel et dans certaines conditions, de renvoyer l'affaire à la juridiction d'un autre État membre si celle-ci est mieux placée pour connaître de l'affaire. Toutefois, dans ce cas, la juridiction deuxième saisie ne devrait pas être autorisée à renvoyer l'affaire à une troisième juridiction* ». Un arrêt de la cour d'appel de Reims en date du 28 juillet 2009 appliqua cette règle.

[460] V. sur la responsabilité des père et mère en cas de résidence alternée, P. Reynaud, Responsabilité des père et mère et résidence alternée : AJF 2002, p. 133.
[461] V. Règlement Bruxelles II bis, (CE) du Conseil n° 2201/2003 du 27 novembre 2003relatif à la compétence, la reconnaissance et l'exécution des décisions en matière matrimoniale et en matière de responsabilité parentale, www. Dalloz.fr

427. En l'espèce, un père a fait appel d'un jugement rendu le 24 octobre 2008 par le juge aux affaires familiales du tribunal de grande instance de Reims qui a confié à son ex épouse l'exercice de l'autorité parentale sur leurs deux filles, issues de son union avec celle-ci les 19 juillet 2000 et 22 mai 2002, maintenu la résidence des deux enfants au domicile de la mère, organisé un droit de visite médiatisé pour le père, et débouté ce dernier de sa demande d'interdiction de sortie du territoire français pour les enfants. Le père demanda d'infirmer le jugement et de dire que les enfants reviendront vivre auprès de lui à Reims. La cour d'appel de Reims après avoir estimé que « *les juridictions de la nouvelle résidence habituelle de l'enfant sont les mieux placées pour connaître de l'affaire* », décida que : « *Considérant que le débat entre les parties concerne ainsi principalement les conditions de vie et d'éducation des enfants au Luxembourg, où Sarah et Lara résident désormais avec leur mère, il est dans leur intérêt supérieur que leur situation soit examinée par le juge luxembourgeois, qu'il convient ainsi que l'énonce l'article 15, paragraphe 4, du règlement (CE) n° 2201/2003 du 27 novembre 2003,* d'impartir aux parties un délai de trois mois à compter de la date de l'arrêt pour saisir les juridictions du Luxembourg »[462].

428. Le critère de la résidence habituelle de l'enfant dans le cadre du règlement de Bruxelles II bis permet de déterminer le parent responsable de l'enfant. Cela revient à rattacher la responsabilité parentale à la garde de l'enfant, alors que le droit français actuel de la responsabilité parentale ne fait pas référence à la condition de garde. Toutefois ce critère permet de résoudre les conflits de juridictions en matière de responsabilité parentale en droit international privé.

b- Le cas des enfants naturels

429. Pour les couples non mariés, le droit de garde concerne les enfants dits « naturels ». L'explication du concept « enfant naturel » en droit guinéen est nécessaire. Le Code civil guinéen définit la notion d'enfant naturel à l'article 386 comme : « *l'enfant conçu et né hors mariage* ». Cette définition est reprise par l'article 61 du nouveau Code guinéen de l'enfant du 19 août 2008. Le Code civil guinéen

[462] V. CA Reims. – chambre, civile. - section. famille. - 28 juill. 2009. - n° 08/02924. V. aussi. CA Montpellier, 9 novembre 2010, n° 09/06728 : JurisData n° 2010-029885.

distingue deux catégories d'enfants naturels. La première catégorie regroupe les enfants naturels simples, alors que la seconde catégorie concerne les enfants naturels adultérins ou incestueux. Le Code civil guinéen ne permet l'établissement de la filiation qu'à l'égard des enfants de la première catégorie. Les enfants naturels adultérins ou incestueux ne peuvent voir leur filiation établie, même à l'égard de leur mère, conformément aux articles 377 du Code civil guinéen, selon lequel « *l'enfant naturel peut introduire une action en recherche de la maternité* », et 378 du même Code, selon lequel « *toutefois l'enfant adultérin ou incestueux ne sera pas recevable en cette action* ». Par conséquent, les père et mère ne sont pas responsables des dommages causés par leurs enfants naturels adultérins ou incestueux sur le fondement de l'article 1099, alinéa 2 du Code civil guinéen.

430. Le nouveau Code guinéen de l'enfant du 19 août 2008 ne fait pas la même distinction. L'article 183 du nouveau Code guinéen de l'enfant dispose que : « *L'autorité parentale est exercée sur l'enfant naturel par celui des père et mère qui l'a volontairement reconnu, s'il n'a été reconnu que par l'un deux.*
Si l'un et l'autre l'ont reconnu, l'autorité parentale est exercée par celui qui a la garde de l'enfant.
L'autorité parentale peut être exercée en commun par les deux parents s'ils en font la déclaration conjointe devant le juge.
A la demande du père ou de la mère ou du Ministère public, le juge peut modifier les conditions d'exercice de l'autorité parentale et décider qu'elle sera exercée soit par l'un des deux parents, soit en commun par le père et la mère ; il indique dans ce cas, le parent chez lequel l'enfant a sa résidence habituelle.
Le juge compétent peut toujours accorder un droit de visite et de surveillance au parent qui n'a pas l'exercice de l'autorité parentale ».
On relève ici des différences importantes avec le droit français. Quoiqu'adopté en 2008 le nouveau Code guinéen de l'enfant ne supprime pas la distinction de la filiation légitime et de la filiation naturelle. En droit français, l'ordonnance précitée du 4 juillet 2005 a supprimé cette distinction.

2- La justification de l'originalité du droit guinéen en la matière et la synthèse sur l'influence du droit français

431. La disposition, précisément l'alinéa 2 de l'article 183 du nouveau Code guinéen confirme que si le droit de garde ne se confond pas avec l'autorité parentale, il en est l'attribut essentiel, car il est difficile d'exercer son obligation d'éducation et de surveillance à l'égard d'un enfant dont on n'a pas la garde. Il est permis donc de dire que le mécanisme qui consiste à rattacher directement la responsabilité parentale à l'exercice du droit de garde doit être approuvé. En considérant la réforme de l'autorité parentale apportée par le nouveau Code guinéen de l'enfant du 19 août 2008, il est souhaitable de conserver dans les dispositions de l'article 1099, alinéa 2 du Code civil guinéen, la référence au « droit de garde ». Selon l'article 181 du nouveau Code guinéen de l'enfant : « *lorsque l'enfant a été confié à un tiers, l'autorité parentale continue d'être exercée par les père et mère* ». Il ne faudrait pas substituer la référence à l'autorité parentale à celle de droit de garde comme dans le droit français. La référence à l'exercice du droit de garde est compatible avec l'autorité parentale et reste cohérente avec la responsabilité parentale. La responsabilité des père et mère est une responsabilité civile qui peut se fonder sur l'exercice de l'autorité parentale comme dans le droit français ou sur le droit de garde comme dans le droit guinéen. Mais la réforme opérée par le nouveau Code guinéen de l'enfant du 19 août 2008 sur l'autorité parentale conduit à distinguer désormais deux hypothèses : L'hypothèse dans laquelle les parents sont, conjointement ou non, investis de l'autorité parentale et l'hypothèse dans laquelle le droit de garde a été attribué à une autre personne que les père et mère, membre ou non de la famille.

432. Dans la première hypothèse, la responsabilité des parents peut être engagée pour les dommages causés par leur enfant mineur habitant avec eux si la victime apporte la preuve de leur faute. La faute que la victime doit prouver est nécessairement la faute d'éducation ou de surveillance[463]. Les père et mère sont tous les deux responsables si la victime établit leur défaillance dans l'éducation ou la surveillance de l'enfant à l'origine de l'acte dommageable. La victime du dommage causé par l'enfant mineur peut attaquer la mère comme le principal

---

[463] V. *supra* n° 351.

civilement responsable de la faute pour obtenir la réparation, alors qu'avant la réforme réalisée par le nouveau Code guinéen de l'enfant de 2008, le père seul, tant qu'il était en vie, était responsable du dommage causé par son enfant mineur. La responsabilité de la mère n'était envisagée qu'à titre subsidiaire, après le décès du mari et si aucun de ses frères ne le remplaçait dans l'exercice de la puissance paternelle. Le nouveau Code guinéen de l'enfant du 19 août 2008 devrait conduire à rattacher directement la responsabilité parentale à l'exercice de l'autorité parentale lorsque les couples sont mariés et que leur enfant habite avec eux. Il s'agit du fondement naturel et suffisant de la responsabilité parentale prévue par les articles 1099, alinéa 2 du Code civil guinéen et 1384, alinéa 4 du Code civil français.

433. Dans la seconde hypothèse, celle dans laquelle le droit de garde a été attribué à une personne autre que l'un des deux parents en vertu de loi, la victime doit prouver la faute de la personne qui exerce l'autorité parentale à l'égard de l'enfant mineur pour obtenir réparation. Cette hypothèse n'est pas innovatrice par rapport à l'ancien régime. Dans le droit guinéen, dès lors qu'une personne, même autre que les père et mère, est titulaire du droit de garde en vertu de la loi, il est possible d'engager sa responsabilité sur le fondement de l'article 1099, alinéa, 2 du Code civil guinéen. Comme le droit français antérieur à l'ordonnance de 2005, le droit guinéen traite l'enfant adopté comme un enfant légitime, malgré la prohibition de l'adoption par la Sourate 33, Verset 4 du Coran, aux termes de laquelle : « *De vos enfants adoptifs Allah n'a point fait vos fils* »[464].

434. Pour préciser la différence entre le droit guinéen de la responsabilité des père et mère et le droit français, il faut reprendre ici l'écrit d'un auteur français qui résume bien l'évolution du droit français de la responsabilité parentale en ces termes : *« jusqu'à la loi du 4 mars 2002, la responsabilité des parents du fait de leur enfant mineur était fondée sur la garde. Il résultait de l'article 1384, alinéa 4, que le père et la mère, en tant qu'ils exercent le droit de garde, sont solidairement responsables du dommage causé par leurs enfants mineurs habitant avec eux. Aujourd'hui, l'expression « autorité parentale» a été substituée à celle de « droit de garde ». Depuis la loi précitée du 4 mars 2002, la responsabilité n'est plus liée à l'attribution de la garde*

[464] V. Le Saint Coran.

de l'enfant mais à l'exercice de l'autorité parentale : la présomption de responsabilité pèse sur le père et sur la mère, solidairement, en tant qu'ils exercent l'autorité parentale, jusqu'à l'arrivée de la majorité ou de l'émancipation de l'enfant, au moment des faits... »[465]

35. Ces approfondissements permettent de mieux cerner la garde en droit guinéen. La garde définie comme le droit de fixer la résidence habituelle de l'enfant implique nécessairement le pouvoir d'organiser, de contrôler et de diriger le mode de vie de cet enfant. La garde de l'enfant peut être déléguée à d'autres personnes que les père et mère. Cela peut se faire soit par l'Administration à une famille d'accueil lors d'un placement décidé par le juge, soit conventionnellement par les parents à un tiers ou à quelqu'un de la famille. Dans ce cas la garde transférée implique que la personne chargée du mineur exerce tous les éléments de la garde et en particulier la direction du mode de vie de celui-ci. Par conséquent, cette personne sera civilement responsable des faits dommageables de l'enfant. Il a été démontré dans les développements précédents que la garde occasionnelle n'entraîne pas la responsabilité du gardien sur le fondement de l'article 1384, alinéa, 1er du Code civil français ou 1099, alinéa 2 du Code civil guinéen. La victime ne pourra engager sa responsabilité que sur le fondement d'une faute dans la surveillance qu'elles exercent (article 1382 du Code civil français). Il a été démontré plus haut qu'en droit guinéen, la garde ne peut être légalement transférée qu'à un tuteur en dehors des père et mère. A ce titre, le tuteur est intégré dans le cercle des civilement responsable du fait de l'enfant. En droit français, comme le souligne un auteur, « lorsque exceptionnellement, la garde a été transférée à un tiers qui organise la direction, le contrôle et le mode de vie du mineur, la responsabilité doit lui être transmise dans les mêmes termes, mais sur le fondement de l'article 1384, alinéa alinéa 1er »[466].

36. En droit français la loi du 4 mars 2002 a substitué la notion d' « autorité parentale » à celle de « droit de garde » en tant que condition essentielle de la responsabilité des père et mère du fait de l'enfant mineur. Cela fait du droit guinéen de la responsabilité parentale un droit original par rapport au droit français. En droit français la mise en œuvre de la responsabilité des père et mère nécessite un lien de

---

[465] V. C. Brunetti-Pons, L'enfant sujet de droits, Lamy Droit, *op. cit.* p 81.

[466] F. Alt-Maes, La garde, fondement de la responsabilité du mineur, La Semaine Juridique Edition Générale n° 30, 22 Juillet 1998.

filiation établi. La jurisprudence française conditionne la responsabilité parentale à la dévolution de l'autorité parentale, dont seuls les père et mère sont titulaires grâce à la filiation. En droit français, contrairement au droit guinéen, point de filiation point de responsabilité parentale. C'est ce qui résulte de la jurisprudence française, d'ailleurs depuis toujours. Un arrêt de la chambre criminelle de la Cour de cassation en date du 8 décembre 2004, l'énonça clairement.

437. En l'espèce, un enfant naturel ayant fait l'objet d'une reconnaissance de paternité avait été légitimé par le mariage ultérieur de sa mère avec l'auteur de la reconnaissance. Mais celle-ci fut annulée par jugement du 2 novembre 2001. L'enfant ayant été condamné, le 24 avril 2002, pour des faits de vol aggravé et d'agression sexuelle, sa mère et l'auteur de la reconnaissance furent déclarés civilement responsables de ces infractions. Ce dernier invoqua l'annulation de sa reconnaissance pour contester sa responsabilité en tant quepère du mineur. Il fut débouté par le tribunal correctionnel et par la cour d'appel. Il forma un pourvoi en cassation pour violation des articles 339 et 1384 alinéas 1 et 4 du Code civil français. Ce pourvoi fut accueilli par la chambre criminelle qui jugea que, selon les textes visés au moyen, « *l'annulation de la reconnaissance d'un enfant a un effet rétroactif sur l'existence du lien de filiation et, par voie de conséquence, sur la responsabilité civile des parents du fait de leurs enfants ; qu'il en découle également l'anéantissement rétroactif des effets juridiques de cette reconnaissance, notamment ceux relatifs à la dévolution de l'autorité parentale* »[467]. L'arrêt de la cour d'appel fut donc cassé pour violation de la loi. Cette solution démontre que le droit français, contrairement au droit guinéen, exige le lien de filiation pour engager la responsabilité parentale. D'autres arrêts, notamment celui de la deuxième chambre civile de la Cour de cassation en date du 25 janvier 1995[468], avaient déjà rendu une solution semblable.

438. Qu'il s'agisse du droit guinéen ou du droit français, les législateurs ont voulu que le droit de garde ne représente pas l'unique condition de la responsabilité parentale du fait de l'enfant mineur. Il faut en outre que

---

[467]Cass. crim., 8 déc. 2004, n° 03-84.715, B. : Juris-Data n° 2004-026416 ; JCP G 2005, IV, 1315.
[468]Cass. 2e civ., 25 janv. 1995
: Bull. civ. 1995, II, n° 29 ; JCP G 1995, I, 3853, n° 15, obs. G. Viney.

l'enfant mineur habite effectivement avec le civilement responsable, c'est la condition de la cohabitation.

§2- La condition de la cohabitation

439. La condition de cohabitation est à la fois expressément prévue par les législateurs guinéen et français. Elle est donc une condition légale. Pour saisir la condition de cohabitation en matière de responsabilité parentale, il est nécessaire de se demander ce que l'on doit entendre par cette notion (A) qui parait désuète dans le droit français et à laquelle le droit guinéen devrait cesser de faire référence (B).

A- La notion de cohabitation

440. Ni le législateur guinéen ni le législateur français ne donne une définition de la condition de cohabitation. Le défaut de dynamisme de la jurisprudence guinéenne ne permet pas de connaître la conception qu'elle se fait de cette notion. Quant à la jurisprudence française, sa position par rapport à la condition de cohabitation semble ambiguë. Certains arrêts peuvent conduire à affirmer que la condition de cohabitation serait la communauté habituelle de résidence. C'est-à-dire qu'il faut considérer qu'un enfant cohabite avec une personne lorsqu'il a sa résidence habituelle chez elle. C'est ainsi que les arrêts qui retiennent cette conception de la cohabitation refusent systématiquement d'appliquer l'article 1384, alinéa 4 du Code civil français, aux parents, lorsque l'enfant cause un dommage à autrui alors qu'il se trouvait dans un pensionnat[469], chez ses grands-parents de façon durable[470], dans un logement d'étudiant indépendant. Dans ces différents cas, les juges considèrent que l'enfant ne cohabite pas avec ses parents parce qu'il a une autre résidence habituelle distincte de celle de ces derniers. Selon cette conception de la cohabitation, la séparation de quelques heures ou même de quelques jours des parents avec leur enfant mineur n'est pas suffisante pour remettre en cause la cohabitation[471].

---

[469] V. Cass. soc, 15 juin 1972. Obs. G. Durry, RDT civ. 1973. p. 347.
[470] V. Cass. civ. 2e 9 décembre 1954. Bull. civ. II, n° 410 et civ 2e, 25 janvier 1995. Bull. civ. II, n° 29.
[471] V. Cass. civ. 2e, 8 juillet 1970. Bull. civ. II. n° 242. Obs. G. Durry, RDT civ. 1971. p.381.

441. D'autres arrêts peuvent conduire à penser que la jurisprudence française retient une conception matérielle ou physique de la cohabitation. Ce sont ceux qui appliquent l'article 1384, alinéa 4 du Code civil français au parent chez qui l'enfant se trouvait exceptionnellement au moment où il a causé l'acte dommageable, alors qu'il réside habituellement ailleurs[472]. Ce sont aussi tous ces arrêts qui écartent l'application du même article au parent avec qui l'enfant réside habituellement, au motif qu'il se trouvait en vacances, soit chez l'autre parent[473], soit chez ses grands-parents, lorsqu'il a causé le dommage à la victime.

442. Le droit français actuel de la responsabilité parentale étant un régime de responsabilité de plein droit, il est permis de dire qu'il y n'a aucun intérêt à prendre position pour l'une ou l'autre de conception. Il faut plutôt souhaiter la disparition de cette condition dans le droit français pour une meilleure harmonisation du texte de la règle avec le régime de plein droit qui ne repose plus sur une présomption de défaillance dans l'exercice des attributs de l'autorité parentale. C'est le vœu exprimé par la doctrine française avant même l'arrêt Bertrand du 19 février 1997 qui rend la condition de cohabitation désuète.

B- La condition de cohabitation, une condition désuète en droit français comme en droit guinéen

443. L'article 1099, alinéa 2 du Code civil guinéen exige expressément pour indemniser la victime sur le fondement de la règle qu'il édicte que l'enfant habite chez ses père et mère ou toute personne qui les remplace au moment où il cause l'acte à l'origine du dommage. Cette condition inspirée du droit français de 1804, peut se justifier par la volonté du législateur guinéen de fonder cette responsabilité sur la faute. Dans l'esprit du législateur guinéen, la condition de cohabitation du civilement responsable avec l'enfant mineur est un indice qui permet de supposer que le premier a été dans la possibilité d'exercer, à l'égard du second, les obligations d'éducation et de surveillance. Mais la condition de cohabitation est une fiction juridique qui ne traduit pas toujours la réalité des faits. Monsieur

[472]Cass. crim. 27 mars 1957, D. 1957, somm. p. 79.

[473] V. Cass. crim. 13 décembre 1982. Bull. crim. II. 1983. Obs. G. Durry, RTD civ. 1983. p. 539.

Huyette n'a pas manqué de le souligner dans sa note sur l'arrêt de la chambre criminelle en date du 25 mars 1998, en ces termes : « *considérer (...) que les parents, souvent en grande difficulté personnelle et familiale (...) sont en mesure d'exercer normalement leurs prérogatives d'autorité parentale sur des enfants qu'ils ne rencontrent que de temps en temps (...) ne correspond nullement à la réalité* »[474]. Bien avant lui Monsieur Ollier avait dénoncé dans sa thèse de doctorat cette fiction juridique en ces termes : « *si la cohabitation rend vraisemblable la faute de surveillance, elle n'a pas grand rapport avec la faute d'éducation* »[475].

444. Mais les réformes successives ont montré la volonté ferme du législateur français de maintenir la condition de cohabitation dans la formule du texte de l'article 1384, alinéa 4[476]. On s'est posé la question de savoir si les parents devraient être exonérés de leur responsabilité lorsque l'enfant a causé un dommage alors qu'il était parti de chez eux ? Avant l'arrêt Bertrand, du 19 février 1997, la jurisprudence prenait en compte les causes psychologiques du départ du mineur. La présomption subsistait si la cause principale du départ du mineur était due à la conduite anormale des parents, c'est-à-dire qu'il n'y avait pas « cause légitime »[477]. Aujourd'hui, ce critère est totalement dépassé.

445. La jurisprudence française, notamment l'arrêt du 4 juin 1997 de la deuxième chambre civile de la Cour de cassation, retient la responsabilité des parents pour les dommages causés dans l'enceinte d'établissements scolaires. En l'espèce, un enfant de six ans avait blessé un camarade en lançant un bâton dans la cour de récréation. L'arrêt a écarté l'argument qui se fondait sur l'absence du père au moment des faits[478]. Un arrêt postérieur en date du 29 mars 2001 de la même chambre est allé encore plus loin, en décidant que s'agissant d'un enfant blessé à l'œil par une balle de tennis dans une cour de récréation, la circonstance que cet enfant vivait en régime d'internat n'entraînait aucun transfert de responsabilité à l'établissement, la

---

[474] V. M. Huyette, sous Cass. Crim. 25 mars 1998. JCP éd. G. 1998, II, 10162.

[475] P. D. Ollier, La responsabilité des père et mère en droit français, critique de son régime légal, *op. cit.* p 54.

[476] V. A. Ponseille, Le sort de la condition de cohabitation dans la responsabilité civile des père et mère du fait dommageable de leur enfant mineur, RTD. civ. 2003, p. 645.

[477] V. Cass. crim. 13 juillet 1949, D. 1949, p. 461.

[478] Cass. civ. 2e, 4 juin 1997, D. 1997, IR. p. 159 ; Petites affiches, 29 octobre 1997, p. 130, note A-M. Galliou-Scanvion.

cohabitation des parents avec leur enfant n'étant pas rompue[479]. La chambre criminelle a confirmé cette position de la deuxième chambre civile au sujet de l'absence d'influence du régime d'internat sur la cohabitation, par un arrêt du 18 mai 2004[480].

446. Dans ces différentes décisions de la Haute juridiction judiciaire française, les juges faisaient référence à la fiction de la notion de cohabitation dénoncée plus haut. Il serait opportun de supprimer la condition de cohabitation dans la règle de la responsabilité des père et mère du droit français. L'article 1384, alinéa4 du Code civil français pourrait être rédigé comme suit : «_Les parents, en tant qu'ils exercent l'autorité parentale sont solidairement responsables du dommage causé par leurs enfants mineurs. Cette responsabilité revient aux professionnels chargés d'organiser, de diriger et de contrôler le mode de vie de l'enfant ». Ce texte permettrait de supprimer la « cohabitation » dans la formule de l'article 1384, alinéa 4 du Code civil français. Ce texte suggéré rendrait la formule de l'article 1384, alinéa 4 cohérent avec le régime actuel du droit français de la responsabilité parentale.

447. La suppression de la condition de cohabitation est à suggérer pour le droit guinéen aussi, malgré la considération que de ce droit soit fondé sur la faute. Le droit français a permis de montrer que l'interprétation de la notion de cohabitation est complexe. L'objectif de la présente étude étant de proposer une réforme du droit guinéen de la responsabilité parentale adaptée aux pratiques culturelles et sociales et cohérente avec le nouveau droit de la famille, il est opportun d'éviter tout élément susceptible de rendre difficile l'application de la règle suggérée. La suppression de la condition de cohabitation simplifierait forcément la tâche qui consiste pour le juge à vérifier si le civilement responsable était à même d'exercer son obligation de surveillance au moment où l'enfant a causé l'acte à l'origine du dommage. Dans le droit guinéen, la condition du droit de garde à l'égard de l'enfant mineur est un instrument suffisant à la disposition du juge pour retenir ou non la responsabilité du titulaire.

---

479 Cass. civ. 2e, 29 mars 2001, D. 2002, somm. p. 1309 ; RTD.civ. 2001, p. 603, obs. P. Jourdain.

480 V. Cass. crim. 18 mai 2004, RTD. civ. 2005, p. 140, obs. P. Jourdain ; D. 2004, IR. p. 1937 ; Petite affiches, 3 novembre 2004, p. 7, note J.-B. Laydu.

48. Dans le droit guinéen de la responsabilité parentale actuel, il faut donc constater l'existence d'un droit de garde en vertu de la loi au profit de la personne attaquée et une cohabitation avec l'enfant auteur de l'acte dommageable pour mettre en œuvre la responsabilité parentale. Ces conditions relatives au civilement responsables ne sont pas suffisantes pour retenir sa responsabilité. Il faut en plus l'existence des conditions relatives à l'enfant. C'est ce qu'il faut examiner à présent.

Section 2
Les conditions relatives à l'enfant

49. La responsabilité parentale est un mécanisme juridique qui met en jeu trois personne : la victime, l'enfant auteur du dommage et le civilement responsable. Comme toute responsabilité du fait d'autrui, la responsabilité parentale est donc, un système de responsabilité triangulaire. En droit guinéen la victime doit prouver qu'il a subi un dommage imputable à la faute du civilement responsable de l'enfant auteur de l'acte. Les législateurs guinéen et français exigent encore que le dommage soit causé par l'acte résultant d'un fait de l'enfant (§ 2), et que cet enfant soit mineur au moment où il réalise le fait à l'origine du dommage causé à la victime (§ 1).

§ 1. La condition de minorité

50. Suivant les dispositions des articles 1384, alinéa 4 du Code civil français et 1099, alinéa 2 du Code civil guinéen, l'enfant concerné par la règle édictée est l'enfant mineur. La première condition relative à l'enfant pour la mise en œuvre de la responsabilité parentale est la condition de minorité. Il est nécessaire de définir la notion de minorité (A), avant d'expliquer l'appréciation de la condition de minorité par le juge (B).

A- La notion de minorité en droit français et en droit guinéen

451. Le droit français et le droit guinéen ne donnent pas la même définition juridique de la notion de minorité. Cela n'a rien d'étonnant car la notion de minorité varie d'un Etat à l'autre. La conception de minorité est influencée par la culture et l'évolution sociale. Monsieur François Boulanger explique cette difficulté d'uniformité de la notion de minorité lors de l'élaboration de la Convention de New-York de manière concise et éloquente en ces termes : « *La définition juridique de la minorité n'est pas a priori uniforme, d'une législation à l'autre et a présenté quelques difficultés lors de l'élaboration de la Convention des Nations-Unies pour les droits de l'enfant... La Convention s'en est tenue finalement à l'indication d'un plafond maximum chiffré, au-dessus duquel on ne pourrait plus parler de minorité. Pour l'article 1, est mineur « tout être humain de moins de dix- huit ans* » sauf référence aux législations nationales qui admettent une majorité précoce »[481].

452. La Convention des Nations-Unies pour les droits de l'enfant prend donc en compte le caractère variable de la notion de minorité selon les différents Etats. Toutefois, contrainte de déterminer une minorité de référence pour l'applicabilité de ses dispositions, la Convention des Nations-Unies fixe un plafond maximum à dix huit ans. Ce chiffre de dix huit ans correspond à la conception française de la minorité. Mais il est différent de la conception de minorité prévue par le Code civil guinéen.

453. Le droit guinéen distingue l'enfance de la minorité. Selon l'article 1er alinéa 1er du nouveau Code guinéen de l'enfant du 19 août 2008 : « *Tout être humain âgé de moins de 18 ans est un enfant* ». Et selon l'article 399 du Code civil guinéen, « *le mineur est un individu de l'un ou l'autre sexe qui n'a point encore l'âge de 21 ans accomplis* ». Le statut de mineur serait donc un statut qui comporte forcément le statut de l'enfant[482], en ce qui concerne le droit guinéen. Mais le nouveau Code guinéen de l'enfant du 19 août 2008 crée une confusion sur la notion de minorité définie par le Code civil guinéen. Les auteurs du

[481] F. Boulanger, Les rapports juridiques entre parents et enfants. Perspectives comparatistes et internationales, Economica 1998. p. 36, n° 29.

[482] V. *supra* n° 133 et suivant pour l'étude du statut de l'enfant

nouveau Code guinéen de l'enfant du 19 août 2008, animés par la volonté de conformer le droit guinéen applicable à l'enfant à la Charte africaine des droits et du bien être de l'enfant, semblent plutôt commettre une maladresse dans la rédaction des articles sur la définition de l'enfant, la minorité et l'émancipation. Il se peut qu'ils pensent, malgré l'article 399 du Code civil guinéen, que dix huit ans est l'âge où l'enfant atteint la majorité. Ce propos peut se justifier par l'article 271, alinéa 1er du nouveau Code guinéen de l'enfant du 19 août 2008, selon lequel : « *l'enfant même non marié, pourra être émancipé lorsqu'il aura l'âge de 16 ans* ». Pourtant, l'article 433 du Code civil guinéen dispose que : « *le mineur même non marié pourra être émancipé par son père lorsqu'il aura atteint l'âge de 18 ans révolu* ».

454. Les formules de ces deux articles peuvent permettre de dire qu'il y a plutôt une maladresse sémantique de la part des auteurs du nouveau Code guinéen de l'enfant du 19 août 2008, qu'une véritable volonté de distinguer le concept de minorité de celui de l'enfance. Il semble bien que ce soit la minorité que les auteurs ont voulu définir en énonçant à l'article 1er alinéa 1er du nouveau Code guinéen de l'enfant du 19 août 2008, que : « *tout être humain âgé de moins de 18 ans est un enfant* ». D'autres articles peuvent justifier cette idée, notamment l'article 436 du Code civil guinéen, selon lequel « *le mineur est émancipé de plein droit par le mariage* », alors que la formule de l'article 268 du nouveau Code guinéen de l'enfant du 19 août 2008 est : « *l'enfant est émancipé de plein droit par le mariage* ». En attendant que la jurisprudence guinéenne apporte un éclaircissement sur cette question de minorité, il faut retenir, en considérant la lettre des articles du nouveau Code guinéen de l'enfant du 19 août 2008, que le droit guinéen distingue la notion de l'enfance de la notion de minorité. La règle de la responsabilité parentale est conditionnée notamment par la minorité de l'enfant. Le juge, en appliquant la règle de la responsabilité parentale, vérifiera la condition de la minorité conformément à la loi.

B- L'appréciation de la condition de minorité

455. L'ambigüité relevée au sujet de la définition de la minorité ne soulève pas un simple problème sémantique. La définition de la minorité a une influence sur l'application de la règle de la responsabilité parentale édictée par l'article 1099, alinéa 2 du Code civil guinéen. Comme la loi française, la loi guinéenne vise expressément les mineurs pour l'application de la responsabilité parentale. La minorité civile est la période pendant laquelle un individu est considéré comme incapable juridiquement. La fin de cette période est appelée la majorité. En droit guinéen, la majorité est fixée à 21 ans selon l'article 399 du Code civil guinéen, cité plus haut. L'article 443 du Code civil guinéen précise que : « *la majorité est fixée à 21 ans accompli* ». Le législateur guinéen s'est inspiré du droit français antérieur à la réforme du 5 juillet 1974.

456. Pendant longtemps, en France la majorité civile n'était atteinte qu'à l'âge de 25 ans. La révolution l'abaissa à 21 ans le 20 septembre 1792. Cet âge fut entériné par le Code civil napoléonien le 21 mars 1804. Il faudra attendre une loi du 5 juillet 1974 pour que la majorité passe à 18 ans. Les parents d'un individu âgé de 21 ans pour le droit guinéen et 18 ans pour le droit français sont responsables pour les dommages causés par leur enfant à autrui, sur le fondement des articles 1099, alinéa 2 du Code civil guinéen et 1384, alinéa 4 du Code civil français.

457. Aux termes de l'article 276 du nouveau Code guinéen de l'enfant : « *l'enfant émancipé cesse d'être sous l'autorité de ses père et mère. Ceux-ci ne sont pas responsables de plein droit, en leur seule qualité de père ou de mère, du dommage que celui-ci pourra causer à autrui postérieurement à son émancipation* ». Deux observations peuvent être apportées sur la règle prévue par l'article 276 du nouveau Code guinéen de l'enfant.

458. La première observation consiste à faire remarquer la précision des auteurs du nouveau Code guinéen de l'enfant du 19 août 2008 par rapport au Code civil guinéen qui brille par son silence sur la question de l'émancipation. L'article 276 du nouveau Code guinéen de l'enfant prévoit que l'émancipation entraîne aussi l'exonération des parents pour la responsabilité du fait de leurs enfants.

459. La seconde observation est l'expression d'un sentiment de regret. Plus qu'une maladresse, le législateur guinéen de 2008 commet une incohérence lourde dans la règle de l'article 276 du nouveau Code guinéen de l'enfant du 19 août 2008. Cette règle énonce que les parents : « *...ne sont pas responsables de plein droit...* » du fait d'un enfant émancipé. Pourtant le droit guinéen de la responsabilité parentale est une responsabilité pour faute prouvée. Par conséquent, les parents ou la personne qui les remplace, ne sont jamais responsables de plein droit des faits dommageables de l'enfant, qu'il soit mineur ou émancipé. Il est possible d'expliquer cette incohérence légale par la source d'inspiration du législateur guinéen. La règle de l'article 276 du nouveau Code guinéen de l'enfant du 19 août 2008 est calquée sur l'article 482, alinéa 2, du Code civil français, selon lequel les père et mère « *...ne sont responsable de plein droit en leur seul qualité de père et mère du dommage qu'il pourra causer à autrui postérieurement à son émancipation* »[483]. L'initiative du législateur guinéen de 2008 consistant à combler le vide légal sur la conséquence de l'émancipation est à saluer. En revanche, le législateur guinéen de 2008 a omis de conformer la nouvelle règle sur l'émancipation à la règle de responsabilité parentale prévue par le Code civil guinéen. La formule de la règle posée par l'alinéa 2, de l'article 482 du Code civil français, est elle-même une influence des auteurs français qui ont soutenu que l'émancipation de l'enfant mineur devrait être une cause qui libère les parents de leur responsabilité sur le fondement de l'article 1384, alinéa 4 du Code civil. Selon Touller, le principal défenseur de cette idée, la responsabilité parentale étant un régime spécial, « *au lieu de l'étendre, il faut la restreindre dans les bornes les plus étroites. Nous pensons qu'elle doit, comme autrefois, cesser par l'émancipation* »[484].

460. Lorsque les parents sont assignés en responsabilité pour le fait de leur enfant devenu majeur, la minorité s'apprécie au jour où l'acte a été causé peu important qu'au jour de l'introduction de l'action en responsabilité par la victime, l'enfant soit devenu majeur ou émancipé. C'est ce que la jurisprudence française a décidé, notamment un arrêt de la deuxième chambre civile de la Cour de cassation en date du 25

---

[483] C. civ., art. 413-7 créé par L. n° 2007-308, 5 mars 2007 : Journal Officiel 7 Mars 2007, article. 1, en vigueur le 1er janvier. 2009

[484] V. J.B. M. Toullier, Le droit civil français suivant l'ordre du Code, livre numérique.

octobre 1989. En l'espèce, la Haute juridiction judiciaire affirma que : « Vu l'article 1384, alinéa 4 du Code civil ; Attendu que pour mettre Mme Y... hors de cause en tant que civilement responsable l'arrêt se borne à relever que son fils Olivier, auteur responsable, est devenu majeur ; Qu'en se déterminant ainsi alors que la responsabilité civile des parents s'apprécie au jour de l'accident, la cour d'appel a violé le texte susvisé »[485].

461. Certains auteurs de la doctrine française prônent « la minorité prolongée ». Il est vrai que de plus en plus souvent, les jeunes majeurs continuent à demeurer sous la dépendance financière de leurs parents, à cause de la précarité de plus en plus accrue qu'ils rencontrent, due à l'allongement des études et de la difficulté à trouver le premier emploi. C'est pourquoi un auteur se montre sceptique par rapport à *« ...l'opportunité d'un texte qui retire l'autorité aux parents qui doivent pourtant fréquemment subvenir aux besoins de leurs enfants »*[486]. D'autres pensent que le prolongement de la minorité serait injustifié. Ils pensent, comme le souligne un autre auteur, que justifier le prolongement de la minorité des jeunes par leur dépendance financière, c'est « *confondre la dépendance économique avec la dépendance morale et intellectuelle* »[487]. Il est permis d'adhérer à cette opinion parce que le statut juridique de la minorité, définie plus haut, dépend de l'autonomie mentale de l'individu, que la loi fixe à 18 ans pour le droit français et 21 ans pour le droit guinéen. A cet âge, le droit estime, à raison, que l'individu est à même de comprendre ses actes, donc en est tenu seul responsable, même s'il reste encore financièrement sous la dépendance de ses parents. C'est ce que le Professeur François Boulanger, exprime avec éloquence en ces termes « *à l'encontre de ceux qui souligne sa maturité plus précoce et la nécessité d'instaurer une prémajorité, s'oppose son effacement dans les mécanismes de la réparation...* »[488].

462. Aux termes de l'article 276 du nouveau Code guinéen de l'enfant et l'article 482 du Code civil français les parents ne sont pas responsables en leur seule qualité de père ou de mère, du dommage que leur enfant pourra causer à autrui postérieurement à son

---

[485]V. Cass. civ. 2e ., 25 oct. 1989, n° 88-16.210 : Juris Data n° 1989-003815 ; Bull. civ. 1989, II, n

[486] D. Layré, La responsabilité du fait des mineurs. Thèse Paris, 1983, p. 59 et 287.

[487] V. M.-C. Lebreton L'enfant et la responsabilité civile, thèse Rouen, 1996.

[488] V. F. Boulanger, Autorité parentale et responsabilité des père et mère des faits dommageables de l'enfant mineur après la réforme du 4 mars 2002. Réflexion critique. D. 2005, n° 33, p. 2244.

émancipation. Il faut alors se poser la question de savoir s'il est possible d'engager la responsabilité des pères et mères sur le fondement des articles 1382 et 1383 du Code civil français et 1098 du Code civil guinéen ? Cette faculté est implicitement ouverte à la victime. Elle peut toujours rechercher la responsabilité des parents pour faute. Mais la tâche est plus compliquée. Les parents étant libérés, du fait de la majorité ou de l'émancipation de leur enfant, de tout devoir de surveillance et d'éducation, on voit mal où pourrait résider la faute. Pourtant, un arrêt de la deuxième chambre civile de la Cour de cassation en date du 8 novembre 1976, a retenu la responsabilité des parents en considérant qu'ils ont commis une imprudence ayant favorisé la survenance du dommage. En l'espèce, les juges ont estimé que l'enfant majeur, en raison d'une maladie mentale, représentait un risque pour les tiers qui aurait dû inciter les parents à exercer une surveillance particulière[489]. La victime peut encore invoquer l'application des textes de l'article 1382 du Code civil, pour le droit français et celui de l'article 1098, pour le droit guinéen pour une faute des parents dans la décision d'émancipation qui pourrait répondre à la volonté d'échapper à leurs obligations parentales. Certes, le régime général de la faute prouvée rend plus difficile l'action de la victime, car elle doit apporter la preuve de la faute des parents[490], mais le régime spécial prévu par les alinéas 4 et 7 de l'article 1384 du Code civil français fait des parents, selon l'expression empruntée à un auteur français, « un cautionnement légal et forcé »[491], qu'il ne faudrait pas prolonger.

363. Pour engager la responsabilité des parents, il faut donc que l'enfant habitant avec eux soit mineur. Ce n'est que pendant cette période que l'on peut présumer la faute des père et mère. En droit guinéen, cette condition découle bien de la faute. En droit français, le lien avec la faute est plus délicat à établir car la responsabilité est objective. Cependant, l'idée demeure qu'au- delà d'un certain âge l'enfant n'est plus couvert par ses parents qui n'ont plus à le surveiller. Cette condition de minorité ne suffit pas. Il faut aussi que l'acte dommageable lui soit imputable, c'est la condition d'un fait de l'enfant mineur.

---

489 Cass. 2e civ., 8 nov. 1976, n° 75-11.776 : D. 1977.

490 En matière de preuve, le régime guinéen spécial de la responsabilité parentale ne change pas du régime général. V. *supra* n° 326 et suivant.

491 V. J. B. M. Toullier, Le droit civil français suivant l'ordre du Code, op. cit. p. 243.

§ 2. La condition d'un fait de l'enfant

464. La condition d'un fait de l'enfant mineur pour engager la responsabilité de ses parents est légale à la fois pour le droit guinéen et pour le droit français (A). Cependant, la jurisprudence française engage la responsabilité des parents même quand l'acte de l'enfant n'est pas fautif. Ce qui peut être qualifiée de dérive jurisprudentielle (B).

A- L'exigence légale d'un fait du mineur

465. La condition d'un fait de l'enfant pour la mise en œuvre de la responsabilité parentale est prévue par l'article 1099, alinéa 2 du Code civil guinéen et l'article 1384, alinéa 4 du Code civil français. La condition, en elle-même, est donc légale. Elle ne devrait pas poser de problème, puisque les dispositions sont claires et précises. Mais l'interprétation de la nature du fait de l'enfant semble poser problème à la jurisprudence. En effet, il faut se poser la question de savoir si la responsabilité des parents nécessite la faute de l'enfant ou si un fait simplement causal suffit. Le Professeur Géneviève Viney et le Professeur Patrice Jourdain, en s'appuyant sur les travaux de Monsieur Le Gall[492], affirment dans leur « traité de droit civil » que : « *L'étude du droit comparé révèle à cet égard, un accord assez général pour admettre que le mineur doit avoir eu un comportement anormal. En revanche, alors que, dans les pays de tradition germanique, il a été admis, depuis assez longtemps déjà, qu'il suffit d'établir le caractère illicite de l'acte commis par l'enfant, les droits de tradition latine, semble être restés plus longtemps attachés à la notion de faute* »[493].

466. Il est difficile d'affirmer avec certitude pour quelle tendance le droit guinéen essentiellement légal, opte. Mais il faut rappeler que le droit guinéen est sous l'influence du droit français. Il se trouve que la jurisprudence française avait une position tergiversant entre ces deux tendances jusqu'à l'arrêt *Bertrand* du 19 février 1997. Quant à la doctrine française, la majorité pensait que la faute de l'enfant était

---

[492] V. J. P. Le Gall, *International Encyclopedia of comparative law,* vol. XI, torts, livre numérique.

[493] V. G. Viney et P. Jourdain, Les conditions de la responsabilité 2e édition L.G.D.J. 1998. *op. cit.* p.108.

nécessaire pour engager la responsabilité de ses père et mère. Par exemple, Monsieur Rosière soutenait, dans les années 40, que « *la faute du père est rendue vraisemblable par la faute du fils. Ce n'est pas parce que son fils a été le jouet de forces mauvaises de la nature ou l'instrument d'une force majeure que le père est recherché, mais parce que son enfant s'est conduit comme un galopin* »[494]. Selon cette idée, c'est la faute de l'enfant qui rend vraisemblable la faute de ses parents dans son éducation ou sa surveillance. Dans les années 60 et 90, cette idée a été remise en cause par d'autres auteurs. Par exemple, Monsieur Donnier, à l'occasion de sa thèse pour le diplôme de doctorat, a écrit que : « *Si on admet que la responsabilité fondée sur l'article 1384, alinéa 4 est la sanction du mauvais usage de l'autorité parentale, il n'y a aucune raison d'exiger que soit établie la faute de l'enfant. Il doit suffire qu'un dommage ait été causé par un mineur sous l'autorité parentale de ses père et mère pour que l'éducation qu'il a reçue et la surveillance qui est exercée sur lui soient présumées en défaut* »[495]. Il est permis de ne pas adhérer à cette idée. Pourtant, l'évolution jurisprudentielle française sur la qualification du fait imputable à l'enfant viendra confirmer l'opinion de Monsieur Donnier.

B- L'évolution jurisprudentielle sur la qualification du fait de l'enfant

467. L'évolution jurisprudentielle française peut être divisée en trois grandes étapes à l'aide de trois arrêts de la Cour de cassation. D'abord l'arrêt Fullenwarth.

468. En l'espèce, un enfant de sept ans éborgne en jouant avec un arc et des flèches son camarade de jeu. Le père de l'enfant victime assigne en réparation du dommage son père sur le fondement de l'article 1384, alinéa 4 du Code civil français. La Cour d'appel ayant accueilli la demande, le père de l'enfant auteur de l'acte dommageable forma un pourvoi devant la Cour de cassation en soutenant que : « *la cour d'appel n'a pas recherché si l'enfant de 7 ans présentait un*

---

[494] V. M. Rosière, La responsabilité des père et mère du fait de leur enfant mineur en droit français, JCP, 1941. II. 1693.

[495] V. J. B. Donnier, L'autorité en droit privé, thèse Aix-Marseille. 1993. n° 52.

discernement suffisant pour que l'acte puisse lui être imputé à faute ». L'assemblée plénière de la Cour de cassation, en décidant que : « *pour que soit présumé, sur le fondement de l'article 1384, alinéa 4 du Code civil, la responsabilité des père et mère d'un mineur habitant avec eux, il suffit que celui-ci ait commis un acte qui soit la cause directe du dommage invoqué par la victime* »[496], rejeta le pourvoi.

469. La solution de l'assemblée plénière de la Cour de cassation écarta donc la condition de la faute préalable de l'enfant mineur dans l'établissement de la responsabilité des père et mère, en y substituant la notion d' « *acte de l'enfant, cause directe du dommage* ». La solution de l'arrêt Fullenwarth n'est pas vraiment innovatrice à tous égard, dans la mesure où la jurisprudence faisait usage de la notion d' « acte objectivement illicite » pour retenir la responsabilité des parents pour des dommages causés par l'*infans*[497]. La jurisprudence n'exigeait pas la faute imputable à l'*infans* qui, par définition, n'a pas conscience de ses actes, à une époque où l'absence de discernement était une cause d'irresponsabilité[498]. La faute de l'enfant n'était donc pas considérée comme une condition permanente de la responsabilité des père et mère. Le comportement objectivement illicite de l'enfant suffisait à engager la responsabilité de ses parents. L'apport innovateur de l'arrêt *Fullenwarth* consiste à aller plus loin dans l'objectivation de la responsabilité parentale en n'exigeant plus que l'acte de l'enfant soit objectivement illicite, mais seulement qu'il soit la cause directe du dommage.

470. Cette position jurisprudentielle s'est trouvée considérablement renforcée par le revirement de l'arrêt Bertrand du 19 février 1997[499], deuxième étape de l'évolution jurisprudentielle vers une appréciation purement causale du fait imputable à l'enfant. La consécration d'un régime de plein droit en matière de la responsabilité des père et mère

---

[496] L'arrêt Cass. Ass. plén, 9 mai 1984, Fullenwarth, Bull. civ. 1984. n°4 et s, D. 1984, 525, concl. J. Cabannes, note F. Chabas, JCP, 1984. II. 20255, obs. N. Dejean De La Batie, JCP, 1984. II. 20291, rapport Fedou, RTD. civ. 1984, p. 508, obs. J. Huet, R. Legeais, Responsabilité civile des enfants et responsabilité civile des parents, Defrénois, 1985, p. 537, G. Viney chron. JCP 1985. I. 3189 ; B. Puill, Vers une réforme de la responsabilité des père et mère du fait de leurs enfants ? D. 1988.

[497] V. notamment civ. 1er, 20 décembre 1960, JCP. 1961. II. 1203, note A. Tunc.

[498] V. F. Warembourg-Auque, Irresponsabilité civile de l'*infans*, Rev. trim. Dr. civ. 1982. 323.

[499] La jurisprudence, notamment un arrêt de la deuxième chambre civile en date du 2 décembre 1998, a eu l'occasion dans les années 90 déjà, à deux reprises, de rappeler que « seule la force majeure ou la faute de la victime peut exonérer les père et mère de la responsabilité de plein droit encourue du fait des dommages causés par leur enfant mineur habitant avec eux » sur le fondement de l'article 1384, alinéa 4 du Code civil français.

fut un argument solide en faveur de l'appréciation purement causale du fait imputable à l'enfant. A cette étape, déjà, certains auteurs craignaient la dérive jurisprudentielle quant à la qualification du fait imputable à l'enfant. C'est le cas du Professeur Patrice Jourdain et du Professeur Généviève Viney. Ils ont souligné ce risque de glissement de la jurisprudence vers l'excès en ces termes « ... *un acte objectivement normal et correct de l'enfant serait susceptible d'engager désormais la responsabilité des père et mère s'il a été la cause directe d'un dommage subi par un tiers. Le « fait » de l'enfant serait alors traité comme le « fait de la chose ». Il suffirait qu'il ait été « ne fut-ce que pour partie l'instrument du dommage » pour engager la responsabilité des père et mère sur le fondement de l'article 1384, alinéa 4, ce qui peut paraître excessif* »[500]. Les auteurs poursuivent leur pensée dans la ligne suivante en écrivant qu' « *A vrai dire, il n'est pas sûr que l'assemblée plénière ait eu l'intention d'aller jusqu'à là* ». L'arrêt Levert du 10 mai 2001, viendra montrer qu'ils s'étaient trompés sur les intentions de la Haute juridiction judiciaire, en confirmant la position de la jurisprudence.

471. En l'espèce, il s'agissait d'un accident survenu pendant une partie de rugby dans la cour de récréation d'une école. Les parents d'un enfant blessé, suite à un plaquage, ont attaqué en responsabilité civile ceux de l'enfant auteur du plaquage. Ils furent débouté de leur action par la cour d'appel au motif que la faute de l'enfant auteur du dommage doit être un préalable à la responsabilité de ses parents et, qu'en l'espèce, celle-ci n'était pas établie. La cour d'appel a considéré que la victime avait volontairement accepté les risques et les règle du jeu. Par conséquent, selon les critères d'appréciation en matière de faute sportive, l'auteur du dommage qui avait respecté les règles du jeu ne peut voir sa responsabilité engagée. Mais la deuxième chambre civile de la Cour de cassation casse cet arrêt en apparence logique en droit. La décision fut censurée pour violation de l'article 1384, alinéa 4 et 7 du Code civil français, au motif que : « *la responsabilité de plein droit encourue par les père et mère du fait des dommages causés par leur enfant mineur habitant avec eux n'est pas subordonnée à l'existence d'une faute de l'enfant* »[501]. La Haute juridiction judiciaire française

---

[500] V. G. Viney et P. Jourdain, Les conditions de la responsabilité, LGDJ. *op. cit.* p. 108.

[501] V. Cass. civ. 2e, 10 mai 2001, arrêt Levert : Bull. civ. 2011, I, n° 96 ; Resp. civ. et assur. 2001, chron. 18 par H. Groutel ; D. 2001, p. 2851, rapp. P. Guerder, note O. Tournafond ; D. 2002, p. 1315, obs. D. Mazeaud ; JCP G 2001, II, 10613, note J. Mouly ; JCP G 2002, I, 124, n° 20 et s., obs. G. Viney ; Defrénois 2001, art. 37423, p. 1275, obs. E. Savaux ; RTD civ. 2001, p. 601, obs. P. Jourdain.

affirma ainsi solennellement que le fait dommageable de l'enfant ne nécessite pas un caractère fautif pour la mise en œuvre de la responsabilité de ses parents. Il s'agit de la troisième et dernière étape de l'évolution jurisprudentielle sur la question de qualification de l'acte dommageable de l'enfant mineur.

472. Malgré la solution de l'arrêt Levert du 10 mai 2001, la position de la Cour de cassation sur le caractère fautif ou non de l'acte dommage de l'enfant était encore floue pour de nombreux auteurs. Ce sont deux arrêts de l'assemblée plénière du 13 décembre 2002 qui viendront lever l'ambigüité sur la question. En l'espèce, la Cour de cassation décide que : peu importe que le mineur ne soit ni fautif ni gardien puisque, pour établir la responsabilité parentale, « *il suffit que le dommage invoqué par la victime ait été directement causé par le fait, même non fautif, du mineur* »[502]. Les arrêts de 2002 utilisent ainsi pour la première fois la formule : « *le fait, même non fautif* ».

473. Un arrêt de la deuxième chambre civile de la Cour de cassation du 17 février 2011, sous le même visa que ceux des arrêts de 2002, reprendra cette formule. En l'espèce, la deuxième chambre civile casse la décision de la cour d'appel qui exonère totalement le père d'un mineur de sa responsabilité de plein droit sans constater que la faute retenue à l'encontre de la victime avait été pour le responsable un événement imprévisible et irrésistible. La Haute juridiction judiciaire énonce que : « *pour que la responsabilité de plein droit des père et mère exerçant l'autorité parentale sur un mineur habitant avec eux puisse être recherchée, il suffit que le dommage invoqué par la victime ait été directement causé par le fait, même non fautif, du mineur ; que seule la cause étrangère ou la faute de la victime peut exonérer les père et mère de cette responsabilité* »[503]. Les père et mère peuvent donc voir leur responsabilité engagée même lorsque le mineur n'est pas responsable et qu'eux-mêmes, dans des circonstances identiques, ne le seraient pas. Cette solution jurisprudentielle est critiquée de façon quasi unanime par les auteurs de la doctrine française, par exemple en ces termes : « *Cette solution, qui transforme la responsabilité parentale en une véritable garantie objective, dans un*

---

[502] 1re esp. : Cass. ass. plén., 13 déc. 2002, n° 01-14-007 et 2e esp. : Cass. ass. plén., 13 déc. 2002, n° 00-13.787 : JurisData n° 2002-016997 ; Bull. ass. plén. 2002, n° 4 ; D. 2003, p. 231, note P. Jourdain, JCP éd. G. 2003, II, 10010, note A. Hervio-Lelong ; JCP G 2003, I, 154, n° 46 et s., obs. G. Viney ; Resp. civ. et assur. 2003, chron. 4, par H. Groutel.

[503] V. Cass. 2e civ., 17 févr. 2011, n° 10-30.439, F-P+B : Juris Data n° 2011-001912.

domaine où l'assurance n'est pas obligatoire, est critiquée par la quasi-totalité de la doctrine. La solidarité familiale, parfois invoquée, ne saurait en effet justifier que les parents soient tenus chaque fois que, par un comportement parfaitement correct, leur enfant cause un dommage »[504].

74. La Cour de cassation française reste insensible aux critiques doctrinales. Elle fait ainsi de la responsabilité parentale une responsabilité plus sévère par rapport aux autres cas de responsabilité du fait d'autrui où la faute de celui dont on répond demeure toujours exigée. La responsabilité personnelle des préposés, comme celle des dirigeants de personnes morales est allégée par rapport à la responsabilité des père et mère. Dans ces matières, le droit français exige une « faute personnelle » ou « détachable » pour que les civilement responsables soient condamnés à réparer les dommages que les préposés ou les dirigeants causent à l'occasion de l'exercice de leurs fonctions ou de l'accomplissement de leur mission au service du commettant ou pour le compte de la personne morale[505].

75. Le projet Catala, la proposition de loi Béteille comme les propositions de textes du groupe de travail réuni sous la direction du professeur Terré[506], subordonnent la responsabilité des parents à la preuve d'un fait de nature à engager la responsabilité de l'auteur direct du dommage. Mais ces différents projets de réforme ne sont pas encore consacrés par la loi. Il faut donc retenir que, désormais, des faits tels : un choc régulier entre deux enfants à l'occasion d'un entraînement de football[507], une chute non fautive d'un mineur sur le thorax de la victime[508], un choc lors d'un exercice de gymnastique correctement exécuté[509], une prise de judo régulière[510], une collision, lors d'une action de jeu, entre deux élèves participant à un match de football

---

[504] V. S. Rouxel, Le point sur la responsabilité des parents du fait de leurs enfants mineurs, Droit de la famille n° 7, Juillet 2011, comm.

[505] V. Par exemple Cass. ass. plén., 25 févr. 2000 : JCP G 2000, II, 10295, concl. Kessous, note M. Billiau ; D. 2000, p. 673, note P. Brun et somm. p. 467, obs. P. Delebecque ; RTD civ. 2000, p. 582, obs. P. Jourdain ; JCP éd. G. 2000, I, 241, Ch. G. Viney ; Dr. et patrimoine 2000, n° 82 ; chron. n° 2567, p. 107, obs. F. Chabas ; Resp. civ. et assur. 2000, chron. n° 11, par H. Groutel, *ibid.* n° 22 par C. Radé.

[506] D. Mazeaud, Imputation du dommage causé à autrui et S. Borghetti, De la causalité *in* Fr. Terré, ssdir., Pour une réforme du droit de la responsabilité civile : coll. Thèmes et commentaires, Dalloz, 2011.

[507] V. CA Chambéry, 10 mars 2009, n° 07/02343 : JurisData n° 2009-003868.

[508] V.CA Paris, 17 mars 2008, n° 06/01357 : JurisData n° 2008-363962 et Cass. 2e civ., 20 oct. 2005, n° 04-19.243 : JurisData n° 2005-030472.

[509] V. CA Amiens, 9 juin 2005, n° 03/03093 : JurisData n° 2005-280902.

[510] V.CA Amiens, 13 mai 2004, n° 02/04173 : JurisData n° 2004-246137.

organisé à l'école[511], une blessure consécutive à un tacle régulier pratiqué au cours d'un match de football[512], sont susceptibles d'engager la responsabilité des père et mère de l'enfant.

476. Le droit guinéen de la responsabilité parentale devrait s'inspirer de ces projets de réformes et éviter toute initiative visant à calquer les solutions de l'évolution de la jurisprudence française sur la qualification de l'acte dommageable de l'enfant. Il est souhaitable que le droit guinéen conserve « le fait illicite, fautif ou anormal » quant à la qualification de l'acte de l'enfant à l'origine du dommage dans la mise en œuvre de la responsabilité parentale. Cette conclusion s'impose d'autant plus que la responsabilité parentale reste fondée sur la faute en droit guinéen.

---

[511] V. CA Amiens du 13 nov. 2003, n° 02/02669 : JurisData n° 2003-235183.
[512] V. CA Grenoble, 7 mai 2003, n° 02/02834 : JurisData n° 2003-222181.

Conclusion du Chapitre 2

477. Pour l'instant, en ce qui concerne les conditions relatives à l'enfant pour la mise en œuvre de la responsabilité parentale, le droit français et le droit guinéen adoptent la même position quant à la condition de minorité. La jurisprudence française, auteur de l'évolution du droit français de la responsabilité parentale, se tient à une interprétation littérale de la condition de minorité. Elle n'a pas évolué depuis la rédaction du Code Civil en 1804. Le droit guinéen est essentiellement légal. Par conséquent, il y a aussi en droit guinéen une application de la règle de la responsabilité parentale telle qu'elle est écrite dans le Code civil. Il n'est pas possible d'en dire autant en ce qui concernant la condition du fait de l'enfant. Sur cette question, le droit français a une position actuelle éloignée du texte de l'article 1384, alinéa, 4 du Code civil français. Par conséquent, le droit français de la responsabilité des père et mère se trouve différent du droit guinéen quant à la condition relative au fait de l'enfant. La réunion des conditions de la responsabilité parentale a suscité beaucoup de critiques de la part des auteurs de la doctrine française. D'ailleurs, il y a encore des auteurs qui pensent, à raison, que l'évolution de la jurisprudence est inachevée ou est excessive, par exemple sur la qualification de l'acte imputable à l'enfant.

478. Les conditions relatives au civilement responsables n'ont pas la même portée. La condition du « droit de garde » est essentielle. Elle constitue le fondement réel, matériel de la responsabilité parentale. Quant à la condition de « cohabitation », elle complète la condition du « droit de garde ». Dans le droit français actuel, la jurisprudence ne fait plus référence aux conditions de cohabitation et de droit de garde. Dans le droit guinéen, ce sont des conditions nécessaires pour la mise en œuvre de la responsabilité parentale.

479. La réunion des conditions de la responsabilité parentale ne se fait pas sans difficultés. Elle nécessite la mise en œuvre d'une technique juridique consistant à concilier la protection efficace de la victime et le souci de ne pas alourdir la responsabilité du civilement responsable. C'est la défaillance de ce double objectif, à la fois dans le droit guinéen et dans le droit français, qu'il y a lieu de regretter. L'étude des conditions de la responsabilité parentale dans le droit guinéen permet

de constater l'incohérence du régime pour faute prouvée avec l'objectif indemnitaire. Si, dans le droit français, la victime n'a pas de charge probatoire, l'ancien droit consacrant un régime pour faute présumée et l'actuel droit un régime de responsabilité objective, en droit guinéen la victime doit faire face à une tâche probatoire, ce qui n'est pas cohérent avec l'objectif indemnitaire de la responsabilité parentale. Le régime de la responsabilité pour faute prouvée est plus favorable aux parents qu'à la victime. Il faut pourtant trouver un équilibre juste. C'est pourquoi il est permis de suggérer un autre régime de responsabilité parentale dans le droit guinéen sans pour autant reprendre purement et simplement le droit français qui a révélé ses excès. Cela passe par une étude prospective d'autres solutions adaptées à la réalité guinéenne.

Titre 2
Etude prospective d'autres solutions adaptées à la réalité guinéenne

480. Après avoir expliqué le régime de responsabilité pour faute prouvée et constaté ses limites dans les développements qui précèdent, il est temps de proposer un autre régime juridique plus cohérent avec les réalités sociales, familiales, culturelles et économiques, en droit guinéen.

481. Une question préalable consiste à se demander de qui pourrait émaner l'évolution du droit guinéen de la responsabilité parentale ? Il s'agit ici de savoir quel est le mode d'évolution à emprunter pour faire évoluer le droit guinéen de la responsabilité parentale. Est- ce le mode jurisprudentiel ou le mode légal ?

482. Vers quel type de responsabilité doit évoluer le droit guinéen de la responsabilité parentale. La responsabilité pour faute présumée convient mieux au droit guinéen de la responsabilité parentale (Chapitre 2). Pour s'en convaincre, il est nécessaire de commencer par démontrer que les théories françaises actuelles sont inadaptées aux caractéristiques guinéennes (Chapitre 1).

Chapitre 1

Le caractère inadapté des théories françaises actuelles aux caractéristiques guinéennes

483. Le choix du législateur guinéen de fonder le droit guinéen de la responsabilité parentale sur la faute a eu pour effet d'exclure le fondement des théories du risque et de la garantie. La responsabilité parentale du fait de l'enfant mineur suppose, en droit guinéen, que les parents aient commis une faute dans l'exercice de leur autorité parentale, la faute ayant permis la réalisation de l'acte à l'origine du dommage. Autrement dit, les parents répondent de leur faute dans l'éducation ou la surveillance de leur enfant mineur habitant avec eux. Par conséquent, ils ne sont pas condamnés sur le fondement du risque ni sur le fondement de la garantie. Il convient d'examiner dans un premier temps la mise à l'écart par le droit guinéen de la théorie du risque (Section 1), pour analyser, dans un second temps, la mise à l'écart de la théorie de la garantie (Section 2).

Section 1
La mise à l'écart de la théorie du risque

484. Pour préciser ici la notion de risque, il est nécessaire de faire référence au droit français de la responsabilité civile. A l'origine, la responsabilité parentale était fondée en droit français comme en droit guinéen sur la faute. Avec l'évolution des mentalités, de la technique et de l'industrie des auteurs ont dénoncé les limites de la faute pour satisfaire les demandes de réparation des victimes d'accident du travail. La théorie du risque fut proposée pour y remédier. Il convient d'envisager la théorie du risque en responsabilité parentale (§ 1) avant de démontrer qu'elle est inadaptée au droit guinéen de la responsabilité parentale (§ 2).

§ 1. La théorie du risque en responsabilité parentale

85. L'examen de la théorie du risque en responsabilité parentale nécessite une étude générale de cette notion (A). Cela permettra de mieux saisir la notion de risque créé consacrée en la matière (B).

A- La notion de risque

86. Définir le terme « risque » est une tâche difficile dans la mesure où le concept « risque » n'a pas été légalement défini et se trouve utilisé dans des matières juridiques diverses, comme le droit des entreprises, le droit des assurances, le droit civil etc. Le Code français des assurances lui-même ne définit pas le terme « risque » alors que le risque constitue l'élément déclencheur de l'assurance. La définition de la notion de risque est doctrinale. Monsieur Hubert Groutel, l'un des esprits les plus brillants en cette matière, n'a pas manqué d'écrire qu' « *il est à peu près impossible de donner une définition unitaire du terme risque ni même une définition tout court* ». Les auteurs ont proposé des définitions du terme risque qui s'adaptent au domaine servi. Par conséquent, le mot risque connaît une variété de définitions tenant compte de ses différents usages en droit. La notion de risque en droit des assurances est différente de celle du droit civil ou du langage courant.

87. Selon les vocabulaires juridiques, notamment le vocabulaire Capitant, dirigé par Gérard Cornu, le risque serait un « *événement dommageable dont la survenance serait incertaine, quant à sa réalisation ou à la date de cette réalisation* »[513]. En droit des assurances, le mot « risque » a plusieurs sens. Il signifie, à la fois, l'éventualité de l'événement, l'événement spécifié dont la survenance est envisagée, ou la valeur garantie ou encore l'objet de l'assurance[514]. En droit civil, précisément en matière de responsabilité, la notion de risque est utilisée pour la responsabilité sans faute.

---

[513] V. Vocabulaire Juridique G. Cornu Capitant, PUF 4e édition 2012.

[514] V. Pour les différentes définitions du risque en matière d'assurance, voir M. Picard et A. Besson, Les assurances terrestres en droit français ; V. Nicolas, Contribution à l'étude du risque dans le contrat d'assurance, RGDA 1998, p. 638 ; B. Beignier, Droit du contrat d'assurance, PUF. 1999. n° 59.

488. D'où la formule suivante : « *Celui qui a le fonctionnement d'une entreprise doit en supporter les risques* »[515]. Cette citation de Saleilles reflète l'idée de base de la théorie du risque. Saleilles, bien qu'il ne soit pas l'initiateur du mouvement en faveur de la théorie du risque[516], est celui qui a fait de l'idée de la théorie du risque une « *véritable théorie susceptible d'expliquer et de justifier une orientation entièrement nouvelle de la responsabilité civile* »[517]. D'autres auteurs français, tel, Teissière, ont soutenu que les notions de faute et de risque seraient les deux réponses alternatives à la question de savoir « *quels liens doivent unir (le fait dont résulte le dommage) à une personne, pour que cette personne soit déclarée responsable du fait, et condamnée à en réparer les conséquences* »[518].

489. Selon Madame Florence Millet, la notion de « risque » doit être limitée à son statut de fait générateur de responsabilité. Elle démontre cette idée dans sa thèse pour l'obtention du diplôme de doctorat, par les arguments qui suivent : « *L'imputation opérée par le truchement du risque pose donc, ici encore, des difficultés spécifiques : ainsi qu'il a été dit, la qualification de la faute emporte dans le temps identification du responsable, dans la mesure où l'action et son auteur sont fondus dans l'idée de faute. Tel n'est pas le cas en matière de responsabilité objective, où le risque est généré par une activité ou une personne qui sont à distance du responsable appelé à en répondre* ». Elle continue sont argumentation dans la ligne suivante :« *A pousser le raisonnement le plus loin, on peut affirmer que c'est l'activité ou la personne qui génère le risque, fait générateur du dommage, mais pas la personne appelée à en répondre. L'identification d'un lien entre le fait générateur de dommage et le responsable doit permettre de lui imputer la charge de la réparation, telle qu'en somme il soit amené à répondre des conséquences du risque généré. Mais alors l'identification du lien ne peut pas résulter de l'idée de risque. Le fondement ou la justification de l'attribution de la charge du dommage résulte d'un rapport du responsable à l'activité ou à la personne génératrice du risque. Rapport d'autorité,*

---

[515] R. Saleilles, note sous Cass. civ. 16 juin 1896, D. 1897. I. 439.

[516] Des auteurs tels que Sauzet et Santectelette avaient soutenu l'idée de la théorie du risque bien avant Saleilles.

[517] V. Viney, Introduction à la responsabilité, LGDJ. p. 82. n° 49.

[518] V. M. Teissière, Essai d'une théorie générale sur le fondement de la responsabilité, Thèse Aix, 1901. V. encore en ce sens, Ph. Malaurie, L. Aynès et Ph. Stoffel-Munck, Droit civil- Les obligations, 5e édition Defrénois, 2011.

de maîtrise, idée de profit retiré de l'activité, notion de garde ou souscription d'un contrat d'assurance de responsabilité civile, sont ainsi évoqués dans les arrêts ou par les auteurs. Mais il s'agit alors de sonder les raisons qui permettent d'établir un lien entre le risque comme fait générateur (du dommage et de responsabilité) et la personne amenée à répondre du préjudice. Ce lien ne peut à l'évidence être contenu dans l'idée de risque... Le risque est objet de l'imputation (du fait générateur à un auteur), mais ne fonde pas cette imputation »[519] .

490. Cette opinion n'est pas sans rappeler l'article du Professeur Christophe Radé, intitulé « Réflexion sur les fondements de la responsabilité civile.1- L'impasse », qui semble considérer la faute comme l'unique fondement de la responsabilité civile. Dans cet article, Monsieur Radé affirme que *« La situation actuelle du droit de la responsabilité civile n'est guère encourageante. Toutes les ressources du code, ou presque, ont été exploitées et on ne voit pas comment on pourrait découvrir de nouvelles hypothèses de responsabilité sans faute. Pour faire face aux besoins futurs des victimes, qui ne manqueront pas d'être confrontées à des fléaux aujourd'hui inconnus, notre système n'a guère que la faute, ou une énième loi spéciale, à proposer comme réponse* »[520]. Si le statut du risque comme fondement de responsabilité peut être discuté, il faut reconnaître à la théorie du risque le mérite d'avoir permis l'évolution qui s'imposait en matière de responsabilité à l'époque où la jurisprudence, sous l'influence de la doctrine, a fait recours à l'usage de cette notion pour surmonter les difficultés que la faute posait dans l'indemnisation des victimes. C'est ainsi que la jurisprudence français a eu recours à la théorie du risque, plus précisément de risque créé, pour fonder le régime actuel de la responsabilité parentale.

---

[519] V. F. Millet, La notion de risque et ses fonctions en droit privé. Les presses universitaires de la faculté de Droit de Clermont-Ferrand-Editeur. 2001. Diffusion L.G.D.J, p. 182 et s. n° 314 à 317.

[520] C. Radé, Réflexion sur les fondements de la responsabilité civile. 1- L'impasse, Dalloz 1999. Chron. p. 315. n° 6.

B- La définition du risque créé[521]

491. La théorie du risque comporte deux approches : Le risque profit et le risque créé. Selon la théorie du risque profit, la personne qui profite d'une activité doit supporter les risques qui en découlent. Selon la théorie du risque créé, il revient à la personne qui a introduit un danger dans la vie sociale de supporter les risques qui peuvent en naître. La théorie du risque créé est mieux adaptée à la question de la responsabilité que celle de risque profit.

492. La théorie du risque créé est une émanation de la théorie du risque profit. Saleilles, en affirmant que « *celui qui a le fonctionnement d'une entreprise doit en supporter les risques* »[522], n'a pas manqué de suggérer à la jurisprudence de ne pas cantonner cette théorie « dans la sphère limitée de l'état économique dont elle est inspirée »[523]. En effet, les auteurs partisans de la théorie du risque souhaitaient plus largement offrir un autre fondement que la faute à la responsabilité civile.

493. Les auteurs partisans de la théorie du risque ont donné des définitions du risque créé sensiblement différentes d'un auteur à l'autre. Selon René Savatier, *« la responsabilité fondée sur le risque créé consiste dans l'obligation de réparer des faits dommageables produits par une activité qui s'exerçait dans votre intérêt »*[524]. Quant à Josserand, l'un des plus grands défenseurs de la théorie du risque, il a soutenu dans son ouvrage, intitulé ''Cours de droit civil positif français'', que « l'idée de faute … doit être complétée, revigorée, par la notion plus moderne, plus économique, à plus grand rendement de risque créé »[525]. Les partisans de la théorie ne donnent pas une définition du risque créé sans faire référence à celle de risque profit. Or, en faisant référence à l'élément économique, qui est le propre du risque profit, les auteurs ne donnent pas une définition claire du risque créé. Pourtant, il y a des choix de vie qui n'ont rien d'économique, tel que faire un enfant. Cela participe à justifier qu'il faut approuver le droit

---

[521] Pour une étude approfondie de la notion de risque, V. F. Millet, La notion de risque et ses fonctions en droit privé. Les presses universitaires de la faculté de Droit de Clermont-Ferrand-Editeur. *op. cit.* p. 260.
[522] V. *supra* n° 208.
[523] R. Saleilles, note sous Cass. civ. 16 juin 1896, D. *op. cit.* p. 253.
[524] R. Savatier, Règles générales de la responsabilité civile, Rev. crit. De législation et de jurisprudence, 1934, n° 29, p. 442.
[525] L. Josserand, cours de droit positif français, 3e édition 1939, n° 559, p. 354.

guinéen pour son rejet de la théorie du risque en matière de la responsabilité parentale.

§ 2. Le rejet du risque créé en droit guinéen

494. Le droit guinéen rejette la théorie du risque comme fondement de la règle de la responsabilité des père et mère. Ce rejet législatif peut se justifier non seulement en droit (A), mais aussi sociologiquement (B).

A- Justification juridique du rejet

495. Suivant l'article 1098 du Code civil guinéen, « *tout fait quelconque de l'homme, délit ou quasi-délit, qui cause à autrui un dommage, oblige celui par la faute*[526] *duquel il est arrivé à le réparer* ». L'alinéa 2 de l'article 1099 du même code précise que : « *c'est ainsi que les père et mère ou toute personne les remplaçant, sont responsables, en vertu du droit de garde qui leur est dévolu par loi, des dommages causés par leurs enfants mineurs, habitant avec eux* ». Il a été déjà dit que le premier article constitue le fondement légal de la responsabilité civile en droit guinéen. Le second article est une application particulière du premier. La responsabilité parentale du droit guinéen, malgré qu'elle constitue une application particulière de la responsabilité du droit commun, ne s'est pas déliée du fondement originel qui est la faute, contrairement au droit français de la responsabilité des père et mère, qui accepte aujourd'hui que cette responsabilité soit fondée sur le risque crée.

496. Admettre la responsabilité des parents pour les dommages causés par leurs enfants mineurs habitant avec eux, sur le fondement de la théorie du risque créé, c'est considérer l'enfant comme un risque. D'ailleurs, l'avocat général Roland Kessous a dit fort et clair dans sa conclusion sur l'arrêt *Bertrand* du 19 février 1997, que : « *un parent qui a des enfants, est aujourd'hui un aventurier qui prend des risques* »[527]. Si cette affirmation a été approuvée par la jurisprudence française en

---

[526] Il faut encore insister ici sur la faute, seul fondement de la responsabilité parentale en du fait d'autrui en droit guinéen.

[527] V. Roland Kessous, conclusion sur l'arrêt Bertrant du 19 février 1997, *op. cit.* p. 10.

rendant la décision conseillée par l'avocat général Kessous, elle choquerait plus d'un magistrat guinéen. Même en France, certains auteurs ont réagi de manière sceptique à l'évolution du droit français de la responsabilité des père et mère[528]. C'est ainsi que Monsieur Hubert Groutel se demande si après l'arrêt *Levert*, *« l'enfant mineur est*[529] *ravalé au rang de simple chose ? »*[530]. Cette question est opportune parce que considérer l'enfant comme uniquement un danger potentiel pour les individus, c'est bien le « ravaler au rang de simple chose »[531]. L'évolution s'est faite en plusieurs étapes qu'il faut rappeler. D'abord l'arrêt Gesbaud de la deuxième chambre civile de la Cour de cassation en date du 10 février 1966 assimila le régime de la responsabilité des père et mère à celui de la responsabilité du fait des choses prévue à l'article 1384, alinéa 1er du Code civil français. En l'espèce, la Cour affirma que la victime est fondée à assigner en réparation le mineur et le père à la fois, selon les alinéas 1er et 4 de l'article 1384 du Code civil français : « La loi ne distingue pas entre les causes qui ont donné lieu à la responsabilité de l'enfant » [532]. Ensuite, les arrêts de l'assemblée plénière de la Cour de cassation en date du 9 mai 1984 consacrèrent une conception objective de la responsabilité des père et mère. Les arrêts Derguini et *Lemair*e écartèrent la condition de discernement de l'enfant. Selon l'arrêt Fullenwarth, il suffit pour engager la responsabilité des père et mère que le mineur ait commis un acte qui soit la cause directe du dommage invoqué par la victime. Enfin, l'arrêt Bertrand du 19 février 1997 de la deuxième chambre civile de la Cour de cassation viendra parachever cette évolution jurisprudentielle. Selon l'arrêt *Bertrand*, les père et mère ne pourront plus s'exonérer de leur responsabilité civile en apportant la preuve de l'absence de faute d'éducation ou de surveillance.

497. L'arrêt Levert du 10 mai 2001 de la deuxième chambre civile de la Cour de cassation viendra confirmer cette décision. En retenant la responsabilité des parents pour un acte licite de l'enfant, il va toutefois encore plus loin dans l'objectivation de la responsabilité des père et mère. Cette évolution de la jurisprudence française montre que le droit

---

[528] V. notamment, Ph. Malaurie, Droit des obligations, *op. cit.* p. 259; C. Brunetti-Pons, *in* Lamy, L'enfant sujet de droits, *op. cit.* p. 81.
[529] L'auteur n'a pas utilisé de verbe dans sa formule.
[530] V. H. Groutel, « l'enfant mineur ravalé au rang de simple chose ?, Resp. civ. assur. 2001. chron n° 18.
[531] L'expression est empruntée à Monsieur Hubert Groutel.
[532]Cass. 2eCiv., 10 février 1966. D. 1966

français actuel perçoit l'enfant comme un risque. Certains auteurs de la doctrine française ont adhéré à cette conception de l'enfant tel le Professeur Christophe Radé qui pense que la solution de l'arrêt *Bertrand* du 19 février 1997 incitera les parents à plus de vigilance. D'autres auteurs, tel Monsieur le François Boulanger, ne partage pas cette opinion. Il affirme que : la « *rigueur, quoi qu'on en dise, parait sociologiquement peu propice à encourager les parents dans la surveillance du comportement des enfants. Leur attribuer une responsabilité presque automatique est de nature à les « démotiver* ». On a pu évoquer le « sacerdoce parentale ». Les familles « méritantes » sont pénalisées au regard de celles qui font bon marché des devoirs parentaux. Il est de même regrettable que l'âge des mineurs ne soit pas pris en considération, alors que la tendance générale est de leur conférer une autonomie de plus en plus grande aux abords de la majorité, et de leur reconnaître la liberté d'action »[533]. Un autre auteur, Monsieur Lecuyer semble partager l'opinion de Monsieur François Boulanger. Il trouve que la nouvelle politique de la jurisprudence française est antinataliste[534].

98. Ainsi, aujourd'hui, l'enfant semble en droit français un « risque ». L'affirmation de l'avocat général Kessous, précise tout de même que c'est aujourd'hui[535] que l'enfant est conçu comme un risque pour les parents. Ce qui veut dire que ce n'était pas le cas hier, en France. Il faut noter que c'est l'évolution des mentalités et des mœurs des français qui a changé la conception que l'on a de l'enfant. Avant, en France, avoir des enfants était une bénédiction. Cette affirmation de l'avocat général Kessous, « *un parent qui a des enfants, est aujourd'hui un aventurier qui prend des risques* », ferait bondir de sa tombe Victor Hugo, l'auteur du poème « Lorsque l'enfant paraît », qui commence comme suit : « Lorsque l'enfant parait, le cercle de famille applaudit à grands cris … »[536]. A croire l'avocat général Kessous, aux certains auteurs de la doctrine française[537], et la jurisprudence française, ce poème ne serait plus d'actualité. Il serait même possible

---

[533] F. Boulanger, Les rapports juridiques entre parents et enfants. Perspectives comparatiste et internationales, Economica 1998. p. 136, n° 129.

[534] V. H. Lecuyer Une responsabilité déresponsabilisante. Dr Famille 1997, comm. n° 3.

[535] Il faut insister sur le mot « aujourd'hui » employé par l'avocat général Kessous dans son affirmation.

[536] V. Hugo, Morceaux choisis de Victor Hugo, poésie, Librairie Delagrave 1946.

[537] Telle Françoise Alt-Maes qui a écrit que « La garde des parents du fait de leur enfant mineur reste le principe. Devenue une responsabilité de plein droit elle est fondée sur le risque : les parents assument le risque de leur enfant, car tout mineur est toujours potentiellement dangereux ». V. La garde, fondement de la responsabilité du fait du mineur, JCP. Ed. G.n° 30, 22 Juillet 1998.

de dire que c'est l'effet contraire qui est aujourd'hui ressentit par le cercle de famille lorsque l'enfant paraît. Aujourd'hui, il est possible de proposer une parodie, sans prétendre avoir le talent poétique de Victor Hugo, en commençant ainsi : Lorsque l'enfant paraît, le cercle de famille pleure à chaudes larmes.

499. Il faut reconnaître que Victor Hugo est un poète de son temps comme Roland Kesous est un juriste de son époque. L'intérêt de citer Victor Hugo, un écrivain romancier et poète, dans une thèse de droit, est de montrer l'évolution de la conception que la société française a de l'enfant. La jurisprudence française a confirmé son évolution dans l'affaire Levert, en alourdissant encore la responsabilité des père et mère désormais érigée en une responsabilité directe et personnelle. C'est bien avant l'arrêt Levert, du 10 mai 2001, que Monsieur Jean-Christophe Saint Pau posait la question suivante : « la responsabilité du fait d'autrui est-elle devenue une responsabilité personnelle et directe ? »[538]. Si, au moment où il posait cette question, une réponse affirmative n'était pas sûre, aujourd'hui, depuis l'arrêt Levert, elle est une évidence.

500. La solution de l'arrêt Levert[539] s'inscrit dans la ligne de celle posée par l'arrêt *Bertrand*. Mais, si l'arrêt *Bertrand* fut bien accueilli par la doctrine française, l'arrêt Levert n'a pas connu le même succès. Il a été très critiqué aux motifs notamment qu'il rend davantage responsable d'autrui que de sa propre personne. Des auteurs, tel Monsieur Hubert Groutel, n'ont pas apprécié ce qu'ils ont perçu comme l'assimilation de l'enfant à une chose. Dans sa première approche relative à l'arrêt Levert, il affirme que « *l'analogie avec la responsabilité du fait des choses serait fausse*[540]*. Dans ce dernier cas, on considère que le gardien est directement responsable, à défaut que la chose le soit elle-même. Le risque est alors, en posant également que la responsabilité des parents est directe, d'occulter complètement celle du mineur. On aurait donc, dans cette perspective, une responsabilité du fait d'autrui sans autrui lui-même responsable*[541] *et,*

---

[538] J-C. Saint Pau, la responsabilité du fait d'autrui est-elle devenue une responsabilité personnelle et directe ?, Resp civ. et assur 1998 n° 10.

[539] V. *supra* n° 467 et suivant pour les différentes étapes de l'évolution jurisprudentielle sur la qualification du fait dommageable de l'enfant mineur.

[540] La responsabilité parentale nécessite l'intermédiaire de l'enfant mineur, l'auteur souligne cet élément dans son approche.

[541] Il faut bien insister sur cet élément.

partant sans fait générateur... ».[542] Dans sa seconde approche qui est logiquement la conséquence de la première, Monsieur Groutel affirme que « *la responsabilité des parents ne serait plus une responsabilité du fait d'autrui. Dans ce cas, comme ils ne sont pas eux même les auteurs physiques du dommage, le mineur est assimilé à une chose qui en est l'instrument* »[543]. Il faut adhérer à l'expression de ce sentiment de regret quant à la chosification de l'enfant.

501. Monsieur Jean Mouly, en commentant l'arrêt Levert dira que : « *La solution de l'arrêt Levert, conduit à considérer que les enfants, à l'instar des machines, sont des instruments de dommages particulièrement dangereux, qui supposent par conséquent une responsabilité renforcée de ceux qui ont pris le risque de les mettre au monde* ». Cette affirmation de Monsieur Mouly exprime bien la conception que la jurisprudence française donne de l'enfant. La Cour de cassation a d'ailleurs confirmé sa solution de l'arrêt Levert, dans deux arrêts rendus par l'Assemblée plénière, en date du 13 décembre 2002, malgré les critiques nombreuses qu'il a suscité, par exemple celle de Monsieur Philippe Brun, selon laquelle *« la consécration d'une responsabilité des parents à raison du fait même non fautif de leur enfant mineur nous paraît très contestable* »[544].

502. Les espèces des arrêts du 13 décembre 2002 étaient voisines de celle de l'arrêt Levert. Dans l'une des espèces, il s'agissait d'une partie de ballon au cours de laquelle l'un des joueurs avait été blessé par la chute d'un autre, elle-même provoquée par un plaquage. Dans l'autre espèce, il s'agissait d'une séance d'éducation physique au cours de laquelle un élève avait chuté suite à un coup de pied. Les cours d'appel avaient refusé les demandes d'indemnisation contre les parents des auteurs des actes à l'origine des dommages au motif que les fautes de ceux-ci n'étaient pas établies. La Haute juridiction réunie en Assemblée plénière cassa ces arrêts en affirmant que: « *pour que la responsabilité de plein droit des père et mère exerçant l'autorité parentale sur un mineur habitant avec eux puisse être recherchée, il suffit quele dommage invoqué par la victime ait été directement causé par le fait, même non fautif, du mineur* »[545]. Dans ces deux arrêts

[542] V. H. Groutel, « l'enfant mineur ravalé au rang de simple chose ?, Resp. civ. Assur, *op. cit.* p. 264.
[543] V. H. Groutel, « l'enfant mineur ravalé au rang de simple chose ?, Resp. civ. assur. *op. cit.* p. 264.
[544] Ph. Brun, Responsabilité civile extracontractuelle. Litec 2009, p. 272, n° 427.
[545] Cass. Ass. plén. 13 décembre 2002, Bull. civ. n° 4 ; D. 2003, p. 231, note P. Jourdain ; JCP 2003, II. 10010, note A. Hervio-Lelong.

l'Assemblée plénière vient préciser qu'un fait directement causal suffit pour engager la responsabilité des parents. Depuis ces arrêts du 13 décembre 2002, qui sont venus confirmer la solution de l'arrêt Levert, il suffit en droit français que le mineur ait commis un acte étant la cause directe du dommage pour déclencher la responsabilité parentale.

503. Dix ans après, dans un arrêt en date du 17 février 2011 de la deuxième chambre civile, la Cour de cassation vient de consolider sa position acquise depuis les arrêts Bertrand du 19 février 1997 et Levert du 10 mai 2001.

504. En l'espèce, un cycliste participant à une randonnée sur la piste cyclable aménagée autour de l'hippodrome de Longchamp avait heurté un enfant de dix ans à l'endroit réservé aux piétons et aux cyclistes. Le cycliste, blessé avait attaqué le père de l'enfant en responsabilité civile. Les juges du fond avaient estimé que le dommage du cycliste était dû à son comportement fautif, car il avait emprunté une partie de la chaussée qui n'était pas réservée aux seuls cyclistes, à vive allure et sans prendre les précautions nécessaires pour éviter les autres usagers de la route. Ainsi, ils l'avaient débouté de sa demande au motif que, contrairement à l'enfant, à qui aucune faute ne pouvait être imputée, il avait commis une faute d'imprudence de nature à exonérer le père de l'enfant de toute responsabilité.

505. La Haute juridiction judiciaire censure cette décision en affirmant que : « *pour que la responsabilité de plein droit des père et mère exerçant l'autorité parentale sur un mineur habitant avec eux puisse être recherchée, il suffit que le dommage invoqué par la victime ait été directement causé par le fait, même non fautif, du mineur ; que seule la cause étrangère*[546] *ou la faute de la victime peut exonérer les père et mère de cette responsabilité* »[547].

506. Ainsi, il importe peu que l'acte de l'enfant à l'origine du dommage ne soit pas fautif. Bien entendu, la Haute juridiction judiciaire française montre que c'est elle qui fait le droit qu'il revient aux auteurs de

[546] Dans cet arrêt, la Cour de cassation utilise « la cause étrangère » à côté de la faute de la victime comme moyens d'exonération des parents, contrairement aux arrêts précédant, qui utilisaient « la force majeure ».

[547] Cass. civ., 2e, 17 février 2011, JCP 2 mai 2011. n° 18. note de D. Bakouche

commenter dans le sens qu'ils entendent. Il est intéressant de citer ici le dernier attendu de cet arrêt, « *qu'en exonérant totalement le père du mineur, de sa responsabilité de plein droit, alors qu'elle constatait que la position du mineur en bordure de la partie de la piste attribuée aux seuls cyclistes au moment où circulait à vive allure le peloton des randonneurs avait été pour le responsable un événement imprévisible et irrésistible*[548], *la cour d'appel a violé le texte susvisé* ».

507. Cet attendu, bien qu'il applique la solution posée déjà par l'arrêt Bertrand du 19 février 1997, n'est pas sans rappeler la thèse de Monsieur Pierre-Dominique Ollier, précisément son affirmation selon laquelle, « *refuser, comme le fait la jurisprudence, de s'en tenir à la démonstration d'une diligence moyenne dans l'accomplissement des devoirs qu'impose la puissance paternelle, et exiger du père qu'il prouve qu'il lui a été impossible de prévenir et d'éviter le dommage, équivaut à exiger de lui qu'il démontre que le fait de l'enfant était imprévisible et irrésistible. C'est introduire, avec les caractères traditionnels qu'elle possède dans la conception classique, la force majeure, dans un domaine où nous voudrions montrer qu'elle est inconcevable* »[549].

508. L'arrêt du 17 février 2011 vient de rappeler que la solution de la jurisprudence Levert constitue aujourd'hui le droit positif en France, malgré les regrets émis par des auteurs de la doctrine, tel Monsieur David Bakouche qui soutient, à la fin de sa note sur cet arrêt, que : « *plutôt d'envisager son extension aux autres cas de responsabilité du fait d'autrui, c'est bien la solution permettant de rechercher la responsabilité des parents du fait de leur enfant mineur en l'absence de fait générateur de responsabilité imputable à celui-ci qui mériterait d'être abandonnée* »[550]. Il faut adhérer à cette opinion et s'en inspirer pour dire que la transposition de la jurisprudence française serait malvenue en Guinée, parce que la société guinéenne a une autre conception de l'enfant. Par conséquent, le droit guinéen ne devrait pas suivre la série des arrêts révolutionnaire de la jurisprudence française.

---

[548] Il faut souligner la mention des mots « imprévisible » et « irrésistible »

[549] P.-D. Ollier, La responsabilité civile des père et mère, étude critique de son régimelégal, *op. cit.* p. 54.

[550] D. Bakouche, Cass. civ., 2e, 17 février 2011, JCP, *op. cit.* p. 269.

509. Le rejet par le droit guinéen de la théorie du risque en matière de responsabilité parentale s'explique encore mieux par sa conception de la relation sociale.

B- Justification du rejet d'un point de vue sociologique

510. Pour un guinéen avoir des enfants ne peut être conçu comme « *un risque* »[551]. Les enfants ne sont pas considérés dans la société guinéenne, « *à l'instar des machines, comme des instruments de dommages particulièrement dangereux* »[552]. Dans l'ensemble des coutumes guinéennes qui sont aujourd'hui encore appliquées en pratique, il est nécessaire que le dommage résulte d'une faute particulièrement grave pour engager la responsabilité des parents en cas de dommage causé par l'enfant mineur. Les préjudices causés par les enfants mineurs sont souvent laissés au compte du hasard. Si le droit guinéen légiféré n'entérine pas la position des coutumes ancestrales, il exige tout de même une faute pour engager la responsabilité des parents pour les dommages causés par les enfants mineurs habitant avec eux. Par conséquent, le fondement de la responsabilité parentale sur le risque créé est exclu en droit guinéen. Il faut approuver cette exclusion du risque créé en droit de la responsabilité parentale guinéen, parce que les règles juridiques doivent refléter la conception de vie des peuples auxquelles elles sont destinées. Or, concevoir un enfant comme une source de dommages particulièrement dangereux est loin d'être guinéen.

511. Les parents ne peuvent être considérés dans la société guinéenne comme des aventuriers qui ont pris des risques plus qu'un autre. D'ailleurs, tout être humain, enfant ou adulte, est susceptible de causer un dommage à autrui. C'est ce qu'un auteur dit de manière très éloquente en critiquant la formule de l'avocat général Kessous : « *Le raisonnement selon lequel, un parent qui a des enfants, est aujourd'hui un aventurier qui prend des risques, n'est pas convainquant. Car, tout être humain, enfant ou adulte, inséré dans une société quelconque, est susceptible de causer un dommage à autrui* »[553].

---

[551] Expression empruntée à l'avocat général Kessous.

[552] Expression empruntée à Monsieur Jean Mouly.

[553] V. M. Josselin-Gal, note sous : civ. 2e 2 décembre 1998.

12. L'idée de la théorie du risque dans le droit guinéen de la responsabilité parentale ne serait pas cohérente avec la conception guinéenne de la vie en société. La société française connaît un « *recul des rapports sociaux* »[554] que la société guinéenne ignore pour l'instant. Des auteurs français n'ont pas manqué de dénoncer le « *gel des rapports sociaux* » [555] en ces termes : « *le développement du risque en matière de responsabilité traduit et cautionne une mutation du lien social, « un régime nouveau de lien social »*[556] *qui assure davantage un « vivre à plusieurs » qu'un « vivre ensemble ». Or, cette mutation est à redouter car contraire à l'essence même de la société* »[557].

13. En revanche il ne semble pas incohérent de souhaiter l'introduction de l'idée de la garantie dans le droit guinéen de la responsabilité parentale.

Section 2
La mise à l'écart de la théorie de la garantie

14. La théorie de la garantie est aussi l'invention de la doctrine française. Il est impossible d'en parler sans mentionner le nom de Boris Starck, l'auteur qui l'a développée. Il convient d'envisager la notion de garantie (§ 1), avant d'apporter des observations sur son rejet par le droit guinéen de la responsabilité parentale (§ 2).

§ 1. La théorie de la garantie

15. Contrairement à la théorie du risque, la théorie de la garantie ne prônait pas l'adoption d'une nouvelle solution en responsabilité civile. Les rédacteurs du Code civil français ont conçu la responsabilité comme un moyen « *davantage destiné à moraliser les conduites*

---

[554] Expression empruntée aux auteurs français, M. Pariguet et O. Mansion, Impasses et perspectives du risque en matière de responsabilité, JCP. Ed. G. n° 28, 11 Juillet 2011, 838.

[555] Expression empruntée aux auteurs français, M. Pariguet et O. Mansion, Impasses et perspectives du risque en matière de responsabilité, JCP. Ed. G, *op. cit.* p. 271.

[556] Il faut souligner le renvoi des auteurs : J.-P. Lebrun, La perversion ordinaire, Vivre ensemble sans autrui : Denoël, 2007.

[557] V. M. Pariguet et O. Mansion, Impasses et perspectives du risque en matière de responsabilité, JCP. Ed. G. n° 28, 11 Juillet 2011, 838, *op. cit.* p. 271.

individuelles qu'à assurer la réparation du préjudice ». Avant la faute était le fondement exclusif de la responsabilité. Les dommages causés sans la faute de l'homme étaient laissés au compte de la fatalité et pris en charge par la solidarité familiale. Mais la société devenant de plus en plus individualiste et la révolution industrielle aidant, la faute va s'avérer impuissante comme moyen d'indemnisation des victimes.

516. C'est dans ces circonstances du milieu du XXe siècle que Boris Starck va proposer sa théorie. Selon lui, il faut envisager le problème de la responsabilité civile en se plaçant du côté de la victime et non de celui de l'auteur de l'acte à l'origine du dommage. Cet auteur pense qu'il faut en même temps faire une distinction entre les dommages corporels ou matériels et les dommages économiques ou moraux. Il soutient que la théorie de la garantie ne doit concerner que les dommages corporels ou matériels, parce que « *l'extraordinaire mutation de la responsabilité civile s'est faite dans le seul domaine des accidents corporels et matériels* »[558]. Selon la théorie de la garantie, chacun a droit à la sécurité dont la responsabilité sanctionne la violation. Ainsi, la responsabilité est le moyen de garantir pour tous le droit à la sécurité. La théorie de la garantie se veut un moyen de justifier la responsabilité sans faute. Le droit guinéen de la responsabilité des père et mère rejette la théorie de la garantie.

§ 2. Observations sur le rejet de la garantie par le droit guinéen

517. L'alinéa 2 de l'article 1099 du Code civil guinéen désigne les père et mère, ou toute personne les remplaçant, comme les civilement responsables des dommages causés par leurs enfants mineurs habitant avec eux. L'alinéa 4 du même article exige que la victime apporte la preuve du lien de causalité entre la faute d'éducation ou de surveillance des parents et le dommage subi. Or, la théorie de la garantie a été conçue par Boris Starck pour justifier la responsabilité sans faute[559]. Il est permis de dire, donc, que la théorie de la garantie

[558] B. Starck, essai d'une théorie générale de la responsabilité civile considérée dans sa double fonction de garantie et de peine privée, Rodstein, *op. cit.* p. 52.

[559] Un auteur français, Clothilde Grare conteste cette idée selon laquelle la garantie permet de justifier la responsabilité sans faute dans sa thèse sur les Recherches sur la cohérence de la responsabilité délictuelle. Dalloz 2005. p. 21. n° 29.

ne saurait fonder la responsabilité parentale pour faute prouvée du droit guinéen. Le fondement de la responsabilité parentale sur la faute prouvée du droit guinéen, justifie donc le rejet de la théorie de la garantie. Deux observations sur l'opportunité de ce rejet de la théorie de la garantie en droit guinéen de la responsabilité parentale sont nécessaires.

518. Toute d'abord, le rejet de la théorie de la garantie par le droit guinéen de la responsabilité parentale trouve une explication en pratique. En effet, les circonstances qui ont conduit à réfléchir à un autre fondement pour la responsabilité civile ne sont pas encore réunies dans la société guinéenne : La solidarité familiale n'a pas disparu dans les mœurs et l'évolution de l'industrie guinéenne est à des années lumière de celle de la France. Certes, pour la responsabilité du fait des choses, les articles 1100 et 1101 du Code civil guinéen prévoient une responsabilité de plein droit, mais il faut se rappeler qu'en droit français, aussi, la responsabilité de plein droit a été amorcée d'abord en matière de responsabilité du fait des choses pour être étendue à la responsabilité du fait d'autrui plus tard, même s'il faut préciser, qu'en droit français, cette évolution a été l'œuvre créatrice de la jurisprudence. Le législateur guinéen peut bien s'inspirer de la jurisprudence française, en prévoyant une responsabilité de plein droit en matière de la responsabilité du fait des choses pour ensuite l'étendre à la responsabilité du fait d'autrui lorsque la nécessité s'en fera sentir.

519. En second lieu, le fondement réel de la responsabilité parentale est l'autorité parentale. Autrement dit, la responsabilité parentale est la contrepartie de l'autorité parentale dont bénéficient les parents à l'égard de leur enfant mineur habitant avec eux. Aussi, le but de la responsabilité parentale est l'indemnisation de la victime du dommage causé par l'enfant mineur. L'enfant étant en principe insolvable, les parents ont été désignés par la loi pour venir réparer les dommages par lui causés à autrui. Mais ce but n'est pas devenu le fondement de la responsabilité parentale en droit guinéen, contrairement au cas du droit français pour lequel ce glissement a bien été opéré. Le fondement de la responsabilité parentale demeure la faute en droit guinéen, et ce fondement est bien adapté à la réalité guinéenne. Cependant, pour améliorer l'indemnisation de la victime il est possible de passer d'un régime de faute prouvée à un régime de faute

présumée. Cette suggestion n'exclut pas d'adapter corrélativement un régime de garantie

Conclusion du chapitre 1

520. Le droit français de la responsabilité des père et mère a évolué d'un régime de responsabilité pour faute prouvée à un régime de responsabilité de plein droit. L'évolution du droit français de la responsabilité des père et mère a eu pour supports des théories de risque et de la garantie. Il a été démontré que ces théories s'avèrent inadaptées aux caractéristiques actuelles de la société guinéenne. Il faut rappeler que le droit guinéen, contrairement au droit français ne conçoit pas un enfant comme un risque. C'est pourquoi le droit guinéen actuel exclut la théorie du risque du domaine de la responsabilité des père et mère.

521. La théorie de la garantie aurait pu être admise par le droit guinéen là où la théorie du risque a été écartée pour des raisons mentionnées ci-dessus. Mais il se trouve que le droit guinéen de la responsabilité civile, contrairement au droit français, connaît une forte influence de la morale. Ainsi, le droit guinéen de la responsabilité des père et mère exige la preuve de la faute pour engager la responsabilité des parents. Par conséquent, le droit guinéen exclut l'idée de garantie dans le domaine de la responsabilité des père et mère.

522. La théorie du risque et celle de la garantie s'avèrent inadaptées aux caractéristiques guinéennes. Le droit guinéen de la responsabilité parentale est fondé sur la faute. Aussi, l'enfant n'apparait pas dans la société guinéenne comme un risque contrairement au droit français. Le rejet de la théorie du risque et de la théorie de la garantie par le droit guinéen est juridiquement et sociologiquement justifié. Si les théories françaises actuelles se trouvent inadaptées aux caractéristiques guinéennes, il est possible de trouver dans le droit français antérieur une solution adaptée à la réalité guinéenne : la responsabilité pour faute présumée. En effet, pour améliorer l'indemnisation de la victime il est possible de passer d'un régime de faute prouvée à un régime de faute présumée. Cette suggestion n'exclut pas d'adapter corrélativement un régime de garantie.

Chapitre 2

La suggestion d'une responsabilité pour faute présumée Dans le droit guinéen

523. La présente thèse propose un passage de la responsabilité parentale pour faute prouvée à la faute présumée. Le régime juridique de la responsabilité parentale serait donc toujours fondé sur la faute. Comme il vient d'apparaître, un régime de responsabilité fondé sur le risque ne serait pas adapté aux réalités sociales, économiques et culturelles guinéennes. En revanche, introduire l'idée de garantie dans le droit guinéen de la responsabilité des père et mère serait pertinent, parce que la garantie est d'abord une aide à l'indemnisation de la victime, (Section 1) d'autant que, l'assurance amorçant son développement en Guinée (Section 2), cette association de la garantie à la faute présumée serait un moyen efficace pour soutenir le régime de responsabilité suggéré.

Section 1
Des solutions pour le droit guinéen

524. Toute évolution suppose le fait d'un acteur. Dans le domaine juridique, deux acteurs ont le pouvoir de métamorphose d'une matière donnée. Ce sont le législateur et le juge. En effet, quelque soit le système juridique adopté par un Etat, ces deux auteurs constituent les sources essentielles du droit[560]. L'évolution du droit guinéen de la responsabilité parentale sera forcément en conséquence soit légale, soit prétorienne. Il convient de réaliser l'étude de ces modes d'évolution (§ 1) avant d'envisager des solutions (§ 2).

[560] Il faut rappeler que le système anglo-saxon est essentiellement jurisprudentiel alors que le système français et guinéen, est légal.

§ 1- L'étude des modes d'évolution contemporains

25. Le choix du mode prétorien ou du mode légal nécessite de faire une analyse comparative de ces deux sources d'évolution juridique. Il convient d'étudier les mérites et faiblesses du mode prétorien (A) et du mode légal (B) dans le domaine de la responsabilité parentale dans le droit guinéen.

A- Les mérites et faiblesses du mode prétorien

26. Si les auteurs de la doctrine française se sont réjouis de l'évolution prétorienne en matière de responsabilité parentale, ils n'ont pas manqué d'apporter des observations critiques mettant en évidence les faiblesses (2), et les mérites du mode d'évolution prétorien (1).

1- Les mérites du mode prétorien

27. Le doyen Jean Cabannes écrivait que : « *le droit de la responsabilité est par essence évolutif* »[561]. Il est permis d'ajouter à cette formule que le juge est le moteur de l'évolution de la responsabilité. Le droit français de la responsabilité en général et le droit français de la responsabilité parentale en particulier, ont connu une métamorphose majeure[562]. Si la jurisprudence n'a pas été l'auteur exclusif de cette évolution, il est possible de dire qu'elle en a été l'actrice principale. A la fin du XIXe siècle la jurisprudence a entamé une évolution juridique avec le célèbre arrêt Teffaine. En découvrant l'article 1384 alinéa 1er, elle consacre un principe général de responsabilité, d'abord du fait des choses, puis du fait d'autrui[563].

28. En ce qui concerne concrètement les mérites du mode prétorien de l'évolution juridique en matière de responsabilité parentale, la jurisprudence est une source de droit très flexible qui est dotée d'une capacité de réaction plus rapide que la source légale. L'édification des

---

561 . J. Cabanne, note sous Cass. Ass. plén. 1984. D. 1984. 525.

562 V. par exemple, les métamorphoses de la responsabilité, colloque commun aux facultés de droit de l'Université de Montréal, de l'Université catholique de Nimègue et de l'Université de Poitiers, les 15 et 16 mai 1997, 6e journées René Savatier, PUF. Et voir aussi pour le cas particulier de la responsabilité parentale, La responsabilité du fait d'autrui, actualité etévolution, centre de droit de la responsabilité de l'Université du Maine CDRUM, Le Mans, 2 juin 2000, resp. civ. et ass., novembre 2000, n°11 bis.

563 V. *supra* n° 259.

règles par le mode légal obéit à une procédure beaucoup plus longue. Il faut partir d'un projet de loi, le soumettre au débat parlementaire, adopter le projet comme loi, promulguer la loi, la publier au journal officiel, pour qu'elle entre enfin en vigueur et soit ainsi applicable aux sujets de droit. Dans son rôle d'application de loi, le magistrat abrège cette procédure. La jurisprudence constitue le mode d'évolution pragmatique du droit. Le régime actuel du droit français de la responsabilité des père et mère n'a pas été l'œuvre du législateur. Ce régime a été le fruit d'une évolution jurisprudentielle. Aujourd'hui, la Haute juridiction a fait de la responsabilité parentale un régime qui n'a même pas effleuré l'esprit du législateur en éditant l'article 1384, alinéa, 4 du Code civil français. Cela n'est pas sans rappeler la formule de Portalis, selon laquelle « *l'office du magistrat est de diriger l'application des lois en puisant son inspiration dans "un dépôt de (...) décisions (...) qui s'épure journellement par la pratique et par le choc des débats judiciaires, qui s'accroît sans cesse de toutes les connaissances acquises, et qui a constamment été regardé comme le vrai supplément de la législation* »[564]. Adhémar Esmein soulignait aussi le rôle progressif de la jurisprudence dans l'élaboration des règles, en des termes voisins : « *La jurisprudence est une œuvre collective et progressive qui (...) s'est faite par un apport continu de décisions fragmentaires* »[565].

529. Il faut rappeler ici le passage du droit français de la responsabilité parentale d'un régime de responsabilité pour faute présumée à un régime de responsabilité de plein droit depuis l'arrêt Bertrand.

530. Suivant l'alinéa 7 de l'article 1384, la responsabilité des parents est engagée à moins qu'ils ne prouvent qu'ils n'ont pas pu, empêcher le fait qui donne lieu à cette responsabilité. Cet alinéa a été interprété par les tribunaux comme une présomption de faute des père et mère. Cette règle de la présomption de faute a fait l'objet de nombreuses critiques de la part de la doctrine pour imprécision notamment[566]. La jurisprudence n'est pas restée insensible à ces critiques. Depuis l'arrêt Bertrand, le droit français de la responsabilité parentale connaît un régime de responsabilité de plein droit, également critiqué.

---

[564] Portalis, Discours préliminaire, Locré, La législation civile, commerciale et criminelle de la France, t. I, pp. 258-259.

[565] A. Esmein, La jurisprudence et la doctrine, RTD civ. 1902, p. 5.

[566] André Tunc est l'un des auteurs qui ont critiqué avec rigueur la responsabilité parentale pour faute présumée en proposant la responsabilité de plein droit. V. l'enfant et la balle, JCP, 1966, I, 1983.

531. Les avantages du mode prétorien d'évolution du droit ne doivent pas masquer ses inconvénients.

2. Les faiblesses du mode prétorien

532. Le choix du mode prétorien comme moyen d'évolution du droit guinéen de la responsabilité parentale aurait pour conséquence l'élaboration d'une réforme jurisprudentielle *contra-legem.* Le droit élaboré par le juge serait forcement une altération du droit tel qu'il a été prévu par le législateur. Certes, le droit français de la responsabilité des père et mère, lui-même, connaît aujourd'hui un régime juridique qui ne reflète pas la conception de la responsabilité parentale prévue par la loi, mais le droit guinéen de la responsabilité parentale, lui, désigne expressément le régime de la faute prouvée.

533. Le droit guinéen a besoin sur le sujet d'une réforme en profondeur. L'évolution du droit guinéen de la responsabilité parentale doit conduire à une réflexion sur l'ensemble de la conception de la responsabilité parentale. Les objectifs doivent être redéfinis. Le but indemnitaire de la victime doit être privilégié, tout en gardant à l'esprit qu'il ne faut pas trop alourdir la responsabilité des parents. Le régime de la responsabilité parentale dans le droit guinéen doit être reconsidéré afin d'être épuré de toute référence explicite au droit commun. Seul un mode légal d'évolution juridique peut permettre une telle réforme. C'est pourquoi il y a lieu d'affirmer que c'est au législateur guinéen de prendre l'initiative de faire évoluer le droit guinéen de la responsabilité parentale.

B- Les mérites et les faiblesses du mode légal

534. Il convient d'envisager d'abord les faiblesses (1), pour ensuite examiner les mérites du mode légal (2).

1. Les faiblesses du mode légal

535. Le droit de la responsabilité parentale est censé être un régime de responsabilité spécial. C'est le cas du droit français de la responsabilité des père et mère. Pour le droit guinéen, cette spécialité du droit de la responsabilité parentale n'est pas une certitude. L'alinéa 4, de l'article 1099 du Code civil guinéen, en renvoyant au droit commun pour les règles de preuve, semble soumettre ce régime au droit commun. L'alinéa 4, de l'article 1099 est plus une règle de fond qu'une simple règle de preuve, car il n'existe aucun autre texte légal qui donne au civilement responsable les moyens de se dégager de la responsabilité du fait dommageable de l'enfant mineur. Certes, l'article 1099, alinéa 2 du Code civil guinéen désigne de façon certaine un répondant pour les dommages causés par l'enfant mineur, mais la règle posée pour le droit de la responsabilité parentale guinéenne n'est pas différente du droit commun. Il est vrai, qu'en principe, l'on ne peut être responsable que de sa propre faute. La responsabilité parentale qui prévoit le mécanisme d'une responsabilité pour la faute d'autrui, en l'occurrence celle de l'enfant, devrait être considérée donc comme une responsabilité spéciale. Cet argument semble convaincant, mais le renvoi de l'alinéa 4, de l'article 1099 permet d'avoir un doute.

536. Il faut se demander si le législateur guinéen a vraiment voulu pour les dommages causés par les enfants un régime spécial ? En matière de responsabilité du fait des choses du droit guinéen le législateur, à travers les articles 1100 et 1101 du Code civil guinéen, a prévu clairement un régime spécial. Suivant le premier article : « *on est également responsable du dommage causé par des choses, mobilière ou immobilière, dont on a la garde, mais il importe que ce dommage ait été causé par le fait de cette chose, sans d'ailleurs que la matérialité d'un contrat soit exigé* ». Suivant le second article : « *la présomption de responsabilité éditée par l'article ci-dessus à l'encontre de celui qui a sous sa garde une chose ayant causé un dommage ne peut être détruite que par la preuve d'un cas fortuit ou de force majeure ou d'une cause étrangère qui ne lui soit pas imputable* ». Ce second article vient préciser qu'en matière de la responsabilité du fait des choses le législateur guinéen veut un régime de responsabilité de plein droit. A cet effet, il utilise sciemment

l'expression « présomption de responsabilité ». Cette expression montre que ce n'est pas la faute qui est alors présumée mais la responsabilité elle-même. Le législateur guinéen précise aussi, pour les plus sceptiques, que le gardien de la chose ne peut se soustraire de sa responsabilité que pour un cas fortuit ou de force majeure ou d'une cause étrangère qui ne lui soit pas imputable. C'est donc une responsabilité objective que le législateur guinéen a prévue pour le fait des choses.

537. Pour comparaison avec le droit français, le régime actuel du droit français de la responsabilité du fait des choses, est une construction jurisprudentielle. A l'origine, les rédacteurs du Code civil français avaient prévu le fait des choses aux articles 1385 et 1386, à travers deux cas particuliers, le fait des animaux d'une part et le fait des bâtiments d'autre part. Ces dispositifs se sont avérés limités avec la contrainte des nouvelles réalités socio-économiques. La responsabilité fondée exclusivement sur la faute ne parvenait plus à répondre aux besoins nouveaux de la société industrialisée. Dans le souci d'indemniser les victimes, la Cour de cassation, en se fondant sur l'article 1384, alinéa 1er du Code civil français consacra un principe général selon lequel on est responsable du fait des choses que l'on a sous sa garde, dans le célèbre arrêt *Teffaine* du 18 juin 1896. L'arrêt *Jand'heu*r du 13 février 1930 viendra préciser le régime de la nouvelle responsabilité en énonçant que : « *la présomption de responsabilité établie par l'article 1384 alinéa 1er, à l'encontre de celui qui a sous sa garde la chose inanimée qui a causé un dommage à autrui ne peut être détruite que par la preuve d'un cas fortuit ou de force majeure ou d'une cause étrangère qui ne lui soit pas imputable...* ». Cette jurisprudence française a inspiré les dispositions de l'article 1101 du Code civil guinéen. Dans le cas de la responsabilité du fait des choses, la Guinée a donc préféré le mode légal, contrairement au droit français.

2. Les mérites du mode légal

538. Le droit guinéen de la responsabilité parentale doit faire montre de la même clarté que le droit de la responsabilité du fait des choses. Seule une évolution par le mode légal permet d'atteindre cet objectif. Seul le

législateur peut mettre en place un «plan d'ensemble »[567], mettre en œuvre une logique de système. La réforme de la responsabilité parentale souhaitée en droit guinéen est de taille. Or, la jurisprudence guinéenne manque de dynamisme pour réaliser ce type de projet. Le droit français n'est pas lui-même réfractaire au mode légal dans le domaine de la responsabilité du fait d'autrui. encore. Lorsque les français ont voulu changer le droit de la responsabilité des instituteurs, ils ont retenu le mode légal. Ce choix mérite d'être approuvé en l'expliquant.

539. A l'origine, les rédacteurs du Code civil avaient prévu à l'alinéa 6 de l'article 1384 du Code civil la responsabilité des instituteurs du fait de leurs élèves pendant le temps qu'ils sont sous leur surveillance. Cette responsabilité des instituteurs était pour faute présumée, dans la mesure où l'alinéa 7 de l'article 1384 du Code civil, relatif aux causes d'exonération de la responsabilité pour autrui, était commun aux parents, aux artisans et aux instituteurs. La loi du 5 avril 1937 est venue subordonner la responsabilité des instituteurs à la preuve d'une faute personnelle. Aux termes de l'alinéa 8 de l'article 1384, dans sa rédaction issue de cette loi : *« en ce qui concerne les instituteurs, les fautes, imprudences ou négligences invoquées contre eux comme ayant causé le fait dommageable, devront être prouvées, conformément au droit commun, par le demandeur à l'instance* ». Par la loi du 5 avril 1937, le législateur français a fait évoluer la responsabilité des instituteurs de la responsabilité spéciale pour autrui à la responsabilité du droit commun. Depuis, la responsabilité des instituteurs est conçue comme une simple application du principe de la responsabilité pour faute de l'article 1382 du Code civil. Le législateur guinéen doit adopter la même démarche mais dans l'autre sens. Autrement dit, le droit guinéen de la responsabilité parentale qui est aujourd'hui une simple application du principe de la responsabilité pour faute de l'article 1098[568] du Code civil guinéen doit évoluer vers une réelle responsabilité pour autrui, avec un régime de responsabilité pour faute présumée.

---

[567] V. F. Leduc, l'œuvre du législateur moderne : vices et vertus des régimes spéciaux, *in* La responsabilité à l'aube du XXIe siècle, bilan prospectif, colloque, Resp. civ. et. Assur. juin 2001, n° 21, p. 55.

[568] Le texte de l'article 1098 du Code civil guinéen est la copie de la règle posée par l'article 1382 du Code civil français.

40. Pour le projet de faire évoluer le droit guinéen de la responsabilité parentale vers un régime de responsabilité pour faute présumée, le mode légal a plus d'avantages que d'inconvénients, dans la mesure où il se trouve être en concurrence avec le mode prétorien, caractérisé en ce qui concerne la Guinée par son manque de dynamisme et d'initiative. La Guinée appartient à la tradition des pays de droit écrit[569]. Est-il encore nécessaire de rappeler que le système guinéen fait partie de ceux, comme le Sénégal, le Madagascar, la Tunisie ou le Liban, qui ont connu l'influence du droit français. Mais si l'évolution du droit français de la responsabilité civile est l'œuvre de la jurisprudence, le droit guinéen doit adopter néanmoins un mode différent pour l'évolution de son droit de la responsabilité parentale.

41. La réforme de la responsabilité parentale en droit guinéen doit nécessairement venir du législateur. Le législateur a la légitimité qui l'autorise à procéder à la réforme envisagée. Il faut à présent s'interroger sur le bien-fondé de cette réforme. Autrement dit, il faut se poser la question de savoir quelle est l'opportunité de consacrer un régime de responsabilité pour faute présumée des parents ? Pourquoi ne pas continuer l'évolution pour aboutir à une responsabilité de plein droit comme dans le droit français ? pourquoi faut-il s'arrêter en chemin ? L'étude de l'opportunité de la responsabilité présumée en droit guinéen permettra de répondre à ces différentes interrogations.

§ 2. L'étude de l'opportunité d'une responsabilité pour faute présumée en droit guinéen

42. Les parents sont tenus de réparer les dommages causés à autrui par leurs enfants mineurs habitant avec eux, en raison de l'autorité parentale dont ils sont investis. La preuve de faute d'éducation et de surveillance est toutefois difficile à établir[570]. D'où l'idée d'introduire une présomption de faute. Lorsqu'un dommage est causé par le fait de l'enfant mineur, cela conduirait à supposer que les parents ont été défaillants dans l'exercice de l'autorité parentale dont ils bénéficient juridiquement à l'égard de cet enfant mineur. C'est le sens de la

[569] Comme le droit français qui constitue il faut le rappeler la source d'inspiration du droit guinéen.
[570] Comme il est apparu plus haut, V. *supra* n° 351 et suivant.

responsabilité pour faute présumée (A) qu'il convient d'envisager avant de souligner sa pertinence en droit guinéen (B).

A- Les conséquences de la présomption de faute

543. Le régime de la présomption de faute, est un régime qui a pour effet d'alléger la charge de la preuve pour la victime. La victime est dispensée de l'obligation d'établir positivement que son dommage, causé par le fait d'un enfant mineur, résulte de la faute des père et mère dans l'éducation ou la surveillance de l'enfant. Cela a pour conséquence un renversement de la charge de la preuve. Conformément au droit commun de la responsabilité, la loi fait peser la charge de la preuve sur le demandeur. Toutefois, étant donné la difficulté de cette preuve et l'objectif indemnitaire de la responsabilité parentale, les rédacteurs du Code civil français et la jurisprudence antérieure à l'arrêt du 19 février 1997, avaient posé une présomption de faute des parents. Celle-ci résultait de l'alinéa 7 de l'article 1384, suivant lequel la responsabilité parentale « *a lieu, à moins que les père et mère ne prouvent qu'ils n'ont pas pu empêcher le fait qui donne lieu à cette responsabilité* ». Il s'agissait d'une présomption simple qui pouvait être infirmée par la preuve contraire. Pour comprendre la responsabilité pour faute présumée, il faut rappeler l'état de droit français antérieur au revirement du 19 février 1997.

544. Suivant la jurisprudence française, notamment l'arrêt de la chambre civile, en date du 12 octobre 1955[571] et celui de la deuxième chambre civile, en date du 4 mars 1987[572], les parents doivent apporter la preuve qu'aucune faute d'éducation ou de surveillance ne pouvait leur être reprochée pour se libérer de la présomption de faute que fait peser sur eux l'article 1384 alinéa 4. Le droit français de la responsabilité des père et mère admettait la preuve de l'absence de faute d'éducation et de surveillance comme cause d'exonération de la responsabilité parentale.

---

[571]Cass. civ. 12 octobre 1955. D. 1956, p. 301, note R. Rodière.
[572]Cass. civ. 2e, 4 mars 1987, Bull. civ. II, n° 63, p. 35.

545. Cet état du droit fut critiqué par le Professeur Patrice Jourdain et le Professeur Géneviève Viney, selon lesquels « *il semble passablement artificiel d'établir un lien entre un acte quelconque de l'enfant et l'éducation générale que celui-ci a reçue. L'éducation d'un enfant n'a généralement pas grand chose à voir avec les dommages dans lesquels il peut se trouver impliqué, notamment par accident* »[573]. Cet argument semble convaincant. Il est vrai que c'est « artificiel » de faire un lien entre l'éducation d'un enfant et le dommage par lui commis, car on n'est pas à l'abri de dommage même en face d'un enfant bien éduqué. Toutefois, cette réflexion occultait qu'il s'agissait d'une présomption simple donc, les parents pouvaient se libérer en prouvant que le dommage causé par leur enfant n'était pas lié à l'éducation ou à la surveillance. Dans le droit français de la responsabilité des père et mère, la présomption n'avait pas une portée absolue, parce que la jurisprudence avait consacré une présomption simple. La jurisprudence avait affirmé que les parents pouvaient s'exonérer en prouvant que le dommage n'était pas dû à leur faute de surveillance ou d'éducation de leur enfant mineur[574].

546. Le problème qui se posait était celui de l'imprécision de la jurisprudence quant aux cas dans lesquels elle admettait l'absence de faute d'éducation et de surveillance. En ce qui concerne la preuve de l'absence de faute de surveillance, les parents se défendaient en soutenant qu'ils n'avaient pas pu empêcher le dommage, en invoquant par exemple leur absence sur le lieu du dommage ou bien l'impossibilité d'éviter le dommage malgré une surveillance adaptée[575]. A ces arguments de défense, les tribunaux appliquaient des solutions qui variaient d'un cas à l'autre et qui pouvaient même être contradictoires. Quant à la preuve de l'absence de faute d'éducation, elle était systématiquement rejetée lorsque le dommage causé par l'enfant mineur résultait d'une infraction. En revanche, les tribunaux étaient susceptibles d'accepter facilement la preuve de l'absence de faute d'éducation lorsque le dommage causé par l'enfant mineur résultait d'un acte accidentel ou d'une faute légère. Mais, on relevait des solutions contradictoires.

---

[573] P. Jourdain et G. Viney, les conditions de la responsabilité, LGDJ. *op. cit.* p. 108.
[574]Civ. 12 octobre 1955. D. 1956, p. 301, note R. Rodière. *op. cit.* p. 287.
[575] V. *supra* n° 391.

547. Si les imprévisions de la jurisprudence française sur le régime de la présomption de faute ont suscité des critiques doctrinales, en droit guinéen le régime le mieux adapté à la réalité sociale serait celui de la présomption. Pour démontrer ces propos, il y a lieu d'envisager la pertinence de la faute présumée en droit guinéen.

B. La pertinence de la faute présumée pour le droit guinéen

548. Pour démontrer qu'un régime de faute présumée est adapté en droit guinéen de la responsabilité parentale, il est nécessaire d'établir une comparaison critique, brève, entre les trois types de responsabilité. La responsabilité pour faute prouvée, qui est le régime que connaît actuellement le droit guinéen de la responsabilité parentale, la responsabilité de plein droit que connaît aujourd'hui le droit français de la responsabilité des père et mère et la responsabilité pour faute présumée, qui est le régime ancien du droit français et l'objet de la suggestion pour le droit futur guinéen de la responsabilité parentale.

549. Dans les développements précédents, les limites de la responsabilité pour faute prouvée ont été démontrées[576]. L'article 1099, alinéa 4 du Code civil guinéen énonce que la victime doit faire la preuve de son dommage suivant les règles du droit commun. La victime doit donc apporter la preuve de la faute à l'origine de son préjudice. A défaut, elle ne peut obtenir la réparation de son dommage. Pourtant, le but de la responsabilité parentale est de faciliter l'indemnisation de la victime. Les enfants mineurs, auteurs des dommages à autrui, sont en principe insolvables. Pour ne pas laisser la victime au sort du hasard sans indemnisation, la responsabilité parentale a été créée. Les parents, bénéficiaires de l'autorité parentale à l'égard de leurs enfants, ont été désignés par la loi pour répondre des dommages causés par eux. En imposant à la victime de rapporter la preuve de la faute des parents pour obtenir la réparation de son dommage, le législateur prive la responsabilité parentale de son efficacité, parce que rapporter la preuve de la faute d'éducation ou de surveillance est extrêmement difficile. La responsabilité pour faute prouvée que connaît le droit guinéen aujourd'hui estdonc un régime très défavorable à la victime,

[576] V. *supra* n° 326 et suivant.

dans la mesure où il s'avère inefficace pour la réalisation de l'objectif indemnitaire.

550. En revanche, la responsabilité de plein droit que connaît le droit français est un régime trop favorable à l'indemnisation de la victime et qui occulte la notion d'imputabilité. Une responsabilité de plein droit est une responsabilité objective, c'est-à-dire une responsabilité dans laquelle la faute du responsable est une donnée indifférente. Il n'est donc plus nécessaire que le dommage causé à la victime soit imputable aux père et mère qui doivent l'indemniser. L'évolution des mentalités et le mode d'éducation des enfants de plus en plus libérale, a conduit la jurisprudence, sous l'influence de la doctrine, à adopter cette autre conception de la responsabilité parentale par le fameux arrêt Bertrand du 19 février 1997. Dans cet arrêt, la Haute juridiction judiciaire affirme que : « *seule la force majeure ou la faute de la victime peut exonérer le père de la responsabilité de plein droit encourue du fait des dommages causés par son fils mineur habitant avec lui* ». De la responsabilité pour faute présumée prévue par les auteurs du Code civil français, la jurisprudence est passée à une responsabilité de plein droit, exclusive par définition de toute considération relative à la faute des parents.

551. Si le revirement opéré par l'arrêt Bertrand du 19 février 1997 a été très bien accueilli en doctrine, il est permis d'apporter une réserve quant à son effet sur l'équilibre entre la victime et les parents. Au regard de cette recherche d'équilibre, la responsabilité de plein droit aggrave de façon excessive la responsabilité des parents. Certes, la responsabilité parentale doit garder son but indemnitaire dans le processus de sa mise en œuvre, mais cela ne doit pas entraîner une aggravation démesurée de la responsabilité des parents.

552. Il ressort des travaux du Code civil que les rédacteurs du Code civil français avaient prévu, pour la responsabilité des père et mère, une responsabilité pour faute présumée du civilement responsable. Suivant l'alinéa 4 de l'article 1384 du Code civil, la responsabilité des père et mère est retenue dès lors que le dommage est causé par l'acte de leur enfant mineur habitant avec eux. Si l'alinéa 7 du même article et du même Code, permet aux parents de se dégager de cette responsabilité, en prouvant qu' « *ils n'ont pu empêcher le fait qui donne lieu à cette responsabilité* », il existait peut être déjà une idée de garantie dans le

droit français de la responsabilité des père et mère. L'alinéa 7 de l'article 1384 du Code civil français peut être interprété comme une règle prévoyant que la force majeure est le seul moyen dont disposent les parents pour se soustraire à l'obligation de réparer les dommages causés à autrui par leur enfant mineur habitant avec eux. En effet, l'expression, « *qu'ils n'ont pu empêcher* », renvoie à l'idée d'irrésistibilité. L'avocat général Kessous, cité plus haut, avait fait remarquer, à l'occasion de l'arrêt Bertrand du 19 février 1997, que les travaux préparatoires du Code civil français montrent que certains de ces rédacteurs avaient l'intention d'attribuer à la responsabilité des père et mère une portée très large. Treilhard, dans son exposé, affirma ainsi que : « *la responsabilité des pères, des instituteurs, des maîtres est une garantie, et souvent la seule garantie de la réparation des dommages…* »[577].

553. La rigueur de la jurisprudence sur l'exonération des père et mère, en droit français bien avant même l'arrêt Bertrand du 19 février 1997, atteste de l'influence de cette idée de garantie dans le droit français de la responsabilité parentale. C'est ce que Pierre- Dominique Ollier constate dans sa thèse à travers l'analyse de la jurisprudence de l'époque[578]. Il affirme que : « *L'existence d'une obligation de garantie dans la règle de l'article 1384*[579] *nous parait ressortir de la confrontation entre les solutions admises et les conditions nécessaires à l'apparition d'une faute paternelle*[580]. *Si le père devait être libéré chaque fois qu'il prouve d'une manière concrète que le dommage est étranger à sa conduite, par exemple parce qu'il n'avait aucune raison de s'opposer à l'activité à l'occasion de laquelle s'est produit le dommage, ou parce qu'il était légitimement absent, ou parce qu'il a donné à son enfant une éducation* normale, il serait permis de considérer que sa condamnation n'est jamais que la conséquence d'une faute présumée. Mais il est tenu de rapporter une *preuve beaucoup plus complète, chaque fois que le mineur ne possède pas à son égard cette indépendance et cette autonomie qui font d'elles-mêmes tomber la présomption. La jurisprudence considère au contraire qu'avec plus de précaution le dommage aurait pu être évité,*

---

[577] V. A. Fenet, Recueil complet des travaux préparatoires du Code civil, t. 13. p. 467.

[578] Ici il faut comprendre la jurisprudence antérieure au droit posé par l'arrêt Bertrand du 19 février 1997. C'est-à-dire la jurisprudence qui appliquait le régime de la présomption.

[579] Il faut faire remarquer ici l'admission de la garantie comme fondement de la responsabilité parentale.

[580] Il faut rappeler qu'à l'époque de l'auteur le père était le seul civilement responsable des dommages causés par son enfant habitant avec lui, la mère n'étant responsable qu'à titre subsidiaire.

et qu'elle est en droit, en raison de la multiplicité des obligations que le jeune âge de l'enfant fait peser sur le père, d'exiger de lui qu'il démontre que toutes les précautions possibles ont effectivement été prises. Cette exigence est autre chose qu'une simple manifestation de sévérité dans l'appréciation de la conduite du père. Elle consacre un déplacement de l'objet de la preuve. Refuser, comme le fait la jurisprudence, de s'en tenir à la démonstration d'une diligence moyenne dans l'accomplissement des devoirs qu'impose la puissance paternelle, et exiger du père qu'il prouve qu'il lui a été impossible de prévenir et d'éviter le dommage, équivaut à exiger de lui qu'il démontre que le fait de l'enfant était imprévisible et irrésistible. C'est introduire, avec les caractères traditionnels qu'elle possède dans la conception classique, la force majeure, dans un domaine où nous voudrions montrer qu'elle est inconcevable »[581]. La citation de ce paragraphe de Pierre-Dominique Ollier, était nécessaire pour démontrer que certains auteurs de la doctrine française, en se fondant sur les décisions jurisprudentielles, concluaient au recul de la faute en la matière bien avant l'arrêt Bertrand du 19 février 1997. Depuis l'arrêt Bertrand du 19 février 1997, cette responsabilité parentale n'est plus fondée sur la faute en droit français.

54. Il est suggéré dans la présente thèse au législateur guinéen de faire évoluer le droit de la responsabilité parentale d'un droit pour faute prouvée à un droit pour faute présumée. Ce passage à la faute présumée ne changerait pas le fondement du droit guinéen de la responsabilité parentale. La faute demeurerait toujours son fondement : la responsabilité pour faute présumée est toujours une responsabilité pour faute. Le lien de l'obligation de réparer les dommages causés par les enfants mineurs avec la faute ne disparaît donc pas avec la présomption. Mais l'article 1099, alinéa 2, réformé, du Code civil guinéen ne serait plus une simple règle désignant la personne responsable du fait de l'enfant mineur. Cet article deviendrait une véritable règle de droit protégeant la victime et lui permettant d'être indemnisée sauf si la preuve de l'absence de faute des père et mère est établie. L'article 1099, alinéa 2, du Code civil guinéen, constituerait le fondement rationnel de ce nouveau droit de la responsabilité parentale. Le droit français de la responsabilité des père et mère de l'époque du Code civil en est la source d'inspiration.

---

[581] P-D. Ollier, la responsabilité civile des père et mère, (Etude critique de son régime légal), Librairie Générale de droit et de Jurisprudence, *op. cit.* p. 54.

555. Si le législateur guinéen prenait l'initiative de consacrer en la matière un régime de responsabilité pour faute présumée, il pourrait se contenter d'adapter le régime du droit français de la responsabilité des père et mère, antérieur à l'arrêt Bertrand du 19 février 1997. Ce régime pour faute présumée convient parfaitement à un jeune droit national, comme celui de la Guinée, qui est encore en pleine construction. Tous les acteurs du droit guinéen, le législateur, la jurisprudence et la doctrine, sont des novices à côté de ceux de la France, qui connaît un Code civil vieux de plus d'un siècle, alors que la Guinée vient à peine de fêter le cinquantenaire de l'existence de son Etat.

556. S'il est permis de suggérer au législateur guinéen de s'inspirer du droit français pour faire évoluer son droit de la responsabilité parentale, il faut tout de suite déconseiller au législateur guinéen de suivre pour autant les excès actuels de l'évolution du droit français de la responsabilité des père et mère. Un régime de plein droit ne conviendrait pas à la société guinéenne. Le droit traditionnel, caractérisé par la morale et exclusivement fondé sur la faute, prime encore sur le droit légiféré dans lequel la majorité de la population ne se reconnaît pas. Certes il faut faire évoluer le droit guinéen, en général, et le droit de la responsabilité parentale, en particulier, mais il faut une évolution du droit de la responsabilité parentale compatible avec les mentalités, les modes de vie sociale et économique. A défaut, le droit guinéen de la responsabilité parentale resterait un droit « mort » dans le Code civil. Pourtant, s'il y a un cas particulier du droit de la responsabilité civile qui doit rester vivant, c'est bien le droit de la responsabilité parentale. Le régime de la responsabilité pour faute présumée, qui se trouve entre le régime de la responsabilité pour faute prouvée et le régime de la responsabilité de plein droit, s'impose comme le régime idéal pour un droit jeune en plein construction comme celui de la Guinée. Seul le régime de la responsabilité pour faute présumée que connaissait l'ancien droit français paraît compatible avec la situation sociale, politique et économique actuelle de la Guinée. Il faut préférer la « sagesse d'une responsabilité indirecte »[582] prônée par un auteur français selon lequel « une personne ne peut être responsable que des dommages causés par

[582] L'expression est empruntée à Monsieur J-C. Saint Pau.

un fait anormal apparu dans sa sphère d'autorité[583]. Si une obligation de réparation existe indépendamment de ces conditions, il faut être conscient qu'elle ne saurait être fondée que sur un mécanisme juridique distinct de la responsabilité civile et s'apparentant à celui qui joue à l'encontre d'un garant ». [584] L'auteur cité vise ici l'assurance or, dans un futur très proche, le droit guinéen de la responsabilité parentale pourrait être soutenu par l'assurance.

Section 2
L'assurance en pleine progression

557. L'ensemble des auteurs français reconnaissent que l'évolution de la responsabilité civile en droit français n'aurait pu avoir lieu sans le développement de l'assurance. L'influence de l'assurance sur la responsabilité civile a été mise en évidence par la doctrine française, notamment la thèse de Madame Geneviève Viney[585]. L'étude d'ensemble de la question relève du droit des assurances. Il faut se limiter ici à montrer brièvement comment l'assurance peut être un soutien au droit guinéen de la responsabilité parentale (§ 1) et comment peut se faire sa mise en œuvre en cette matière (§ 2).

§ 1. Le soutien du système de la responsabilité parentale par l'assurance

558. Le droit guinéen de la responsabilité parentale devrait faire recours à l'assurance pour soutenir son système. Le droit français montre que l'assurance est un moyen nécessaire pour l'évolution de la responsabilité civile (A). Celle-ci a, de son côté, besoin de l'industrie pour se développer. Il est possible de concilier la faute et l'assurance (B).

---

[583] Il faut reprendre le renvoi fait par l'auteur à Monsieur Dejean de la Batie et ses disciples, pour les quatre composantes de la responsabilité civile qui sont selon eux: 1° un préjudice, 2° un fait défectueux ou anormal d'une personne ou d'une chose, 3° un rapport de causalité entre le fait défectueux et le préjudice, 4° une relation entre le fait défectueux et la personne que l'on entend rendre responsable : la sphère d'autorité, le pouvoir de direction et de contrôle.

[584] J-C. Saint Pau, la responsabilité du fait d'autrui est-elle devenue une responsabilité personne et directe ? Resp civ. et assur*op. cit.* p. 266.

[585] G. Viney, Le déclin de la responsabilité individuelle, LGDJ. 1965.

A- L'assurance, une nécessité pour l'évolution de la responsabilité parentale

559. Le droit français de la responsabilité civile permet de constater l'impact de l'assurance sur le droit de la responsabilité civile. En effet, l'assurance a joué un rôle fondamental dans l'évolution du droit français de la responsabilité civile[586]. La métamorphose du droit français de la responsabilité civile a été possible grâce au soutien de l'assurance[587]. Les tribunaux ont tendance à retenir la responsabilité civile des personnes qui ont souscrit à une assurance. Cela explique la formule humoristique de Monsieur Denis Mazeaud très juste : « *Dis-moi si tu es assuré, je te dirai si tu es responsable* ». Le juge, sachant que le responsable est assuré, va le condamner à réparer le préjudice subi par la victime parce qu'il sait que c'est son assureur qui supportera la charge financière de l'indemnisation. Tous les auteurs de la doctrine française sont unanimes sur l'effet « stimulant[588] » de l'assurance sur le développement de la responsabilité civile. C'est à raison que Madame Geneviève Viney pense que l' « *on peut affirmer que le développement actuel de la notion de dommage réparable qui englobe non seulement les atteintes physiques aux biens et à la personne, mais les pertes de gains et toutes sortes d'atteintes à la personnalité que l'on désigne sous l'appellation de « dommages moraux »,doit beaucoup à la pratique de l'assurance de responsabilité* ». L'auteur poursuit en affirmant que *« l'assurance de responsabilité a donc certainement été la cause essentielle de l'essor prodigieux qu'a connu la responsabilité civile entre les années 1880 et la période actuelle, essor qui n'est d'ailleurs pas propre à la France, mais s'est produit, de la même façon, dans tous les pays industrialisés* ».

[586] C'est surtout dans la construction d'une responsabilité sans faute que l'assurance s'est avérée un outil utile. Ainsi, dans le droit français, il existe un ''couple'' assurance-responsabilité sans faute. C'est ce ''mariage'' qui a permis à la responsabilité sans faute de se maintenir.

[587] V. M. Robineau Contribution à l'étude du système de responsabilité : les potentialités du droit des assurances, thèse Orléans 2004, éd. Defrénois.

[588] Ce qualificatif est emprunté à Madame G. Viney.

B- La conciliation de la faute et de l'assurance

560. L'assurance à son tour contribuera au développement de la responsabilité civile en Guinée, en général, et sera un soutien majeur pour la responsabilité parentale, en particulier. Ce n'est pas un hasard si l'Afrique du Sud, la première puissance de l'Afrique, représente 81% du marché de l'assurance en Afrique, contre 2% réparti entre seize autres pays africains, dont la Guinée fait partie[589]. Selon la fédération des sociétés d'assurance de droit national africaines, la Guinée connaît une progression en matière d'assurance, dans la mesure où le chiffre d'affaire total du marché s'élève à 5 915, 8 millions de francs CFA[590] contre 4 536 millions francs CFA en 2006. L'assurance de responsabilité civile peut être un élément dynamiseur de cette progression.

561. La Guinée, en dépit de ce qu'elle ne connaît pas le même niveau d'industrialisation que la France, peut suivre la même démarche de connexion de l'assurance avec la responsabilité civile. Le système permettra d'offrir à la victime la réparation de son préjudice. Il facilitera la réalisation de l'objectif indemnitaire de la responsabilité parentale. Le civilement responsable n'aura à sa charge que le paiement de la prime d'assurance, le coût total de la réparation du dommage causé par l'enfant mineur étant supporté par l'assurance.

562. Ce système répond à l'objectif indemnitaire de la responsabilité parentale. Il a l'avantage d'alléger la charge du civilement responsable dans la mesure où ce n'est plus lui qui répare le dommage causé par son enfant mineur habitant avec lui, mais l'assurance. La prime d'assurance qu'on lui impose est moins importante que la charge qu'il aurait à payer sans l'assurance. Dans un système construit autour de l'assurance, la victime et le civilement responsable de l'enfant trouvent tous les deux un intérêt. La première bénéficie de l'efficacité du système, parce que l'assureur est un débiteur solvable. Le second bénéficie de l'économie du système, parce que l'assureur lui évite une charge financière lourde. L'assurance facilite la mise en œuvre de la

[589] Source, Fédération des sociétés d'assurance de droit national africain (FANAF), étude réalisée pour la période entre 2005 à 2009.

[590] Le franc de la communauté financière africaine en abrégé CFA, est le nom de la monnaie commune à plusieurs pays d'Afrique centrale (la zone CEMAC) et d'Afrique de l'Ouest (la zoneUEMOA). La valeur du franc CFA est garantie par le trésor publicfrançais. Les Etatsdu franc CFA sont les anciennes colonies françaises. Il faut noter que la Guinée n'est pas membre de la communauté du franc CFA.

responsabilité civile des parents. La victime est réparée et le civilement responsable n'est pas financièrement anéanti.

563. Madame Viney a soutenu dans sa thèse concernant la responsabilité sans faute qu' : *« il devenait très raisonnable de réparer les conséquences des dommages dont la cause était inconnue ou dont l'origine incombait à une activité non fautif, des lors que l'incidence de cette réparation pesait sur une collectivité et que le devoir ainsi imposé à l'individu désigné comme responsable se réduisait à une affiliation doublée du versement d'une prime ou cotisation »*[591]. L'assurance permet de résoudre l'équation d'équilibre dans le droit de la responsabilité parentale. Le contrat d'assurance souscrit par le civilement responsable permet de réparer le dommage subi par la victime du fait de l'enfant mineur habitant avec l'assuré.

564. Le régime de responsabilité présumée, suggéré pour le droit guinéen dans la présente thèse, nécessite une garantie d'assurance à défaut de laquelle elle serait à la fois trop lourde financièrement pour les père et mère ou toute personne qui les remplace, et inefficace pour les victimes. Même le régime actuel, fondé sur la faute prouvée, invite à une garantie d'assurance. Il faut donc encourager, voire obliger les parents ou toute personne qui les remplace, à souscrire une assurance. C'est seulement l'assurance qui permettra de réaliser le but indemnitaire de la responsabilité parentale, et lui donnera ainsi tout son sens. Certains auteurs pourraient rétorquer qu'il y aune incompatibilité entre la faute et la notion de garantie. Cela suppose toutefois que l'on considère la notion de garantie comme une théorie conçue pour justifier uniquement la responsabilité sans faute.

565. Si l'on estime, en revanche, que la notion de garantie est un vocable polysémique, sans substance précise, malléable aux besoins de ses dispositifs d'adoption, force serait de reconnaître qu'il est possible d'associer la notion de garantie à la faute sans que cela ne constitue un bouleversement éclatant du principe de cohérence en matière juridique. Il est possible d'associer le concept de garantie et la faute dans un même mécanisme juridique dès lors qu'ils ne jouent pas le même rôle. Dans le régime de responsabilité parentale fondée sur la faute présumée, que la présente thèse suggère pour le droit guinéen, la

[591] G. Viney, Le déclin de la responsabilité individuelle, LGDJ. *op. cit.* p. 295.

faute serait le seul fondement de la responsabilité. La garantie jouerait comme un cautionnement forcé. Ainsi, il y aurait une compatibilité entre la garantie et la faute. L'idée est ici que la faute est une condition de la responsabilité tandis que l'assurance garantit l'indemnisation de la victime.

66. Conformément au sujet de la présente thèse, il y a lieu de comprendre que l'assurance dont il s'agit est celle qui va garantir la responsabilité de la personne déclarée civilement responsable de l'enfant mineur. Il faut encore se demander comment cette assurance sera mise en œuvre pour indemniser la victime.

§ 2. La mise en œuvre de l'assurance de la personne déclarée civilement responsable de l'enfant

67. Si en principe, la faute intentionnelle de l'assuré peut lui être opposée par son assureur, tel n'est pas le cas lorsque la responsabilité encourue est celle du fait d'un enfant dont il est responsable (A). Toutefois, si l'assurance de la responsabilité civile du chef de famille est une garantie pour les victimes, elle demeure limitée par le jeu des causes d'exonération de la responsabilité parentale (B).

A- La faute intentionnelle de l'enfant inopposable à l'assuré et à la victime

68. Suivant l'article L. 121-2[592] du Code français des assurances, « *l'assureur est garant des pertes et dommages causés par des personnes dont l'assuré est civilement responsable en vertu de l'article 1384 du Code civil, quelles que soient la nature et la gravité des fautes de ces personnes* ». Conformément à cette règle et grâce au jeu d'une stipulation pour autrui, la responsabilité de l'enfant, l'auteur physique du dommage, lui-même est garantie. L'assurance « responsabilité civile vie privée », encore appelée l'assurance du chef de famille, garantit la responsabilité des enfants même majeurs s'ils

[592] Ancien article L. 13 de la loi du 13 juillet 1930.

vivent encore chez leurs parents ou sont à leur charge. La mise en œuvre de l'assurance du civilement responsable de l'enfant peut susciter des difficultés. L'assuré peut se voir opposer certaines restrictions de la garantie, conventionnelles ou non. Il existe en effet des restrictions légales.

569. Selon l'article L. 113-1 du Code français des assurances, les conséquences de la faute intentionnelle de l'assuré responsable lui-même sont exclues du contrat d'assurance. Cette règle permet à l'assureur de ne pas prendre en charge « *les pertes et dommages provenant d'une faute intentionnelle ou dolosive de l'assuré* ». Autrement dit, l'assureur peut invoquer la faute intentionnelle afin d'échapper à l'obligation d'indemniser la victime ou l'assuré. En effet, les litiges relatifs à l'existence de la faute intentionnelle inassurable ont été extrêmement nombreux devant la Cour de cassation[593]. L'exclusion de la faute intentionnelle dans la police s'applique à la responsabilité personnelle des parents et à celle du mineur lui-même, les uns et les autres pris en tant qu'assurés. En revanche, elle ne peut atteindre la responsabilité des parents en tant que civilement responsables. La jurisprudence est venue préciser le régime des exclusions.

570. Selon la jurisprudence, notamment un arrêt de la première chambre civile de la Cour de cassation en date du 1er octobre 1986[594], l'article L. 121-2 du Code français des assurances, cité plus haut, n'interdit pas aux parties de limiter l'étendue de la garantie dès lors que cette limitation concerne aussi bien la responsabilité personnelle de l'assuré que celle des personnes dont il est civilement responsable. L'arrêt de la même chambre, en date du 12 mars 1991[595] précise que l'article 121-2 interdit à l'assureur d'opposer à l'assuré, en vue de lui refuser sa garantie, des distinctions fondées sur la nature ou la gravité de la faute des personnes dont il doit répondre. La Cour de cassation, en dépit de la restriction aux accidents, oblige l'assureur à garantir les parents déclarés civilement responsables des actes fautifs de leur enfant mineur, comme l'illustre un arrêt de la deuxième chambre

---

[593] V. sur cette jurisprudence très abondante, G. Viney et P. Jourdain, Les effets de la responsabilité, Traité de droit civil ssdir. J. Ghestin : 2e éd., n° 365 à 366.
[594]Cass. 1er, civ. 1er octobre 1986. Bull. civ. I. n° 227, D. 1987, somm. 179. obs. H. Groutel.
[595]Cass. 1er, civ. 12 mars 1991. Bull. civ. I. n° 87, Resp. civ. et Assur. 1991, chron. n° 11. H. Groutel ; JCP 1991, II. 21732, note J. Bigot .

civile en date du 30 juin 2011. En l'espèce, un mineur, a été déclaré coupable de viol et d'agression sexuelle par un tribunal pour enfants. Ce tribunal a condamné ses parents en qualité de civilement responsables, à payer à la victime une certaine somme à titre de dommages-intérêts. Ils ont assigné à leur tour devant un tribunal de grande instance leur assureur de responsabilité civile, la société Generali assurances, pour obtenir sa garantie. Pour les débouter de leur demande, l'arrêt de la cour d'appel retient que le contrat d'assurance exclut la garantie des « *dommages intentionnellement causés ou provoqués par toute personne assurée* ». La cour d'appel décide que, s'agissant du risque responsabilité civile du chef de famille, l'assuré est l'enfant mineur, et qu'il résulte de cette exclusion claire et précise que les parents ne peuvent prétendre à la garantie des dommages résultant du viol commis par leur fils. Les parents forment un pourvoi en cassation devant la Cour de cassation, laquelle sanctionne la décision de la cour d'appel en énonçant : « *Qu'en statuant ainsi, alors que la clause litigieuse, telle qu'interprétée par l'arrêt, était inopposable en ce qu'elle créait une exclusion indirecte des dommages causés intentionnellement par une personne dont l'assuré était responsable, la cour d'appel a violé le texte susvisé* »[596].

571. Cette règle est bien accueillie en doctrine. Un auteur a écrit que « *l'immense intérêt de la garantie légale d'autrui est qu'elle peut jouer même lorsque l'auteur a causé le dommage intentionnellement* »[597]. Il faut adhérer à l'opinion de cet auteur français selon laquelle cette règle se justifie par la « *nécessité de mettre le civilement responsable à l'abri d'une absence de garantie alors que le fait intentionnel n'est pas le sien, et que, le plus souvent, il lui aura été impossible de le prévenir. L'assurance de responsabilité des parents manquerait à son rôle si elle ne garantissait pas ces derniers au motif que leur enfant a causé le dommage intentionnellement* »[598].

---

[596] Cass. 2e civ., 30 juin 2011, n° 09-14.227, F-D, M. c/ SA Generali assurances : urisData n° 2011-013036. V. le commentaire de H. Groutel, Garantie du fait d'autrui : faute intentionnelle, Responsabilité civile et assurances n° 9, Septembre 2011, comm. 303.

[597] H. Groutel, Assurance et responsabilité du fait d'autrui, Resp. civ. assur. novembre 2000. n° 11 bis, Première partie, p. 27.

[598] H. Groutel, Assurance et responsabilité du fait d'autrui, Resp. civ. assur. *op. cit*. p. 302.

572. Il n'empêche que la mise en œuvre de la garantie n'est pas sans soulever des difficultés. L'assurance de responsabilité civile se subdivise en deux grandes catégories, une qui concerne la responsabilité encourue dans le cadre des activités professionnelles et l'autre susceptible d'être engagée pour les actes de la vie privée. C'est cette seconde catégorie qui inclut l'assurance du chef de famille et qui intéresse donc la présente thèse. La victime de l'enfant mineur ne bénéficie pas ici d'un statut particulier. Elle peut simplement, comme toute victime, exercer une action directe contre l'assureur du civilement responsable. Selon la jurisprudence, notamment un arrêt de la 1ere chambre civile de la Cour de cassation en date du 14 novembre 1995[599], l'action de la victime contre l'assureur ne la prive pas du droit d'agir contre le responsable. La jurisprudence considère que l'assureur et le responsable sont tenus *in solidum* à l'égard de la victime. Il est permis d'apporter deux observations sur l'action directe de la victime.

573. La première observation est que l'action directe octroie à la victime un droit propre sur l'indemnité d'assurance. Dès les années vingt, la Haute juridiction judiciaire avait décidé que : « la victime d'un accident trouve, dans le droit propre qui lui est conféré par la loi sur l'indemnité dont l'assureur est débiteur, la source d'une action directe lui permettant de mettre en cause celui-ci en même temps que l'assuré »[600]. Cette jurisprudence a été entérinée par la loi n° 2007-1775 du 17 décembre 2007 consacrant le droit d'action directe de la victime, contenu dans les dispositions de l'article L. 124-3 du Code des assurances. Par un arrêt de la 1ere chambre civile en date du 13 mars 1996, la jurisprudence a décidé que si la victime n'a pas obtenu réparation de son préjudice, le paiement fait par l'assureur à son assuré en exécution de son obligation de garantie ne peut être libératoire au regard du droit de créance direct dont elle est investie contre cet assureur[601]. Depuis un arrêt de la chambre civile, en date du 15 juin 1931[602], la jurisprudence considère que les déchéances encourues par l'assuré pour l'inobservation des clauses de la police sont inopposables à la victime. Cette solution jurisprudentielle a aujourd'hui un fondement légal à travers l'article R. 124-1 du Code

---

[599]Cass. 1er, civ., 14 nov. 1995. Bull. civ. I. n° 406.
[600]Cass. civ. 14 juin 1926. DP 1927, I. p. 57, note L. Josserand.
[601]Cass. civ., 13 mars 1996. RGDA. 1996, obs. J-P. Karila.
[602]Cass. civ., 15 juin 1931. DH. 1931, p. 411.

des assurances. Il faut approuver cette solution parce que le droit à réparation de la victime devient exigible au jour du dommage, alors que les déchéances sont la sanction du manquement de l'assuré à une obligation contractuelle. Il est donc logique que la loi protège les droits de la victime qui sont antérieurs au manquement de l'assuré. Mais la protection des droits de la victime n'est pas sans limite.

574. La seconde observation est que la victime peut se voir opposer des exceptions tirées du contrat d'assurance. Suivant l'article L. 112-6 du Code français des assurances, *« l'assureur peut opposer au porteur de la police ou au tiers qui en invoque le bénéfice, les exceptions opposables au souscripteur originaire »*. La victime peut donc se voir opposer la nullité ou la résiliation du contrat d'assurance, la suspension de la garantie pour défaut de paiement de la prime, ainsi que toutes les exclusions de garantie prévues au contrat.

575. Le contrat d'assurance du chef de famille couvre les dommages causés par l'enfant devenu majeur au moment de la réalisation de l'acte à l'origine du dommage si, au moment de la souscription du contrat d'assurance par le civilement responsable il était encore mineur. C'est ainsi que la cour d'appel de Grenoble, dans un arrêt en date du 17 octobre 1978[603], a considéré que le contrat d'assurance souscrit par le père d'un enfant devait recevoir son entière exécution conformément à la loi en vigueur à l'époque à laquelle il avait été passé. En l'espèce, le fils d'un souscripteur à un contrat d'assurance avait blessé au cours d'une altercation son camarade. En application de la loi n° 74-631du 5 juillet 1974, il était devenu majeur au moment des faits. La compagnie d'assurance avait opposé au père que la police ne garantissait que les enfants mineurs au moment des faits. Cette solution doit être approuvée, car la créance de réparation de la victime devient exigible le jour du dommage.

576. Certains auteurs de la doctrine française prônent, telle Madame Geneviève Viney, l'assurance obligatoire. Mais, d'autres sont sceptiques face à l'efficacité de cette solution pour l'indemnisation de la victime. C'est ainsi qu'un auteur français a écrit que : « *Dans certains cas, les parents n'ont ni les moyens financier de contracter une assurance et, dans d'autres, ni les moyens intellectuels d'en*

---

[603] V. CA Grenoble, 17 octobre 1978, Houdelette c/ Cie la prévoyance.

connaître l'existence ». La conception de cet auteur semble être vraie surtout dans un pays comme la Guinée, caractérisé par la pauvreté et où le taux de pourcentage de la population analphabète reste élevé. L'auteur poursuit son raisonnement en ces termes : « *Mais il ne faut pas oublier la résistance psychologique que certaines famille même aisées peuvent opposer à la loi. En effet, bien que l'assurance automobile soit obligatoire, force est de constater qu'un nombre non négligeable d'automobilistes violent cette prescription impérative. Par conséquent, l'assurance même obligatoire n'est pas un bouclier de protection sans faille des intérêts de la victime. D'autant plus que les compagnies d'assurance utilisent souvent des procédés dilatoires pour éviter de payer ou pour payer le plus tard possible* ». Si l'on peut approuver le premier argument relatif aux moyens financiers et intellectuels des parents, il est permis de critiquer le second, relatif à la résistance psychologique de certaines familles. Ce n'est pas parce que certaines familles violeront l'assurance obligatoire, qu'elle ne devrait pas être instaurée. Sinon, il faudrait abroger toutes les lois civiles et pénales parce qu'aucune n'est sans violation. L'auteur ne se limite pas à critiquer la solution de l'assurance obligatoire, mais il propose une solution alternative qu'il trouve plus efficace, en ces termes : « *Cette inefficacité de l'assurance obligatoire serait compensée par une garantie de l'Etat. Dans l'optique d'une réparation optimale, il serait souhaitable d'instaurer un fonds de garantie alimenté par l'Etat pour pallier la défaillance et l'insolvabilité éventuelle des parents* »[604]. Un autre auteur propose un fonds de garantie, alternative à l'assurance pour indemniser les victimes des enfants mineurs. Suivant cet auteur : « *le financement du fonds pourra se faire par un prélèvement à la source sur le montant des allocations familiales* »[605]. Il paraît donc que le premier auteur et le second proposent tous les deux un fonds de garantie pour indemniser les victimes des dommages causés par les enfants mineurs. Mais ils ne proposent pas les mêmes moyens pour alimenter ce fonds de garantie.

577. Cette idée de fonds d'indemnisation des victimes des enfants mineurs, constitué par le prélèvement sur les allocations familiales a le mérite de faciliter la réalisation de l'objectif de la responsabilité parentale qui reste, il faut le rappeler, l'indemnisation de la victime. Par ailleurs, « *le prélèvement sera beaucoup plus modeste que la souscription*

---

604 V. D. Pohé Ombre et lumière sur la force majeure dans la responsabilité parentale. R.R.J. 2002. p. 252
605 M-C. Lebreton, La responsabilité parentale à la croisée des chemins, LPA, 15 septembre 1997. p. 12.

d'une assurance par les parents »[606]. Si cette idée de fonds de garantie d'origine d'allocations familiales parait séduisante, le mécanisme proposé par l'auteur n'est pas sans critique. « *L'action récursoire obligatoire du fonds contre les parents présumés fautifs* »[607], aura pour effet l'indemnisation de la victime par les parents eux même, dans la mesure où ils supporteront finalement la charge financière du dommage causé par leurs enfants mineurs habitant eux. Il est alors permis de douter de l'intérêt du fonds d'indemnisation avec une « *garantie récursoire* »[608], parce qu'il entraîne le même résultat que le système actuel. Il faut faire remarquer que, selon l'auteur, l'action récursoire obligatoire du fonds doit être exercée contre les parents présumés fautifs. Or le droit français actuel de la responsabilité parentale est une responsabilité de plein droit. Il est permis donc de reprocher le risque d'incohérence du système proposé par l'auteur avec le régime de la responsabilité parentale du droit français.

78. Ce qui peut être encore reproché au système de fonds d'indemnisation constitué par le prélèvement sur les allocations familiales est l'injustice à l'égard des parents des enfants mineurs qui n'auraient pas commis de dommage dans l'année, alors qu'ils ont été prélevés. Il est possible d'objecter qu'en matière d'assurance de responsabilité civile, les parents peuvent payer la prime et ne pas voir la garantir intervenir au cours de l'année parce que l'enfant n'aurait pas commis de dommage. Ceci est très juste, mais cela constitue la caractéristique du contrat d'assurance. Le contrat d'assurance est un contrat aléatoire. L'aléa a été volontairement accepté par les parents souscripteurs. Tel ne sera pas le cas dans le système de fonds d'indemnisation constitué par le prélèvement sur les allocations familiales. Pour remédier à cette injustice, il faudrait procéder au remboursement de la somme prélevée sur les allocations familiales aux parents dont les enfants n'auraient pas causé un dommage à autrui, indemnisé par le fonds de « la garantie récursoire ».

79. Si le fonds de « la garantie récursoire » peut être appliqué, avec les réserves apportées dans la présente thèse, en France, il faut reconnaître que ce système paraîtrait inadapté en Guinée. Le contexte économique

[606] Affirmation empruntée à M-C Lebron, auteur de la proposition du fonds d'indemnisation de source d'allocations familiales.
[607] Affirmation empruntée à Madame Lebreton. M.-C.
[608] Madame M.- C. Lebreon appelle l'ensemble du système qu'elle propose, « la garantie récursoire ».

et social ne semble pas favorable à un tel système en Guinée. La solidarité étatique qui est la clé de voûte de cette technique, n'existe pas en Guinée. C'est plus une solidarité familiale que connaît la Guinée, même s'il faut reconnaître qu'elle a tendance à baisser. En 2010 la Guinée a été classée 170e sur 182 selon les indicateurs de développement des Nations-unies. La population connaît un taux de pauvreté de 55%. Certes, l'assurance rencontre les mêmes difficultés économiques, mais elle a l'avantage de ne pas appauvrir davantage la population aux revenus très modestes, parce qu'elle n'est pas obligatoire.

580. Il a été dit plus haut, que la victime peut se voir opposer des exceptions tirées du contrat d'assurance conformément à l'article L. 112-6 du Code des assurances. Ces exceptions peuvent être la nullité ou la résiliation du contrat d'assurance, la suspension de la garantie pour défaut de paiement de la prime, ainsi que toutes les exclusions de garantie prévues au contrat. Il peut s'agir aussi des causes d'exonération de responsabilité du répondant des faits de l'enfant mineur, assuré.

B- Les causes d'exonération de la responsabilité parentale

581. L'assurance ne joue pas lorsqu'il existe une cause d'exonération de la responsabilité. Dans le droit français antérieur au revirement du 19 février 1997, la jurisprudence admettait que les parents soient exonérés lorsqu'ils apportaient la preuve qu'aucune faute d'éducation ou de surveillance ne pouvait leur imputée conformément à l'alinéa 4 et 7 de l'article 1384 du Code civil français. Si la présomption à la charge des parents prévue par cet article était étendue, par rapport à celle prévue par les autres droits tels que celui de la Belgique et de l'Italie, elle était tout de même une présomption simple. Elle pouvait donc être détruite par une preuve contraire.

582. Un arrêt de la deuxième chambre civile de la Cour de cassation en date du 19 févier 1997 va changer la donne. En l'espèce, un mineur de 12 ans a causé un accident alors qu'il circulait à bicyclette. La victime attaque son père en réparation sur le fondement de l'article 1384, alinéa 4 du Code civil français. La cour d'appel de Bordeaux accepte

la demande au motif que « *seules la force majeure ou la faute de la victime pouvaient l'exonérer de la responsabilité de plein droit encourue par application de l'article 1384, alinéa 4 et qu'en la présente espèce la preuve n'était pas rapportée d'un cas de force majeur ayant rendu inévitable la réalisation de l'accident* ». La cour d'appel prononçait ainsi une rupture radicale avec la position maintenue jusque là par la Haute juridiction judiciaire. Elle refusait de vérifier s'il y avait ou non une faute de surveillance à l'origine du dommage en affirmant l'existence d' « *une responsabilité de plein droit* » du père. Ce dernier forma alors un pourvoi fondé sur la violation de l'article 1384, alinéa 4 contre cette décision. Mais la Cour de cassation, en décidant qu' « *ayant exactement énoncé que seule la force majeure ou la faute de la victime pouvait exonérer le père de la responsabilité de plein droit encourue du fait des dommages causés par son fils mineur habitant avec lui, la cour d'appel n'avait pas à rechercher l'existence d'un défaut de surveillance du père* »[609], rejeta le pourvoi. Elle consacra ainsi le nouveau régime que connaît aujourd'hui le droit français de la responsabilité parentale. Ce revirement a été bien accueilli par la doctrine française. Certains auteurs trouvent qu'il est « *digne d'approbation* »[610] et « *conforme à l'éthique de la responsabilité* »[611], voire mérite une « *apologie* »[612]. L'enthousiasme de ces auteurs peut se comprendre. La solution apportée par l'arrêt Bertrand du 19 février 1997 réalise une harmonie qui faisait défaut dans la jurisprudence antérieure. Ne serait que pour cela, l'arrêt Bertrand doit effectivement être salué. En revanche, faire une « apologie »[613] de cet arrêt est excessif, dans la mesure où il n'est pas sans reproche. D'ailleurs d'autres auteurs n'ont pas manqué de montrer à l'égard de l'arrêt Bertrand, leur inquiétude[614], ou de

---

[609] V. Cass. 2eciv., 19 févr. 1997 : Bull. civ. II, n° 56 ; JCP G 1997, II, 22848, concl. Kessous, note G. Viney ; D. 1997, p. 265, obs. Jourdain. - Leduc : Resp. civ. et assur. avr. 1997, chron. p. 7 ; Ch. Radé, Le renouveau de la responsabilité du fait d'autrui (apologie de l'arrêt Bertrand, deuxième Chambre civile, 19 février 1997) : D. 1997, chron. p. 279 ; Chabas : Gaz. Pal. 3-4 oct. 1997, p. 15 ; Dorsner-Dolivet : RD sanit. soc. 1997, p. 660 ; D. Mazeaud : D. 1997, somm. p. 290 ; M. C. Lebreton : Petites affiches 1997, n° 111, p. 12 et 1998, n° 6, p. 29, obs. F. Dumont.

[610] Notamment les professeurs G. Viney et P. Jourdain, V. Les conditions de la responsabilité, *op. cit.* p. 108.

[611] V. Y. Lambert-Faivre, L'éthique de la responsabilité, Rev. Trim. Dr. civ. 1998.p. 12.

[612] V. Ch. Radé, Le renouveau de la responsabilité du fait d'autrui (apologie de l'arrêt Bertrand). D. 1997, chron. 279.

[613] Remarquer la référence à l'article de Monsieur Ch. Radé, Le renouveau de la responsabilité du fait d'autrui (apologie de l'arrêt Bertrand). D. 1997, *op. cit.* p. 308.

[614] V. F. Chabas, Exercices pratiques, droit civil, obligations, droits réels principaux, Montchrestien 1997, 9 éd. p. 131.

souligner son décalage avec la réalité des relations familiales[615], voire trouvent qu'il consacre une « *responsabilité déresponsabilisante* »[616]. L'arrêt Bertrand est un arrêt controversé. Son apport qui ne peut être contesté et ne l'a d'ailleurs pas été, est la réalisation de l'harmonie juridique là où régnait le désordre instauré par un mécanisme casuistique[617].

583. En effet, dans le système antérieur à l'arrêt Bertrand, la Haute juridiction judiciaire hésitait entre l'indulgence et la sévérité à l'égard du civilement responsable des dommages causés par l'enfant mineur. Les juges tenaient compte des critères comme l'âge de l'enfant, le milieu social des père et mère et la nature de l'activité pratiquée pour apprécier la preuve contraire invoquée pour détruire la présomption de faute qui pesait sur les parents. Dorénavant, la jurisprudence a opté pour une position plus sévère à l'égard des parents et souple pour les victimes de l'enfant mineur. Les parents ne peuvent s'exonérer de la responsabilité parentale qu'en apportant la preuve d'une cause étrangère ayant présenté le double caractère d'imprévisibilité et d'irrésistibilité ou la preuve de la faute de la victime. Par conséquent, l'assureur des parents peut invoquer ces causes d'exonération pour refuser de réparer le dommage subi par la victime.

584. Il est important de se poser la question de savoir quelle analyse de la cause étrangère retenir en responsabilité parentale ? L'effet exonératoire de la cause étrangère prévu en matière contractuelle par l'article 1147 du Code civil, est un moyen de défense qu'une personne attaquée en responsabilité peut invoquer pour démontrer que le fait qui lui est reproché n'est pas la seule cause, ou la cause principale du préjudice. L'arrêt Bertrand, en affirmant que : « *seule la force majeure ou la faute de la victime pouvait exonérer le père...* », limite l'analyse de la cause étrangère en matière de responsabilité parentale à la force majeure et à la faute de la victime. L'interprétation de la seconde cause d'exonération, la faute de la victime, est simple. La faute de la victime entraînera une exonération totale si elle présente le double caractère d'imprévisibilité et d'irrésistibilité et une exonération partielle dans le cas contraire, car la victime serait coauteur de son propre dommage. Ce qui est conforme au droit commun.

[615] V. H. Lécuyer, Droits des obligations, Librairie Montaigne éd. Bordeaux 1997, p. 268.
[616] V. H. Lécuyer, ''Une responsabilité déresponsabilisante'', Dr. famille 1997, n° 3, p. 3.
[617] V. M.-L. Lebreton, L'enfant et la responsabilité civile, thèse. Rouen 1996, p. 171 et s...

L'interprétation de la première cause d'exonération, la force majeure, est beaucoup plus complexe. Il faut se poser une double questions : d'une part sa localisation, c'est-à-dire déterminer par rapport à qui, des parents ou de l'enfant mineur, elle doit s'apprécier ; d'autre part, comment la caractériser en matière de responsabilité parentale.

585. L'alinéa 7 de l'article 1384 du Code civil français dispose que *« la responsabilité ci-dessus a lieu, à moins que les père et mère (...) ne prouvent qu'ils n'ont pu empêcher le fait qui donne lieu à cette responsabilité »*. Il a été dit dans les développements précédents que certains auteurs français ont interprété cette disposition comme renfermant en son sein une force majeure que le juge découvre à travers l'arrêt Bertrand. D'autres auteurs sont plutôt sceptiques face à cette interprétation. La question de savoir si le juge a découvert ou créé la force majeure dans la responsabilité parentale n'a pas beaucoup d'intérêt pratique dans la mesure où la force majeure et la faute de la victime sont les seuls moyens d'exonération des parents et, par ricochet, de leur assureur pour les dommages causés par les enfants mineurs. En revanche, il est opportun de se poser la question de savoir de qui des parents ou de l'enfant la force majeure doit être caractérisée, parce que l'arrêt Bertrand, en affirmant que la force majeure ou la faute de la victime sont les seules causes d'exonération des parents, s'est gardé de préciser la localisation de la force majeure, ce qui a entraîné une grande incertitude sur la question. L'arrêt de la deuxième chambre civile en date du 2 décembre 1998[618] aurait pu résoudre le problème puisqu'il en a eu l'occasion.

586. En l'espèce, une enfant âgée de 14 ans entraîne en glissant dans sa chute un présentoir dans un magasin, causant des dégâts matériels. La société propriétaire du magasin assigna la mère de l'enfant et son assureur en réparation de son dommage devant le tribunal de grande Instance de Troyes qui accepta la demande. La mère fit appel de cette décision devant la cour d'appel de Reims. La cour d'appel de Reims, affirma que rien ne permettait de dire que la mère avait manqué à son obligation de surveillance, et le fait par l'enfant de glisser pour une raison indéterminée apparaissent suffisamment imprévisible pour que celle-ci n'ait pu l'empêcher. La cour d'appel a donc infirmé la décision du tribunal de grande Instance de Troyes. La société forma

[618] V. Cass. civ. 2e, 2 décembre 1998. R.J.P.F. 1999. Obs. F. Chabas ; JCP. 1999 II. 10165 note M. Josselin-Gall ? R.T.D. civ. 1999. p. 410. Obs. P. Jourdain.

un pourvoi devant la deuxième chambre civile de la Cour de cassation, laquelle censura la décision de la cour d'appel de Reims pour n'avoir pas caractérisé l'une des causes d'exonération de responsabilité de plein droit sur le fondement de l'article 1384, alinéa 4 du Code civil.

587. En l'espèce, la cour d'appel de Reims statuant seulement un an après l'arrêt Bertrand, avait appliqué la jurisprudence antérieure. La deuxième chambre civile lui rappelle que, désormais, seule la force majeure peut être invoquée dans des circonstances similaires aux faits de l'espèce pour se soustraire de la responsabilité prévue par l'article 1384, alinéa, 4 du Code civil. L'arrêt du 2 décembre 1998 vient ainsi confirmer le nouveau régime de responsabilité de plein droit, instauré par l'arrêt Bertrand du 19 février 1997. Mais cet arrêt du 2 décembre 1998 n'a apporté aucune précision attendue relativement à l'appréciation de la force majeure. Le doute sur la localisation de la force majeure demeure. Il faut pourtant le lever.

588. La force majeure ne peut être localisée qu'en la personne des parents. Deux arguments permettent de soutenir cette affirmation. Le premier argument est fondé sur le texte même de l'article 1384, alinéa 7 du Code civil, selon lequel *« la responsabilité ci-dessus a lieu, à moins que les père et mère (...) ne prouvent qu'ils n'ont pu empêcher le fait qui donne lieu à cette responsabilité »*. Ce sont donc les père et mère qui doivent être dans l'impossibilité d'empêcher la réalisation du dommage à l'origine de l'acte de leur enfant mineur habitant avec eux. Conformément au texte de l'article 1384, alinéa 7, la force majeure doit donc être localisée par rapport aux père et mère et non par rapport à l'enfant mineur. Le second argument est fondé sur les conditions de la responsabilité parentale. Si l'on considère que la force majeure doit être localisée en la personne de l'enfant mineur, cela signifierait que le dommage doit lui être extérieur, imprévisible et irrésistible. Par conséquent, il serait logique de conclure que l'enfant n'est pas la cause du dommage. Or, si l'enfant n'est pas la cause du dommage, la question de la responsabilité de ses parents ne se posera pas. Car, la mise en œuvre de la responsabilité parentale nécessite que le dommage soit causé par le fait de l'enfant[619]. Localiser la force majeure en la personne de l'enfant priverait la responsabilité parentale d'une de ses conditions de mise en œuvre. C'est pourquoi il faut

[619] V. *supra* n° 465.

apprécier la force majeure par rapport aux père et mère et non par rapport à l'enfant, comme l'affirme le Professeur Patrice Jourdain[620]. Il faut à présent analyser les caractères de la force majeure en matière de la responsabilité parentale.

89. Analyser la force majeure en matière de la responsabilité parentale revient à analyser l'appréciation des trois critères de la force majeure, à savoir l'extériorité, l'imprévisibilité et l'irrésistibilité. En effet, les parents devront prouver que le fait de l'enfant à l'origine du dommage leur était extérieur, imprévisible et irrésistible pour caractériser la force majeure.

90. Il est paradoxal d'admettre l'extériorité en matière de responsabilité parentale alors qu'elle a pour but de garantir les actes dommageables des enfants mineurs habitant avec leurs parents. Et comment montrer que le fait de l'enfant est extérieur aux parents ? La réponse à cette question est particulièrement complexe, voire impossible. Le critère de l'imprévisibilité est quant à lui relativement plus facile à définir. Il est possible de se référer au caractère de l'enfant. Lorsqu'un dommage est causé par un enfant mineur habituellement sage, l'on peut admettre que ce fait était imprévisible pour ses parents. En revanche, si l'enfant auteur du dommage est considéré comme un enfant d'un comportement difficile, l'on peut admettre que les parents ne puissent se prévaloir de l'imprévisibilité pour caractériser la force majeure leur permettant de se dégager de leur responsabilité. Cela signifie que le juge vérifiera le critère de l'imprévisibilité au cas par cas. Ce qui conduira à revenir à un système casuistique sévèrement critiqué par la doctrine française.

91. Quant au dernier critère, l'irrésistibilité, il est aussi paradoxal de l'admettre dans la responsabilité parentale pour les mêmes raisons que celles évoquées en traitant de l'extériorité. Comment les parents devront prouver que le fait de leur enfant mineur leur était irrésistible ? Pour répondre à cette question, Monsieur Christophe Caron affirme que *« si les parents sont présent lors de la réalisation d'un dommage causé par un jeune enfant, il serait possible de soutenir, dans de nombreuses hypothèses, qu'ils auraient pu résister*

[620] V. P. Jourdain, note sous Cass. crim., 26 mars 1997, 3 arrêts : Bull. crim., n° 124.

et empêcher le fait de l'enfant »[621]. Il est vrai que la présence des parents avec l'enfant au moment de la réalisation du dommage est un élément qui peut conduire à penser que les parents étaient dans la possibilité de prévenir le dommage. Mais, en réalité, cela n'est pas toujours le cas. D'ailleurs l'auteur le fait remarquer par l'expression « *dans de nombreuses hypothèses* ». Ce qui signifie que ce n'est pas dans toutes les hypothèses. Ainsi, le juge devra procéder là encore au cas par cas.

592. La force majeure est très compliquée, voire impossible à caractériser en matière de la responsabilité parentale, comme le souligne un auteur français : « *la force majeure doit être appréciée à l'égard des parents pour qu'elle soit utile, avec le grave inconvénient d'être quasiment impossible à caractériser* »[622]. La force majeure pourrait aussi conduire à revenir au système casuistique alors que l'une des motivations principales de la jurisprudence qui a consacré le nouveau régime était de mettre fin à ce système dans le droit français.

593. Le droit guinéen actuel de la responsabilité parentale étant fondé sur la faute prouvée ne connait pas les difficultés et inquiétudes que soulève la force majeure. La cause d'exonération des parents est l'absence de faute. La réforme suggérée dans la présente thèse, la responsabilité pour faute présumée, conduit à écarter toute référence à la force majeure comme seule cause d'exonération des parents. Pour se dégager de leur responsabilité, les parents ou le tuteur devraient prouver qu'ils n'ont pas commis de faute à l'origine de l'acte dommageable de leur enfant mineur, car l'esprit de la règle de la responsabilité parentale veut que les parents soient des garants des faits dommageables de leurs enfants mineurs. En conséquence, l'assurance développée en droit guinéen ne jouerait pas lorsque les parents prouvent leur absence de faute.

---

[621] V. Ch. Caron, La force majeure : Talon d'Achille de la responsabilité des père et mère ? Gaz. Pal. 10 septembre 1998. p. 1133, n° 14.

[622] V. D. Pohé Ombre et lumière sur la force majeure dans la responsabilité parentale. R.R.J. *op. cit.* p. 305.

Conclusion du chapitre 2

594. La réforme suggérée relative à la responsabilité parentale du fait de l'enfant mineur dans la présente thèse devrait être l'œuvre du législateur guinéen. Le mode légal comporte plus de mérite par rapport au mode prétorien comme mode d'évolution contemporain du droit. Certes, le régime actuel du droit français de la responsabilité civile est l'œuvre de la jurisprudence, mais la jurisprudence guinéenne manque de dynamisme contrairement à la jurisprudence française. Aussi, réformer le droit guinéen de la responsabilité parentale par le mode prétorien aurait pour conséquence la consécration d'un régime de responsabilité *contra-legem*. Or, l'évolution du droit guinéen de la responsabilité parentale suggérée devrait résulter d'une réforme en profondeur. Seul le législateur est en mesure de réaliser ce projet de réforme d'autant qu'il dispose de la légitimité requise.

595. Pour faire évoluer le droit guinéen de la responsabilité parentale de la responsabilité pour faute à une responsabilité pour faute présumée, l'intervention du législateur est donc nécessaire. La comparaison critique des trois types de responsabilité à savoir : la responsabilité pour faute prouvée, la responsabilité de plein droit et la responsabilité pour faute présumée a permis de démontrer la pertinence du troisième type pour le droit guinéen de la responsabilité parentale. La responsabilité pour faute présumée est le système de responsabilité qui concilie le mieux l'objectif indemnitaire de la victime avec le souci d'encadrer la responsabilité du civilement responsable.

596. Pour garantir le régime suggéré de la responsabilité pour faute présumée, il faudrait le soutien de l'assurance. Il est possible de profiter du progrès amorcé par l'assurance en Guinée depuis les années 1990 pour soutenir l'évolution de la responsabilité parentale suggérée. La personne déclarée civilement responsable de l'enfant ferait appel à son assurance. Cela permettrait d'indemniser la victime sans appauvrir cette dernière. Mais, pour que l'assurance prospère, une évolution industrielle est nécessaire.

Conclusion générale

597. Le droit de la responsabilité parentale met en évidence la conception qu'une société a de l'enfant. Pour Fatoumata et Aboubacar, comme pour l'ensemble de la société guinéenne, avoir un enfant est la plus grande richesse que Dieu peut offrir aux mortels.

598. Il arrive qu'un enfant cause un dommage à autrui. Le plus souvent, celui-ci n'a pas le patrimoine suffisant pour réparer les conséquences dommageables de cet acte. Pour cette raison, fut aménagée une responsabilité du fait d'autrui, à la charge des parents de l'enfant. Le mécanisme de cette responsabilité parentale suppose toutefois que l'on puisse admettre le principe même de la responsabilité de ceux qui n'ont pas commis l'acte dommageable. Cela explique que le droit français comme le droit guinéen aient fondé cette responsabilité sur la faute et l'aient conditionnée par la garde.

599. Le législateur français de 1804 avait prévu une responsabilité pour faute présumée à travers les alinéas 4 et 7 de l'article 1384 du Code civil. Selon cet article le père répondait des dommages causés par ses enfants mineurs tant qu'il bénéficiait du droit de garde à leur égard et du moment qu'il habitait avec eux. Toutefois, il pouvait s'en dégager en prouvant qu'il n'avait pu empêcher le fait qui donnait lieu à cette responsabilité. Il pouvait établir la preuve que l'enfant avait été bien éduqué ou et correctement surveillé pour se dégager de la responsabilité. Egalement, le père était exonéré de la responsabilité lorsque son enfant était licitement émancipé. Dans le texte de 1804, la mère ne pouvait être tenue pour responsable du fait dommageable de l'enfant qu'au décès du père.

600. Ainsi, le droit français était proche du droit guinéen, bien que la responsabilité parentale soit pour faute prouvée dans la législation guinéenne, l'un et l'autre de ces droits étant fondé sur la faute. La jurisprudence française devait toutefois éloigner le droit français de la responsabilité des père et mère du texte légal d'origine, et par conséquent le droit français du droit guinéen de la responsabilité des père et mère. En outre, l'égalité entre les père et mère est mieux aboutie en droit français qu'en droit guinéen.

601. Le droit guinéen de la responsabilité actuel exige que la victime apporte la preuve d'une faute des parents conformément au droit commun pour obtenir la réparation du dommage causé par l'enfant mineur. Le droit guinéen de la responsabilité parentale consacre donc une responsabilité pour faute prouvée. Autrement dit, la faute est la condition de la responsabilité des père et mère en droit guinéen. Mais l'établissement de la preuve de la faute ne suffit pas pour mettre en œuvre la responsabilité parentale. Il faut en plus de la faute, réunir des conditions relatives à l'enfant. Ce sont les conditions de minorité et d'un fait de l'enfant. Il faut encore réunir les conditions relatives au civilement responsable : La condition du droit de garde et la condition de cohabitation. La jurisprudence française a élargi l'écart entre les conceptions guinéenne et française de la responsabilité du fait de l'enfant en consacrant une responsabilité parentale de plein droit. Depuis cette évolution jurisprudentielle, la naissance d'un enfant, source de bonheur comme l'écrivait Victor Hugo, est devenue en droit français « *une aventure à risque que les parents doivent assumer* ».

602. A l'issue de l'évolution du droit français de la responsabilité du fait de l'enfant, force est de reconnaître que le droit français de la responsabilité parentale est devenu plus encore une responsabilité és qualités, c'est-à-dire qu'une personne est responsable parce qu'elle est le père ou la mère de l'enfant mineur qui a causé le dommage à autrui. C'est la qualité de la personne qui conditionne la responsabilité. La volonté ardente de la jurisprudence française de maintenir, bien avant même l'arrêt Bertrand du 19 février 1997, l'exclusion des personnes autres que les père et mère du domaine de l'article 1384, alinéa 4 du Code civil français, montre que le droit français de la responsabilité parentale s'attache à la qualité de parent du civilement responsable, contrairement au droit guinéen qui s'intéresse, comme l'atteste la disposition de l'article 1099, alinéa 2 du Code civil guinéen, au comportement de l'individu. Il est permis d'adhérer à l'opinion de Monsieur Christophe Caron pour résumer en quelques mots l'actuel droit français de la responsabilité parentale, selon laquelle, *« la responsabilité consacrée est technique, automatique, déshumanisée et entérine la disgrâce du débiteur de l'obligation et la fin de la ''responsabilité morale'' parentale souhaitée par le Conseiller Tarrible lors de l'élaboration du Code civil »*[623]. La société guinéenne

[623] V. Ch. Caron, La force majeure : Talon d'Achille de la responsabilité des père et mère ? Gaz. Pal. 10 septembre 1998. *op. cit.* p. 313.

actuelle connaît une solidarité familiale forte par rapport à la France. Les théories du droit français actuel s'avèrent inadaptées aux caractéristiques guinéennes. Cela a conduit le législateur guinéen, à écarter les théories de risque et de la garantie du droit guinéen de la responsabilité parentale. En outre, les particularités du droit guinéen demeurent sous l'angle des supports juridiques de cette responsabilité.

03. Le droit guinéen, moderne ou traditionnel, reste très influencé par la morale. Cela explique une conception guinéenne large du cercle des civilement responsable par rapport au droit français. Les père et mère sont les premiers responsables désignés par le législateur guinéen et français pour les actes dommageable de leurs enfants mineurs habitant avec eux. Toutefois, le droit guinéen, contrairement au droit français, élargit le cercle des civilement responsables à d'autres personnes que les père et mère, à condition de bénéficier du droit de garde en vertu de la loi. L'étude de la législation guinéenne a permis de constater que seul le tuteur peut bénéficier du droit de garde à l'égard d'un enfant en vertu de la loi. De cet fait, il a été proposé dans la présente thèse une réforme législative visant à intégrer le tuteur dans le cercle des civilement responsables, dans un souci de clarté et de précision de la règle de la responsabilité parentale en droit guinéen, mais aussi dans le souci d'une meilleure protection des enfants.

04. Il est également proposé une réforme législative en droit français pour élargir le cercle des civilement responsables aux professionnels chargés de l'éducation et de la surveillance des enfants mineurs sur le fondement de l'article 1384, alinéa 4 du Code civil français. Les professionnels doivent être soumis à la même règle que les parents lorsqu'ils bénéficient du droit de garde à l'égard de l'enfant mineur par une décision judiciaire ou administrative et qu'ils assurent leur mission d'éducation et de surveillance à titre onéreux.

05. Si le droit guinéen de la responsabilité parentale se trouve original par rapport au droit français, originalité justifiée par la différence de conception que leurs sociétés respectives ont de l'enfant aujourd'hui, les deux droits ont une caractéristique en commun : c'est qu'ils se veulent une responsabilité qui est l'expression de la solidarité familiale. Le droit français actuel de la responsabilité des père et mère, devrait achever son évolution en procédant à une réforme visant à intégrer dans la règle de l'article 1384, alinéa 4 du Code civil les

propositions suggérées et discutées dans la présente thèse. Quant au droit guinéen, la réforme législative suggérée devrait faire évoluer la responsabilité parentale d'un régime pour faute prouvée à un régime de responsabilité pour faute présumée. En plus de son caractère adapté aux caractéristiques guinéennes, le régime de la responsabilité pour faute présumée apparait comme le moyen juridique le plus efficace pour la conciliation des intérêts de la victime et de ceux du civilement responsable. La responsabilité parentale en droit guinéen devrait chercher une solution qui prend en compte la réparation du dommage sans causer la précarité du civilement responsable du fait de l'enfant mineur. Pour atteindre ce but, le droit guinéen devrait avoir recours à l'assurance. L'évolution croissante de l'assurance en Guinée pourrait ainsi soutenir le régime de responsabilité parentale pour faute présumée.

606. Il faudrait aussi dynamiser cette évolution de l'assurance par l'industrialisation car, à ce jour, l'économie nationale guinéenne est fortement marquée par une économie informelle et par l'existence d'un nombre important de petites et moyennes entreprises. La majorité de ces entrepreneurs guinéens n'ont pas toujours le réflexe de souscrire à une assurance. Quant aux particuliers, très peu pensent à conclure un contrat d'assurance de responsabilité civile pour des raisons financières. La majorité des guinéens n'arrivent pas encore à satisfaire convenablement leurs besoins primaires qui sont : se nourrir, se vêtir, loger et se soigner. La Guinée est un pays où tout est à faire. Il faut donc mobiliser l'apport de tous en gardant à l'esprit que tous les secteurs sont prioritaires pour la modernisation du pays. C'est seulement ainsi que la Guinée pourra faire face à la mondialisation. Cela passe aussi par une réforme du droit national guinéen. La réforme de la responsabilité des père et mère peut être la première étape de l'évolution du droit civil guinéen.

Bibliographie

Manuels, ouvrages généraux et traités

Atias CH, Philosophie du droit, Thémis, PUF, 1999.
Aubert J.-L. Introduction au droit et thèmes fondamentaux du droit civil, A. Colin, 2010, 13e éd
Baudry-LacantinerieG. et. **BardeL**, Traité théorique et pratique de droit civil, des obligations, tome VI, Paris, 1908. , 3e éd
Bacache-GibeilliM., Les Obligations, la responsabilité civile extracontractuelle éd. Economica 2007
Bénabent, A.
-Droit civil, Les obligation, « Droit privé Domat », Montchrestien. 2010. 12e, éd
- Droit civil, la famille, Litec, 2010
Bergel J.-L. Théorie général du droit, Dalloz 2004.
Bonet V. droit de la famille, Paradigme, 2011, 13e éd.
BoulocB., Droit pénal Général, Précis Dalloz, 2009. 21 éd.
Brun P. Responsabilité civile extracontractuelle, éd. Litec 2009.
Buffelan-LanoreY. et **Larribau-TerneyreV.** Droit Civil, Les obligations, Sirey. 2010. 12e éd
Cabrillac. R., Droit civil, les régimes matrimoniaux, Montchrestien 2002.
CamaraF. S. et **SovoguiM. J. M.** « Droit Pénal Général », Ed. Universitaire 2007.
Carbonnier J.
- Droit civil, les obligations, tome VI, Thémis, PUF, 2000. 22e éd.
- Droit civil, la famille, l'enfant, le couple, tome II, Thémis, PUF, 2004.
Chabas F.
Exercices pratiques, droit civil, obligations, droits réels principaux, Montchrestien 1997.
Leçon de droit civil, Obligation, théorie générale, Montchrestion 1998.
Colombet C. La famille, PUF, 1999, 6e éd.

Cornu G.
- Les régimes matrimoniaux, Thémis, PUF, 1997. 9e éd.
- Droit civil, la famille, Montchrestien, 2006. 9e éd.

Cuniberti G. Grands systèmes de droit contemporains, LGDJ. 2011, 2e éd.

David R. et Jauffrey-spinosi C. Grands systèmes de droit contemporains, Dalloz 2002, 11e éd.

Debove F.FallettiF et **JanvilleT.** Précis de droit pénal et de procédure pénale, PUF 2010. 3e éd.

DelebecquePh. et **Pansier**, **F-J**. Droit des obligations, 2. Responsabilité civile, délit et quasi-délit, litec, 2003. 2e éd.

DemogueR, traité des obligations en général, I, source des obligations, Paris, t V, 1925.

DemolombeC, Traité de droit civil, des engagements qui se forment sans convention, tome. 31, 1882.

DesportesF et. **Le GunehecF,** Droit Pénal Général, Economica, 2009. 16e éd

Dubois J. P. La responsabilité administrative, Hachette, coll. Repère, 1996 .

Eisenmann C. Cours de droit administratif, t. II : LGDJ, 1983, p. 861 et 862.

Emein P. PlaniolM. et. **Rippert**, **G.** Traité pratique de droit civil français, tome VI, les obligations, par. LGDJ, 1952. 2e éd.

FlourJ. et **ChampenoisG.** Les régimes matrimoniaux, Armand Colin, 2001. 2e éd

FlourJ.AubertJ-L et. **SavauxE**, Les obligations, 2 « le fait juridique », collection U, Armand Colin, 2003. 10e éd.

GazzanigaJ-L. Introduction historique au droit des obligations, droit fondamental, PUF, 1992.

Ghestin J., Goubeaux G. Fabre-Magnan M. Traité de droit civil. Introduction général, LGDJ, 1994.

Granet F. et **Hilt P.** Droit de la famille, Presse Universitaire de Grenoble 2009.

Guettier C. La responsabilité administrative, Lgdj, coll. Système, 1996.

Halperin, **J-L**. Histoire du droit privé français depuis 1804, quadrige, PUF, 2001.

Hauser J. et Huet-Weiller D. La famille-Fondation et vie de la famille : LGDJ, 1989

JosserandL. Cours de droit civil positif français, 3e éd., Sirey, 1939.

LalouH. Traité de la responsabilité civile, Dalloz, par P. Azard, 1962. 6e éd
Lambert-FaivreY, Droit des assurances, précis Dalloz, 11e éd., 2001.
Laithier Y. M. Droit comparé, Dalloz 2009.
Lécuyer H. Droits des obligations, Librairie Montaigne éd. Bordeaux 1997.
Legeais R. grands systèmes de droit contemporains, approche comparative, Litec 2008, 2e éd.
LeroyJ. Droit Pénal Général, L.GDJ. 2007. 2e éd.
Le TourneauPh. Droit de la responsabilité et des contrats, Dalloz Action, Dalloz 2010/2011.
LevyJ-Ph. et **CastaldoA** Histoire du droit civil, précis Dalloz, 1e éd., 2002.
Linantde BellefondsY, Traité de droit musulman comparé, livre IV, éd., Mouton et Co, 1973.
Malaurie. Ph. Et**Fulchiron H.** La famille, Defrénois, 2011, 4e éd.
Malaurie. Ph. AynèsL. Droit civil, les personnes, les incapacités, Defrénois, 2007.
Malaurie. Ph. AynèsL. et **Stoffel-MunckPh**. Droit civil, les obligations, Defrénois, 2011.
Malinvaud Ph. Introduction à l'étude du droit, Litec 2011, 13e éd.
Malinvaud Ph, Fenouillet D. Droit des obligations, Lexis Nexis, 2012.
MartyG et **RaynaudP.** Droit civil, les obligations, tome I, les sources, Sirey 1988.
Massip J. Administration légale et tutelle des mineurs, Defrénois 1995.
MayaudY. « Droit Pénal Général », éd. PUF, 2007. 2e éd.
Mayer P. et **Vincent H,** Droit International privé, 8° édition, Montchrétien 2010.
MazeaudH et **L.** et **Tunc A**, Traité théorique et pratique de la responsabilité civile délictuelle et contractuelle, Montchrestien, 1965. 6e éd.,
Niboyet M. –L. et **G. de Geouffre de La Pradelle** , Droit international privé : Livre II Le procès civil international (Conflits de juridictions), L.G.D.J. 2007
Planiol M. traite élémentaire de droit civil 1899.
PothierR-J., Traité des obligations, tome II, Paris 1848.
PradelJ. Droit pénal général, Cujas, 2006/2007. 16e éd.
RassatM. L, Droit pénal, éd. PUF, 1999.

Renucci J. F. Droit pénal des mineurs, éd. massou, 1994.
RobertJ. H, Droit pénal général, éd., PUF, 2001.
Savatier, **R**. Taité de la responsabilité civile en droit français, éd., LGDJ, 1951.
SériauxA,
Droit des obligations, PUF, collection droit fondamental, 2006.
Les personnes Presse Universitaire de France 1992.
SouaréM. et **DialloY**. « Cours de Droit guinéen des Obligations », Universitaire, 2006. 2e éd.
SourdatM-A. Traité général de la responsabilité ou de l'action en dommages et intérêts en dehors des contrats, tome I et II, Marchal et Billard, 1902. 5e éd.
StarckB, H.Roland et. **BoyerL**, Les obligations, 1, responsabilité délictuelle. Litec,., 1996. 5e éd.
StéfaniG. **LevasseurG.** et **BoulocB.** Droit pénal général, Précis Dalloz 2000 17e éd.
TerréF. et **FenouilletD.** Droit civil, les personnes, la famille, les incapacités, Dalloz 1996. 6e éd.
TerréF. et **Lequette Y**. Les grands arrêts de la jurisprudence civile, Dalloz, 2000. 11e éd.
Terré F, **Simler Ph** et **Lequette Y,** Droit civil, Les obligations, « précis », Dalloz, 2009. 10e éd.
Viney G, Traité de droit civil, introduction à la responsabilité, LGDJ, 2003. 3e, éd.
VineyG. et **Jourdain P**
Traité de droit civil, les conditions de la responsabilité, LGDJ, 1998. 2e éd.
Traité de droit civil, les effets de la responsabilité, LGDJ, 1998. 2e, éd.

Ouvrages spéciaux

Albertini J.- M. Mécanisme du sous développement et de développement, Editions ouvrières 1981.
ASCHA G. Mariage, polygamie et répudiation en Islam. Justifications des auteurs arabo-musulmans contemporains, Editionsl'Harmattan 1997.
Bâ M. Une si longue lettre, Nouvelles éditions africaines, 1979.
Bâ A. H.
Aspect de la civilisation africaine, Présence Africaine.

Amkoullel, l'enfant peul, éditions J'ai lu.
Bah T. Mon combat pour la Guinée, Karthala, 2000.
Bangoura D. Guinée : l'alternance politique à l'issue des élections présidentielle de décembre 2003, l'Harmattan 2004.
Bangoura D. Bangoura M. T. Enjeux et défis démocratiques en Guinée (février 2007 –décembre 2010), l'Harmattan 2007.
Barry A. O. Les racines du mal guinéen, Karthala 2004.
Barry M. A. La réforme de ma justice guinéenne ; défi et stratégie, l'Harmattan 2011.
Bart J. Histoire du droit privé : de la chute de l'Empire romain au XIXème siècle, Montchrestien, 1998.
Boiro Y. et **SeckC. Y**. La justice en Guinée, éd., L'Harmattan, 2000.
Calosci A. Education, culture, développement ; quelles relations, l'exemple de la Guinée Conakry, l'Harmattan 2008.
Camara D. K. Le redressement national en République de Guinée ; les effets pervers, l'Harmattan 2006.
CamaraL. L'enfant noir, Présence Africaine, 1953.
Camara S. Gens de la parole. Essai sur la condition et le rôle des griots dans la société malinké, Karthala, 1992.
Capitant, H. Terré, F. Lequette Y.
Les grands arrêts de la jurisprudence civile, tome 2, Obligations-Contrats spéciaux-Sûrétés. 12e édition Dalloz. 2008.
Les grands arrêts de la jurisprudence civile, tome 2, Introduction-Famille- Biens- Régimes matrimoniaux- Succession. 12e édition Dalloz. 2008.
Celhto, La charte de KurukanFuga, aux sources d'une pensée politique en Afrique, éd., L'Harmattan. 2008.
Césaire A. Discours sur le colonialisme, Présence Africaine, 1955.
Chérif A. L'importance de la parole chez les manding de Guinée ; parole de vie, parole de mort et rituels funéraires, l'Harmattan 2006.
Condé A. Un africain engagé ; « ce que je veux pour la Guinée », Picollec, 2010.
Condé J. et **Diallo A.-B**, Une ambition pour la Guinée, l'Harmattan 2001.
Corneille P. Le Cid, 1637 publiée chez Augustin Courbé.
Cuello G. et **Robin** L. Les malinkés de Konkudugu, éd. L'Harmattan. 2005.
Doumbouya O. S.
Chronique d'un retour en Guinée, l'Harmattan 2009.

La situation sociale des femmes en Guinée ; de la période coloniale jusqu'à nos jours, l'Harmattan 2008.
DarbonD. et **Du Bois de Gaudusson**, **J.** (sous dir.). La création du droit en Afrique, éd., Karthala, 1997.
De Boodt K. et**Caubergs L**. Femme pionnière de Guinée, Karthala 2000.
DeveyM, La Guinée, éd., Karthala, 2009.
De Yeimbérein D. Dessine-moi la Guinée ! L'Harmattan, 2010.
Diakaté T. L'Afrique malade d'elle-même, Karthala 1986.
Diallo A. G. Géographie de la Guinée, l'Harmattan 2010.
Diallo B. Y.
Guinée ; le général Sékouba Konaté au cœur de la transition, l'harmattan, 2011.
La Guinée, un demi-siècle de politique (1945-2008) ; trois hommes, trois destins, l'Harmattan 2011.
Diallo M. Histoire du Foutadjallon, l'Harmattan 2002.
Diawara F. Le manifeste de l'homme primitif, Grasset 1972.
Diop C. A.
L'Afrique noire précoloniale, Présence Africaine, 1960.
L'unité culturelle de l'Afrique noire, Présence africaine 1982.
Dioubaté B. Bonne gouvernance et problématique de la dette en Afrique ; le cas de la Guinée, Harmattant. Etudes africaines, 2011.
DomatJ. Les lois civiles dans leur ordre naturel, Paris 1857.
Dramé M. A.
La Cour Suprême de Guinée, l'Harmattan-Guinée. 2008.
Les magistrats en Guinée, l'Harmattan 2008.
L'organisation judiciaire en Guinée, l'Harmattan. 2008.
EliasT. O. La nature du droit coutumier africain, éd., Présence africaine, 1961.
Fall. F. L. Mon pari pour la Guinée ; le changement est possible, l'Harmattan, 2011.
Faye O. T. Guinée ; chronique d'une démocratie annoncée, l'harmattan 2008.
Fenet A. Recueil complet des travaux préparatoires du code civil. 1836.
Flandrin J. L. Famille, parenté, maison, sexualité dans l'ancienne société, Seuil, 1984.
Frobenius L. Histoire de la civilisation africaine, Gallimard 1936.
Fulchiron H. Autorité parentale et parents désunis, CNRS, 1985.

Fulchiron H Nourissat C, Le nouveau droit communautaire du divorce et de la responsabilité parentale, Thèmes et commentaires Dalloz 2005.
Giribila D. Le don d'enfant en société traditionnelle africaine, in l'enfant et la famille nourricière en droit comparé, Toulouse. 1997.
Gomez A. R. La Guinée peut- elle être changée ? L'harmattan 2010.
Guelaud-Leridon F. Recherche sur la condition féminine dans la société d'aujourd'hui, PUF, 1967.
Halperin J. L. Histoire du droit privé français depuis 1804, PUF. 1996.
Hazoumé A. T. et **Hazoumé E.** G. Afrique, un avenir en sursis, l'Harmattan 1988.
Heritier F. Masculin, féminin, La pensée de la différence, Odile Jacob, 1996.
Hugo V. Morceaux choisis de Victor Hugo, poésie, Librairie Delagrave 1946.
Huyette M. Guide de la protection judiciaire de l'enfance, Dunod 1997.
Kaba K. (sous la dir). La Guinée face à la mondialisation, l'Harmattan 2008.
Kabou A.
Et si l'Afrique refusait le développement ? L'Harmattan 1991.
Comment l'Afrique en est arrivée là, Harmattan 2011.
Kaké I. B. La dislocation des grands empires, Présence Africaine 1972.
Kanté B. La démocratie dans les régimes politiques ouest-africains.
Koïta S.
Le voile de la mariée, Editions Elzévir, 2008.
Plus jamais ça ! Edition indépendante, 2012.
Konaté M. L'Afrique noire est-elle maudite ? Fayard en 2010.
Labbee X. Les rapports juridiques dans le couple sont-ils contractuels ? PUF, 1996.
Lam, **A. M.** De l'origine égyptienne des peuls, éd. Présence Africaine. 1993.
Laroche-Gisserot F. Les droits de l'enfant, Dalloz, 2003.
Le Goff A. Le conte en Champagne- Ardenne, Editions les 3 Mondes 2012.
Le saint Coran
L'herminier M. Blanche-Neige, édition Looky et Lamirand. 2012.
Lienhard C.

Les nouveaux droits du père après la réforme du 4 mars 2002. Delmas 2002.
Les droits des parents séparés, Delmas 2005.
Mabanckou A. Le sanglot de l'Homme Noir, Fayard. 2012.
Marsal M. L'autorité, PUF, 1966.
M'baye K. Le droit de la famille en Afrique noire et à Madagascar, éd. Maisonneuve et Larose, 1968.
MédénouvoF. Coutumier du Dahomey, Présence Béninoise, 2004.
Melkevik B. Réflexions sur la philosophie du droit, L'Harmattan 2000.
Meunier G. L'application de la Convention des Nations Unies relative aux droits l'enfant dans le droit interne des Etats parties, L'Harmattan.
Meyer G. Contes du pays malinké, éditions Karthala, 2000.
Milliot L. et Blanc F. P. Introduction à l'étude du droit musulman, Dalloz, 2001.
Montesquieu. De l'esprit des lois, 1748.
Moyo D. L'aide fatale, JC Lattès en 2009.
Neirinck Cl.
Droit de l'enfance après la Convention des Nations Unies, Delmas, 1993.
La protection de la personne de l'enfant contre ses parents, LGDJ. 1984.
Niane D. T. Soundiata ou l'épopée Mandingue, Présence Africaine. 2000.
Ntampaka, **C.** Introduction aux systèmes juridiques africains. Presse Université de Namur. 2004.
Obenga Th. La dissertation historique en Afrique, Les nouvelles éditions africaines 1980.
Olinga A. D. La charte africaine sur les droits et le bien être de l'enfant, Rec. Penant, 1996.
Pansier F. J. et **Guellaty K**. Le droit musulman, Que sais-je ? PUF. 2000.
Raymond G. Droit de l'enfant et de l'adolescence, Litec, 2006.
Rémy M. La Guinée, Jaguar, 2008.
Severino J.- M et **Ray O**. Le temps de l'Afrique, Odile Jacob, 2010.
Shelton A. Le principe cyclique de la personnalité africaine, Présence Africaine,
1963.

Soumah I. Avenir de l'industrie minière en Guinée, l'Harmattan, 2007.
Soumah M.
Guinée de Sékou Touré à Lansana Conté, l'Harmattan, 2004.
Guinée : la démocratie sans le peuple dans le régime de Lansana Conté, l'Harmattan 2006.
Sy S. A. O. Guinée 1958-2008 ; l'indépendance et ses conséquences, l'Harmattan 2009.
Théry I.
Le démariage, éditions Odile Jacob 1993.
Les recompositions familiales aujourd'hui, Nathan, 1993.
Touré M. F. Monnaie, change et inflation en Guinée, l'Harmattan 2010.
Touré I. S.
Droit guinéen et international de la personne 2011.
Le droit au développement, la corruption et l'administration guinéenne. 2011.
Les Guinéens à la traversée d'un désert éternel : responsabilité partagée de Tsunami guinéen ». 2010.
Yombatina S. B. A la recherche du droit africain du XXIe siècle, éd., Connaissances et savoirs, 2005.
Youf D. Penser les droits de l'enfant, PUF, 2002.
Walter B. Le droit de l'enfant à être éduqué. L'Harmattan, 2001.
ZerboJ.- K.
L'histoire générale de l'Afrique.
Le monde africain noir, éd. Hatier 1964.
Histoire de l'Afrique noire, éd. Hatier 1972.
A quand l'Afrique ? entretien avec René Holenstein, Editions de l'Aube 2003.

Thèses et monographies

BENARD C. La paternité en droit positif français, thèse Paris II. 2000.
Beignier B. Droit du contrat d'assurance, PUF. 1999.
Bisson S. L'autorité dans la famille, thèse 2004. Université de Reims.
Bigot A. L'autorité parentale dans la famille désunie en droit international privé, thèse Aix-Marseille, 2003.
Boulanger F.
Les rapports juridiques entre parents et enfants. Perspectives comparatistes et internationales. Economica 1999.
Autorité parentale et intérêt de l'enfant, Histoire, problématique, panorama comparatif et international, EditionsEdilivre 2008.
Brunetti-Pons C.
L'obligation de conservation dans les conventions, PUAM, 2003.
« L'enfant sujet de droits », Collection Lamy Axe Droit, 2010.
Bugnet R. J. œuvre de Pothier, thèse. 2, Les obligations, Paris 1848.
Bussy-Dunaud F. Le concours d'action en justice entre les mêmes parties. LGDJ, tome 201. 1988.
Brun A. Rapport et domaines des responsabilités contractuelles et délictuelles, th. Lyon, 1930.
CarvalS. la responsabilité civile dans sa fonction de peine privée, LGDJ, 1995.
Coulon C. L'obligation de surveillance, thèse Economica 2003.
Daher F. La responsabilité des parents du fait de leurs enfants mineurs, pour une évolution du droit libanais à la lumière du droit français, Poitiers, 2006.
De la Batie J. Appréciation in *abstracto* et appréciation in *concreto,* thèse, 1963. LGDJ.
Delecourt F. L'enfant dans les recompositions familiales, thèse Lille 1994.
Delvilani A.- F. La responsabilité pour omission ou abstention, Thèse Grenoble, 1978.
Descamps O. les origines de la responsabilité pour faute personnelles dans le code civil de 1804. éd. L.G.D.J. 2005.
Donnier J. B. L'autorité en droit privé, thèse Aix-Marseille. 1993.
Gallant E. Responsabilité parentale et protection des enfants en droit international privé. Thèse Paris 1. Defrénois 2004.
Gareil L. L'exercice de l'autorité parentale, thèse Paris II. LGDJ 2004.

Gény F. Science et technique en droit privé positif, Sirey 1924.
Grandmoulin J. De l'unité de la responsabilité ou nature délictuelle de la responsabilité pour violation des obligations contractuelle, 1892.
Grare C. les Recherches sur la cohérence de la responsabilité délictuelle. Dalloz 2005.
Grataloup S. L'enfant et sa famille dans les normes européennes. Thèse LGDJ. 1998.
Henneron S. La notion de famille en droit positif français, thèse, Lille II. 2002.
Jeammaud A, Des oppositions de normes en droit privé interne, thèse, Lyon III, 1975
Layré D. La responsabilité du fait des mineurs. Thèse Paris, 1983.
Lebreton M. C. L'enfant et la responsabilité civile, thèse Rouen, 1996.
Lebrun A, La coutume, ses sources, son autorité en droit privé, thèse, Caen, 1932.
Lepointe G. et Monier R. Les obligations en droit romain et dans l'ancien droit français, Sirey, 1954.
Maitre G. La responsabilité civile à l'épreuve de l'analyse économique du droit : LGDJ, coll. Dr. et écon. 2005
Mazeaud D. la notion de clause pénale, LGDJ, 1992.
Millet F. La notion de risque et ses fonctions en droit privé. Les presses universitaires de la faculté de Droit de Clermont-Ferrand-Editeur. 2001. Diffusion L.G.D.J.
Morvan P. Le principe de droit privé, thèse, Panthéon-Assas. 1999.
Ollier P.-D. La responsabilité civile des père et mère, étude critique de son régime légal, LGDJ 1961.
Rebourg M. La prise en charge d'une enfant par son beau-père, 2003. Defrénois.
RobineauM. Contribution à l'étude du système de responsabilité : les potentialités du droit des assurances, thèse Orléans 2004, éd. Defrénois.
Rubbelin D. et **Frank R**. L'enfant et les Conventions internationales, PUF. 1996.
Saintlette C. De la responsabilité et de la garantie, 1884.
Sériaux A, Le droit naturel, P.U.F., coll. "Que Sais-je ?", n° 2806, 1993.
Starck B. essai d'une théorie générale de la responsabilité civile considérée dans sa double fonction de garantie et de peine privée, Rodstein, 1947.

Teissière M. Essai d'une théorie générale sur le fondement de la responsabilité, thèse Aix, 1901.
Thery I. La référence à l'intérêt de l'enfant dans la modification du droit de garde après divorce, thèse Paris V. 1985.
Touller, Le droit civil français suivant l'ordre du Code.
Vignon-Barrault A. intention et responsabilité civile, PUAM 2004.
Viney G. Le déclin de la responsabilité individuelle, LGDJ. 1965.

Ouvrages collectifs, colloques

Avant-projet de loi relative à la réforme du droit de la filiation et de l'autorité parentale, Min. de la justice 2001.
Brun Ph.
« L'évolution des régimes particuliers de responsabilité du fait d'autrui », RCA 2000, N° spécial p. 10.
« Le nouveau visage de la responsabilité du fait d'autrui (vers l'irresponsabilité des petits ?) », dans étude à la mémoire de Christian Lapoyade-Deschamps, PU Bordeaux, 2003, p. 105.
Brunetti- Pons C. La distinction de l'homme et de la femme. Approche pluridisciplinaire, *in* Revue de la Recherche Juridique, Presse Universitaire d'Aix-Marseille. 2004-1.
La notion juridique de couple, Economica. Collection Etude Juridique 1998.
Catala P. Avant projetCatala de réforme du droit de la responsabilité civile, RDC civ. 2007.
Dekeuwer Fr. (sous la dir.)L'autorité parentale en question, Université de Lille 2. 2003.
L. Depret, « l'enfant noir », Mél. D. Huet-Weiller, LGDJ, 1994, p. 79
Dissaux N et JaminCh, Projet de réforme du droit des contrats, du régime général et de la preuve des obligations, Dalloz, 2015.
Eid. G. La famille, le lien, la norme, Actes du colloque de l'Institut des sciences de la famille, Université catholique Lyon, mai 1996, L'Harmattan, 1997.
Fulchiron H (sous la dir.).
Les enlèvements d'enfants à travers les frontières, colloque Lyon novembre 2003.
Le nouveau droit communautaire du divorce et de la responsabilité parentale, Dalloz 2005.

Gadbin D. et Kernaleguen F. (sous la dir.) Le statut juridique de l'enfant dans l'espace européen. Bruylant 2004.
Ganghofer R. (sous la dir). Le droit de la famille en Europe, Colloque Stransbourg, 1991, Presse Universitaire de Strasbourg, 1992.
Gannagé P. « Le principe d'égalité et le pluralisme des statuts personnels dans les Etats multicommunautaires », in Mélanges Terré, 1999.
Gazzaniga J. L. Les métamorphoses historiques de la responsabilité in Les métamorphoses de la responsabilité, colloque René Savatier du 15 et 16 mai 1997. PUF.
Gourdon P. « La « garde de fait », du mineur dans le contexte de la responsabilité civile du fait d'autrui », Dr. famille 2003, chron. 20.
Gouttenoire-Cornut A. « La consécration de la coparentalité par la loi du 4 mars 2002 », Dr. fam. 2002, chron, n°24.
Gridel J. P. « glose d'un article imaginaire inséré dans le code civil ensuite de l'arrêt Blick », dans Mél. P. Dray, D. 2000, p. 609.
Hauser J. Rapport de synthèse du Colloque de l'Association Louis Chatin, 7 et 8 février 1997, L'enfant, sa première et ses secondes familles, Les petites afffiches, 1997. p. 38.
Jestaz P. L'égalité et l'avenir du droit de la famille in mélange F. Terré 1999. p. 418.
Jourdain P.
« Réflexion sur la notion de responsabilité contractuelle », les métamorphoses de la responsabilité, PUF, 1998.
Existe-t-il un principe général de responsabilité du fait d'autrui ?: in La responsabilité du fait d'autrui, Actualité et évolution, colloque de l'université du Maine : Resp. civ. et Assur. n° hors série, nov. 2000.
Koïta S. « La résidence de l'enfant après le divorce, droit comparé franco-guinéen » *in* la complémentarité des sexes en droit de la famille, Mare et Martin 2014.
Larroumet Ch. « Pour la responsabilité contractuelle », *in* Le droit privé français à la fin XXe siècle, Mélanges Catala, Litec, 2001, p. 543.
Lassale J.-Y. « La responsabilité civile du fait pénale d'autrui », Rev. Sc. Crim 1993, p. 19.
Lasserre-Capdeville J. « L'appréciation du rapport d'autorité en matière de responsabilité du fait d'autrui, RRJ. 2005, p. 685.
Lebreton M. C. « La responsabilité parentale : l'abandon d'un système de responsabilité classique pour un système d'indemnisation », RRJ. 2002, 3, p. 1269.

Leduc F. l'œuvre du législateur moderne : vices et vertus des régimes spéciaux, in La responsabilité à l'aube du XXIe siècle, bilan prospectif, colloque, Resp. civ. et. Assur. juin 2001.
Legeais R, « La responsabilité civile introuvable (ou le problème de la réparation des dommages causés par les mineurs) », dans Mél. G. Marty, 1978, p. 775.
« Le mineur et la responsabilité civile », dans Mél. G. Cornu, Puf, 1994, p. 253.
Mauclair S. La force normative de l'adage specialiageneralibusderogant, in la force normative. C. Thibierge et Alii, LGDJ-Bruylant.
Mazeaud D. « Famille et responsabilité (réflexions sur quelques aspect de 'l'idéologie de la réparation') », dans Mél. P. Catala, Litec, 2001, p. 569.
Savatier, « Personnalité et dépersonnalisation de la responsabilité civile », Mél. Laborde-Lacoste, Brière, 1963, p 321-344.
Terré F. Le droit de la famille, Rapport du groupe de travail de l'Académie des sciences morales et politiques, PUF 2002.
Viney G.
Réflexion sur la responsabilitécivil*e*, In Revue international de droit comparé. Vol 28 n° 3, Juillet septembre.
« La responsabilité contractuelle en question », dans Mél. J. Ghestin, Lgdj, 2001.

Articles et chroniques

Aguila Y. Le juge et les réalités sociales, in Droit et Justice, Recherche, n° 31 Hiver 2008-2008.
Alt- Maes F. La garde, fondement de la responsabilité du fait du mineur, JCP éd. G. 1998. I. 154. n° 47.
Ancel B, Muir Watt, H. « L'intérêt supérieur de l'enfant dans le concert des juridictions: le règlement Bruxelles II bis », Rev. Crit. Dip 94(4) oct-déc 2005, p. 569 et s.
AntonmatteiP. H. « Ouragan sur la force majeure », JCP, 1996, I, 3907.
Bach L. « Réflexion sur le problème de la responsabilité civile en droit français », RTD civ. 1977. 17 et 221.
Badinter R. « Projet du Nouveau Code pénal, Conférence 19 décembre 1985 Université Paris I, Dalloz 1988, p. 16 et 17.

Bakouche D.
L'abandon de la condition relative à la responsabilité de l'auteur du dommage est-il cantonné à la seule responsabilité des parents du fait de leurs enfants mineurs ?La Semaine Juridique Edition Générale n° 18, 2 Mai 2011, 519.
Les interférences du contrat dans l'application de l'article 1384, alinéa 1, du Code civil. La Semaine Juridique Edition Générale n° 8, 20 Février 2012, 205.
Barbato J.-C. Élargissement de la responsabilité de la puissance publique. Le renouveau de la garde des personnes en droit administratif : RFD adm. 2007, p. 786.
Barbieri J.-F. Inconscience et responsabilité dans la jurisprudence civile. JCP 1982, I. 3057.
Baumal G « De la responsabilité des parents », RGAR. 1952, n° 4979.
Beaussonie G. Les bornes de la personnalité juridique en droit pénal, Droit de la famille n° 9, Septembre 2012, dossier 5.
Behar- Touchais M. « Nouvelles orientations en matière de responsabilité du fait d'autrui », RJDA. 1991.
Bernfeld C. Rapport Terré. - Feu la réparation intégrale, La Semaine Juridique Edition Générale n° 1, 9 Janvier 2012, 30.
Bizot J.- C. « La responsabilité civile des père et mère du fait de leur enfant mineur : de la faute au risque, in Rapport de la cour de cassation 2002 », La documentation française, 2003.
Blanc E. « La condition de cohabitation et la responsabilité des parents », Gaz. Pal. 1952.
Blanc G. A propos de la responsabilité des grands-parents… (Brève contribution à la réflexion sur la responsabilité du fait d'autrui). D. 1997.
Blanc-Jouvan X « La responsabilité de l' infans », RTDciv. 1957, p 28.
Boré J. « La responsabilité des parents pour le fait des choses ou des animaux dont leur enfant mineur a la garde », JCP 1968, I, 2180.
Boukongou J. D, La vie familiale comme lieu d'exercice des droits fondamentaux : lecture des pratiques africaines, Cahier de PUCAC 1998.
Boulanger F.
Autorité parentale et responsabilité des père et mère des faits dommageables de l'enfant mineur après la réforme du 4 mars 2002. Réflexion critique. D.

« Modernisation ou utopie ? La réforme de l'autorité parentale par la loi du 4 mars 2002 », D. 2002, chron, p 1571.
Une association n'est pas responsable des dommages causés par un mineur si elle n'est pas investie de la charge d'organiser, de diriger et de contrôler son mode de vie. La Semaine Juridique Edition Générale n° 50, 10 Décembre 2008, II 10203.
Rôle du juge en cas de silence ou d'insuffisance de la loi, Dalloz, 1950, p. 61.
Bouloc B. « Existe –t-il une responsabilité pénale du fait d'autrui ? », RCA. 2000, N° spécial.
Brière C. « La coparentalité : mythe ou réalité ? », Rev. Dr. samit. 2002, p 567.
Brunetti-Pons C.
L'exercice de l'autorité parentale face au pluralisme familial, Dialogue juin 2004.
Rapport introductif *in* la distinction de l'homme et de la femme, approche pluridisciplinaire, RRJ 2004, p. 589 et s.
Réflexion autour de l'évolution du droit de la famille (Partie 1), Dr. Fam. Mai 2003, p. 10.
Réflexion autour de l'évolution du droit de la famille (Partie 2), Dr. Fam. juin 2003, p. 10.
L'émergence d'une notion de couple en droit civil, RTD civ. 1999, p. 27.
Quelques réflexions à propos de l'évolution de la législation relative à l'interruption volontaire de grossesse. Droit de la famille n° 11, Novembre 2001, chron. 23.
Bureau D. Les conflits de conventions, travaux du Comité français de droit international privé 1999-2000, APedonne, 2001.
Burst J.-J. La réforme du droit des incapables majeures et ses conséquences sur le droit de la responsabilité civile extracontractuelle, JCP. 1970, I. 2307.
Cabannes J. conclusion sur les arrêts du 9 mai 1984 Cass. ass. plén, Dalloz 1984.
Cabrillac R. le projet de réforme du droit des contrats, premières impressions, JCP 2008. I. 190.
Carcenac M. « De la responsabilité sans faute à la faute objective », RGDA. 1998, p 32.
Caron Ch. La force majeure : Talon d'Achille de la responsabilité des père et mère ? Gaz. Pal. 10 septembre 1998.
Chabas F. « fait ou faute de la victime », D. 1973, chron, p. 207.

Chalas Ch. Convention de La Haye. - Autorité parentale. - Résidence habituelle. - Enlèvement international. - Enfant en gestation. - Déplacement in utero. Journal du droit international (Clunet) n° 3, Juillet 2012, 13.
Chazal de Mauriac J. Le petit enfant devant l'ordonnance du 2 février 1945 relative à l'enfance délinquante, Gaz. Pal. 1955. 1. Doct. 26.
Clerc-Renaud L. Les concours de responsabilités civiles délictuelles. Responsabilité civile et assurances n° 2, Février 2012, dossier9
Colombet C. « Commentaire de la loi du 4 juin 1970 sur l'autorité parentale », D. 1971, chron, p. 1.
Corpart I,Les revendications parentales des couples homosexuels : de l'homoparentalité à l'homoparenté : RJPF avr. 2012 p. 6.
Dagorne-Labbe Y. « La condition de cohabitation du mineur est-elle compatible avec la responsabilité de plein droit de ses parents ? », Petites Affiches, 29 décembre 1997, p. 12.
Dekeuwer-Defossez F. Rapport de synthèse : existe-t-il une définition unique et transversale de la notion de personne ? Droit de la famille n° 9 Sep. 2012, dossier 11
Deman Droit de garde et gardien de fait, J.C. P. 1964. I. 1830.
Desbois H. le nouveau régime de la responsabilité des instituteurs, d'après la loi du 5 avril 1937, DH., 1937.
Deumier P. et Gout O,La constitutionnalisation de la responsabilité civile :Nouv. Cah. Cons. const. 2011/2, p. 21.
Droin N. Réflexions sur le concept de « garde », nouveau fondement de la responsabilité sans faute de l'État ?JCP Edition Générale n° 16, 19 Avril 2010, 455.
Dupeyroux O, La jurisprudence, source abusive de droit, Mélanges offerts à Jacques Maury, Dalloz & Sirey, 1960, t. II, p. 349.
Durry G. « L'application aux mineurs de l'article 489-2 code civil », RTD civ. 1976. p. 783.
Esmein A. La jurisprudence et la loi, RTD civ. 1952, p. 17.
Fabre- Magnan M. Réforme du droit des contrats ; « un très bon projet », JCP 2008. I. 199.
Flour Y. « Faute et responsabilité civile : déclin ou renaissance ? », in Droit, n°5, 1987, p. 29.
Fontaine P. Les recours entre co-impliqués, Responsabilité civile et assurances n° 5, Mai 2012, dossier 28.
Fossier, « L'exercice de l'autorité parentale par les parents séparés », Dr famille, 2005, étude n°15.

Galliou-Scanvion A.-M.
L'article 1384 alinéa 1er, et la responsabilité du fait d'autrui : un fardeau non transférable sur les épaules du tuteur.
« Réflexion sur les vertus exonératoire du fait du tiers sur la responsabilité de plein droit des père et mère », Petites Affiches, 29 oct. 1997, p. 23.
« Une responsabilité civile enfin trouvable ou les voies d'indemnisation de victimes d'enfants de parents divorcés », Gaz. Pal., 18-19 avril 1997, p. 658.
Gassin R. Lois spéciales et droit commun, D. 1961.
Gaumont-Prat H. La résidence alternée à l'épreuve du droit comparé (France-Belgique), Droit de la famille n° 7, Juillet 2012, étude 15.
Goldie-Genicon C. Contribution à l'étude des rapports entre le droit commun et le droit spécial des contrats, 2006.
Gourdon P. la « garde de fait » du mineur dans le contexte de la responsabilité civile du fait d'autrui, Droit de la famille n° 6, Juin 2003, chron. 20.
Gouttenoire A,
La famille dans la jurisprudence de la Cour européenne des droits de l'homme : Dr. famille 2012, étude 6.
La famille dans la jurisprudence de la Cour européenne des droits de l'homme, Dr. famille n° 4, Avril 2011, étude 10.
La Convention internationale des droits de l'enfant vingt ans après . - Commentaire article par article-,Droit de la famille n° 11, Novembre 2009, dossier 13
Granet-Lambrechts F.
Panorama Droit de la filiation janvier 2009- avril 2010, Dalloz 2010, n° 23.
La présomption de paternité, Droit de la famille n° 1, Janvier 2006, étude 3.
Panorama européen de droit de la filiation, Dr. fam. n° 10, Octobre 2007, étude 30.
Le père au regard du droit depuis les années 1970, Larousse 2000, p. 439 et s.
Séparation des couples et autorité parentale dans les législations européennes, AJ Famille 2002.
La Convention de New York sur les droits de l'enfant et sa mise en œuvre en France Presse Universitaire de Lyon, 1996, p. 107.

Groutel H.
« L'enfant mineur ravalé au rang de simple chose ?, Resp. civ. assur. 2001. chron n° 18.
Assurance et responsabilité du fait d'autrui, Resp. civ. assur. novembre 2000. n° 11 bis, Première partie.
« La cohabitation condition de la responsabilité des parents du fait de leurs enfants mineurs », Resp. civ. et ass. 1989, chron, n°11.
Garantie du fait d'autrui : faute intentionnelle, Responsabilité civile et assurances n° 9, Septembre 2011, comm. 303.
Évaluation de l'indemnité : imputation des prestationssociales.Responsabilité civile et assurances n° 2, Février 2012, comm. 42.
Guédon J.P. « La résidence alternée de l'enfant après la séparation de ses parents », Petites Affiches, 3 septembre 2004, n° 177, p. 3.
Hauser J.
Le projet de loi sur le mariage des personnes de même sexe . - Le paradoxe de la tortue d'Achille, La Semaine Juridique Edition Générale n° 44, 29 Octobre 2012.
Les bornes de la personnalité juridique en droit civil.Droit de la famille n° 9, Septembre 2012, dossier 4.
Présidentielle : être sexué ou ne pas être sexué, voilà la question ? La Semaine Juridique Edition Générale n° 10, 5 Mars 2012, 268.
Hugon C. La responsabilité civile délictuelle des services chargés d'une mesure d'assistance éducative. Droit de la famille n° 10, Octobre 2004, étude 25.
Joseph-Ratineau Y. L'exclusion indirecte de la garantie de l'assureur face à une faute intentionnelle.La Semaine Juridique Edition Générale n° 4, Janvier 2012, 73.
Josseline-Gall M.
« La responsabilité du fait d'autrui sur le fondement de l'article 1384 alinéa 1er : une théorie générale est-elle possible ? », JCP. 2002, I, 268.
Responsabilité civile des parents : conditions d'exonération. JCP éd G. n° 39, 1999, II 10165.
Jourdain P.
« Existe-t-il un principe général de responsabilité du fait d'autrui ? » *in*resp civ. et assur. novembre 2000. n° 11 bis.
« Une loi pour rien ? », Resp. civ. et ass. 1998, chron, n°16.
Labbée X. Le mariage homosexuel et l'union civile, La Semaine Juridique Edition Générale n° 37, 10 Septembre 2012, 977.

Lamarche M. La résidence alternée : une formule magique pour la coparentalité ? Droit de la famille n° 2, Février 2012, alerte 7.
Lambert-Faivre Y. L'éthique de la responsabilité, Rev. Trim. Dr. civ. 1998.
Lapoyade-Deschamps C. « Les petits responsables (responsabilité civile et responsabilité pénale de l'enfant) », D. 1988, chron. 299.
Lardeux G. specialiageneralibusderogant ou la simplicité apparente des fausses évidences, RDC 2008. 1251.
Larribau-Terneyre V, Feu les enfants légitimes et naturels ! Vive la présomption de paternité... légitime ! : Dr. famille 2005, repère 9.
Lebreton G. Le droit de l'enfant au respect de son « intérêt supérieur ». Critique républicaine de la dérive individualiste du droit civil français. www.unicaen.fr
Lebreton M.- C. La responsabilité parentale à la croisée des chemins, LPA, 15 septembre 1997.
Lécuyer H. ''Une responsabilité déresponsabilisante'', Dr. famille 1997.
Leduc F.
« Catastrophe naturelle et force majeure », RGDA. 1997, p. 409.
« La responsabilité des père et mère : changement de nature », in Resp. civ. et assur. 2000, Hors-série, déc, 1998, n° 92.
Parents : conditions de la responsabilité et exonération. Resp. civ et assur n° 5 2011
Lefebvre Ch. et Marin J.- C. Le juge est-il toujours la bouche de la loi ? ». JCP. éd G n° 51, 19 Décembre 2011, 1431.
Legeais R.
Un article à surprise ou le nouvel essai de généraliser la responsabilité du fait d'autrui : D. 1965.
Responsabilité civile des enfants et responsabilité civile des parents, Defrénois, 1985.
Lemaire F. Rupture ou continuité de la responsabilité des organismes publics envers les tiers victimes d'un mineur placé ? : D. 2005, p. 1762.
Leroyer A.-M « L'enfant confié à un tiers : de l'autorité parentale à l'autorité familiale », RTD civ. 1998, p. 587.
Le Tourneau Ph.
« La verdeur de la faute dans la responsabilité civile (ou la relativité de son déclin) », RTD civ. 1988, p. 505.
La responsabilité civile des personnes atteintes d'un trouble mental, JCP 1971. I. 2401.

Levasseur G. « L'imputabilité en droit pénal », RSC 1983, p. 1 à 13.
Lucas L. A. « Réflexion critiques sur la responsabilité parentale », Petites Affiches, 29 juin 2004, p. 13.
Malaurie Ph. Le mariage homosexuel et l'union civile . - Réponse à Xavier Labbée, La Semaine Juridique Edition Générale n° 42, 15 Octobre 2012, 1096.
Margaine C. L'atténuation de la responsabilité pénale des mineurs, Droit pénal n° 9, Septembre 2012, étude 19
Martaguet H. et Robert P. la responsabilité des établissements de rééducation : solution ou évolution ? D. 1966.
Martin L. « La responsabilité des parents du fait de leurs enfants mineurs », JCP, 1963 ; I. 1755.
Matter P. concclusion sous l'arrêt Jand'heur du 13 févr 1930 Ch. réunies.
Marty G. « La relation de cause à effet comme condition de la responsabilité civile », RTDciv. 1939, p. 685.
Mazeaud D. « Réforme du droit des contrats : haro, en Hérault, sur le projet ! ». D 2008. Chron 2675.
Mazeaud H. « La faute objective et la responsabilité sans faute » D. 1985. chron, p. 13.
Mestrot M. « Aspect consensuel et conflictuels de la résidence alternée dans la loi relative à l'autorité parentale », Petites Affiches, 13 août 2004, n°162, p. 3.
Millet F. « L'acceptation des risques réhabilitée ? », Une application aux responsabilités du fait d'autrui, D. 2005, chron. p. 2830.
Moracchini-Zeldenberg S. Obstination sur la responsabilité parentale. Dr. fam. n° 6, Juin 2011, comm. 106.
Morançais-Demeester L. « Vers l'égalité parentale », D. 1988, chron., p. 7.
Mouly P. Peut-il exister une véritable responsabilité civile du fait d'autrui ? : Resp. civ. et assur. 2008, étude 10.
Mulon-Monteran E. « La nouvelle autorité parentale », RJPF, avril 2002, p. 6.
Murat P. 2009, vingtième anniversaire de la CIDE. Dr. fam n° 1, Janvier 2009.
Muscat H. La responsabilité du fait des mineurs délinquants placés en dehors de la jurisprudence Thouzellier.Droit Administratif n° 4, Avril 2011, comm. 43.
NEIRINCK C. Le mariage homosexuel ou l'arbre qui cache la forêt, Droit de la famille n° 10, Octobre 2012, repère 8.

Olinga A. D, La famille en droit international africain des droits de l'homme.
Pariguet M. et **Mansion O,** Impasses et perspectives du risque en matière de responsabilité, La Semaine Juridique Edition Générale n° 28, 11 Juillet 2011, 838.
Petit C. La notion de personne au sens juridique, Dr. fam n° 9, Sept. 2012, dossier 3
Philippe C. Responsabilité solidaire des parents divorcés du fait de leurs enfants en vacances chez leurs grands-parents. JCP. éd. G. n° 39, 29 Sept 1998, II 10150.
Planiol M. « Etude sur la responsabilité civile », Rev. Crit. Lég. Et Juris. 1909, p
Pohé D. Ombre et lumière sur la force majeure dans la responsabilité parentale. R.R.J. 2002.
Ponseille A. Le sort de la condition de cohabitation dans la responsabilité civile des père et mère du fait dommageable de leur enfant mineur, RTD. civ. 2003.
Pousson-petit J. Le juge et le droit aux relations personnelles des parents séparés de leurs enfants en France et en Europe. RTD civ. 1991 p. 15.
Proutière-Maulion G. « La notion de cohabitation dans la responsabilité des père et mère », LPA 2002, n° 193, p. 6.
Puill B. Vers une réforme de la responsabilité des père et mère du fait de leurs enfants ? D. 1988.
Rebeyrol V. Du nouveau sur l'obligation de limiter son préjudice, JCP éd G. n° 7, 13 Février 2012, 170.
Radé C.
Réflexion sur les fondements de la responsabilité civile. L'impasse. Dalloz 1999.
Le renouveau de la responsabilité du fait d'autrui (apologie de l'arrêt Bertrand). D. 1997, chron. 279.
Exonération par la faute de la victime (enfant en bas-âge). Responsabilité civile et assurances n° 11, Novembre 2005, comm. 314.
Causalité juridique et causalité scientifique : de la distinction à la dialectique : D. 2012, p. 112.
Reigné Ph.
Arsilda, regina di Ponto- Le mariage, les religions et la différence des sexes, La Semaine Juridique Edition Générale n° 43, 22 Octobre 2012, 1126.

Sexe, genre et état des personnes, La Semaine Juridique Edition Générale n° 42, 17 Octobre 2011, 1140.
Rémy Ph.
« Responsabilité contractuelle » : histoire d'un faux concept, RTD civ. 1997.
« Critique du système français de la responsabilité civile », in Droit et cultures, 1996, p. 31.
Reynaud P. « Responsabilité des père et mère et résidence alternée », AJF. 2002, p. 133.
RodièreR
« La responsabilité civile, la disparition de l'al4 de l'article 1384 du code civil », D. 1961, p. 207.
Y a-t-il une responsabilité du fait d'autrui. D. 1952.
Rouault M.-C. Responsabilité sans faute de l'État pour des dommages causés par des mineurs placés au titre de l'assistance éducative. JCP éd. G. n° 22, 2005, II 10070.
Rouxel S.
Communauté familiale et responsabilité civile. Dr. fam. n° 9, Sept 2009, comm. 122.
Le point sur la responsabilité des parents du fait de leurs enfants mineurs. Dr. fam. n° 7, Juil 2011, comm. 122.
Absence d'indemnisation de l'enfant né après l'assassinat de ses grands-parents. Droit de la famille n° 10, Octobre 2011, comm. 161.
Établissement judiciaire de la paternité et responsabilité du père : quelle faute retenir ? Droit de la famille n° 7, Juillet 2011, comm. 121.
Rubellin-Devichi J. (sous la dir.), Droit de la famille, La Semaine Juridique Edition Générale n° 29, 16 Juillet 2012, 878.
Sagaut J.- F. Le couple conjugal complément ou substitut à la solidarité intergénérationnelle ? Droit de la famille n° 7, Juillet 2011, dossier 11.
Saint Pau J.- C. La responsabilité du fait d'autrui est-elle devenue une responsabilité personne et directe ? Resp civ. et assur. n°10 octobre 1998.
Savatier R.
Le risque pour l'homme de perdre ses esprits et ses conséquences en droit civil, D. 1968.
Le gouvernement des juges en matière de responsabilité civile, Recueil d'études en l'honneur d'Éd. Lambert, Sirey, L.G.D.J., 1938, p. 45;

Règles générales de la responsabilité civile, Rev. crit. De législation et de jurisprudence, 1934.
« Vers la socialisation de la responsabilité et des risques individuels ? », D. 1931, chron., p. 11.
« Métamorphoses du droit civil contemporain », 1954, n° 274.
Savaux E. « La fin de la responsabilité contractuelle ? », RTD civ. P. 1 et s.
Scelle G, La notion d'ordre juridique, RD publ. 1944, p. 85.

Sériaux A. « Tes père et mère honoreras », RTD civ. 1986, p. 265.
Simler P. La notion de garde de l'enfant sa signification et son rôle au regard de l'autorité parentale. RTD. civ ; 1972.
Starck B. « Domaine et fondement de la responsabilité sans faute », RTD civ. 1958, p. 475.
Stoffel-Munck Ph. Responsabilité civile. JCP éd. G. n° 10, 4 Mars 2009, I 123.
Stoffel-Munck Ph et **Bloch C.** Responsabilité civile. JCP éd. G. n° 17, 23 avril 2012, 530.
Thierry J.-B. Le rôle de l'autorité parentale dans la responsabilité des parents du fait de leur enfant mineur, Petites affiches, 07 janvier 2008 n° 5, p. 4.
Tunc A.
L'enfant et la balle, JCP, 1966, I.
« Les causes d'exonération de la responsabilité de plein droit de l'article 1384 alinea 1er, D. 1975, chron., p. 83.
« Force majeure et absence de faute en matière délictuelle », RTD civ. 1946, p. 171.
Villey M.
Morale et droit (sur un texte de Grotius), dans: "Seize essais de philosophie du droit", Dalloz, 1969, p. 107.
Esquisse historique sur le mot responsable, Sirey 1977.
Viney G.
Réflexion sur l'article 489-2 du Code civil, RTD civ. 1970.
« La réparation des dommages causés sous l'empire d'un état d'inconscience : un transfert nécessaire de la responsabilité vers l'assurance », JCP G 1985, I, 3189.
Existe-t-il une responsabilité contractuelle du fait d'autrui ? RCA. Ed. du juris-classeur, novembre 2000.
Responsabilité civile JCP. Edition Générale n° 1, 7 Janvier 2004, I 101.
Responsabilité civile JCP. Edition Générale n° 26, 29 Juin 2005, I149.

Warembourg-Auque F. Irresponsabilité ou responsabilité civile de « l'infans », Rev. Trim. Dr. Civ. 1982.
Zeindenberg S. « A la recherche de la source de la responsabilité parentale », RRJ 2001/4, p. 1351.

Dictionnaires, encyclopédies et répertoires

Abitbol E. Rép. Civ. Dalloz, V° Administration légale et tutelle, n° 648.
Arnaud A.- J. Dictionnaire encyclopédique de théorie et de sociologie du droit, LGDJ. 1993.
Carbonnier I. Juriscl. civ. V° Autorité parentale, fasc 10. 2003.
Cornu G.
Vocabulaire juridique, Association Henri Capitant Quadrige PUF 2011.
Dalloz jurisprudence générale, V° mariage p. 155, n° 51. Supplément au Répertoire 1892, V° mariage n° 400.
Dictionnaire alphabétique et analogique de la langue française :
Le nouveau petit Robert de la langue française 2012.
Le dictionnaire français Larousse 2012.
Encyclopédie Universalis.
Guinchard S. Lexique des termes juridiques, Dalloz 2012.
Heritier F. Les sociétés humaines et la famille in famille, Encyclopédie universalis
Corpus IX, 1996.
JurisClasseur Fasc. 10-2 : Effet du divorce. - Conséquences extrapatrimoniales du divorce pour les enfants. - Modalités d'exercice de l'autorité parentale > II. - Conséquences de l'autorité parentale conjointe - Résidence de l'enfant. février 2004.
JurisClasseur Encyclopédie des Huissiers de Justice > V° Responsabilité civile > Fasc. 25 : Responsabilité civile. - Responsabilité du fait d'autrui > IV. - Responsabilité des parents du fait de leurs enfants mineurs > 1° Seuls le père et la mère sont responsables. Avril 2004.
JurisClasseur Fasc. 141 : Droit à réparation. - Responsabilité du fait d'autrui. - Domaine. Responsabilité des père et mère - Conditions de la responsabilité parentale du fait de l'enfant - Conditions relatives à l'enfant- Minorité. Juillet 2008.
JurisClasseur Fasc. unique : Minorité. – Émancipation- Disparition de l'autorité sur le mineur. Novembre 2008.

JurisClasseur Responsabilité civile et Assurances > Fasc. 120-10 : Droit à réparation - Responsabilité fondée sur la faute. - Notion de faute : contenu commun à toutes les fautes. - Contenu de la faute. - Question de l'imputabilité. Novembre 2011.

JurisClasseur Fasc. 10 : Autorité parentale. - Exercice de l'autorité parentale - Caractérisation de l'autorité parentale - Aspects patrimoniaux de l'autorité parentale.
Février 2012.

JurisClasseur Responsabilité civile et Assurances > Fasc. 580 : Assurance terrestre. - Activités diverses. - Assurance responsabilité civile chef de famille > IV. - Risques assurés. - Extensions de garanties. Aout 2012.

Labrusse-Riou C. Encyclopédie universalis Corpus V. Famille.

Locutions latines juridiques Dalloz 2012.

Neirinck C. Juriscl civ v. Autorité parentale, fasc 30, 1999

Roland H. et Boyer L. Adages du droit français, Traité, Litec, 4e éditions 1999.

Watine-Drouin C. Juriscl civ., Minorité fasc 20, n° 116.

Articles de presse et Sources électroniques

Soudan F. et Kappès-Grangé A. Interview du président de la république guinéenne, Alpha Condé, « j'ai hérité d'un pays sans Etat », **Jeune Afrique** n° 2687, du 8 au 14 mai 2012.

Le Bec C. et **Faujas, Jeune Afrique**, Développement. Pourquoi les francophones sont à la traîne, n° 2659-2660, du 25 décembre 2011 au 7 janvier 2012, p. 137.

F. Soudan, Jeune Afrique, n° 2543 du 4 au 10 octobre 2009, 'L'Etat sauvage', sous titre, 'le lundi sanglant de Conakry', p. 28 à 35.

S. Ballong,Jeune Afrique n° 2544 du 11 au 17 octobre 2009 'La Guinée, sur la corde raide' p. 12 à 14.

Seck C. K. Jeune Afrique, n° 2541 du 20 au 26 septembre 2009.

Le journal L'humanité du 4 novembre 2012, n° 21036, « mariage pour tous, tous parents », p. 2.

Le journal Le Point du 9 aout 2012, n° 2082.

Le Monde diplomatique, **Brygo J.** Janvier 2010 bis, n° 670, p. 5.

Journal Officiel (français) débat Ass. nat. 21 décembre 1966.

Des chaines de télé françaises **TF1, (7 à 8), M6, Canal Plus et France 24**

Vigne D. Fatou La malienne, films sorti le 14 mars 2001 en France.

www.lefigaro.fr Mariage gay : les « cathos » du PS entre doutes et réticences.

www.guinéenews.com

www.africaguinee.com

www.Fanaf.org

www.unicaen.fr

www.juriguinee.org

www.dalloz.fr

Blog de **Stéphane Bollé**, Maitre de Conférence HDR Université Paul-Valérie « La constitution en Afrique ».

Blog de **Justin Morel Junior**, ancien ministre de la culture de Guinée.

Dioubaté Oumou, Lancey, album Lancey 1993 produit par Stern'sAfrica.

Index alphabétique

Table des matières

L'HARMATTAN ITALIA
Via Degli Artisti 15; 10124 Torino
harmattan.italia@gmail.com

L'HARMATTAN HONGRIE
Könyvesbolt ; Kossuth L. u. 14-16
1053 Budapest

L'HARMATTAN KINSHASA
185, avenue Nyangwe
Commune de Lingwala
Kinshasa, R.D. Congo
(00243) 998697603 ou (00243) 999229662

L'HARMATTAN CONGO
67, av. E. P. Lumumba
Bât. – Congo Pharmacie (Bib. Nat.)
BP2874 Brazzaville
harmattan.congo@yahoo.fr

L'HARMATTAN GUINÉE
Almamya Rue KA 028, en face
du restaurant Le Cèdre
OKB agency BP 3470 Conakry
(00224) 657 20 85 08 / 664 28 91 96
harmattanguinee@yahoo.fr

L'HARMATTAN MALI
Rue 73, Porte 536, Niamakoro,
Cité Unicef, Bamako
Tél. 00 (223) 20205724 / +(223) 76378082
poudiougopaul@yahoo.fr
pp.harmattan@gmail.com

L'HARMATTAN CAMEROUN
BP 11486
Face à la SNI, immeuble Don Bosco
Yaoundé
(00237) 99 76 61 66
harmattancam@yahoo.fr

L'HARMATTAN CÔTE D'IVOIRE
Résidence Karl / cité des arts
Abidjan-Cocody 03 BP 1588 Abidjan 03
(00225) 05 77 87 31
etien_nda@yahoo.fr

L'HARMATTAN BURKINA
Penou Achille Some
Ouagadougou
(+226) 70 26 88 27

L'HARMATTAN SÉNÉGAL
10 VDN en face Mermoz, après le pont de Fann
BP 45034 Dakar Fann
33 825 98 58 / 33 860 9858
senharmattan@gmail.com / senlibraire@gmail.com
www.harmattansenegal.com

L'HARMATTAN BÉNIN
ISOR-BENIN
01 BP 359 COTONOU-RP
Quartier Gbèdjromèdé,
Rue Agbélenco, Lot 1247 I
Tél : 00 229 21 32 53 79
christian_dablaka123@yahoo.fr

Achevé d'imprimer par Corlet Numérique - 14110 Condé-sur-Noireau
N° d'Imprimeur : 133722 - Dépôt légal : novembre 2016 - *Imprimé en France*

www.ingramcontent.com/pod-product-compliance
Lightning Source LLC
LaVergne TN
LVHW011435061026
849535LV00004BA/817
* 9 7 8 2 3 4 3 0 7 6 5 1 5 *